JN206225

Minerva Shobo Librairie

ドイツ経済

EU経済の基軸

藤澤利治／工藤 章

［編著］

ミネルヴァ書房

ドイツ経済
──EU 経済の基軸──

目　次

序　EU経済の基軸としてのドイツ経済 ……………藤澤利治・工藤　章… I

第1章　ドイツ経済の概観 …………………………………古内博行… 7
　　　　──1945年以降の発展軌跡──

　　1　ドイツ占領体制の制約と急速な復興 …………………………… 7
　　2　経済の奇跡と驚異的な経済再生 ………………………………… 12
　　3　経済変調と長期停滞への歩み ……………………………………17
　　4　東西ドイツ統一と持続する経済不振 ……………………………22
　　5　起伏の激しい景気変動の現況 ……………………………………27

第2章　金　　融 ……………………………………………飯野由美子…37
　　　　──世界金融危機とドイツの銀行システム──

　　1　世界金融危機とドイツの投資銀行………………………………38
　　2　銀行業務構造の長期的変化………………………………………47
　　3　ドイツ大手銀行のリスクと破綻防止スキーム…………………57

補章1　協同組合銀行・共同体銀行の展開 ………………………田中洋子…77
　　1　ドイツで発展する協同組合銀行 ………………………………77
　　2　ドイツの金融制度における協同組合銀行 ……………………78
　　3　GLS共同体銀行の成長 …………………………………………85
　　4　ドイツの協同組合銀行が支える「もう1つの経済」…………89

第3章　企　　業………………………………………………石塚史樹…93
　　　　──経営者行動の規制──

　　1　経営者行動と政府による規制 …………………………………95
　　2　金銭的インセンティブ……………………………………………98
　　3　行動規範の変化──キャリアと就業規則 ……………………104
　　4　監査役会の影響力 ………………………………………………108

第4章 労　　働 ………………………………………………… 田中洋子…127
　　　　　　──雇用システムの動揺と転回──

　　1　統一後25年の局面変化 ………………………………………… 127
　　2　失業問題の悪化と改善 …………………………………………… 129
　　3　非正規雇用問題の拡大と縮小 ………………………………… 134
　　4　協約体制の縮小と強化 ………………………………………… 142
　　5　グローバル製造業とサービス産業 …………………………… 152
　　6　国際競争力と社会国家の両立 ………………………………… 161

補章❷　ハルツ改革と労働組合 ………………………………… 枡田大知彦…171

　　1　ハルツ改革の概要 ……………………………………………… 172
　　2　ハルツ改革の審議過程 ………………………………………… 176
　　3　ハルツ第Ⅳ法成立直後の労働組合 …………………………… 184
　　4　2006年以降におけるハルツ改革の評価とその結果 ………… 188

第5章　東部ドイツ ……………………………………………… 白川欽哉…203
　　　　　　──統一後25年の軌跡──

　　1　四半世紀の統合プロセスの全体像 …………………………… 204
　　2　統合プロセスの初期段階における試行錯誤 ………………… 207
　　3　統合プロセスの新たな局面と政策転換 ……………………… 217
　　4　東部ドイツ経済の現在と展望 ………………………………… 225

第6章　対外関係 ………………………………………………… 藤澤利治…243
　　　　　　── EU の中のドイツ／EU と世界経済──

　　1　ドイツの貿易の構造と推移 …………………………………… 244
　　2　資本輸出──直接投資の動向 ………………………………… 256
　　3　単一通貨ユーロの為替レート ………………………………… 260
　　4　EU の是正勧告とドイツの対応 ……………………………… 263

補章 **3** 農　　業 ………………………………………… 古内博行…269
――CAP 新改革に揺れるドイツ農民――

  1 CAP 改革の深まり ……………………………………… 269
  2 CAP 新改革の歩み ……………………………………… 272
  3 CAP 新改革とドイツ農民 ……………………………… 274

補章 **4** 対日通商政策 ……………………………………… 工藤　章…283
――ドイツ・EU・東アジア――

  1 対日通商政策から対東アジア通商政策への展開――1989～2001年 …… 284
  2 対東アジア通商政策の一環としての対日通商政策――2001～2014年 … 296

第 **7** 章　政　　治 …………………………………………… 近藤潤三…315
――ベルリン共和国の変容と連続性――

  1 ドイツ統一の政治過程 ………………………………… 316
  2 産業立地問題の浮上と政権交代 ……………………… 322
  3 ハルツ改革からメルケル政権へ ……………………… 326
  4 東ドイツ地域の経済再建と心の壁 …………………… 333
  5 外国人問題と移民国への転換 ………………………… 336
  6 国際社会の中のドイツ ………………………………… 342
  7 政党政治の変容 ………………………………………… 349

補章 **5** 脱 原 発 …………………………………………… 藤澤利治…355
――エネルギー転換への挑戦――

  1 脱原発の前史 …………………………………………… 356
  2 脱 原 発 ………………………………………………… 359
  3 脱原発への取組の現状 ………………………………… 365

あとがき……375
人名・事項索引……377

序
EU 経済の基軸としてのドイツ経済

藤澤利治
工藤　章

　本書は1990年のドイツ統一から四半世紀以上を経たドイツの経済を，EU との関係
を考慮しながら，政治過程をも含めて多面的に分析したものである。ドイツは2018年
現在，人口は約8,300万人，国内総生産額（Gross Domestic Product: GDP）では 3 兆
3,860億ユーロに達し，EU の中で最大の，世界では日本に次ぐ世界第 4 位の経済大
国である。このドイツは第 2 次世界大戦での敗戦後40年以上にわたって東西ドイツに
分断された状態にあり，再び統一されたのは1990年10月のことであった。統一後のド
イツ経済は，2000年代初めには統一の負担に苦しみながらもようやく旧東ドイツ地域
の復興を軌道に乗せ，成長路線に復帰できたが，その数年後に今度はリーマン・ショ
ックとユーロ危機に遭遇することになった。

　このように見ただけでも，統一後今日に至るドイツ経済は決して平坦なプロセスを
たどったわけではなかった。いわば山あり谷ありの四半世紀であったが，この統一後
のドイツ経済の歩みを明らかにするとともに，今日どのような局面に立ち至っている
かについてダイナミックに分析することを試みたのが本書である。

　その対外的側面に目を移せば，ドイツは第 2 次世界大戦後のヨーロッパの地域統合
を中心メンバーとして進めてきたため，ヨーロッパ連合（European Union: EU）との
関係を分析の対象から外すわけにはいかない。第 2 次世界大戦後のヨーロッパ再建は
1951年のヨーロッパ石炭鉄鋼共同体（European Coal and Steel Community: ECSC）の
結成から具体化していくが，そこでは何よりもドイツとフランスの石炭と鉄鋼をめぐ
る長年の対立を解消することが目指された。同共同体の設立後は，この平和と繁栄を
目指すヨーロッパでの経済統合方針が一歩一歩進められ，1999年には単一通貨ユーロ
の導入にまで漕ぎつけてきたが，この過程でもドイツは中心メンバーであり続けてい
る。このように，ドイツと EU の関係は切っても切り離せないものなのである。

　統一後のドイツ経済を EU との関係において明らかにするのが本書の狙いであるが，
各章の脱稿から今日まで数年間のギャップが生じている。これを埋めるために，そし

て本書の理解を一層深めてもらうために，ここでこの間に生じた最近のドイツと EU の動向を簡単に見ておこう。

　まず EU であるが，今日，EU は様々な困難に直面している。本書が主に分析した時期以降も，EU は文字通り大揺れに揺れ，いくつもの危機に見舞われている。まず，それは2010年前後からのギリシャ危機であり，ユーロ危機であった。これに続いて，2015年から中東・北アフリカ諸国から大量に流入してくる難民と移民の問題であり，この難民・移民の大量流入に対する加盟各国内での反対運動の高まりである。その影響も受け，イギリスでは2016年に EU 残留の可否を問う国民投票が実施され，その結果 EU 離脱賛成派が多数を占め，イギリスの EU 離脱が決定された。

　これらのうち，ユーロ危機はなんとか抑え込むことができ，経済面ではギリシャの復興を残すだけになった。しかし，政治的には反 EU，反グローバリズムのポピュリスト運動が加盟各国の政治に強い影響を及ぼし始め，危機は政治の領域に拡散している。ポピュリスト政党が EU 加盟国の多くで一定程度の支持を得て，各国の政策に影響力を行使し始めている。その主な主張は反グローバリズムであり，反 EU である。このような流れはドイツでも例外ではない。反 EU の政治主張が一定の支持を獲得し，「ドイツのための選択肢」（Alternatire für Deutschland: AfD）のような極右政党が台頭する一方で，これまで EU 統合を推進してきたメルケル（Angela Merkel）大連立政権の支持基盤が弱まっているのである。

　一方ドイツ経済は，近年こうした政治事情とは異なって，他の主要国に比して好調ぶりを示している。この点も簡単に見ておこう。

　まず，2019年初めのドイツ連邦政府の『年次経済報告』（Bundesministerium für Wirtschaft und Energie 2019）によれば，リーマン・ショック後のドイツ経済は 2 ％前後から減速してきているものの安定的に成長を続け，今回の経済成長は10年目を迎えている。そのため，失業率は統一以来最低の水準にまで低下し，さらに経常収支も高水準の黒字を記録している。これらの好調な経済実績は財政面にも好影響を及ぼし，単年度の財政収支は赤字から脱却して黒字を続け，その結果，公的債務残高も EU が安定・成長協定で課している対 GDP 比で60％以下という遵守ラインに近づいている。

　このような経済実績は，以下の点を考えてみるとその順調さが確認できる。かつて1960年代後半の旧西ドイツ時代に，「魔法の四角形」（magisches Viereck）という経済政策の目標を表現する用語が使われた。それは適切な経済成長が持続するもとで，物価水準の安定，高い雇用水準，そして対外経済の均衡という 4 つの目標を同時に実現することを内容としていた（Abelshauser 2004：410）。この 4 つの目標を同時に達成す

ることが困難なことから,「魔法の四角形」と形容されたのである。このようなマクロ経済の安定を実現するために, 1967年に「経済安定・成長促進法 (Gesetz zur Förderung der Stabilität und des Wachstums der Wirtschaft vom 8. Juni 1967)」が制定された。そこでは, 財政政策に中期目標を定め, 財政政策を景気政策の手段として機動的に運用できるようにした。この構想では,「魔法の四角形」を実現するために, 積極的な財政支出拡大を許容するケインズ政策を前提にしていたのである。

2010年代半ば以降のドイツ経済は, この「魔法の四角形」を実現できている。まず, 2009年リーマン・ショックの影響を受けて, 経済成長率が急下降した後, 2010年から急回復し, その後はユーロ危機で揺れる EU 経済の中で 2 ％前後の安定した経済成長を示している。次に物価であるが, 消費者物価は景気の回復に応じて上昇を示した後, 一時は 1 ％を下回っていたが, ここ数年は欧州中央銀行 (European Central Bank: ECB) の目標値である 2 ％を下回る水準に安定している。ここにはもちろん, 石油価格の長期的な低位安定の影響もある。

さらに注目できるのは失業率である。失業率はこの間一貫して低下し, 統一後最低水準を記録している。ここ数年来, ドイツではほぼ完全雇用状態に達し, 一部では労働力不足が顕在化してさえいる。2000年代半ばには10％を超える失業率であったが, その後は着実に低下し 5 ％台前半 (ILO 基準で 3 ％台前半) にまで低下しているのである。そして最後に対外均衡であるが, ここではドイツ側が毎年大幅な経常収支黒字を続けている。むしろ, 経常収支の黒字幅が大きすぎ, 対 GDP 比で 4 ％台から2015〜2016年には 8 ％を超えており, 大きな問題になっている。このようなドイツの大幅な経常収支黒字の推移は, EU 内でも IMF からもドイツの経常収支不均衡問題とされ, 改善要請が出されているのである。

ところで, このようなマクロ経済のパフォーマンスを, ドイツは経済政策手段のうち金融政策を欧州中央銀行に委譲した中で達成している。しかも, 各国政府になお裁量が残されている財政政策では, ドイツは予想されるような財政収支赤字のもとでこの成果を挙げているのではなく, 逆に財政収支の黒字化とともに達成している。メルケル政権は, リーマン・ショック時に財政支出拡大による景気浮揚政策によって急激な景気後退を食い止めて経済安定化に成功すると, 今度はすぐさま財政再建に向かった。その核心は公債の新規発行抑制政策 (Schuldenbremse) であった (藤澤 2015：213-217)。この財政再建政策を実行に移し, 2014年以降ドイツは新規国債の発行をほぼゼロに抑え込んでいる。

注目すべきは, 財政収支の均衡化を実現しながら, 安定した経済成長, 低失業率,

低インフレ率，そして経常収支黒字を記録して，このほぼ50年前に設定された経済政策の目標の「魔法の四角形」を達成できていることである。統一後長期にわたって旧東ドイツ地域の再建に苦悩してきたドイツが，このような順調な経済実績を記録できるようになった全体像については，本書の各章で詳論している。

　ドイツ経済は，上述のように近年ではまれにみる安定を示し，緩やかではあるが好調さを示している。だが，この好調さはEU加盟国，特にユーロ圏の諸国と関連付けると，別の側面が見えてくる。2008年のリーマン・ショック，翌2009年末から始まったギリシャ危機，そしてユーロ危機と，連続する厳しい経済危機の中で，ドイツはいち早くリーマン・ショックから立ち直り，ギリシャ危機，ユーロ危機の中でも絶えず安定した軸をなしていた。この事実がかえってドイツの政策に対してドイツ国内，EU内部からの批判を高める要因になっているのである

　まず，ドイツ国内では，この強い経済力をEUやユーロの維持に割くことへの不満が高まっている。特にギリシャ等の財政危機に陥った南欧諸国への財政支援に異議を唱え，中東や北アフリカでの紛争に伴う大量の難民流入に対する負担や不安に過剰に反応する有権者が増え，最近のドイツ連邦議会や各州議会での選挙結果に見られるように，メルケル政権への不満が高まっている。

　他方では，EU諸国からのドイツ批判も強まっている。特に近年のユーロ危機時には，ドイツは経済危機に苦しむ南欧諸国への支援を渋っていると非難された。さらに，ユーロ危機を脱するにはまず財政再建を実現すべきであり，そのためには各国とも緊縮政策を推進すべきというドイツの主張もまた強く非難された。このようなドイツの対応をどう見ればよいのか，議論の分かれるところである。

　このため，このドイツの良好な経済パフォーマンスは，政治的な安定に直結してはいない。国内政治は2016年以降むしろ不安定化している。連立を組んでいる2大政党のキリスト教民主社会同盟（CDU/CSU）もドイツ社会民主党（SPD）も支持基盤が弱体化し，他方で反EUや反ユーロを掲げるポピュリスト政党が勢いを増し，ドイツの政治状況を流動的にしている。その根底では，ギリシャ危機に端を発するユーロ危機・EU危機への対応や，中東・北アフリカ諸国での紛争に伴う大量の難民や移民の流入が影響を及ぼしていることは間違いない。

　もちろんドイツにとって重要な課題は，EUの維持と単一通貨ユーロの防衛である。イギリスのEU離脱からEUをいかに守るかが，今最大の課題である。さらに戦後70年以上にわたって進めてきた欧州統合をどのように進めていくのかは，ドイツのイニシアティブにかかっている。ドイツの力量が試されているのである。

このように経済は順調なドイツであるが，しかし，この「序」を書いている2019年初めの時点での短期的な将来予測では，前述の連邦政府の『年次経済報告』で指摘されているように，今後の動向は弱含みで推移すると見られている。ユーロ圏ではイタリアとフランスの成長鈍化が始まっており，さらにイギリスのEUからの離脱の迷走とその影響が指摘されている。EU域外に目を向ければ，アメリカのトランプ政権による保護貿易政策への転換によって対中国，対EU貿易摩擦が強まっているし，また米中対立から生じる中国経済の減速と世界貿易への悪影響が懸念されている。

このように見てくると，これまでのドイツの緊縮政策による経済運営は，嵐に備えて屋根を直していることに譬えられる。世界経済の不透明さが増す中，ドイツは来るべき経済環境の変化に備えているといってよい。

参考文献

W. Abelshauser（2004）*Deutsche Wirtschaftsgeschichte seit 1945,* München: Verlag C. H. Beck.

Bundesministerium für Wirtschaft und Energie（2019）*Soziale Marktwirtschaft. Jahreswirtschaftsbericht 2019,* Berlin（www.bmwi.de）.

藤澤利治（2015）「ギリシャ危機・ユーロ危機とドイツのユーロ安定政策」SGCIME『グローバル資本主義の現局面Ⅰ　グローバル資本主義の変容と中心部経済』日本経済評論社，195-225頁。

第1章
ドイツ経済の概観
──1945年以降の発展軌跡──

古内博行

本章は第2次世界大戦後から2010年代半ばに至るドイツ（西ドイツを含む）経済の発展軌跡を俯瞰することを課題とする。第2次世界大戦前の戦間期をも含めてドイツ経済は激動の20世紀を体現してきたが，ここではナチズム支配終焉後の新たな激動を戦後復興，高成長（経済の奇跡），経済変調，「復調」の変転史として描く。本章が明らかにするように，この変転は独自な発展軌跡であるが，特有の国際経済環境がドイツ経済を取り巻き，その中でとりわけヨーロッパ経済統合の進展と歩調を合わせてドイツ経済はその基軸的役割を果たしてきた。そうしたドイツ経済の立ち位置を吟味する上でも，ドイツ経済の動向を鳥瞰することは重要な意味合いをもつ。こうした問題視点から経時的観察を行おう。なお，出典注記以外に出典が必要と思われる箇所については古内（2007）第2章以降を参照されたい。

1　ドイツ占領体制の制約と急速な復興

ドル条項問題

1945年5月8日にドイツは連合国に無条件降伏をした。ドイツは英米ソ仏の4カ国占領体制下に置かれる。単一経済単位原則の下に直接占領を行うことになったものの，当初からそれには困難さがつきまとっており，英米両国が占領政策をリードした。アメリカにとっては戦後の世界政策の展開上ヨーロッパの心臓部にあたるドイツの占領政策は重要であり，イギリスにとっては戦時中における自国経済の疲弊から占領負担の持ち出しを極力回避しなければならない切迫した事情があった。

その中でアメリカの国務省が強力に主張したのが優先控除原則（the first charge principle）であった。また，この原則がイギリスにとって死活問題であったことは上述の事情からいって当然であった。アメリカの財務省が占領政策のヘゲモニーを掌握していた時期にイギリスがこの原則に固執していた事実があった。優先控除原則とは，賠償支払いの前に，ドイツ経済が存立しうるために経常生産からの輸出により輸入が

7

賄わなければならないという内容である。輸出による外貨獲得により輸入を充足し，出来る限りドイツ経済に自立する余地を与えるねらいが込められていた。1945年4月におけるローズベルト（Franklin D. Roosevelt）の死後に占領政策のヘゲモニーを握った国務省は，この原則の具体化を目指すようになる。イギリスもこの動きに同調した。

1945年9月20日の連合国管理理事会におけるドイツの輸出入ドル決済義務づけは以上の経緯の画期となった。これがドル条項といわれる規定である。この当時における世界的なドル不足の中でドイツ経済はドル圏に組み入れられることになった。西ヨーロッパではドル不足の中で200以上の双務協定網が形成されていたので，ドル条項は大きな衝撃を与えた。ドル圏ドイツと西ヨーロッパ各国は貿易関係を結べない状態になったからである。例えば，アメリカ軍政府はイタリアやオランダからの農産物輸入を排除するに至る。ドル決済義務づけは北米，南米等ドル圏からの輸入に依存する関係で不可避であったものの，西ヨーロッパ各国に不満を募らせる一大材料になった。

ドルが世界の基軸通貨であることを承認させるという意味では，ドル条項はアメリカの世界政策に沿うものであった。これに対し，ドル条項は国際通貨ポンドを擁するイギリスにとっては屈辱以外の何ものでもなかったが，戦争被害の甚大なルール地帯を占領地区に抱えるイギリスにはこれを容認するほかに選択肢はなかった。独自の占領政策を推し進めるソ連はドル条項を暗黙のうちに承認し，フランスもドル条項を受け入れたといわれる。こうして，優先控除原則の実際的な表現としてドル条項が定められたのである。これが占領体制下に置かれたドイツ経済に関して特記される出来事であった。

ドイツ経済はドル圏国として西ヨーロッパ近隣諸国から隔離された。双務協定網の大海にハードカレンシーの孤島が生まれたのである。近隣諸国にとってこれは戦前来の貿易関係の遮断に映った。とはいえ，戦後直後のドイツ経済には戦前来の産業基軸国たりうる経済力はなかった。それにもかかわらず，近隣各国にはドル条項は異常なドル不足の中で不満の種であった。そのような国際的な緊張関係を受けたのであろう，英米軍政府は西ヨーロッパへのドイツ経済の寄与を打ち出さざるを得なかった。世界市場価格以下での石炭，鉄屑，木材の強制輸出がそれである。これは「隠された賠償」（hidden reparation）とも形容された。それはドイツ経済にとっては外貨喪失につながるマイナスの措置であったが，ドル条項の不満に応えてドイツ経済を「部分的に」ヨーロッパ経済に貢献させる苦肉の策であった。ドル条項は間接的にドイツ経済を原料輸出国へと変えさせたのである。

この原料輸出国化は「弱いドイツ」論をなおも引きずっていた占領政策とコインの

裏表ともいえる関係にあった。1946年3月におけるチャーチル（Winston S. Churchill）の「鉄のカーテン」演説の前後ではドイツに対する懲罰姿勢は払拭されておらず，イギリス側の寛容な方針にもかかわらず，第1次工業水準計画においても鉄鋼業の生産水準等は低位に据え置かれていた。

ドル条項はドイツ経済には弱体化要因であったが，必ずしもマイナスの要素だけとは限らなかった。仮にドル圏国として隔離されずに双務協定網に組み込まれたとしても，近隣各国にとってのナチス・ドイツの覇権的秩序によるヨーロッパ統合の体験（軍事的制圧）からしてドイツが同権的立場で加われたとはいえない。また，大陸西ヨーロッパ諸国には200億ライヒスマルクの債務残高が堆積していたから，その整理的意味合いを込めてさらなる資源流出につながった可能性がある。ドル条項はそうした可能性を封じ込める役割を果たした。強制輸出による外貨喪失は戦後復興を遅延させたものの，研究史からはそう考えることもできる。

とはいえ，やはりドイツ経済の戦後復興の遅れは際立っていた。イギリスをも含め西ヨーロッパ経済の戦後復興は異常なドル不足の下で深刻であったが，その中でもドイツ経済の復興のテンポはまったく遅々たるものであった。外貨損失，石炭不足，非工業化を内容とする「弱いドイツ」論の余韻引きずる工業水準への制約，爆撃による輸送網の寸断，食糧状態の悪化と労働者の勤労意欲の低下等が相乗的に作用して戦後復興を阻害していたのである。資本ストックが想定されるより健全であったことは今日通説となっているから，問題は以上の阻害要因を除去して復興軌道を確定させることにあった。資源喪失が鉄屑，石炭，木材に限定されていたといえなくもないから，条件が整えられれば復興のテンポが速まる可能性が高かったといえるのである。

そうした制約状況の中でドイツをめぐる経済情勢は急激に変わってくる。冷戦体制の開始と対ドイツ政策への転換がそれである。イギリスにとって占領地区の維持・運営はますます負担になると同時に，単一経済単位原則の形骸化が進み，英米占領地区の合同が主張されるといった具合に西部ドイツの経済復興と「強いドイツ」論が浮上してきた。すなわち，重化学工業国としての西部ドイツの復活にほかならない。1946年9月6日の国務長官バーンズ（James F. Byrnes）のシュトゥットガルト演説はその端的な現れであった。演説はポツダム協定がすでに履行しえない状況を踏まえつつ，東西ドイツの分断を前提にして，西部ドイツの経済復興とそれをバネとした西ヨーロッパの経済復興を強調するものであった。アメリカの対ドイツ政策は異常なドル不足に苦悩する西ヨーロッパの実情を前に，ソ連のヨーロッパ浸透の脅威を封じ込めるために大きく旋回することになったのである。

急速な復興

1946年末から1947年初めにかけて西ヨーロッパ経済は深刻な状況にあった。異常なドル不足による戦後復興の遅れに輪をかけて50年来の厳冬が訪れ，輸送危機，石炭不足，電力不足，工業操業停止が起きていたからである。ドイツ経済にとってだけでなく，西ヨーロッパ経済全体にとっても1947年は「決定的な年」（a decisive year）となっていたのである。1945年12月の英米金融協定においてドルとポンドの交換性回復をイギリスに迫るようなアメリカの西ヨーロッパ認識が実態から大きくずれていることは明らかであった。アメリカは戦後直後に多角的な貿易金融システムを再建できると自らの世界政策を過信していた。その過信とは裏返しに西ヨーロッパ経済の苦境に対する過小評価があった。その厳然たる事実を1947年初めに突きつけられたのである。

賠償問題の事実上の決着を示すモスクワ外相会議の決裂の後に厳しい西ヨーロッパ認識を披瀝したのが国務長官マーシャル（George C. Marshall）であった。1947年4月に彼は「医師が熟考している間に患者は衰弱している」とラジオ演説したのに続いて6月5日にハーバード大学で演説し，西ヨーロッパでのドル需要がドル準備をはるかに上回っている事実を指摘しつつ，相当程度のドル援助がなければ，「西ヨーロッパは深刻な社会的，経済的，政治的崩壊に直面するしかない」との現状認識を表明した。その上で，彼は西ヨーロッパの自立を促す自身のイニシアティブを強調した。これがいわゆるマーシャル・プランの意思表示である。

マーシャル・プランはドル資金の無償贈与により西ヨーロッパ経済に有効需要を注入する一方，域内の貿易自由化を通じてドル節約システムの創出を求めていた。後者の意味するところは，アメリカにとって代わる資本財供給国の存在である。この役割を果たしえるのはドイツ経済以外にはない。ヨーロッパ経済の心臓部であるドイツ経済を「強いドイツ」に変えることによって初めて可能になる。アメリカの政府関係者も相次いでドイツ経済の最大限の西ヨーロッパ経済への貢献を強調した。ドイツ経済は西部ペンシルバニアから中西部シカゴへと展開する工業地帯に匹敵する重要性をもつとの認識である。マーシャル・プランがドイツ第一主義と形容される所以はここにある。

アメリカによるドル資金贈与の用意は西ヨーロッパ経済内部のコンフィデンス回復に決定的な意味を有した。西部ドイツの復活も現実のものとなる。1947年8月には工業水準の引き上げがなされたし，11月には実際に輸送網が全面復旧した。ドイツ経済を麻痺させてきた最大の障害が取り除かれたのである。研究史ではこの全面復旧が強調されるが，これは正鵠を射ている。7月におけるヨーロッパ復興会議の場ではドル条項に対する批判がベネルクス諸国側から表明され，産業基軸国ドイツの西ヨーロッ

パ国際経済連関への早期復帰が強く要請された。アメリカの対ドイツ政策の転換に呼応して近隣各国からこうした主張が前面に押し出されることになった。

　ドイツ経済にまつわるこうした国際情勢の急激な変化が輸送危機の国内復旧と合わさり，ドイツ経済の復興のテンポが加速する。

　前項で論じたように，占領体制の制約からドイツ経済の戦後復興は遅々たるものであったが，一旦復興の条件が整ってくると，そのテンポは螺旋的に速まった。残された問題は戦時過剰購買力の整理であった。周知のとおり，第1次世界大戦後ドイツ経済は賠償問題の紛糾の結果，戦前比1兆倍という天文学的なインフレに見舞われ，事実上の崩壊の危機に直面した。この当時，この記憶から四半世紀しか経っていない。歴史上究極的ともいえるハイパーインフレのトラウマが家計，企業を覆っていたとしても不思議ではない。特に企業はこの戦時過剰購買力の整理の行方を前に模様眺めをしていた。この問題の決着なしには企業のビジネス・コンフィデンスは容易に回復しなかった。1948年6月の通貨改革はその決定的な転換点である。マーシャル・プランの実施も始まった。通貨改革では戦時過剰購買力の93.5％が整理されることになった。調整インフレの余地は残っているものの，悪性インフレの可能性は封じ込められた。企業のビジネス・コンフィデンスは一挙に回復する。通貨改革は東西ドイツ分断を決定的にするという側面を有したが，西ドイツ経済の再生を確実なものとした。

　こうした経済の動きと並行して西ドイツの政治的再建も進んでいく。1947年12月にはすでに1947年1月1日発足の英米統合地区の政治統合が経済評議会を中心にして推進され，翌1948年2月開催のロンドン6カ国外相会議における西側占領地区の軍政終結合意に引き続き，6月におけるロンドン協定にもとづく西ドイツ政府樹立の決定がなされる。通貨改革にもとづく復興阻害の最終要因の除去と踵を接して直接占領から間接占領への動きが活発化してきた。10月にはフランス占領地区の外国貿易庁が英米統合地区の共同輸出入庁（Joint Export-Import Agency: JEIA）に合流することになり，実質的に西側占領地区の政治的，経済的統合が確定する。

　これは裏返していえば，大陸西ヨーロッパにおいて覇権を握ろうとするフランスのドイツ弱体化政策が歴史的に破綻した結果であった。ドル条項の適用によりフランス占領地区へのフランスからのドル流出が持続して，フランス占領地区を自国経済のために徹底活用しようとする政策が失敗に終わった。また，マーシャル・プランのドイツ第1主義は大国願望をもつフランスの野心を挫くのに十分であった。ベネルクス諸国やイタリアからのドイツ待望論が重なり，フランス主導の経済統合案も頓挫した。フランスにとって残された選択肢は独仏の歴史的和解以外なかった。

第1章　ドイツ経済の概観　11

翌1949年4月にはフランス占領地区の英米統合地区への合流がなされ，5月にはボン基本法が可決，公布される。8月の第1回連邦議会選挙を経て9月に連邦共和国が発足した。キリスト教民主同盟（CDU）のアデナウアー（Konrad Adenauer）政権が誕生する。10月にはJEIAに統轄されていた重要な機能が西ドイツ政府機関に委譲され，JEIAは1949年末に廃止される。以上の動きと連動して8月におけるスイスとの双務協定を皮切りに9月にオランダ，11月にはノルウェー，オーストリア，ベルギー，ルクセンブルク，デンマーク，スウェーデンと貿易自由化に向けた一連の通商協定が締結され，当時「向こうみずの冒険」（ein Sprung ins Dunkle）と形容された経済相エアハルト（Ludwig Erhard）の貿易自由化路線に着手された。最後まで維持されていたドル条項はこれによりようやく解消される。

ドルのカーテン（Dollarvorhang）と非難され，マーシャル・プランのドル贈与と矛盾を極めていたドル条項は間接占領下で名実ともに撤廃される。1947年の輸送網の全面復旧，1948年の通貨改革と密接に結びついた企業の生産力的発展に裏打ちされて，1949年秋からドイツからの資本財供給が再開し，西ドイツ経済はドル条項の下での原料輸出国化から重化学工業輸出国へと鮮やかに反転する1950年代を迎えるのである。

2　経済の奇跡と驚異的な経済再生

経済の奇跡とお家芸の復活

マーシャル・プランはすでに述べたように，ヨーロッパのイニシアティブを求めるものであり，それは受け皿国のヨーロッパ経済協力機構（Organization for European Economic Cooperation: OEEC）と域内貿易自由化のためのヨーロッパ決済同盟（European Payments Union: EPU）というネットワークに帰着した。これらのネットワークはマーシャル・プランが前提とする対アメリカ差別的貿易政策の容認によりマーシャル・プラン型の保護された市場を生み出した。アメリカとしては自ら構想する多角的な貿易金融システムの再生のためにはドル不足を見据えてヨーロッパの域内貿易自由化が進捗し，それにより資本主義の世界経済にとって基礎となるIMF（ブレトン・ウッズ）・GATT体制の条件整備が第一義的なことだったからである。そのためには自らへの差別貿易政策を受容した。

1950年に始まる朝鮮戦争の攪乱要因があったものの，この保護された市場を背景に復活してきた西ドイツ経済は，ドル資金の供給によって戦後復興から成長軌道への発展軌跡を辿ることができた西ヨーロッパに対して輸出を拡大させていく。近隣の西ヨ

ーロッパ各国にとって成長軌道に乗るにしたがってアメリカに対抗する工業化が必須の課題となってきたから，資本財を中心に西ドイツから輸入することは不可欠であった。そこで西ドイツ経済は朝鮮戦争が終結する1953年あたりから急激に盛り上がってくる貿易ブームの波に乗り機械，自動車，化学，電気機械を代表品目として輸出を本格化させていった。特に1954年，1955年の貿易ブームはすさまじい勢いであった。西ドイツ経済は西ヨーロッパ近隣各国の工業化にとってまさに「機関車国」となったのである。また，早くも1953年には西ドイツ経済は西ヨーロッパ近隣諸国にとって最大の輸出市場になった。

　西ドイツ経済にとって1950年代は1960年代半ばにまで引き続く GDP 平均 8 ％強成長を誇る経済の奇跡（Wirtschaftswunder）の時期であり，核心的な内容は輸出成長率が輸入成長率を上回る輸出の奇跡（Exportwunder）であった。西ドイツ経済は重化学工業国として成長性の高いヨーロッパ市場で独壇場的立場を確立する。工作機械，一般機械，電気機械などの機械産業，化学産業は19世紀第 4 四半期の局面におけるようなお家芸として復活した。それに20世紀的な輸送機械の発達も加わった。これもすべて西ヨーロッパの需要者が西ドイツのヨーロッパ国際経済連関への復帰を待っていてくれたからである。西ヨーロッパの需要者は条件が整えばアメリカのメーカーにとって代わって西ドイツのメーカーに乗り換える機会を待望していたといえよう。

　輸出需要の拡大は設備投資ブームを誘発して西ドイツ経済の労働力吸収的な拡張をもたらし，避難民でだぶついていた労働市場を急速に逼迫させていった。1950年に失業率は約11％だったが，1957年には 4 ％にまで減少し，完全雇用状態が訪れた。西ドイツ経済はこのような拡張動向の中で OEEC 地域における貿易黒字を累積させ，マルクの過小評価感とともに貿易摩擦に直面することになった。1950年代末には新たな成長枠組みが模索される局面に入り，ベネルクス 3 カ国を軸にフランス，イタリアを脇に置く内部的収斂度の高い貿易関係を背景に構想されてきたヨーロッパ経済共同体（European Economic Community: EEC）加盟を能動的に選択する。

　なお付け加えておけば，経済の奇跡のこの時代は産業合理化ブームが 2 年の短命で終焉したワイマル民主主義の悲劇を克服するものであり，ブーム民主主義（Boomde-mokratie）と形容される。ボン民主主義は経済活況のなかで見事に定着する過程を辿ったのである。

　マルク切り上げと冬眠的な金利政策

　前項で触れたように，1950年代末に近づくにあたり西ドイツ経済の貿易黒字累積は

西ヨーロッパ内部で深刻となり，マルクの過小評価感と重なり，内需拡大要請に跳ね返る問題となってきた。折からの第2次設備投資ブームもあり，経済ファンダメンタルズに裏打ちされたマルクの強さは本物であった。だが，この時期はアメリカの国際収支赤字幅が一挙に3倍増に膨らむ局面であり，ドルの過大評価が浮かび上がる。1950年代末には西ヨーロッパの通貨の交換性が回復し，アメリカが構想していた多角的貿易金融システムが実現する運びとなった。それと踵を接して屋台骨をなすドルの不安が顕在化する。1947年7月15日に実施されたポンドとドルの交換性回復の1カ月での停止により国際通貨としての命を永らえたポンドもイギリス経済のストップ・ゴー政策に起因して不安を表面化させた。ドル，ポンド不安とは対照的にマルクの強さが際立つことになったのである。

　1960年10月におけるロンドン金市場での金価格高騰はドル不安を物語るものであった。IMF体制の本格的始動とは裏腹に基軸通貨ドルの不安が顕在化したことは資本主義の世界経済にとってまさしくパラドックス的出来事であったが，それは同時に国際投機筋からのマルク買いを誘発した。IMF体制では国際収支の基礎的不均衡の場合には平価変更が認められていたから，西ドイツはこの国際的投機を沈静化するために1961年3月マルクを5％切り上げ，1ドル4.2マルクから4マルクに設定した。しかし，国際決済銀行やアメリカの財務省はこの切り上げ幅を微温的と解釈した。したがって，近いうちにもう一段の切り上げがあるとの憶測が流れ，マルク投機はなおさら活発化した。そこで西ドイツは同時に発生したポンド不安への支援的対策をも含め，金利面からマルク買いを抑えるべく低金利政策を講ずることになった。1961年5月から公定歩合3％の低金利政策が実施されるに至った。

　この低金利政策は1965年1月までの長期間にわたるもので，金利政策は投機筋の思惑から事実上の「冬眠状態」を強制されたのである。マルク切り上げは輸出産業に打撃を与え，設備投資の鈍化とも連動して経済成長を減速させた。1961年，1962年のGDP成長率は4％台後半に低下し，1963年には2.8％に落ち込んだ。まだプラス成長であるといっても，成長率の勾配は大分なだらかな踊り場局面を迎えることになった。しかし，この間にも西ドイツ経済の超完全雇用状態は持続していて，失業率は1％を割っていた。

　安価で良質な労働力の供給という高成長の基礎条件は損なわれていた。加えて1961年8月のベルリンの壁の構築は東ドイツからの労働力移動を政治的に遮断するという意味において労働力の供給制約性問題をさらに増幅した。1965年の政府所信表明演説においてエアハルト首相が労働力の枯渇を指摘するのにはこのような供給サイドの問

題が背景にあったのである。この問題は東南ヨーロッパやトルコ等からの外国人労働力の流入により流動的要素が与えられたが，何といっても重要なのは企業側の労働力節約的な合理化投資である。このための資金調達は容易であった。低金利政策が持続していたからである。

　堅調な個人消費，EECの共同市場を背景とする輸出の回復，労働力節約的な投資の盛り上がりといった３つが出揃うことで総需要水準が引き上がり，1964年から再び成長率が上向き，6.8％と踊り場的局面から反転した。マルク増価の景気減退効果は消失したと推測される。1965年に入ってもその勢いは衰えず，5.3％と高い成長率を示した。すなわち，1960年代半ばにGDP成長率の勾配が再び急になって，景気が過熱することになったのである。卸売物価もこの動きに連動して上昇し，３％に近づいた。消費者物価は1965年には3.2％となっていた。３％の物価水準維持は戦後歴代政府が政権運営上目指していたもので，その危険水域に迫る重大な警告が発せられたといってよい。

　労働力の供給制約性という西ドイツ経済の内的限界は明らかであった。そのため景気過熱に冷や水をかける景気引き締め政策が必要とされた。西ドイツ経済は「欲せられた不況」（a wanted recession）を不可避とする局面を迎えたのである。「すべての国民に豊かさを」に裏打ちされた中産層福祉国家としての財政膨張は需要超過圧力を形成してインフレの一因となっていたが，連邦議会選挙を控えた選挙対策的意味合いもあって抑制スタンスが採れずにいたから，景気調整の役割はひとえに金融政策の手綱にかかることになった。

初のマイナス成長としての1966/67年不況とその後

　こうして金融引き締め政策が採られることになるが，それに好都合な条件があった。国内的には景気の過熱により輸入成長率が輸出成長率を上回って貿易黒字が激減し，経常収支が赤字となったし，国際的にはアメリカにおいて自動車産業を中心に戦後最大の投資ブームが盛り上がり，EECや日本の対アメリカキャッチ・アップへの巻き返しが行われていたほか，イギリスにおいてもモードリング蔵相下でゴー・アンド・ゴー政策が追求されていた事実がそれらである。マルク買いの投機筋の動きが沈静化する余地が出来ていた。そこで後顧の憂いなく金融引き締め政策が実施に移された。

　1965年１月と８月の２段階を経て公定歩合３％から４％へと，そして1966年５月にはより厳しい景気抑制に向けて５％へとなお一段高く引き上げられた。この金融引き

締め政策に関する経済諮問委員会の想定はこれにより GDP 成長率が2.5％に低下するという点であった。つまり，金融引き締め政策で1963年時点での景気の踊り場的な鈍化が果たされ，プラス成長を維持したうえでの景気過熱の抑制が企図されていたのである。経済諮問委員会1965/66年度年次報告の主題が「停滞なしの安定」とされていた所以はここにあった。

　しかし，こうした段階的な金融引き締め政策は絶大な景気反転効果をもつことになった。確かに４％から５％の高金利政策は民間の経済メカニズムからもたらされる恐慌利率というわけではなかったが，1959年から1960年にかけての GDP 成長率８％強を記録した第２次設備投資ブームに対して実施された引き締め政策と同じである上に，物価上昇を上回る実質金利負担をもたらすものであった。そこでプラスの実質利子率から景気の引き締めに徹底的な性質が与えられることになった。

　それは1966年第３四半期から翌1967年第２四半期にわたる１年間の民間設備投資の激減として現れた。投資需要（Investitionsnachfrage）の鋭い落ち込みが現実のものとなった。1967年の投資の落ち込みは前年比12％減で，「投資の崩壊」と形容された。個人消費や輸出需要ではカバーできない需要不足にもとづくマイナス0.1％成長が記録された。1966/67年不況の発生である。失業者の急増とも合わさり，10数年にわたり成長神話に浸っていた国民は戦後初の不況に動揺する。かつての大恐慌と重ね合わせる見方もあった。このような国民的揺らぎの中で，政権担当能力を身につけてきたドイツ社会民主党（SPD）と CDU/ キリスト教社会同盟（CSU）の大連立政権が誕生するという戦後政治の画期的な枠組み変化が生じた。

　経済相として SPD のシラー（Karl Shiller）が登場する。ケインズ主義者シラーにとってこの不況は短期的な需要不足から生まれたものであり，ケインズ的処方箋により解消されるはずであった。総体的誘導政策（Globalsteuerung）と表現される拡張的な財政金融政策が展開される。その結晶として1967年６月には経済安定・成長促進法という画期的な法律が成立した。成長刺激的な需要管理政策が意図されていたが，それだけではない。1960半ばまでに西ドイツ経済の内的限界とされていた労働力の供給制約性に起因する賃金コストの上昇といった供給サイドの問題へも対処がなされた。引き上げ自粛を内容とする政労使の協調行動（Konzertierte Aktion）がそれである。需給双方からの二正面対策が講じられた。

　1966/67年不況は1968年春までに収束する。それはシラーの需要管理政策が奏功したのではなく，輸出が増加したからである。輸出主導の景気回復が導かれたのは，協調行動による賃金抑制が有効に働いて卸売物価が低落したためである。卸売物価の低

落を通しての生産者価格の下落が輸出増大に結びつき，これがまた金融緩和の下での国内設備投資増と連動した。こうした動きは第3次設備投資ブームに帰結し，GDP成長率は1968年7％，1969年7.9％，1970年6.1％と往年の勢いを取り戻し，経済の奇跡の時代に匹敵した。貿易黒字，経常収支黒字も記録的に拡大する。西ドイツ経済の力強さは本物であった。

　こうした経済ファンダメンタルズを背景にしてマルク投機が再び活発化する。西ドイツに大量の資金が流入し，輸入インフレの可能性が高まった。大連立政権においてマルク切り上げが一大争点となる。CDU/CSU があくまでマルク相場の現状維持を主張したのに対し，SPD はシラーを先頭にマルク切り上げを主張した。1969年9月の連邦議会選挙ではこの問題が焦点となり，SPD が勝利する。その結果，自由民主党（FDP）との連立で中道左派政権が誕生した。10月にマルクの9.3％切り上げが行われる。このとき IMF 体制は根本的動揺をきたしていたため，マルク投機は折からの金融引き締めもあって収まらず，1971年にアメリカの総合的な国際収支の記録的赤字幅により激化して，西ドイツは5月に単独フロート制に移行した。こうした通貨変動の仕上げを行ったのが8月15日のニクソン（Richard Nixon）による一方的な金とドルの交換性停止であったことは周知のとおりである。

　西ドイツ国内においてマルクの増価にもかかわらず，インフレが進行してきた。これは1969年9月に協調行動が労働組合の下部組合員による山猫ストで瓦解したことが大きい。シラーの経済的手腕が翳りをみせるなかで，賃金コスト爆発が表面化して1971年に西ドイツ経済はスタグフレーション的状態に陥る。ニクソン・ショック後のスミソニアン固定相場制への回帰に連動して採られた先進資本主義国の調整インフレ政策により不況は解消される(1)が，西ドイツはインフレ退治のための金融引き締め政策を展開するようになる。物価安定の観念が強い西ドイツならではの対応であった。

3　経済変調と長期停滞への歩み

お家芸の国際地位低下と技術革新の遅れ

　1970年の賃金コスト爆発に続いて1973年末から1974年初めにかけて石油価格が高騰し，エネルギーコストが1974年には60％も引きあがる歴史的局面を迎えた。石油輸出国機構（Organization of Petroleum Export Countries: OPEC）が石油価格の決定権を握って先進資本主義国がエネルギーコストの支配権を喪失したからである。これにより1974/75年不況が到来する。西ドイツ経済において卸売物価が先行的に二桁上昇をみ

第1章　ドイツ経済の概観　17

せたが，他の先進資本主義国と違い悪性インフレが持続することはなかった。これは
すでに指摘したとおり，西ドイツの金融引き締め政策が早期に展開され，インフレ抑
制に重点的な対処がなされたからである。しかし，1975年にはGDPマイナス1.6％
の成長を記録し，各種経済指標は大恐慌以来最悪となった。

　西ドイツ経済は1974/75年不況を境に「経済成長の弱さ」（Wachstumsschwäche）と
形容される長期停滞に陥る。直接的な契機は賃金コストの高騰とエネルギーコストの
急騰という複合的な価格高騰にもとづくドイツ企業の「収益性の危機」にあったが，
事態はより深刻で生産コストの上昇を弾力的に吸収できない経済の硬直化を露呈させ
ることに基づき，経済の奇跡の高成長から構造的に暗転する経済変調が生じたのであ
る。

　この経済変調は完全雇用政策の破綻に集約される。1974/75年不況において失業者
数は90万人に達し，それまでの超完全雇用状態は解消するどころか，後に10年を経る
ごとに失業者数が次元を異にして深刻さを増す大量失業問題の局面に突入する。これ
は先に指摘したとおり，経済成長の減退力が雇用吸収力を喪失させていくからである
が，1974/75年不況はその歴史的起点となった。経済成長の減退力が需要不足として
顕在化する。「経済成長の弱さ」は一見して想定されるように供給サイドの問題では
なく，供給サイドの問題とダイナミックに交錯する需要サイドの問題なのである。

　1970年代初頭に相次いで生じた複合的な価格高騰は省力化，省エネ化の技術革新を
要請した。世界的にみれば，造船，鉄鋼，化学といった石油多消費的な重厚長大産業
からエネルギー節約的な加工組み立て産業への産業構造の転換と，そこでの技術刷新
が不可避となった。機械産業が19世紀第4四半期からお家芸として基軸的役割を担っ
てきた西ドイツ経済の場合にはこのような時代の要請に最も適合的な産業構造のよう
に思われていた。「技術大国」としての相貌の核心もここにあった。実際，「メイド・
イン・ジャーマニー」の品質定評力を背景に1950年代に復活を遂げたのである。

　しかし，経済の奇跡と形容される驚異的な産業再生は成功体験としてあまりに行き
過ぎたものであった。成功体験が強烈すぎるがゆえに19世紀末的な発展要素を強固に
温存させた産業体質が経済の新陳代謝をかえって阻害することになったのである。輸
送機械の発達にみられるように，20世紀的発展要素が加わっていたとはいえ，研究史
が示すとおり，外見上の「技術大国」とは裏腹に経済内部において中位技術の製品が
支配的で，それを乗り越えるような先進技術が十分展開していなかった。[2]

　19世紀末には先進的な製品であっても時代とともにその性格は失われてくる。中位
技術の製品ではあっても西ヨーロッパの需要者は西ドイツの復活を待望し，待ってい

てくれた。貿易ブームがその端的な現れであったことはすでに述べた通りである。それが8％強のGDP成長率をもたらしているのであるから，ことさら技術革新を進める要請は働かない。この点は西ドイツに限ったことではないが，経済協力開発機構（Organization for Economic Cooperation and Development: OECD）報告で1960年代末エレクトロニクス産業等の西ヨーロッパにおける「テクノロジー・ギャップ・クライシス」問題として指摘されていたのである。[3]

　技術革新の遅滞は1974/75年不況をきっかけに浮上してくる。生産コストの上昇を弾力的に吸収するような生産体制への移行が焦点問題となってくるにつれて，中位技術主体で推移してきた西ドイツの産業構造が時代遅れの陳腐化した内容に変わった。このとき生産現場でのエレクトロニクス化を一挙に推し進めたのが日本経済であった。石油価格が高騰する混乱の時に機械産業へと基軸産業が交代し，輸送機械，電気機械，一般機械，精密機械といった機械産業がマイクロコンピュータの自動制御化を駆使して国際的なリーダーへの地位を確立する。これとは対照的にアナログ技術を中心としていた西ドイツの機械産業は国際的地位を低下させ，日本企業の後塵を拝するようになった。それだけではない。日本の機械産業は単に生産の現場でのエレクトロニクス化を推進するだけではなく，マイクロエレクトロニクス化のもたらす新たな製品世界を独自に開拓し，輸出という新たな需要創出にも成功した。日本経済は供給サイドの構造改革を通じて需要創出の構造改革をも成し遂げたのである。

　西ドイツの機械産業が国際的地位を低下させ，お家芸の座を日本の機械産業にとって代わられたことは，以上の点で理解されなければならない。「経済成長の弱さ」という語彙が含意するのは二重の意味での構造改革の立ち遅れなのである。西ドイツの経済変調とはこのような脈絡で位置づけられる必要がある。この当時を回顧して西ドイツ経済省の委託による構造調査報告書が指摘する投資不足（Investitionslücke）も，この観点から初めてその重大さが浮かび上がる。

　1970年代にSPD首班政権は迷走した。確かにその他の政党でも経済運営は困難であったろう。しかし，供給サイドの構造改革の立ち遅れに基づく需要制約の問題の責任はやはり時の政権にある。需要制約に随伴する大量失業問題から政権を率いるシュミット（Helmut Schmidt）の政治的信認が急激に低下していくのも当然のことであった。彼はやがて失業の代名詞となり，西ドイツ経済が第2次石油危機によって再度の打撃を受ける最中の1982年10月1日にボン基本法第67条に基づく「建設的不信任動議」の可決により解任される。それもこれも1970年代の政治的求心力の急降下に求められるのである。

第1章　ドイツ経済の概観　19

需要不足下の実感なき拡張

西ドイツ経済が供給サイドの構造改革であると同時に需要創出的構造改革にも立ち遅れる産業構造の転換に着手しえないでいる間に再びマクロ的変動に見舞われた。それはドルの持続的な下落に対してアメリカがビナイン・ネグレクト（無策の策）を展開させることで生じた石油価格2倍増引き上げの第2次石油危機であった。産業構造調整に乗り遅れ，経済変調に陥った西ドイツ経済になおも強烈な下振れ圧力が加わった。これにより1981/82年不況が発生する。

西ドイツ経済はマイナス1％成長の水面下に没した。3度目のマイナス成長である。失業者数も財政政策からの一時的需要による90万人台への落ち着きから急反転して180万人に達する。まさに倍増であり，雇用排除圧力はこれまでになく激しいものであった。第2次石油危機の新たな逆風が1970年代の経済変調を一段と増幅し，それがまた産業構造をなおさら遅滞させるといった具合に1981/82年不況を境に変調が構造化するのである。この構造化の中で需要不足にもとづく低成長と産業調整の遅れの悪循環が容易に解けないものとして内生化することになった。

1978年7月のボン・サミットで提唱されてきた機関車国西ドイツとの要請を呑み，財政拡大政策を実施してきて一時的需要に安住してきた中道左派政権への批判はこうした経済の隘路において一挙に強まる。連立政権内部での財政抑制に対するスタンスの違いも明瞭になり，政権の体をなさなくなっていく。不況圧力が強まるなかで財政再建をめぐる争点から自由民主党が連立政権から離脱し，中道左派政権は内部からガタガタになった。これがすでに述べたように，シュミットの解任に帰着し，さほど高名でもなかったCDUのコール（Helmut Kohl）が首相の座につく。混乱の1970年代に経済運営において政権担当能力の欠如を曝け出したSPDは下野せざるを得なくなり，局面は中道右派政権へと先祖返りした。

1981/82年不況が収束した1983年から西ドイツ経済の景気回復は明瞭になり，1989年までの史上最長の拡張期に入る。このときの拡張は異例であった。というのも，拡張の微弱さは戦後経済史において未曾有のもので，1980年代の景気回復は微温的に推移し，上り坂の勾配は極めてなだらかで実感なき拡張であったからである。問題は深刻であった。GDP成長率はおよそ2％水準に推移し，新規資本ストックの成長率も1960年代の半分の3％にすぎなかった。西ドイツ経済史上最長の拡張局面ではあるものの，発展性の限界は明瞭であった。

基本的な問題は需要不足にある。先端産業であるマイクロエレクトロニクス技術の後進性に起因する需要の制約が西ドイツ経済を覆っていた。需要の制約が中位技術主

体の構造を脱皮させるイノベーションの進捗を阻害するという構造的な低成長の罠に完全にはまってしまったのである。その結果が経済の内生的な発展動力の顕著な低下に跳ね返る。1981/82年不況の最中に倍増した失業者数は慢性的な需要不足の下で1980年代には220〜230万人へと増大する。外見的には経済の拡張期であるにもかかわらず，労働力吸収的な経済拡張には程遠く，逆に失業者数が増加するという異常な事態が現出した。1974/75年不況から10年を経て失業者数は新たな地点に到達し，次元の異なる構造的大量失業が顕在化したのである。これは長期的かつ慢性的な需要不足を考慮に入れなければ説明できない。

　むしろ，需要制約の下で西ドイツ経済は「メイド・イン・ジャーマニー」の品質定評力への依存度を増すようなかたちでの産業再編を進めていく。不確実性とリスクが蔓延するなかでなじみの得意顧客との関係を保持していくような方向が模索される。このかたちでの産業再編は機械産業の国際的リーダーとしての地位を確立させた日本の企業に真っ向から対峙するような発展方向ではなく，旧来の顧客とのネットワークにもたれかかる競合回避の隙間産業の途を歩もうとするニッチ探りの方向であった。このような方向では需要の裾野は限定されてくる。西ドイツ経済にとり望まれていたのは，大口需要が大規模なイノベーションを誘発するような好循環であった。西ドイツ経済の産業再編はそうした打開を塞ぐものであり，望まれていた方向から大きく逸脱していく内容であった。産業調整圧力が以上の歪みをもたらしたのである。

　それでは十分な発展性は展開されえない。コール率いる中道右派政権もまた，西ドイツ経済が逢着する問題とそこから漸次ずれていく発展方向に肉薄できたとはいえない。というよりも，この難点に対してはSPDと同じくCDU/CSUも同じく無策であったといわなければならない。経済諮問委員会が1980年代の年次報告において常に企業の国際競争力の低下，投資の遅滞，大量失業の3点セットの問題群を指摘せざるを得なかったのは当然のことであった。その経済諮問委員会にしても現象としての問題群を取り上げることがあったとしても，そもそもの問題の根源が1970年代における供給サイドの構造改革であると同時に需要創出的な構造改革でもある構造問題の遅れにあることを正視していたとはいえない。

　1966/67年不況時と異なり，需要不足に根差す根因にまで迫れなかったのである。拡張持続期であるにもかかわらず，その微弱さが異例の内容であることに着目する問題視点なり政策視点があらゆるレベルで欠けていた。だからこそ，戦後経済史上経験したことのない実感なき拡張に喘ぐことになったといってよい。

　欧州通貨制度（European Monetary System: EMS）ではマルクが基軸通貨として君臨

したのが1980年代であった事実は広く知られている。マルクが金融市場から選択されたことは疑いない。しかし以上の経済実態を考慮に入れると，基軸通貨マルクの根拠は決して確固たるものではなかった。西ドイツの欧州共同体（European Communities：EC）経済に占める GDP 規模の大きさや国際的観点に立った温和なインフレからみてマルク以上の安定した通貨がなかったことは事実であったにしても，経済ファンタメンタルズからみたマルクの強さには裏づけが欠けていたといってよい。基軸通貨マルクの地位の根拠に関するこの意外な薄弱さにはさほどの注意が払われてこなかったが，よくよく立ち入って検討すれば，通貨面で問題性を秘めていたことが理解される。

　西ドイツが直面してきた問題を直視しないドイツ経済堅調論者や健在論者は現在でも後を絶たないが，ドイツ再統一の前の1980年代において西ドイツ経済が構造改革問題を抱えて苦吟していたことを改めて認識すべきであろう。また，1980年代に国際的に競合対峙戦略を採るよりも競合回避戦略に舵を切って発展方向が逸脱していく軌跡を辿っていたことも銘記されるべきであろう。コールの経済的手腕もこの点で決定的な試練に立たされるはずであったが，東西ドイツ統一という歴史的追い風が吹いて幸運にも政権の命運を永らえる。しかし，後年コールもまたシュミットと同様，慢性的な需要不足の下で失業の代名詞としての運命を免れることはできなかったのである。

4　東西ドイツ統一と持続する経済不振

統一好況から統一不況への反転
　戦後社会主義体制はスターリン主義の影響もあり情報遮断と自己欺瞞にもとづく耐乏生活を民衆に強いてきた。自由化や民主化の動きは散発的に生じてはいたものの，それらはワルシャワ条約機構の軍事的圧力により封殺されていた。しかし，体制を支配していた当のソ連においてペレストロイカやグラスノスチが避けられず，その流れは東欧社会主義体制全体に拡がり，生活資財や消費財の慢性的な不足を前に怒るよりとにかく慣れるという生活鉄則を余儀なくされてきた民衆は自己摘発リスクの大幅軽減の下で体制離反を加速させていった。その最大の画期が1989年11月におけるベルリンの壁の崩壊であった。それは東欧社会主義体制の自壊を象徴する出来事であった。

　東西ドイツの分断を示すベルリンの壁の崩壊は東西ドイツ統一の機運を一挙に高めた。1990年10月東西ドイツ統一が実現し，ドイツ経済が蘇る。正確には西ドイツ経済による東ドイツ経済の吸収合併による「大西ドイツ経済」の出現であったが，ドイツ経済は統一前後に日程にのぼっていた EU 市場統合景気も重なり統一を契機に景気の

拡張を経験することになった。1990年，1991年のGDP成長率は5.7％，4.5％を記録し，1974/75年不況以降低迷し続けた推移のなかでは例をみない高成長となった。景気の過熱（Überhitzung）を随伴した統一好況の発生である。

　これは西ドイツのマルクと東ドイツのマルクの1対1の交換により東ドイツの民衆が過剰所得を獲得して消費が劇的に増大したからであった。経済の実力からすれば1対4分の1あたりが妥当とみられていたにもかかわらず，それだと東ドイツから西ドイツへの人口移動を抑えられず，それでは西ドイツ経済の混乱が生まれるという事情があった。すでに述べたように，西ドイツ経済は200万人を優に超える構造的な大量失業問題に喘いでいたから，問題の増幅は避けられねばならなかった。長年の耐乏生活で商品飢饉（Warenhunger）に満ちていた東ドイツの民衆は口コミで知っていた西ドイツの洗練された消費財を手にすることが可能となったのである。対等なマルク交換のマジックによる俄か需要の発生にほかならない。それは自動車，家電製品需要として集中発動してきた。とくに旺盛な自動車需要は際立っていた。中古車需要から新車需要へと急激な変化が生じた。東ドイツの民衆にとって1950年代仕様のトラバントが国民車であったから，西ドイツ車は衝撃的だったのである。

　しかし，この消費景気は一時的な性格にすぎなかった。というのも，コメコン体制において社会主義の優等生と形容されていたとはいえ，東ドイツ経済は使い物にならない老朽した生産設備，社会インフラの未整備に加えて東ドイツマルクの実質的な切り上げによりあっという間に西ドイツ経済に対する競争力を喪失したのである。加えて統一後の段階的な賃金引上げも企業の顕著な競争力減退に輪をかけた。つまり，消費景気が盛り上がるとは裏腹にその景気に持続性を与えるはずの東ドイツ経済が崩壊したのである。

　そうした事実を受けて経済諮問委員会も1990/91年度年次報告において1991年には民間消費が景気の機関車にはなりえないと指摘していた。実際，1991年後半には景気拡大が失速した。1991年前半に消費景気が持続したから，GDP成長率が4.5％を記録したが，俄か需要の限界は明白であった。西ドイツの企業は消費景気の拡大を受けて能力増強投資を展開したからその面での打撃は著しかった。ドイツ経済は消費景気からの景気過熱により財政赤字，貿易収支の赤字，経常収支の赤字，物価の急上昇のトリレンマ的問題状況に陥る。そこで公定歩合を段階的に引き上げて景気引き締めを図らざるを得ず，1989年10月から1990年11月に相対的に高かった公定歩合6％を1991年2月6.5％，1991年8月7.5％へと矢継ぎ早に引き上げ，12月8％，そしてついには1992年7月8.75％の過去最高の水準に達した。その後にマルク買いの投機を抑えるべ

く若干引き下げられるが，経済に強烈な収縮圧力が加わった。

　そこで統一好況は統一不況へ反転する。1992年にGDP成長率は2.2%に落ち込み，1993年には1％のマイナス成長となった。1992/93年不況の発生である。設備投資は1992年マイナス3.5%，1993年に至ってはマイナス14.4%の劇的な落ち込みとなり，外需の不振と相俟って「深い不況」が訪れることになった。自動車産業，電機産業，化学産業の投資中断が生じたが，機械製造業の深刻さは際立っていた。製造業の生産能力利用度はこのため1990年の92.3%から75.6%と都合4度目のマイナス成長の中で戦後最悪の水準となった。

失われる1990年代の持続的不振

　かつての西ドイツ経済にとって望まれたのは持続的な需要であった。一時的な需要が必要とされたのではない。統一好況は望ましくない俄か需要が発動したことによる所産であった。その背後では外需の不振が続いていたのである。俄か需要はドイツ経済にとって緊要とされる問題への取り組みをそらせる役割を果たした。その意味ではドイツ経済にとっては一時的ユーフォリアをもたらしはしたが，その結果は不幸なものであった。

　そのひとつは俄か需要に起因する能力増強投資の過剰投資化であり，もうひとつは沈滞の止まらない建設投資の冷え込みであった。変調の構造化に苦吟していた経済にとってもうひとつ余計な設備ストックの調整という負担が加わったのである。また，建設投資の不振は東ドイツ経済の崩壊に随伴するもので，過剰投資は統一好況の反動として容易に整理し難く，冷え込みは1990年代を通してずっと続き，経済のスランプを象徴的に物語っていた。GDP成長率は平均で2％弱に推移し，経済実績の乏しさはバブル崩壊後に「失われた10年」に沈んだ日本経済と並ぶほどであった。俄か需要という需要要因の消失後に再度需要不足の事態へと回帰したのである。

　経済諮問委員会は1990年代の成長率動向を幻滅すべきものであるとの評価を下している。長期的な需要不足が基本的原因である。失業者数の動向はそれにより説明される。1992/93年不況後に失業者数は旧西ドイツ経済では統一好況時の160万人への減少から反転して再び230万人に達するほか，東ドイツ経済の崩壊で115万人の失業者が加わった。東ドイツの浮動要因が重なったとはいえ，ドイツ経済はおよそ350万人の失業者を記録することになった。未曾有の水準である。1980年代中葉から10年を経てまた新たな次元での失業者水準を示した。構造的大量失業の問題はまったく未踏の領域に分け入ったといってよい。

経済諮問委員会は1993/94年度年次報告において失業者の急増といった問題点を挙げていた。それは統一不況の厳しさを反映するものであったが，景気の予期せぬ落ち込みと国際競争力の持続的低下に起因していた。これらの問題点も経済諮問委員会により指摘されている。国際競争力の低下は統一好況により一時的に後景に退いていたことであるが，統一好況の間にも販売不振を際立たせていた電機産業や機械製造業の問題が浮かび上がっていた。需要不足の問題と二重写しで1980年代に焦点問題とされていた国際競争力の低下という構造要因が再び問われるものとなっていたのである。それはまさしく能力増強投資の背後でおろそかにされた技術革新的投資のあり方に一石を投ずるものであった。19世紀末的発展要素に立脚した発展方向が試行錯誤的に模索されている事実に対する構造面からの照射であったことは疑いない。その中で「ドイツは産業立地に適しているのかどうか」の産業立地論争（Standortsdebatte）もますますかまびすしくなってくる。

　このとき個人消費の伸びは前年比1.6％増の水準に推移していたので，経済の不振を下支えする役割を果たしていた。それにもかかわらず，民間投資や外需の低迷が局面を覆っていた。建設投資の持続的落ち込みが困難な事態を増幅していたことも間違いない。長期の低迷は供給サイドの問題にありという想定があり，需要面に問題視野が向けられることはなかったが，需要不足に苦吟するドイツ経済の実情に配慮すべきであった。なおも異次元に達する失業問題の執拗さはこの点に着目してこそ解きほぐす手がかりが得られるはずであった。中道右派政権は事実上手をこまねいていたに等しい。コールが失業の代名詞となるのは当然のことであった。

超低成長に喘ぐ「ヨーロッパの病人」ドイツ

　西ドイツ経済の時代を経てドイツ経済は1974/75年不況を境に長期停滞期にあった。その間に都合3度におよぶマイナス成長に陥り，ドイツ経済は水面下に没する経験を繰り返すことになった。拡張期がなかったわけではないが，全体として短期間のうちに収束し，特に俄か需要発動の統一好況はドイツ経済にとって発展阻害的でさえあった。1990年代においても経済のスランプは持続し，あまり命名されることはないものの，「失われた10年」に沈んだ。2000年に久方ぶりにGDP 2.9％の成長に戻って一息ついた感じだったが，21世紀に入って再び超低成長局面が訪れる。

　2000年代に入ってドイツ経済は産業調整の遅れによる持続的不振からなおも一段階段を下りることになった。2000年の2.9％「相対的高成長」は反転して2001年0.8％，2002年0.1％，2003年マイナス0.2％，2004年1.6％と1990年代後半の2％弱を大きく

下回る超低成長である。2003年には戦後都合5度目のマイナス成長に見舞われる。30年におよぶ長期停滞もここにきわまったという形容で間違いなく，平均1％を割り込む成長率では当然である。

　このときの政権はSPDと同盟90／緑の党（Bündnis 90/Die Grünen）の異色な連立政権である。持続的なスランプが続くなかで中道右派政権の命脈も絶たれ，1998年10月に赤・緑政権が誕生したのであった。通常なら新鮮な政治交代劇と思われがちだが，実際にはそうではなかった。SPDは前回の36.4％から40.9％に得票率を伸ばしたものの，40％をかろうじてクリアできたにすぎず，緑の党は前回7.3％から6.7％へと得票率を落とし，選挙では敗北政党であった。そうした政党と連立を組むのであるから到底新風吹く政権誕生というわけにはいかず，当初から暗雲立ち込めていた。コール率いる中道右派政権の無力さが幸いしてシュレーダー（Gerhard Schröder）は首相の座についた。

　彼が政策上のキー・ワードにしていたのが「革新」（Innovation）であった。遅れていた構造改革にメスを入れる野心が秘められていたのだろうが，ドイツの企業は端から競合対峙戦略を展開することを考えていなかった。ドイツの企業が想定していたのは，割高製品を得意顧客に提供する焦点絞り込みのニッチ戦略であった。シュレーダーの革新と交差することは当初からなかったのである。

　このようなことを考慮に入れれば，2000年代初めの超低成長は当然の事態であった。シュレーダーにしてもどの辺まで深く構造改革を構想していたかは不分明である。むしろ，「病める経済」症候群が深まるなかで中道右派政権以上に経済運営に無力でドイツ経済の困難さを倍加させたといえなくもない。いずれにしても，この30年にもおよぶ長期停滞のなかでドイツ経済は「ヨーロッパの病人」と揶揄されるまでになる。この場合，「ヨーロッパの病人」という形容をメディアでなされたものとして軽く扱うことは正当ではない。この形容はマスメディアで使われる軽薄なものと片づけられる傾向にあるが，経済諮問委員会もドイツ経済の実情をこのように言い表している。深刻さを内包した言葉なのである。また，経済諮問委員会は学者が1970年代中葉を指して用いた「経済成長の弱さ」という語彙を超低成長局面に援用している。「経済成長の弱さ」もすっかり定着した言葉だったのである。

　ドイツ経済はまさにジリ貧的状況に陥っていた。失業問題のさらなる深刻さがそれを物語る。2000年代に入っての失業者数は旧西ドイツ経済で300万人，旧東ドイツ経済で150万人と合わせて450万人に到達し，ハルツ改革の行われた2005年5月には実に489万人を記録する（1月には500万人超）。失業率は11.8％で，8人に1人が失業して

いる勘定だ。世界恐慌のようなマクロ的大変動があるのならまだしもそういった要因がない中でこの失業者数は驚異的である。ドイツ国民のなかから「失業者数はどこまで上昇していくのか」といった恐れや重大な懸念が表明されるのは当然である。10年を経てまた新たな次元での失業者数になった。この異次元の失業問題の執拗さに国民が疲弊し，ペシミズムが経済全体を覆うのも理由のないことではない。イラク戦争の追い風もあって赤・緑政権はかろうじて下野を免れたが，当時経済運営から政権の行方は風前の灯状態にあった。

　ドイツ経済が追い詰められていた事実を示すのは，安定・成長協定に盛り込まれた財政赤字3％未満の遵守を2002年から4年続きで守れず，財政規律違反となったことである。超低成長では財政政策の裁量性を生かしたかったのであろうが，ドイツはフランスとともに大国のエゴを発揮して欧州財務相理事会で制裁措置の発動を免れる根回しを行った。これには欧州委員会が鋭い批判を行い，欧州司法裁判所に提訴する騒ぎとなった。こうして，財政規律違反をめぐって三つ巴の迷走劇が繰り広げられたが，ドイツの意向が通って財政規律弛緩の方向で決着をみた。財政論議の深まりが妨げられたという文脈において，現在小康状態にあるものの，かつての欧州債務危機の遠因はここに求められよう[5]。

　財政規律違反の問題はドイツ経済の行方に関して重要な問題提起をする。超低成長に陥ったドイツ経済が必要としていたのは果たして財政政策による一時的需要かどうかということがそれである。「経済成長の弱さ」に苦悩するドイツ経済にとり望まれていたのは持続的需要である。持続的需要はどのようにして生まれるのか。それは有効な政策的処方箋を見出しえない当時の政権の袋小路状況を物語ってあまりある出来事であったといえよう。

5　起伏の激しい景気変動の現況

2005〜2007年の拡張と「新たな経済の奇跡」

　超低成長に喘いでいたドイツ経済であったが，2005年から拡張に転じる。2005年のGDP成長率0.5％，2006年3.0％，2007年2.5％と久方ぶりに明るい日差しがドイツ経済に降り注いだ。2008年第1四半期にも前年同時期比2％と堅調ぶりをみせ，この間経済は相対的に好調に推移した。これはサブプライム関連証券投資に支えられたアメリカでの住宅投資ブームを背景とする世界的好況に伴う輸出拡大がもたらした活況である。いわば，「金融市場主導の蓄積」（eine finanzmarktgetriebene Akkumulation）に

第1章　ドイツ経済の概観　27

導かれた「資産に基づく富主導経済」（die《asset-based, wealth-driven economy》）を拠り所にした経済拡張であった。[6]そのなかで得意顧客に向けての輸出拡大が旺盛に展開し，それが平均で7％を超える設備投資の伸びを誘発して経済にようやく薄日が差したのである。

　反面，個人消費は低迷したままであった。これを1990年代中葉からの賃金抑制に求める意見がある。[7]「ドイツの賃金停滞」が大きく作用しているのは確かだが，反面で輸出拡大が家計部門におよんでいないことに留意されるべきであろう。賃金抑制が輸出拡大につながったとする見解は支配的とはいえない。ドイツ経済を分析するエコノミスト達の中にはドイツの輸出が価格競争力よりも品質競争力で決まっているという意見を表明する向きがある。[8]この意見は妥当だと思われる。「低価格で高品質な製品を」といった複合的な競争の時代に背を向けて割高製品の供給に絞り込む発展方向が追求されてきた。世界的な好況のなかでドイツ製品への需要は一種の奢侈財として盛り上がったと考えられる。2009年1月に破産申請する老舗大手高級食器メーカーのローゼンタールは高級志向の隙間戦略を展開していた。このときの好景気において奢侈財として重宝されていたのである。

　このような中で超低成長からの急反転として「絶好調ドイツ」の論調がメディアで支配的となるほどの雰囲気であった。この後2008/09年の大型不況に陥るからドイツ経済の推移からみれば例外的ともいえる拡張期であったが，薄日が差したことがよほど歓迎されるべき出来事であったのであろう，久々の発展期に踊っていたのである。

　それはメディアだけに限ったことではない。2009年連邦議会選挙においてSPDの首相候補となるシュタインマイアー（Frank-Walter Steinmeier）は2007年の中葉にこの活況を「新たな経済の奇跡」（ein neues Wirtschaftswunder）と形容した。[9]彼にしてみれば，シュレーダー政権下で打ち出されたアジェンダ2010が功を奏したものと印象づけたかったに違いない。我田引水的であった。SPDの行方には命取りになる意見表明であった。なお，経済諮問委員会も「ドイツの経済復調」（das wirtschaftliche Comeback Deutschlands）と述懐していたから，割り引かれるべきだとしてもそうなのである。

金融危機と2008/09年大型不況

　サブプライム関連証券投資にドイツの金融機関はのめり込んだ。経済諮問委員会が「準（えせ）銀行」（Quasi-Bank）と呼ぶ特別目的投資体（Structured Investment Vehicles: SIV）が銀行との連結決算の対象となることなく暗躍した。このSIVはサブプラ

イム関連証券投資を担保に資産担保短期証券（Assets Backed Commercial Paper:
ABCP）を発行した。SIV は銀行への手数料支払いにより万一の場合のクレジットラ
イン（緊急資金供給枠）の裏づけをとる。サブプライム関連証券が投資家の間で順調に
消化される限り SIV も銀行も収益を拡大できるが，サブプライムローンが焦げつけ
ば，証券価格が急落するから事態は一変する。

　2007年 8 月 1 日に半官半民の IKB ドイツ産業銀行が経営困難に陥る。IKB と一体
となっていた SIV の流動性悪化が表面化したからである。SIV の行き詰まりによる
信用リスクが IKB ドイツ産業銀行にはね返った。当時ドイツ連銀総裁ウェーバー
（Axel Weber）は金融機関固有の局部的問題にすぎないとの認識を示していた[10]。この
銀行破綻は 8 月17日にはザクセンランデスバンクの流動性危機となって拡大する。
「影の銀行業務」が支配的となるなかでサブプライム関連のエクスポージャーのリス
クが一挙に表面化した。この金融危機は段階的にドレスナー銀行やコメルツ銀行の大
手に拡がる。ここまでいくとドイツ連銀も状況を把握できない。流動性危機を恐れて
どの銀行も他の銀行への融資に極端に警戒的となり，金融市場は疑心暗鬼の状態に陥
り，凍結する。ABCP 市場も完全な機能不全状態となり，銀行の不良債権が急激に
膨らむ。最大手ドイツ銀行もまた，巨額の欠損を計上した。

　銀行ぐるみでドル金融に感染していたことが明らかとなった。ドイツ金融恐慌の発
生である。連邦金融監督庁長官サニオ（Jochen Sanio）は IKB 問題に端を発する金融
破綻が1931年以来の最悪の銀行恐慌になるとの警告を発していたが，彼の見通しは見
事に的中した。金融危機（Finanzkrise）がドイツで2008年の流行語大賞となる。2007
年盛夏に IKB 産業銀行の金融破綻に始まるヨーロッパ金融恐慌は2008年にはアメリ
カのリーマン・ブラザーズの破綻（リーマン・ショック）へとつながる世界的な金融危
機に転化した。

　ドイツ経済はドイツ金融恐慌の発生によるクレジット・クランチ，世界的規模での
実物経済の縮小を受けた輸出激減の双方から2008年第 4 四半期，翌2009年第 1 四半期
にかけて未曾有の収縮圧力を受けて極めて重篤な不況に陥った。すでに翳りを10月に
みせていた輸出受注は2008年第 4 四半期には電機産業，機械製造業，自動車産業で前
年同時期比それぞれ19％，40％，39％減の劇的低下をみせる。今まで楽観的見通しを
持ち続けていた民間の経済研究所は一斉に破局的シナリオを描く。輸出の落ち込みに
誘発されて設備投資も2009年第 1 四半期には前年同時期比21.8％も激減した。

　輸出需要ならびに設備投資の崩壊という歴史に例をみない大型不況であった。加工
製造業の生産能力利用度も2009年前半71.3％と引き下がり，これはかつてのマイナス

第 1 章　ドイツ経済の概観　29

成長時にみられなかった低い水準であった。個人消費の伸び率は2000年代に前年度比0.8％と1990年代に比較して半減させていたから，総需要水準が記録的な崩れとなったのである。それを反映してGDP成長率は2009年にマイナス5.6％となり，ドイツ経済は6度目のマイナス成長にして未曾有のレベルで水面下に没した。「絶好調ドイツ」からの急暗転である。

大型不況からのV字回復とドイツ流産業調整

　ドイツ経済は1920年代末から1930年代初めにかけての時期以来約80年ぶりの大型不況に直面することになった。しかし，この大型不況が長期にわたってずれ込むことはなく，1年後にはV字回復を遂げる。2010年，2011年とGDP成長率は4.1％，3.6％へと高いプラス成長に転じ，早期のうちに景気拡張へと再反転した。これはそれまでの長期停滞ではなかったことであった。過去5度のマイナス成長のうち1966/67年不況を例外としてその他の場合には低成長を引きずることを余儀なくされ，ドイツ経済の産業調整が阻害されてきた。その意味でも今回の大不況にはV字回復との関連で説明しなければならないわけがある。

　その場合に注目されるのは，2000年代に入って漸次進行してきた世界資本主義の新たな構造変化である。ドイツ企業が「メイド・イン・ジャーマニー」の伝統に依拠する発展方向を追求してきた事実はこれまで繰り返し指摘したことであるが，従来の輸出構造を前提とするかぎり，不況からの反転力は期待されなかった。とすれば，やはりBRICs（Brazil, Russia, India, China）の新興諸国の発展・成長という要因と結びつけて考える必要がある。隙間戦略を展開してきたドイツ企業の輸出展開が「意図せざる」マッチングとして予想外に社会的利用度（需要）を拡げたと解せる。

　これまで論じてきたように，ドイツ経済は長年需要不足下に置かれてきた。失業問題の異常な執拗さもこの需要制約問題とコインの表裏にある。ドイツ企業は自動車産業や工作機械にみられるように，割高な高級重量製品の供給という焦点絞り込みの競合回避的な棲み分け戦略への産業調整の歩みを進捗させてきた[11]。それでも先端テクノロジー部門の貿易赤字が指摘されている。したがって，完全に先端技術にキャッチ・アップしたとまではいえず，適切さからの一歩後退ではあるが，その下で製品絞り込みの独歩戦略が展開されてきた。

　この発展方向は第一級のドイツ経済史家であるアーベルスハウザー（Werner Abelshauser）によっても強調されている[12]。本来なら隙間戦略に活路を見出そうとする限り，需要規模は限定されたものとなるはずであった。過去の低成長はこれに起因す

30

る。が，今回は違う。そのニッチ戦略が予想外の新興国需要となって現れたのである。
V字回復の最大の要因はここにある。先進国内部の需要と比較して新興国需要の規
模の桁外れの大きさはつとに指摘されていることである。この結果，ドイツ経済は長
らく苦しんできた需要不足を解消する糸口をつかんだのである。ドイツ流産業調整は
意図せざる成果を挙げることで「ヨーロッパの病人」ドイツからの復調を可能にした
ことになる。そこで「産業立地魅力性」(Standortsattraktivität) という自信回復をほ
のめかす語彙も提示されてくる。[13]

　こうした好調さに連動してもう1つ注目されねばならないのは，雇用が目にみえて
改善している事実である。2013年10月時点での失業者数は270万人とピークの490万人
から220万人も減少し，失業率も11.8％から6％台へと低下している。先ごろには
1992/93年不況以来の18年ぶりの好転と表現されていた。これが「いわゆる雇用の奇
跡」(das so genannte Jobwunder) と形容されるものである。[14]従来400万人の失業者数
が高失業の分水嶺といわれてきたが，2016年6.1％，270万人とそうした事態を遠くに
追いやる水準にある。労働時間が弾力的なパートタイム正規雇用労働者が増えている
といったプラスの変化もみられる。その意味でもドイツ経済は「復調」期に入ったと
いえよう。直近においてシリアや北アフリカの難民がドイツ定住を目指すのは受け入
れ態勢に加えてこの点に根差す。[15]

近年の成長率動向とドイツ経済の行方

　経済諮問委員会は2010/11年度年次報告の冒頭において「(ドイツ経済は) 不死鳥の
ように蘇ったか」(Wie Phönix aus der Asche?) と問いかけた。これはすでに述べた
ように，大型不況からのV字回復に対する自信回復の意思表示であるが，感嘆符で
はなく疑問符で問いかけていることからすると，V字回復をまだ本物と認識しえな
いことの表明でもある。そのうえで年次報告において新興国需要がダイナミックな成
長動因になっているとしながらも，そこには同時にドイツ経済にとり「最大のリス
ク」(die größten Risiken) が内包されていると指摘している。これは新興国需要をド
イツ経済復調の柱に据えていても不安要因がはらまれていることを事実上告白してい
るに等しい。

　その意味でドイツ経済には意外な需要裾野の拡がりをみせた新興国需要に依存する
ことへの落とし穴があるとみてよい。それはドイツ経済にとって新たな「成長の罠」
といえる。そのような成長の罠を抱え込むかたちでの産業再編を独自に生み出した。
これが割高高級重量製品供給の焦点絞り込み戦略と表現されるのはすでに説明したと

おりである。ドイツ経済としては30年にわたる長期停滞のなかで競合対峙戦略から「メイド・イン・ジャーマニー」の品質競争力の伝統にもたれかかる方向のニッチ戦略に逸脱してきたのであるから，この発展方向はもはや後戻りできないものである。

　そのことをあえて了解した上でなお一言すれば，この産業調整は受動的内容である。19世紀第4四半期「高品質生産体制」を確立した際にみられた成長性豊かなヨーロッパ市場を積極果敢に開拓していったという積極面は欠けている。新興国に予想外の需要を見出したという幸運がついて回る。経済諮問委員会の事実上弱気な情勢判断もこの受動性に起因している。そのことを如実に示すように，2012年，2013年とGDP成長率は新興国の成長鈍化を受けて0.4％，0.1％に低下した。低インフレ基調のEU・ユーロ圏経済も確かに増幅要因だ。そうした意味合いで急速なV字回復後に上り坂の勾配のきわめてなだらかな実感薄き拡張へと転じてきていよう。2014年1.6％，2015年1.7％へと持ち直しがみられるが，この堅調さが持続するかどうかは新興諸国をめぐる国内外の経済環境からみて定かではない。

　むろん明るい材料がないとはいえない。個人消費の回復がそれである。2000年代に前年比0.8％増にまで落ち込んだ成長率は近年1％強台へと反転し，ごく最近では鈍化を示しながらも，再度の持ち直し基調が明瞭である。その意味では「消費の弱さ：活性化の展望はあるか」として2008/09年度年次報告において個人消費を悲観していた経済諮問委員会の論調は総じて後景に退いた。これは雇用の目にみえる改善を背景にしての家計部門の盛り返しであるが，それが安定的に推移するかどうかは結局のところ新たな経済成長の柱となってきた新興国需要が家計部門にどの程度はね返るかにかかっているといってよい。とすれば，ドイツ経済にとり鍵となるのはやはり新興国経済の発展動向ということになるはずである。

　割高製品を需要するような所得の相対的に高い社会階層や需要家がいかに手厚く分布してくるのか，この点が肝要となる。そうした持続的な発展が将来展望として見込めるのかどうか。そこには「発展」と「停滞」の両義性が横たわる。先にドイツ経済の新たな「成長の罠」と規定した所以である。ドイツ経済の行方は必ずしも明るいとはいえない。現在は「復調」期にあるが，それが暗転する可能性は依然として燻っていると考えられる。[16]

　以上，ドイツ経済の発展軌跡を明らかにしてきた。特に本書の主題である「ドイツ経済——EU経済の基軸」である基本的な裏づけを直近の変化との関わりにおいて展開してきた。30年余におよぶ経済変調の過程を経つつ，21世紀に入っての世界資本主

義の構造変化に接ぎ穂するかたちでの歴史的背景に条件づけられながら，ドイツ経済が独特の産業調整を果たし，ある種の復調期にあるというのが現状での結論である。この帰結は自らを取り巻く環境に依拠しているので，EU の基軸としての評価もこの点から引き続き検証を要しよう。

注

⑴　これはドル減価にもとづくインフレ相殺に向けた先進各国の足並みを揃える拡張的財政金融政策が西ドイツ製品の輸出需要につながって景気回復をもたらしたからである。

⑵　ドイツ経済が躍進を遂げる19世紀第 4 四半期には先進技術商品であっても戦間期の中断を挟み第 2 次大戦後の時代を経て中位技術商品に変化したというわけである。

⑶　Sandholz（1992：70-73）. また，この好個の事例はジーメンス半導体事業の先見性のなさと際立つ不振であった。古内（2007：192-193，198-199注88）。

⑷　Bökenkampf（2010：349）.

⑸　この迷走劇による財政論議の混迷がなければ，国家債務問題は傷の浅いうちに対処されたに違いなかろう。この点で財政規律を主張した当事者であるドイツの責任は特に大きいといわねばなるまい。

⑹　Ludwig, Steinitz, Zinn u. a.（2008：44-45）.

⑺　Ludwig, Steinitz, Zinn u. a.（2008：26）.

⑻　Ludwig, Steinitz, Zinn u. a.（2008：26）.

⑼　Arbeitsgruppe Alternative Wirtschaftspolitik（2009：59, 64）.

⑽　米倉（2008：195）。

⑾　工作機械部門はその典型例であろう。幸田（2011：186-187）。

⑿　この点については，古内（2007：231-232注33）を参照のこと。千葉大学大学院人文社会科学研究科21世紀 COE プログラム「持続可能な福祉社会に向けた公共研究拠点」国際シンポジウム「ニューエコノミーへの多様な道——ドイツ・日本・アメリカ」の総合討論（2006年 3 月16日）における発言である。ここで彼の強調を特に挙げるのは，第一級の経済史家である彼をも容易に捉え込む隙間棲み分け戦略が展開されている事実を確認するためにほかならない。

⒀　Sachverständigenrat zur Begutachtung der gesamtwirtschaftlichen Entwicklung（2009：3, 22）.

⒁　Arbeitsgruppe Alternative Wirtschaftspolitik（2010：26）.

⒂　難民問題については，古内（2016：33-34）を参照されたい。

⒃　本章は2010年代半ばまでを考察対象としていたので，直近の変化については深く言及されていない。直近における個人消費の自律的堅調さ，産官学一体となった「インダストリー4.0」（第 4 次産業革命）の推進，ユーロ圏経済の景気回復などの発展的側面とその背後で復

調に影を落としつつある労働力供給制約の懸念要因については古内（2019）を参照されたい。

参考文献

W. Abelshauser（1983）*Wirtschaftsgeschichte der Bundesrepublik Deutschlands 1945-1980*, Frankfurt am Main: Suhrkamp Verlag.

W. Abelshauser（2004）*Deutsche Wirtschaftsgeschichte seit 1945*, München: Verlag C. H. Beck.

Arbeitsgruppe Alternative Wirtschaftspolitik（2009）*Memorandom 2009. Vor der Krise in den Absturz ? Stabilisierung, Umbau, Demokratisierung*, Köln: PapyRossa Verlag.

Arbeitsgruppe Alternative Wirtschaftspolitik（2010）*Memorandom 2010. Sozial-ökologische Regulierung statt Sparpolitik und Steuergeschenken*, Köln: PapyRossa Verlag.

G. Bökenkamp（2010）*Das Ende des Wirtschaftswunders. Geschichte der Sozial-, Wirtschafts-und Finanzpolitik in der Bundesrepublik 1969-1998*, Stuttgart: Lucius & Lusius Verlag.

C. Buchheim（1990）*Die Wiedereingliederung Westdeutschlands in die Weltwirtschft 1945-1958*, München: R. Oldenburg Verlag.

H. Giersch, K.-H. Paqué, H. Schmieding（1992）*The fading miracle. Four decades of market economy in Germany*, Cambridge: Cambridge University Press.

G. Hardach（1994）*Der Marshallplan. Auslandshilfe und Wiederaufbau in Westdeutschland*, München: Deutscher Taschenbuch Verlag.

R. Harding and W. E. Paterson（eds.）（2000）*The future of German Economy. An end to the miracle ?* Manchester and New York: Manchester University Press.

U. Ludwig, K. Steinitz, K. G. Zinn u. a.（2008）*Konjunktur-Perspektiven. Zwischen Prosperitätserwartungen und Krisenzenarien*, Hamburg: VSA-Verlag.

A. Nicholls（1994）*Freedom with Responsibility. The Social Market Economy in Germany 1918-1963*, Oxford: Oxford University Press.

Sachverständigenrat zu Begutachtung der gesamtwirtschaftlichen Entwicklung（1964-2016）*Jahresgutachten*, Stuttgart und Mainz, Berlin, Wiesbaden: Statistisches Bundesamt.

W. Sandholz（1992）*High-tech Europe. The Politics of International Competition*, Berkeley, Los Angels and Oxford: University of California Press.

工藤章（1999）『20世紀ドイツ資本主義——国際定位と大企業体制』東京大学出版会。

幸田亮一（2011）『ドイツ工作機械の20世紀——メイド・イン・ジャーマニーを支えて』多賀出版。

佐々木昇（1990）『現代西ドイツ経済論——寡占化と国際化』東洋経済新報社。

佐藤進（1983）『現代西ドイツ財政論』有斐閣。

出水宏一（1978）『現代ドイツ経済史』東洋経済新報社。

戸原四郎・加藤榮一編（1992）『現代のドイツ経済——統一への経済過程』有斐閣。

戸原四郎・加藤榮一・工藤章編（2003）『ドイツ経済——統一後の10年』有斐閣。

鳩澤歩編（2011）『ドイツ現代史探訪——社会・政治・経済』大阪大学出版会。

古内博行（2007）『現代ドイツ経済の歴史』東京大学出版会。

古内博行（2009）「2007/08年ドイツ金融恐慌の発生と新たな不況の到来」『千葉大学経済研究』第24巻第1号。

古内博行（2012）「最新ドイツ経済の真実——歴史的不況その後」『千葉大学経済研究』第27巻第2・3号。

古内博行（2013）「欧州債務危機とドイツの試練」『千葉大学経済研究』第28巻第1号。

古内博行（2016）「ドイツ"覇権国化"の問題深層」『世界経済評論』第60巻第4号。

古内博行（2019）「最新動向にみるドイツ経済の復調」『千葉大学経済研究』第33巻第3・4号。

米倉茂（2008）『変幻進化する国際金融——サブプライム危機：膨張するドル体制の落とし穴』税務経理協会。

第2章
金　融
——世界金融危機とドイツの銀行システム——

飯野由美子

　戦後ドイツの金融の特徴は，①銀行業務・証券業務を兼営するユニバーサルバンク制度，②銀行を中核とする間接金融，③自己金融，④「３本柱構造」(世界的に活躍する大銀行などの民営銀行，貯蓄銀行・ランデスバンク（略称 LB）などの公営銀行，信用協同組合組織の銀行）にあるとされている。大銀行は，伝統的に大企業向け業務を中心としてきており，ドイツ経済を左右する権力をもっているといわれてきた割には，資産総額での市場シェアは戦後２割程度から1960年代には１割程度に低下していた（図2-7参照）。それに対し，公営の貯蓄銀行・ランデスバンクの比率が諸外国に比べ高く，それらが地方政府の政策，連邦全体の住宅建築においても金融面から大きな役割を果たしていた。

　しかし，1990年代に入り，自己金融に偏したドイツ企業金融も，保守的と特徴付けられてきたドイツ家計の金融行動も，アメリカ的な株式文化・市場化（金融・証券市場で日々成立する価格によって決定される比率が高くなる）の色彩を強めた（飯野 2003）。同時に，大手のユニバーサルバンクは投資銀行業務に主軸を置くようになり，さらに2000年代に入ると投資銀行業務の中でも「プライマリー業務」とくくられる株式引受，債券引受，M&A 業務などに比べ，「トレーディング業務」とくくられるブローカレイジ，マーケットメイク，自己勘定取引の比率を拡大させる（新形 2010：39-45，2015-1：27）。世界の中でも際立ったドイツのグローバル・ユニバーサルバンクの投資銀行業務の拡大，ことにトレーディング業務の拡大傾向を，2007年からドイツ金融界を揺るがした世界金融危機およびそれに引き続く金融規制が逆転させる。

　逆転は，市場の混乱，そして世界的な規制の波（2010年米・ボルカー・ルール，同年英・リングフェンス，2014年 EU・リカネン（Liikanen）報告）により，自己勘定トレーディングなどリスクの高い業務の禁止ないしリテール業務からの分離の方向によってももたらされた。しかし，ドイツの銀行が内に抱えた問題は，単なる逆転に留まることを許さなかった。世界金融危機，欧州政府債務危機に対応するための世界的な超金融緩和による低金利は，ドイツの金融システムにもひずみをもたらす。その中で，ドイツ

の銀行界は危機的とも言える状況に瀕しているが，この状況に留まるか，あるいは金融再編成を経て，リスク管理強化という味付けないし枠組みを加えた上で，再び形を変えたトレーディング業務の肥大化ないしは新たな金融技術（FinTech）を用いたビジネスの普及が不可避となろう。

　そこで本章では，第1節で，大銀行・ランデスバンクのようなグローバル・ユニバーサルバンクによるトレーディング業務の実態，そして金融危機がそれに及ぼす深刻な影響を概観し，第2節で大銀行・ランデスバンクでトレーディング業務を含めた市場比率が高くならざるを得ない事情の背景にある銀行業務の構造的変化を俯瞰する。その上で第3節ではドイチェ・バンクを例にとり，ドイツのグローバル・ユニバーサルバンクが抱えるリスク，トレーディング業務分離の問題，低金利が長期の銀行業務構造変化要因とともにドイツ金融システム・老齢福祉の不安定性をもたらすことを論じる。

1　世界金融危機とドイツの投資銀行

世界金融危機とドイツの銀行の収益状況

　米リーマン・ショックを発端とする世界金融危機は，ドイツの銀行システムにも大きなダメージを与えた[2]。金融危機によりドイツ経済はアメリカ以上に大きな縮小を経験している（藤澤 2013：129）。図2-1は，世界金融危機によって最も大きな損失を被った大銀行とランデスバンクの収益状況，および金融危機の影響をほとんど受けなかった業態の代表としての貯蓄銀行の収益状況を示している。

　図2-1から，2005～2014年の収益の状態を表す目安としての「税引前当期純利益」（Jahresüberschuss vor Steuern）が，大銀行，ランデスバンク双方とも全体に右肩下がりの傾向にあること，とりわけ世界金融危機の2008年，大銀行は178億ユーロ（資産総額の0.81％に相当），2009年67億ユーロ，また，ランデスバンクは，2008年61億ユーロ，2009年59億ユーロ（各資産総額のそれぞれ0.36％，0.37％に相当）と，大きな損失を計上していることがわかる。

　その直接の原因は，当時のドイツ連銀月報によれば，トレーディング業務（その内とくに証券，金融商品，為替，貴金属のそれぞれ自己勘定取引），そして評価損（物的投資，金融投資業務を除く）が大きかったことである。自己勘定取引による損失の具体的内容は，「特にストラクチャード商品の償却，デリバティブズでの損失，なかんづくリーマン倒産，特定の対外債権償却［後略］」であり，大銀行の自己勘定取引の損失は154

38

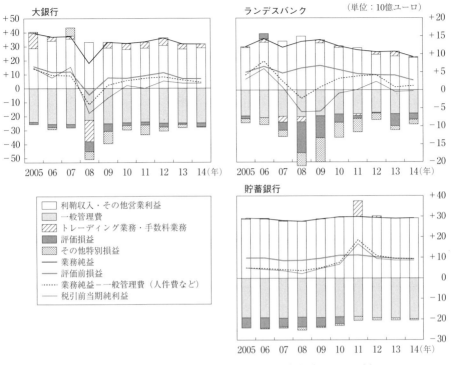

図2-1　大銀行・ランデスバンク・貯蓄銀行の収益推移（2005～2014年）
（出典）　DEUTSCHE BUNDESBANK（2015a：50, 51）.

億ユーロに上ったという（DEUTSCHE BUNDESBANK 2009：41）。それに対して、貯蓄銀行は2005～2010年に若干の評価損があるのみで、大きな損失を被っていない。大銀行、ランデスバンクの損失の原因がトレーディングを中心とするリスクの高い業務の有無にあることは明白である。

　しかし、赤字となったのは世界金融危機を直接の原因とする2008年前後の年のみであり、その後には世界金融危機による直接の打撃からは回復しているといえる。むしろここで注目すべき点は、収益の最大項目である利鞘収入・その他営業利益が傾向的に減少していることである（図2-1、図2-2参照）。

　このような長期の利鞘収入低下は、グローバル・ユニバーサルバンクである大銀行、ランデスバンクが投資銀行業務に主軸を変え、後にトレーディング業務に乗り出さざるを得なくなった最大の要因と考えられる。たしかに、トレーディングという利益の大きい業務に食い込まねばとの官民を挙げた参戦促進状況にはあった。しかし、そも

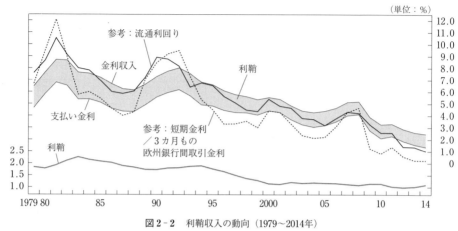

図2-2 利鞘収入の動向（1979～2014年）
（出典） DEUTSCHE BUNDESBANK, „Die Ertragslage der deutschen Kreditinstitute im Jahr 2014", *Monatsbericht* September 2015, S. 47.

そも従来のビジネスモデルが先細りという状況でなければ，次に論じるようなドラスティックなトレーディングへの殺到はなかったのではなかろうか。

　その他銀行業態はそれぞれのやり方で利鞘収入縮小を補う方策を打ち出した。ユニバーサルバンクでありながらリスクや活動地域の面で制限のある貯蓄銀行，信用協同組合では，利鞘収入縮小傾向への対応は主として業態内の統廃合によって行われた。行数は連銀統計の戦後データが存在する貯蓄銀行の場合，ピークの887行（1948年）に対し，2016年10月は408行(3)へと46％に，信用協同組合の場合，ピークの1973年の2,450行から2016年10月の986行(4)へと40％に激減した。

欧米グローバル・ユニバーサルバンクのトレーディング業務への傾斜

　ここで，簡単にトレーディング業務とは何かを，見ておこう(5)。1980年代以降大手銀行は投資銀行業務を強化してきたが，この投資銀行業務は２種類の業務，すなわち，①債券引受や株式引受，M&Aを行う「プライマリー業務」と，②流通市場で既発債券・株式の売買を行う「トレーディング業務」とに分けられ，トレーディング業務はさらに，ブローカレイジ（証券売買仲介），マーケットメイク（顧客に対する証券売買の相手方になるため自己勘定の証券ポジションが積み上がる。収入源は売買価格差），自己勘定取引（自己勘定の証券ポジションが必要。収入源は売買価格差）からなっている。トレーディング業務の顧客は，個人老齢年金資産の蓄積を反映した生命保険（ドイツでは私的老齢年金として一番多いのは生命保険），資金運用の市場化を反映した投信，そしてヘッジ

ファンドの比率が高い（新形 2010：41，2015a：27-28）。

　トレーディング比率は2000年代に急速に高くなり，プライマリー業務と比率が逆転するが，その原因を実体経済に求めると，①商業銀行の投資銀行業務参入が増えプライマリー業務での競争が激化したため，プライマリー業務での利が薄くなったこと，②企業の資金調達において市場調達が増えたため，流通市場が拡大したこと，③家計の金融資産蓄積により，それを受け止める機関投資家が拡大したこと，とされている（新形 2015a：30）。こうして大手銀行は，投資銀行機能をもつ「グローバル・ユニバーサルバンク」となり，これまでとは違う次のような性格をもつようになった。

　欧米大手銀行が預金‐貸付を軸とした伝統的商業銀行であれば，貸付債権は満期まで自行のバランスシートに保有する。しかし，グローバル・ユニバーサルバンクとなると，組成したローンは証券化して世界の機関投資家に販売されるようになる（新形 2015a：42）。さらに，2000年代に入ると，証券化ビジネスのためにローンを必要とする。つまり主客が転倒し，「プライマリー業務は，事業法人の資金調達を支援して手数料を稼ぐ業務というよりは，収入源であるトレーディング業務にプロダクツを供給するための『手段』と化していた」（新形 2015a：46）。

投資銀行化の背景としての資本市場振興法

　このような大銀行・ランデスバンクの投資銀行業務，特にトレーディング業務傾斜を促進したのは，5回にわたる資本市場振興法等による規制緩和である。具体的には，1998年の第3次資本市場振興法による金融債発行規制の緩和，MMFの解禁，資本市場振興計画（Finanzmarktförderplan）に沿った2004年投資近代化法（Investmentmodernisierungsgesetz）（これをもってドイツにおいて国際的レベルで競争可能な投資銀行業務の法的基礎が出来上がった），投信会社の自己資本規制の緩和等であり，これにより大銀行の投資銀行としてのビジネス分野が広がったのである。[6]これらの規制緩和措置によって，業務基盤としての位置を次第に失っていく対企業・個人貸付に代わる新たな収益源泉が拓かれた。ちなみに，投資近代化法は証券投資の法律・監督に関するEU指令を国内法化したものである（*Gablers Wirtschaftslexikon*）。つまり，EU規模で投資銀行業務の国際的レベルに追いつくよう枠組みを整えたのである。

　このような一連の資本市場関連の規制緩和によって，ドイツのグローバル・ユニバーサルバンクはトレーディング業務に乗り出すことが出来るようになり，一定の成果を挙げるようになった。大銀行について見れば，2005年では特に利益の1/3近くをトレーディングで挙げているし，金融危機後の2009～2013年ですらなお，トレーディン

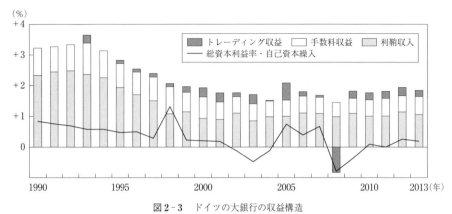

図 2-3　ドイツの大銀行の収益構造
(出典) DEUTSCHE BUNDESBANK, „Strukturelle Entwicklungen im deutschen Bankensektor", *Monatsbericht*, April 2015, S. 54.

グ収益の数値は営業収益全体の12〜15％程度を占めている（図2-3参照）。銀行全体でも，それは同時期5％前後で推移している（DEUTSCHE BUNDESBANK 2016d：78）。

　ドイツの全銀行の資産総額に占めるトレーディング残高の比率を他のユーロ圏諸国のそれと比べると，2位のフランスをやや上回り，ユーロ圏で最も高い（ECB 2015：29）。また2015年時点でヨーロッパで最もクロスボーダーの銀行取引が大きいのは，ドイツ，フランス，イギリスであり（ECB 2015：6），国境を越えたトレーディングを盛んに行っていることが推測できる。

ドイツの銀行による貸付債権の証券化

　このトレーディングの対象となり，後にドイツのグローバル・ユニバーサルバンクに大きな損失をもたらしたのは，証券化商品ビジネス（ストラクチャード・ファイナンスあるいは仕組み債）であった。そもそも1997年に至るまでは，ドイツの銀行は規制上，伝統的カバードボンドは除き資産担保証券（ABS），不動産担保証券（MBS）（以下，合わせて ABS/MBS と表記）の発行という意味での証券化は許可されていなかった。1990年頃から銀行業界が ABS/MBS 発行許可につき当時の金融監督庁（Bundesaufsichtsamt für das Kreditwesen）と個々のケースについて折衝を重ねていたが，1997年4月に，金融監督庁が4銀行業界団体に対し一般的 ABS 発行原則に関する文書を提示し，事実上解禁された（DEUTSCHE BUNDESBANK 2015a：62）。それを受け，大手銀行は特別目的会社（SPV）を通じ世界金融危機に至るまでは盛んに ABS/MBS を発行し，ピークの2005年には ABS/MBS 合計発行額は800億ユーロ超に達した（図2-4参照）

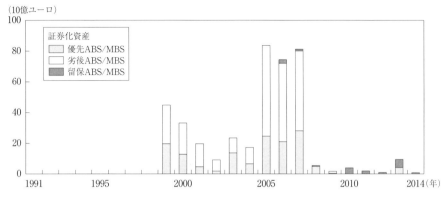

図2-4 ドイツの大手銀行による証券化商品の発行
(注) 原資料はDealogicおよびドイツ連銀の計算値。政府系銀行，国際機関を除く。短期優先債券を除く。政府保証債は，連邦，州，市町村を含む。
(出典) DEUTSCHE BUNDESBANK, „Strukturelle Entwicklungen im deutschen Bankensektor", *Monatsbericht*, April 2015, S. 37.

(DEUTSCHE BUNDESBANK 2015b：36-39)。

ABS/MBSなど証券化商品生成を含むストラクチャード・ファイナンスは投資銀行業務の花形であり，資金量の大きいグローバル・ユニバーサルバンクほど，銀行組織を大きく編成替えしストラクチャード・ファイナンスの準備を整えた。ストラクチャード・ファイナンスを積極的に開始した基本的理由は，前述のように，利鞘という収益の主柱が細ってきたことであるが，その他にも次のような条件があった。それはBIS規制である。BIS規制は，リスクに応じてウェイトをかけた保有資産額に対して自己資本（銀行の損失の補塡に用いうる）の比率を定めるものであり，この数値が8％以上（純正の自己資本—いわゆるコアキャピタルは4％以上）になることを要求するものである。1988年に策定され（Basel Ⅰ），以後，リスクの算定が精緻化されたBIS規制第2弾（Basel Ⅱ）（2006年），世界金融危機を経験し，自己資本比率の強化とともに，流動性リスク，レバレッジ比率のモニタリングが付加された第3弾のBasel Ⅲに基づく規制（2014年）がEU内で段階的に法制化されつつある。このBIS規制による自己資本比率を達成するため，バランスシート上の貸付債権などの資産額を縮小する必要があることから，貸付債権を証券化し売却する手法が欧米の諸銀行で盛んに採られた。

ドイツのグローバル・ユニバーサルバンクのストラクチャード・ファイナンス・ビジネスは，しかし，ドイツ国内を主な舞台にしてはいなかった。元々，ドイツ企業の銀行借入は自己金融化や市場調達により細ってきていたため，個人の住宅ローンの比率が高くなってきていた。住宅ローンは，本来証券化してトレーディングに供給する

格好の原債権となる。しかし，ドイツにはすでに住宅ローンを原債権として債券化する仕組みが広く確立していた。抵当債券（Hypothekenpfandbriefe，不動産等物的担保を見合いに発行される）である。抵当債券は，自治体債券（Öffentliche Pfandbriefe，金融機関保有の対政府債権を見合いに発行される）と並び，いわゆるカバードボンドの代表的なものであった（ただ，1990年代以降，抵当債券の残高は債券全体の10%を切るようになってきており，2016年末で4%，自治体債は2010年代に激減し2016年末では2%と，双方とも近年ほとんど消滅に近い状態となっている）。カバードボンドはオン・バランス型の市場型間接金融の手段であり，担保資産は発行機関のバランスシートに残り価値が満期まで監視・維持されることや（河村 2008：3），2005年までは州政府の補償が付いていたことのため，国債に次ぐ高い信用度を有していた。[9]

　MBSの国内発行が困難だった理由は，特別目的会社をドイツ国内に設立する法的枠組がなかったこと，税制上の困難，国内での発行について銀行監督局が反対のスタンスを取っていたことである。その状況の中でMBSはドイツ国内では発達しにくく，むしろ海外に特別目的会社（SPV，Conduit（コンデュイ）とも呼ばれる）を持ち，これらを経由して証券化商品を発行した。[10]大銀行は証券化商品の供給源となるアメリカの住宅ローン会社を続々と買収し，これらの住宅ローン会社の債権を元にMBSなどを生成した。[11]後にバーデン・ヴュルテンベルクLB（LBBW）に統合されるザクセンLB（SachsenLB）の場合も，買収したアイルランドの特別目的会社がアメリカでABCPを発行したり，MMFで資金を調達し，これを元にアメリカの住宅ローン・商用不動産ローンに投資していたことが指摘されている（内閣府 2012：256）。

　『経済財政白書』（内閣府 2012：258）によると，証券化商品の発行地はピークの2007年には約25兆ドルと，アメリカが圧倒的に多く（それに対し欧州は同年5兆ドルにも達しなかった），しかも短期のABCPが圧倒的であった。その反面，銀行国別発行額（図2-5参照）では，「欧州系銀行」（同資料の中ドイツ系としてドイチェ・バンクが唯一入っている）[12]がピークの2007年には約6,500億ドルであり，約2,000億ドルの米系銀行を遙かに上回っている。ここから，内閣府『経済財政白書』では，「ヨーロッパの銀行がアメリカで証券化商品を大規模に発行していたことが推察される」と結論づけている。また，この欧州銀行によるアメリカ向け投資が大きい背景に「世界的な貯蓄過剰とアメリカへの資金流入」があったことを指摘している（内閣府 2008：20-24）。その内容をドイツ金融監督庁（BaFin）の資料によって見れば，2008年末ドイツの17大銀行が保有する証券化商品のポジションは2,130億ユーロ（帳簿に記載されている簿価）であり，[13]その内訳は，RMBSが40%と大きいが，内容はサブプライムのようなものから堅実

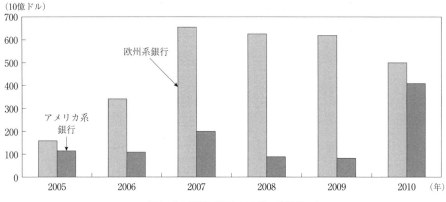

図 2-5　銀行国籍別 ABS 等の発行額
(注1)　SIFMA，AFME，Federal Reserve，Dealogic，Bloomberg（各銀行財務データ），日本銀行「賃金循環統計」，日本証券業協会資料により作成。
(注2)　各銀行グループが証券化商品の発行事業体として所有している「変動持分事業体」(VIEs)（連結対象）の総資産の推移。また，本社所在地別に，以下のとおり分類。
　　　欧州系＝サンタンディール，クレディスイス，ドイツ銀行，RBS，HSBC
　　　アメリカ系＝バンクオブアメリカ，シティ，JP モルガンチェース，ウェルズファーゴ
　　　2010年にアメリカ系の金額が急増しているのは，当該年から，米国会計基準が変更となり，「変動持分事業体」の連結対象範囲が拡大したため。
(出典)　内閣府『経済財政白書』2012年，p. 258.

な AAA 格の住宅関連トランシュまで玉石混交である。CDO（24％）の約半分は企業金融関連（CLO）である（BAFIN 2009：155）。

別資料によれば，ザクセン LB は特別目的会社を自己資本の1,000％まで拡張したとされ，ヴェストドイチェ LB（WestLB）は500％，ドレスナー・バンク（Dresdner Bank）は 360 ％，コメルツバンク（Commerzbank）は 85 ％，ドイチェ・バンク（Deutsche Bank）は114％に上ったという（SCHROOTEN 2009：393）。

こういったドイツの銀行の発行した証券化商品に組み込まれた債権は，国別では，全体の46％がアメリカ向けである。中でも学生ローン ABS では99％が，RMBS では46％，CMBS では33％が対アメリカであり，27％が対イギリスである。また，証券化商品の63％が AAA であり，投資不適格は10％にすぎないという（BAFIN 2009：156）。

北見（2014：6）は，欧州の銀行が米国型投資銀行業務への傾斜を強めた要因として以下のことを指摘している。すなわち，欧州では伝統的にファイナンスの手法として経済の国家コントロールが効き易い間接金融が重視されたことから，米国並みの証券業務の洗練が進まなかった。しかし，近年になって急に，政策的に，米銀のトレーデ

第2章　金融　45

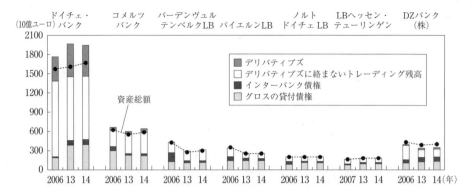

図2-6 ドイツの7銀行の資産総額に占めるデリバティブズ，トレーディング残高の比率
(注1) 銀行名の"LB"はランデスバンクの省略。
(注2) 各2014年は第1四半期。
(出典) DEUTSCHE BUNDESBANK, „Strukturelle Entwicklungen im deutschen Bankensektor". *Monatsbericht,* April 2015, S. 57.

ィング業務が急成長するのを見て，それとの競争のために欧州のグローバル・ユニバーサルバンクをトレーディング業務に参戦させる形となってきている（「政策的に促進された競争激化」），という点である。この指摘は前述した「資本市場振興法」によってEU全体の規範に沿ってドイツで資本市場の規制緩和が行われたことと符合する。

それを促進する環境として，北見（2014：8）は，通貨統合により金利・為替リスクが低減されたことからユーロ圏での競争がさらに激化し，そのため欧州の銀行はハイリスク・ハイリターンへの指向を強めたことを挙げている。これらの事情が，欧州のグローバル・ユニバーサルバンクが大きなリスクを取り米国以上の損失を被った背景にあると考えられる。

デリバティブズのトレーディング残高

次に，デリバティブズがどの程度業務に組み込まれているかを見よう。主として資本市場振興法による規制緩和の結果，デリバティブズの数字が公表されるようになった2010年以降，デリバティブズのトレーディング残高は各銀行の資産総額に対して重要な位置を占めるようになった。グローバル・ユニバーサルバンクの場合，取引相手としてヘッジファンドなどいわゆる「シャドーバンク」が大きいと言われており（新形 2015a：49-51），これとの取引ではまずデリバティブズが絡むと考えて良い。

図2-6はドイツ連銀によるものだが，代表的な大銀行，ランデスバンク，信用協同組合中央振替銀行のバランスシートで，図中の「デリバティブズ」，そして「デリ

バティブズに絡まないトレーディング残高」の資産総額やグロスの貸付債権と比較した場合の比率がいかに高いかを示している。圧倒的に資産総額の大きいドイチェ・バンクはもとより，ここに出されている銀行では，インターバンク，一般貸付はむしろわずかであり，デリバティブズに絡むと絡まないにかかわらず，トレーディング残高が圧倒的である。

　以上のように，ドイツのグローバル・ユニバーサルバンクは，トレーディング業務，とりわけ証券化，デリバティブズを肥大化させてきたのであるが，それは2007～2008年の世界金融危機によって一挙に損失と化した。

2　銀行業務構造の長期的変化

　第1節で見てきたようなドイツの大銀行・ランデスバンクの投資銀行化，トレーディング業務への傾斜は，すでに論じたように，もともと業務の根幹としてきた預金‐貸付業務の長期的停滞からきたものであった。この節では，資産総額，貸付市場での長期トレンドから見た大銀行，ランデスバンクを中心とする業界地図の変化，柱となる業務のシフト，さらには外銀の預金・貸付での攻勢を受ける貯蓄銀行・信用協同組合のような伝統的地域貯蓄受入銀行のポジションの変化を指摘したい。

金融各業態の資産総額シェアの長期トレンド
　まず，各銀行業態の競争力を全体的に確認するために，ドイツの銀行システム全体のバランスシート総額（資産総額と表記）における各業態シェアを長期に俯瞰すると（図2‐7），いくつかの目立った点に気づく。

①大銀行の資産総額シェアの激変（1950年には約20％近くあったシェアが，1985年には8％にまで低下している。1990年代はほぼ横ばいであり，統計区分上の変更による数字の不連続な上昇を2度はさみ，今世紀シェアを劇的に上げている）

②ランデスバンクの1990年からの拡大と世界金融危機以降の急縮小

③貯蓄銀行の長期的低下（1960年代後半から1995年までじりじりシェアを下げ，その後世界金融危機の2008年まで大幅に下落し，その後上昇した）

④信用協同組合の長期的拡大と停滞（1980年代半ばまで急拡大した後，2000年代初めまで低下し，その後停滞気味に推移した）

⑤外銀の拡大

第2章　金　融　47

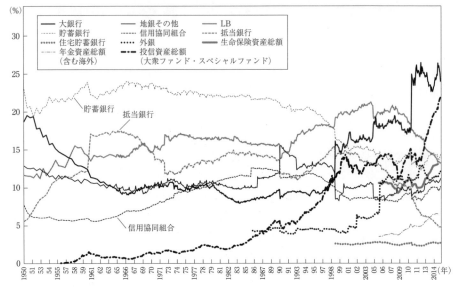

図2-7　ドイツの各銀行業態の資産総額シェア

(注) 生命保険資産総額，年金資産総額（含む海外）は総額に含まれない参考値であり，比較のためだけにグラフ中に入れた。
(出典) DEUTSCHE BUNDESBANK, *Zeitreihen-Datenbanken*, Makroökonomische Zeitreihen, Banken und andere finanzielle Institute より。

⑥抵当銀行の長期低落（1990年代の10年間急激な盛り返しがあるが，その後金融危機までに元の低落トレンドへ戻り，金融危機後急落した）

⑦投信の急拡大（投信は参考値であり，全体値の中に入っていない）

⑧生命保険の高いシェア（生命保険は参考値であり，全体値の中に入っていない）

　結局現在は大銀行と投信が資産総額シェアのトップを争っている状態となっており，市場シェアで見る限りは，長くドイツの金融システムの特徴と言われた3本柱のうち，①民営銀行は勝ち残り，②公営銀行（貯蓄銀行，ランデスバンク）および③信用協同組合は長期的には低落傾向となっているように見える（民営銀行の経営危機については後述）。

　60年余にわたる長期統計は，いろいろな傾向を浮かび上がらせるものの，統計分類がその間に変わっており，単純な比較が難しいという難点がある。連銀統計は何度か各業態の分類を変更しており，その都度統計の不突合が生じている。基本的に，1999年1月以来，EUの統計分類"ESVG"（欧州国民経済計算）に沿った形に編成替えされ

ており，大銀行の項目には，1999年1月以来，旧バイエリッシェ・ヒュポ・ウント・フェラインスバンク（Bayerische Hypo- und Vereinsbank AG: BHV）が買収先のウニ・クレジットバンク（UniCreditbankAG）となって入っている。2004年12月からはドイツポスト・バンク（Deutsche PostbankAG）が買収先のドイチェ・バンクとは別立てでこの項目に入っている。2009年12月以降コメルツバンクに買収されたドレスナー・バンクが入っていない。ここには出していないが「地銀その他」には1999年1月以来従来は個人銀行に分類されていた銀行が特殊銀行に分類替えされて入っている。「外銀」の項目には，外銀多数所有下にある銀行と外銀支店が含まれている。住宅貯蓄銀行の項目には，ランデスバンク傘下の法的に独立していない住宅貯蓄銀行部門も含まれている（DEUTSCHE BUNDESBANK 2016b：110-111）。2010年から大銀行の数字が跳ね上がっているのは，デリバティブズ関連トレーディング残高（"Derivative Finanzinstrumente des Handelsbestands"）の約1.3兆ユーロがこの年から入っているからであり，これが，大銀行の数字が跳ね上がっている額の90％以上に相当する。ちなみに，ランデスバンクでも同様に2010年から同項目が16億ユーロ加わっているが，バランスシートの数々の項目がマイナスになっているため，不突合が目立たない。

　以上のような時系列比較上の難点はあるが，大きな流れで見れば，これらの不突合も，時代の趨勢を反映しているといえよう。つまり，ポストバンクの大銀行への編成替えは，買収先であるドイチェ・バンクのリテール戦略の反映ととらえられ，BHVのウニ・クレジットによる買収と大銀行への編成替えは，ドイツでのグローバル・ユニバーサルバンク業務の魅力が大きく外銀がこの分野に参入したことを示すものであり，そして，2010年からのデリバティブズ関連トレーディング残高追加による大銀行資産総額の劇的増加は，この数値が大きく，無視できなくなったこと，特に大銀行でこの傾向が大きかったことの反映である。

　統計上の不突合を勘定に入れても，図2-7からは大銀行の今世紀に入ってからの大きなシェアアップが確認出来たが，この拡大の背景にはドイツの大銀行，ランデスバンクが投資銀行業務，特にトレーディング業務を急速に拡大させたという事実があった。トレーディング業務はバランスシートに巨額の資産を抱えねばならない（新形2015a：48-49）。それが，図2-7の資産総額シェア拡大に反映されていると考えられる。そしてそのトレーディング拡大が，第1節で論じた世界金融危機の欧州銀行への激烈なダメージの直接的原因となっていた。さらにその背景にあるのは，これもすでに指摘した利鞘収入の長期低落という事態であった。さらに，利鞘収入の源泉となる預金—貸付という根幹業務で，1990年代の中興期を除きシェアを落としているという

第2章　金　融　49

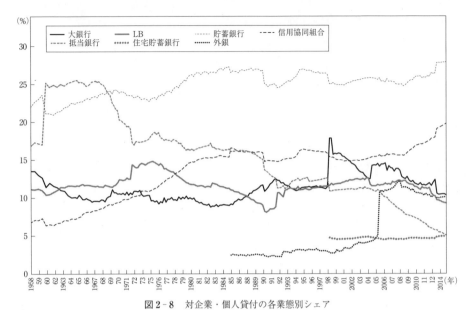

図2-8 対企業・個人貸付の各業態別シェア

（出典） DEUTSCHE BUNDESBANK, *Zeitreihen-Datenbanken*, Makroökonomische Zeitreihen, Banken und andere finanzielle Institute より。

構造的問題がある。

そこで次に，連銀長期データから，大銀行とランデスバンク，そして地域金融機関（貯蓄銀行，信用協同組合）について，①各セグメントへの貸付や短期預金の競争力の推移をそれぞれの市場シェアによって，②各セグメントへの貸付の重要性を資産総額中比率の推移から，それぞれ見ることとする。

各銀行業態の対企業・個人貸付シェアの推移

長期統計はしばしば鮮やかな変化を語る。対企業・個人貸付での各銀行業態シェアをごく大雑把に，1950年代末から戦後高成長期の1960年代，低成長に移行する1970年代，企業の市場資金調達が進み大銀行のリテール強化が始まる1980〜1990年代，市場化・通貨統合開始でボーダーレス化が進む2000年代，そして世界金融危機・欧州ソブリン危機後の2010年代と分けて見ると，各期に特徴的な点が浮かび上がる。

大銀行における貸付業務のシェア低下　　貯蓄銀行，信用協同組合が対企業・個人貸付で着実にシェアを伸ばしているのに対し，大銀行の場合，与信業務の中核と考えられている対企業・個人貸付シェアの低下が大きく，1958年に14％であったのが，1985年

には9％に下落している。そもそも，大銀行では戦前の大企業融資のエースとしての位置づけに比し，戦後スタート地点で対企業・個人貸付のシェアが低いのである。

　大銀行の対企業・個人貸付シェアの低下の背景には以下のような事情があった。大銀行の主要な業務分野は，伝統的に大企業を対象とした預金−貸付業務であった。しかし，大企業は銀行から「自立」し，自己金融化，資本市場調達に向かっていた。そのため，大銀行の得意分野である大企業融資では競争が激化して利鞘が極小化し，これを引き続き収入源泉の柱にすることが難しくなっていた。これに対し，1980年代では，利益の厚い対個人住宅ローンや富裕層ビジネスなどに進出し，大衆向け預金・小口大量の処理を伴う振替業務は電子化を進めるなど，業務の分散化と切り分けを図り，シェアの数字で見ても一定の成果は見られた（IINO 1998：51-100）ものの大きな趨勢に変わりはなかった。1990年代末には，投資銀行業務をコアコンピタンスとして積極的に舵を切ることとなる。

　大銀行にとっての対企業・個人貸付のウェイトを見るため，総資産額に対する対企業・個人貸付の比率を時系列で見ると，統計の存在する最初の年1965年には（以下数値は全て1月末）58％であったが，1980年には25％に激減し，1990年28％，2000年37％と盛り返すものの，金融危機を経て2010年には25％，2014年には17％へと減少した。貸付業務はもはや大銀行業務の補完的部分にしかなっていないのである。

ランデスバンク・貯蓄銀行の
政府貸付とそのリファイナンス　次にランデスバンクのバランスシート，貸付のシェアを見ると，1990年代に急速にシェアを伸ばしたものの，その後2000年代中頃で失速し，2010年代には劇的にシェアを落としている。ランデスバンクの場合，1990年代ドイツ統一後，対政府全体では1999年頃まで，対州政府では2004年頃まで，統一に伴う財政赤字に対応し，対政府貸付が絶対額では激増する。対政府貸付のシェアが高い理由としては，ランデスバンクの州政府との密接な関係もさることながら，州の公的保証がついた自治体債券（Öffentliche Pfandbriefe: Öpfa）が対政府貸付の原資として利用出来るという，いわば特権があった。自治体債券は法律で制度が確立し歴史もあるものであり，信用力が非常に高いというメリットがある。さらにECBによるオペの対象ともされるため，利回りも低く，資金を安く調達出来た。[14]

　もっとも，「政府貸付のランデスバンク」という特色は，1980年代以降徐々に薄れてきている。バランスシート総額中の対政府貸付の比率は，1968年末の12％から徐々に上昇して1982/83年には27％に達したが，これを頂点としてその後は低落し，世界金融危機の2008年の頃には6％にまで落ちている（対州政府貸付では1968年2％

→1988/89年の11％→2008年3％）。ドイツ統一による対政府貸付の激増にもかかわらず，それ以上にグローバル・ユニバーサルバンクとしての業務に中心を移そうとした結果であろう。しかし，IMFによると，ランデスバンクの自己資本利益率（ROE）は他業態に比べ低く（IMF 2011：14-17（特に15）），他のグローバル・ユニバーサルバンクとの競争において劣位にあった。

　さらに，公的保証責任（Gewährträgerhaftung）が民営銀行の要求によるブリュッセルの命令で廃止され，重ねてドイツ統一を震源とする政府の財政需要が債務抑制（Schuldenbremse）によって次第に減少すると，対政府融資のエースとしての優位が失われ，グローバル・ユニバーサルバンクとしての競争上の劣位や利鞘収入の長期的低落が鮮明化する。再建策として，「ランデスバンク所有者（貯蓄銀行，州）は自己資本利益率15％の野心的な目標を設定したが，これは伝統的な与信業務だけでは達成出来ず，国際資本市場に進出するしかないということになる。そこに折しも，サブプライム投資をオフバランスの目的会社を通じて（銀行監督を回避するため）展開することが出来るようになった」（Schrooten 2009：393）。ランデスバンクが急速に投資銀行化の戦略を進めたのは，このような背景事情もあったのである。

　もっとも，ドイツ統一後対政府貸付が激増したのは，ランデスバンクだけではなかった。抵当銀行はさらに際立った形でこの比率を増やしていく。抵当銀行は，図2-8を見てももっともドラスティックに対企業・個人貸付シェアを落としている。元々対個人住宅ローンは，各銀行コンツェルンが傘下に抱える関連金融サービス事業（抵当銀行・保険・住宅貯蓄銀行など）をセットにして顧客に提供してきた（アルフィナンツ）。しかし，それを束ねる親銀行は，自行単体のビジネス地盤回復の必要に迫られ，対個人住宅ローンという利益の上がる分野で自行のパフォーマンスを追求するため，抵当銀行は戦略的に切り捨てられていく。日本における住専問題と類似の構造が見られるのである（Iino 1998）。その切り捨てられて凋落基調の抵当銀行に，突然ドイツ統一による特需が生まれた。抵当銀行も抵当債券・自治体債券の発行特権を持っていたので，自治体債券（Öffentliche Pfandbriefe）を発行し政府貸付を行えば，確実にノーリスクの収益が上げられた。この抵当銀行救いの構造が，ランデスバンク同様，財政赤字の解消により崩れてしまうのである。

外銀の進出およびマイナス金利の下でのローカルな貯蓄銀行，信用協同組合

　貯蓄銀行，信用協同組合のようなローカルな金融機関は，定款によって営業が地域的に限定されていること，資産運用の制約があることがむしろ幸いして，金融危機の

影響を直接は被っていない。しかし，信用仲介業務から生じる利鞘を利益のほぼ唯一の源泉とする構造であるため，金利低下によって致命的な影響を受けかねない。また，かつて巨額であった貯蓄預金による資金調達の比率は劇的に下がっており，貯蓄預金という資金調達での優位が失われている。

　さらに，近年，預金獲得，消費者金融の面での新しい競争が，貯蓄銀行，信用協同組合を圧迫している。新しい競争とは，外銀の攻勢である。

　IMFによれば，インターネットバンキングの急速な普及，顧客行動の変化，動態変化によって激しい競争が生じている。それは，貯蓄銀行や信用協同組合の伝統的な得意分野である預金，抵当貸付，消費者金融で顕著であって，貯蓄銀行，信用協同組合の市場シェアに影響を与え続けていると思われる（IMF 2011：14）。このように新たな競争は，国内の銀行同士もさることながら，近年外銀の攻勢によって拡大しているのである。

　これを長期の数字で確認してみよう。まず，資産総額のシェアを見た図2-7によれば，通貨統合を境に外銀の浸透が顕著であることがわかる。外銀が得意とするインターネットバンキングが急速に拡大してきているのである。その主戦場は預金，抵当貸付，消費者金融である（IMF 2011：14, *Börsen-Zeitung* 2008年10月18日付）。そこで，外銀の得意とする短期預金，対企業貸付，対個人住宅貸付の様相を10年ごとに整理した時系列の数字を見よう。

　まず預金であるが，外銀の得意な商品はコール預金（Tagesgeldkonten）である。この預金は，ドイツ連銀の定義では，「金利が日々変更されうる期限付き口座」であるが，期限は日単位なので実際には満期は存在せず，金利はECBの基準金利に添って動き，普通預金や貯蓄預金よりかなり高い。振替やクレジットカードの引落としなどのサービスは持たず，紐付けした口座との出し入れしか行えないのが標準であるという意味では，本来は貯蓄性の預金と言ってよい。この預金分野で，外銀が高金利を武器にサービスを拡げている。

　コール預金残高の数値は発表されていないが，要求払い預金残高から「うち振替可能」を引いた数値がほぼコール預金残高となる。その数値は，統計が存在する2010年6月〜2016年秋までで要求払い預金残高のほぼ50％（43-51％のレンジ）を占めるほどに大きい。「うち振替可能」の統計は銀行業態別には発表されていないので，コール預金の数値も銀行業態別には明らかにできないが，要求払い預金の銀行業態別シェアがコール預金のシェアをある程度反映すると考えられる。

　そこで要求払い預金の市場シェアを表2-1によって各10年の平均値で長期に見る

表2-1　対非銀行要求払い預金の銀行業態別シェア

（単位：%）

	大銀行	地　銀	貯蓄銀行	信用協同組合	外　銀
1950年代	30	16	29	11	-
1960年代	26	15	40	15	-
1970年代	19	12	35	17	-
1980年代	18	12	34	20	-
1990年代	18	15	33	20	4
2000年代	23	21	27	17	13
2010年代	20	21	27	19	18
2016年7月	18	21	28	20	19

（注）　他の業態を除いているため，また外銀は他の銀行業態分類に入っている外銀や外銀支店を参考値として合算
　　　して掲載しているため，合計して100%にならない。但し1960年代は，統計のある1968年10月～1969年10月まで，
　　　2010年代は，2010年1月～2015年1月まで。
（出典）　DEUTSCHE BUNDESBANK, *Zeitreihen-Datenbanken* より筆者が計算。

と，大銀行，貯蓄銀行は縮小する一方，信用協同組合は増加し，外銀は急増している。外銀の急増はコール預金の伸張を反映していると考えられる。このことは地域貯蓄銀行，信用協同組合に重大な影響を及ぼす。貯蓄銀行，信用協同組合の預金の90%が1年以下の短期となっている（DEUTSCHE BUNDESBANK 2015b：43）。資金調達の市場化比率が高い大銀行とは異なり，貯蓄銀行，信用協同組合にとっては預金は重要な資金調達手段であるから，外銀の勢力拡大は懸念材料になる。また，大銀行でも資本市場を通じた資金調達の重要性が金融危機以前や1990年代の金融市場自由化時期に比べれば低くなっており，大銀行も預金獲得を再びターゲットにし始めている。実績でも，大銀行の預金残高は金融危機以前に比べて増加し，デリバティブズに続いて重要な負債項目となっている。この意味で，大銀行でも外銀との預金を巡る競合は問題となる。

　コール預金をはじめとしてドイツ市場での金融サービスで外銀がシェアを伸ばしている理由は，第1に，支店をもたずネットバンクで提供しているためコストがかからないこと，第2に，多くの外銀が，自国での信認低下のため（資金調達条件が悪いため），ドイツで常識的レンジを超えた預金金利でもまだ見合うとして有利な預金商品を提供していることであるといわれる（DSGV のサイトより，2012年9月4日）。

　例えば，ドイツ銀行市場でのサクセスストーリーとして，ING-DiBa の例がある。オランダの ING は2003年にドイツの旧労働組合銀行を吸収して以来顧客数は約500万とコメルツバンクを凌ぐ数に激増する。品揃えの面でも，ING-DiBa は高金利のコール預金しか提供していなかったが，徐々に住宅ローンなどにも進出している（*Handelsblatt*, 2016年9月18日付）。

　ING-DiBa はドイツで成功している銀行として例外ではなく，多くの外銀はニッチ

表2-2　対企業貸付の業態別シェア

(単位：%)

	大銀行	Ｌ　Ｂ	貯蓄銀行	信用協同組合	外　　銀
1960年代	14	16	14	5	1
1970年代	12	19	14	6	2
1980年代	11	17	16	8	4
1990年代	15	17	15	7	4
2000年代	16	24	16	7	8
2010年代	14	22	20	9	10

（注）　他の業態を除いているため，また外銀は他の銀行業態分類に入っている外銀や外銀支店を参考値として合算
　　　して掲載しているため，合計して100％にならない。但し1960年代は，統計のある1968年10月～1969年10月まで，
　　　2010年代は，2010年1月～2015年1月まで。
（出典）　DEUTSCHE BUNDESBANK, *Zeitreihen-Datenbanken* より筆者が計算。

に進出している。UBS（スイス）は富裕層に食い込みプライベートバンキングを展開
すると思われ，サンタンデール（Santander）（スペイン）は傘下のCC Bank（自動車金
融）を成功させると予測されている。シティバンク（Citibank）はIT競争力を武器に
消費者金融で上位に食い込んでおり，ファイナンシャルプランナー分野も拡大してい
る（*Handelsblatt*, 2016年9月18日付）。

　顧客のモビリティについては，ドイツ全体で主取引銀行を替えた経験があるのは33％，
2015～2017年の間に替えたのは7％との調査もある（BUNDESVERBAND DEUTSCHER BANK-
EN）。ドイツでは2016年に取引先銀行変更に際し銀行は包括的に顧客の変更事務を手
伝わねばならないという法令が出来たこと，FinTechサービスがそれをさらに容易
化したこと（飯野 2018：133-134）で，銀行変更の手間は減少した。技術的には，イン
ターネットバンキングが普及したため，外銀も支店網を構築することなしにドイツで
サービスを展開できるようになったこと，通貨統合によってユーロ圏内の為替リスク
が消えたこと，1万ユーロまでは預金保険の対象となるため，多少信用力に疑念があ
ったとしても高い金利を狙えること，などの要因から，外銀のチャンスは大きくなっ
てきている。[17]

　こういう状況を反映し，貯蓄銀行は地域の預金市場でますます強くなる外銀からの
チャレンジを受け，ダウンサイドリスクを最も被っているという（Fitch Ratings
2014）。

変容する貸付市場

　貸付においても，1990～2000年代に入ると外銀が急激にシェアを伸ばし，信用協同
組合を凌駕して大銀行に肉薄している（表2-2参照）。

表2-3　対個人住宅貸付の業態別対資産総額比

(単位：%)

	大銀行	貯蓄銀行	信用協同組合	抵当銀行	住宅貯蓄銀行	外　銀
1980年代	10	22	15	21	-	1
1990年代	10	21	17	14	60	2
2000年代	9	16	23	8	54	6
2010年代	5	19	24	7	50	8

(出典)　DEUTSCHE BUNDESBANK, *Zeitreihen-Datenbanken* より筆者が計算 (但し2010年代は，2010年1月～2015年1月まで)。

　1980年代，企業資金調達の国際化進展に伴い，大企業の銀行依存が減ると，対大企業セグメントでの競争は増し，この市場での大銀行の収益チャンスには限界が出てくる。そこで，資本市場でのノウハウを生かし，中小企業サービスに進出しようとした。[18]

　貯蓄銀行協会はこうして競争が激しくなる中小企業セグメントでの外銀の伸張を警戒している。同協会の文書は，外銀が世界金融危機の後企業融資をドラスティックに引き揚げている点を指摘，一方「貯蓄銀行・信用協同組合はドイツの中小企業に焦点を当て，2008～2014年も中小企業の信頼出来るパートナーとして一貫して貸付を拡張してきた」(FINANZGRUPPE DEUTSCHER SPARKASSEN- UND GIROVERBAND 2015：19) と強調するなど，外銀が単にドイツに進出した自国企業サポート業務にとどまらず，地場の地域中小企業貸付に攻勢をかけている点を注視し，警戒している様子が見て取れる。

　さらに貸付については，対企業貸付の総資産総額比が相対的に落ちており，貸付の個人化，不動産化という世界的な傾向がドイツにおいても見られる。中でも対個人住宅貸付の重要性は顕著である。表2-3によって統計のある1980年代以降の各業態の個人住宅貸付の対資産総額比を見ると，まず大銀行については，1980年代にそれまで軽視されていた対個人業務に力を入れ始めたのを反映し，10％に達している。戦後から1970年代に至るまで個人への住宅融資が社会的役割でもあった貯蓄銀行は，資産総額比でも1980年代に22％となお高いが，漸減している。それに比し信用協同組合では，対個人住宅融資を戦略的に伸ばしていることが窺える。元々個人住宅融資で大きなシェアを占めていた抵当銀行での重要性は劇的に低下するが，これは，ドイツ統一後抵当銀行が自治体債券を発行し対政府融資を行う，いわばトンネル機関になってしまったことによる。住宅貯蓄銀行はその性格から当然比率が極端に高く，外銀は，当初ほとんど行っていなかった当業務に力を入れ始め，大銀行より高くなっている。

　表2-4は，対個人住宅融資の各業態ごとのシェアを示したものである。1980年代に当業務への大攻勢を始めた大銀行のシェアは2000年代まで上昇し，住宅貯蓄銀行と拮抗するまでになっている。個人住宅ローンを主力業務とする貯蓄銀行は辛うじてシ

表 2-4　対個人住宅貸付の業態別シェア

(単位：%)

	大銀行	L B	貯蓄銀行	信用協同組合	抵当銀行	住宅貯蓄銀行	外　銀
1980年代	7	9	31	15	26	－	0
1990年代	10	7	33	18	17	13	1
2000年代	13	4	29	18	10	13	5
2010年代	11	3	30	22	5	12	9

(出典)　DEUTSCHE BUNDESBANK, *Zeitreihen-Datenbanken* より筆者が計算 (但し2010年代は，2010年 1 月～2015年 1 月まで)。

ェアを維持し，信用協同組合は若干伸ばしている。抵当銀行は，上述の性格転換により激減した。そのなかで外銀は2010年代には抵当銀行を抜いて大銀行に迫る伸びを示している。資金運用の中で伝統的な貸付形態が重要性を下げ，折りしも低金利の環境の中，個人の住宅貸付が唯一重要な戦場となっているのである。

　以上，地域金融機関の主柱である預金受入―貸付業務を中心に，各業態との勢力関係，各業態での企業貸付・個人住宅ローンの重要性を見てきた。ここから導き出される傾向は，近年における大銀行の貸付業務の比重低下，貯蓄銀行，信用協同組合のような地域金融機関の中小企業業務での当面の安定，個人住宅貸付の重要性の拡大，そして全ての分野での外銀の急速な進出であった。

　ところが，低金利という条件を加えると，違った視点が現れてくる。業務規制によって預金・貸付業務から離れることの出来ない貯蓄銀行や信用協同組合は，金利収入に強く依存するため，現下の低金利は辛い。利益を維持するためには量的拡大を求めることとなる。両業態は金融危機にも影響を受けず，自己資本の積み増しを利益留保だけで行っているため，当面業績は安定していると見られている (DEUTSCHE BUNDES-BANK 2015b：55)。だが，新たに食い込んできた外銀等との競争，老齢保障の目的を兼ね備えた生命保険へのシフト，市場の伸張力を取り込んだ投信拡大という長期にわたる構造的変化の中で，その地位が次第に低下していることは否めない。

3　ドイツ大手銀行のリスクと破綻防止スキーム

　第 1 節および第 2 節で見たように，ドイツの金融システムにおいてトレーディング業務が肥大化したが，その背景には長期にわたる預貸業務の沈下，それを補完するものとしてのトレーディング業務の拡大があった。この傾向は，規制や現下の逆風の市場環境によって反転しつつも，ECB のマイナス金利政策によって預貸業務での収益が圧迫される中，再び強まる可能性がある。その延長上には，トレーディング業務肥

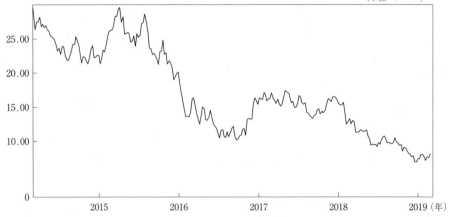

図 2-9 ドイチェ・バンク株価の推移（2014年3月2日～2019年3月2日）
（出典）　オン・ヴィスタ（https://www.onvista.de/aktien/Deutsche-Bank-Aktie-DE0005140008）株価情報より。

大化の結果としての大グローバル・ユニバーサルバンクの破綻リスク（財政規模を超える程の）もある。そのため，各公的機関は「グローバルなシステム上重要な銀行」（G-SIBs）（金融安定理事会（Financial Stability Board: FSB）が2011年から毎年認定している）として挙げられている29行（2016年現在）を監視している。

ドイチェ・バンクのリスク

　破綻の危惧がもたれているグローバル・ユニバーサルバンクの中で，もっとも懸念されているのはドイチェ・バンクである。2016年1月にドイチェ・バンクは2015年度に67億9,400万ユーロの赤字を計上したと発表された。これを受け，同行の株価は急落し（図2-9参照），2月までで年初に対し40％近く下がった。それと同時に，ドイチェ・バンク破綻説が市場に流れ，市場はリーマン・ショックを上回る危機を予想し身構えた。同行のトレーディング残高は，図2-6から大まかに見積もっても1兆5,000億ユーロに上る。これは，1行だけでGDP（約3.13兆ユーロ）の約半分，政府（国・地方自治体・社会保障基金）歳出（2016年度1兆3,868億ユーロ）[19]の約150％に上る。市場がドイチェ・バンクの破綻説に震撼したのは，政府による同行の救済が不可能であり，国民経済全体の壊滅に至るとの想像が働いたためであろう。

　2016年6月に公表されたFRBによるストレステストでは，ドイチェ・バンクは2年連続で不合格とされた（Board of Governors of the Federal Reserve System 2016）。2016年7月末に公表された欧州銀行監督局（European Banking Authority: EBA, 2011

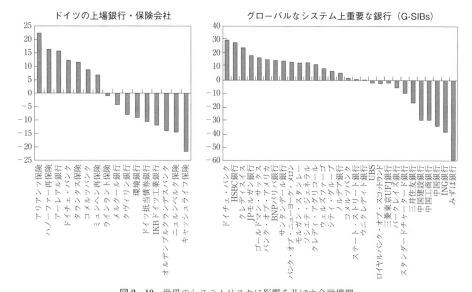

図2−10 世界のシステムリスクに影響を及ぼす金融機関
（出典） IMF, *Country Report No. 16/191 Germany Financial Sector Assessment Program Stress Testing The Banking And Insurance Sectors — Technical Note*, June 2016, p. 42.

年発足）による欧州銀行ストレスチェック[20]では，銀行ごとに不合格・合格はつけず，「標準」シナリオと「逆境」シナリオに基づいた普通株式等CET 1（Tier 1）比率が発表されるが，ドイチェ・バンクの数値は逆境シナリオでは7.8％となった。これは7.0％だった前回からは好転しているものの，投資家からは，訴訟・賠償金・規制への対応，新規・更新投資等の予測されるコストの割には，欧州の他の競合銀行に比べ自己資本比率が低いと評価された（*dpa-AFX ProFeed*, 2016年8月1日付）。

さらに，6月に公表されたIMFによるストレステストでは，ドイチェ・バンクの他行との相互連関性が極めて高いことから，「ドイチェ・バンクはグローバル銀行システムのシステマティック・リスクに対する最も重要な震源となりそうだ」（IMF 2016：42）等と繰り返し強調され，リスク管理と充分な監督の必要が指摘されている。

図2−10の左図は，ドイツの主要銀行および保険会社がドイツ国内のシステムリスクに対して，右図はグローバルなシステム上重要な銀行G-SIBs29行が世界全体のシステムリスクに対して，どの程度影響を及ぼすかについて，IMFが算出した数値を大きい順に並べたものである。プラスは影響を与える側，マイナスは影響を受ける側であることを示している。右図によれば，ドイチェ・バンクは米投資銀行各行よりはるかに大きい数値を示し，第1位となっている。左図からは，そのドイチェ・バンク

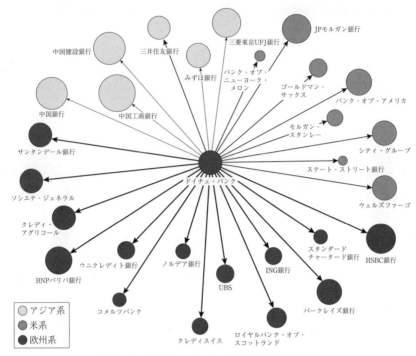

図 2-11　ドイチェ・バンクの世界各銀行との関連図
（出典）IMF, *Country Report No. 16/191 Germany Financial Sector Assessment Program Stress Testing The Banking And Insurance Sectors — Technical Note,* June 2016, p. 43.

と同様に，保険の巨人，アリアンツやハノーファー再保険のリスクが高くなっているとIMFが見ていることもわかる。

　図 2-11は，ドイチェ・バンクがリスクを与える中心に位置し，どの金融機関にどの程度の影響を与えるかを示している。特筆すべきは，どこにどの程度影響が及ぶかよりも，そもそもドイチェ・バンクがリスクの震源としてクローズアップされていることである。

　ドイツの銀行について指摘されているリスクの根拠としては，自己勘定での証券投資の比重が国際比較して高い点が挙げられている。普通銀行の証券投資総額はアメリカでは資産総額の20％であるのに対し，ドイツの銀行では19％とほぼ同比率になっており，このうち89％までが自己売買で行われているとの数値が紹介されている（LANGFIELD and PAGANO 2015に基づく）。ドイツの銀行が自己売買に資金を集中し，実体経済への信用供与を減らしているとの批判もある（ABBASSI, IYER, PEYDRÓ, TOUS 2016：1）。

その他にも，ロンドン銀行間取引金利（Libor）不正操作をはじめとする数々のスキャンダルや訴訟に対する支払いの都度，ドイチェ・バンク不安説が持ち上がる。例えば2016年9月には，米国でのMBS不正販売制裁金としてアメリカ司法当局から140億ドル（125億ユーロ）を要求されている。この額はこの種の制裁金としてはもっとも厳しいレベルであり，ドイチェ・バンクの時価総額の3/4に及ぶ。それを受けて株価は8％下落した。[21] このような状況を受け，緊急時には銀行システムにとって重要なこの銀行を国有化せねばならないとの見解すら出された。[22]

　さらに，2018年末には世界的株価急落の中で，ドイチェ・バンク株は，2015年末の約20ユーロから2018年末には1/3の約6.8ユーロまで下落した。この株価下落を背景に，再びドイチェ・バンク，コメルツバンクの合併話が現実味を帯びてきた。合併は結局2019年4月末，労組の反対や統合コストとベネフィットが見合わないこと等を理由に破談に終わったが，財務大臣は終始海外大銀行の規模に比肩するドイツの大銀行を実現させるとの姿勢を取っていた。その背景にあるものをここで見ておこう。財務大臣の積極姿勢を示す事実として，2019年2月の連邦衆議院での合併に関する質問によると，財務省担当官が23回も（うち2回は財務大臣が同行—*Handelsblatt*, 2019年1月25日付）ドイチェ・バンク幹部と会いに行っているとの回答が行われ，双方に数％ずつ資本参加している米サーベラスにも訪れていることも明らかになっている。「超メガバンクの誕生が独占という意味で弊害をもたらす，too big and too interconnected to fail-Problem（大きすぎて，また相互の複雑な関係性のために潰せない）という面で問題ではないかとの疑問が呈された。メルケルは，2014年のG20で，納税者に決して銀行救済資金を負担させないと公言している。一方，財務大臣は「銀行制度は産業政策と見るべきである」との見解を明らかにしている。「合併後誕生するメガバンクは税金を投入しなくても運営していく能力があると連邦政府は考えているのか，政府は現在コメルツバンクの資本金の15％を保有しており（単純に株式交換した場合も新銀行の持分比率5％程度になるだろうから—*Handelsblatt*, 2019年1月25日付），メルケルの公約にもかかわらず合併した新銀行の損失を財政資金でドイツ政府が負担することになるのか？」などが問題にされている（*Deutscher Bundestag Drucksache* 19/7638, 19. Wahlperiode 12. 02. 2019）。

　両行合併の重要な鍵を握っていたサーベラスが2019年明け合併に積極的な態度に転じたが，その理由は，両行株価の急落や経営状況の悪化によりそれぞれ単独では「泥沼から這い出ることが出来ない」と判断したほかに，世界的潮流として巨額のIT投資への対応という要因があることが指摘されている。最近の米での巨大銀行買収にお

表 2-5 各国・地域の預金取扱銀行に対するトレーディング業務規制（案）の比較

業務 ＼ 強度		欧州				米国
		E U	英国	ドイツ	フランス	—
		規制案	リカネン報告	銀行改革法	分離銀行法	銀行分離法	ボルカー・ルール
持株会社による投資業務子会社の保有		可	可	可	可	可	禁 止
投資銀行業務	自己勘定取引	禁 止	分 離	分 離	分 離	分 離	禁 止
	マーケット・メイキング	可*	分 離	分 離	可*	可	可
	証券引受け	可	可	分 離	可	可	可
	ヘッジ・ファンドへの出資	禁 止	分 離	分 離	分 離	分 離	禁 止
	プライム・ブローカレッジ	可*	分 離	分 離	分 離	分 離	可
高リスク業務	高頻度取引	可	可	可	分 離	禁 止	可
	農産品商品デリバティブ	可	可	可	可	禁 止	可

（注） 禁止：銀行グループ内で業務禁止。分離：銀行グループ内で預金取扱銀行とは独立した事業体で業務可能。
　　＊：銀行の健全性などが脅かされる恐れがあると判断した場合，当局は分離を命じることができる。
（出典） 髙橋和也「欧州のトレーディング業務規制——2014年1月の欧州委員会規則案」日本証券経済研究所『証券レビュー』第54巻第12号，2014年12月，p. 117.

いては，そのメリットは，投資規模を拡大し技術競争に対応出来ること，IT 化による支店閉鎖等を通じた10％コスト削減であるとされている（*Handelsblatt*, 2019年2月26日付）。

　ここまでの議論では，銀行の預金–貸付を軸とした伝統的業務での役割が縮小した点をここ数十年の銀行システムにおける大きな構造変化と捉えてきたが，それと並んで徐々に大きな要素となってきたのが，この銀行業務の IT 化，さらに FinTech という要素である。しかしこれについては別稿に譲ることとし（飯野 2018），ここではその重要性を指摘するに止めよう。

トレーディング業務と預貸業務の分離——リカネン報告・銀行構造改革法・分離銀行法

　世界金融危機後，銀行の自己勘定取引の禁止，特定のトレーディング業務の預貸業務からの分離を内容とするリカネン報告（2012年10月）の提案に基づき，EU 委員会は「銀行構造改革法」を提案した。この流れは，米・ボルカー・ルール，英・銀行改革

法と方向を同じくしていた。また，BIS は2013年から2019年までに段階的に完了せねばならない Basel Ⅲ による自己資本強化を課しており，各行はこれへの対応という意味でも，自己資本の積み増しを急いでいる。リカネン報告の内容を米・ボルカー・ルール，英・銀行改革法と比較しつつ示しているのが表 2 - 5 である。

　EU 委員会の想定では，銀行構造改革法の規定が適用されるのは EU 全銀行資産の65％を占める29行であるが，これらの銀行では，向こう 3 年間に総資産のうち300億ユーロ（総資産の10％以上）が規定額を超過し，総トレーディング資産・負債のうち700億ユーロが超過するだろうとの推算もある（Shepperson 2016）。[23]

　この EU の方針に対応して，ドイツではリカネン報告に基づいた分離銀行法（Trenn-bankengesetz）が2013年 5 月に可決され，2014年 1 月に施行されている。その内容は，リカネン報告に添って，リスクの多い業務分野を預金業務と分離することであり，罰則規定もある。分離せねばならないのは，前年度末にトレーディング目的，売却のために準備された総額（als zu Handelszwecken und zur Veräußerung verfügbare finanzi-elle Vermögenswerte eingestuften Positionen）が1,000億ユーロを超えている場合，ないしこの 3 年にわたり各年度末でバランスシートの20％ないし最低900億ユーロを超えている場合である。高リスク業務に含まれるのは，特定のヘッジファンドや欧州・欧州外の高リスクファンドとの信用・保証業務，マーケットメイク以外の超高速取引（HFT）である。この法律に該当する銀行は，2015年12月31日までに，禁止された業務につきリスク分析報告を義務づけられた。この2015年末時点で11行が分離銀行法の対象になると見られていたが，それらの銀行は，2016年 7 月 1 日の猶予期間までに禁止業務を停止するか，実質的にも組織的にも法的にも独立した金融取引機関に移譲することとされている。金融監督庁（BaFin）はこれ以降，規定を超えているか否かにかかわりなく，特にリスクの高い業務を停止させるか別機関に移行させることが可能となった。違反に対しては懲役ないし罰金が課される。[26]

　分離銀行法の適用を受けるドイツの銀行は，本来それへの対応を迫られているはずである。ドイチェ・バンクは2017年 3 月，資本増強と組織再編を内容とする事業戦略転換を発表した（Deutsche Bank Group Japan のサイトより，2017）。これは，同行が2015年10月に策定した「ストラテジー2020」にほぼ添ったものである。そこでは組織再編の理由について，「当行のストラテジー2020に照らした，監査役会の指針となる原則は，当行の経営体制の複雑さを低減し，顧客のニーズおよび監督当局の要請に，より的確に応えることです」（ドイチェ・バンク日本法人プレスリリース，2015年10月18日付）と述べている。組織再編の焦点は，トレーディングと企業金融を行っていた「コーポ

レート・バンキング・アンド・セキュリティーズ」（CB&S）部門を2016年初に分割し，CB&Sに含まれていた企業金融業務を「グローバル・トランザクション・バンキング」（GTB）部門と統合，合わせて「コーポレート＆インベストメント・バンキング」（CIB）部門を創設することである。CB&Sの中にあった従来のトレーディング業務は，一部を縮小しつつ，新設の「グローバル・マーケッツ」部門に統合する。2017年の組織改革では，新たに設立される「コーポレート＆インベストメント・バンク」部門に「コーポレート・ファイナンス」，「グローバル・マーケッツ」および「グローバル・トランザクション・バンキング」（GTB）を統合するとあるから，結局の所，トレーディングと企業金融業務は「コーポレート＆インベストメント・バンキング」（CIB）にまとめられることになる（finanznachrichten.de 2017）。

　一方，対個人業務部門でも，富裕層顧客向けと法人顧客およびファンドビジネスは，それぞれ独立した事業部門となる（ドイチェ・バンク日本法人のプレスリリース，2015年10月29日付）。それぞれの事業部門ごとに独立の収支が発表されている。2004年に買収した大衆リテール向けのポストバンクは売却する方針となったが，2017年3月の事業戦略転換で再び事業に取り込むこととなった。ただ，対個人業務は富裕層を中心とした資産運用ビジネスに重点を置く方針である。トレーディングなどの収益もリスクも大きい業務は1つの事業部門にまとめ，対個人業務の収支も独立させ，規制に対応する格好をとっているように見える。

　しかし，預貸業務とトレーディングの分離に関するドイツの規制は（さらにEUの規制も），さまざまな批判を受けている。一方では，措置が緩すぎて意味がないとする批判があり，他方では，逆に規制そのものがかえってリスクを増すという議論がある。

　ドイツの規制は緩すぎるという議論としては，第1に，表2-5に示されているように，自己勘定取引はEU規制案では「禁止」されるのに対し，ドイツ分離銀行法では「分離」され，マーケットメイクはリカネン報告では「分離」されるのに対し，EU規制案でもドイツ分離銀行法でも「顧客のため」との条件付きで「可」とされ，さらにヘッジファンドへの出資は，リカネン報告では「分離」されるのに対し，EU規制案ではさらに「禁止」と厳しくなっているものの，ドイツ分離銀行法では「分離」とされるなどの点が指摘されている。ドイツ分離銀行法は換骨奪胎だとの誹りもある。特に，マーケットメイクについては，「顧客のため」ということであれば「可」というのでは，そもそも分離も禁止もない。これに対しては，「顧客サービスのために自行のためではなく相場安定をする大銀行？誰もが驚いて目を擦る」（SCHÄFER 2016a：

64

108）との批判の声も上がった。つまり，大銀行が顧客のためだけに自己資金をリスクに曝してマーケットメイクするわけがないというわけである。

　第2に，分離銀行法の運用は監督当局に委ねられているから，禁止規定遵守の督促は金融監督庁（BaFin）の姿勢に大きく依存するが，金融監督庁は及び腰なのではないかとの指摘もある。例えば BaFin は2015年に分離銀行法により改正された銀行法の適用猶予期間を延長した。金融監督庁はその理由を，成立が遅れている EU の欧州分離銀行法令と再び摺り合わせをする「二度手間を省くため」と説明しているが，ドイチェ・バンクなど，分離に該当する銀行は，適用先延ばしの判断に胸をなで下ろしたと報道されている（*Börsen-Zeitung*, 2015年7月1日付）。

　逆に，分離銀行法は有効ではなく，むしろ一般的に自己勘定トレーディングと預貸業務とを切り離す規制全体がリスクをもたらすという議論もある。「大銀行が銀行構造改革法以来自己売買を禁止されてしまったので，大銀行が自己資金による買い向かいで株価暴落を阻止することが出来なくなった」との議論も紹介されている（SCHÄFER 2016b）。

　第1に，1990年代半ば以降，証券化によって元々投資銀行業務分野の金融商品が急速に個人顧客業務に展開し始めた。投資銀行業務と商業銀行業務は密接に結びついている。個人投資家もストラクチャード商品やデリバティブズの利用によって資産管理上のメリットを得られるようになった。1990年代以前の状況を前提にした銀行分離論はあまり意味がないとも考えられる。そうだとすれば，2016年の展開を詳細に観察すると，分離銀行制度がユニバーサルバンク制度より安定的であるとは必ずしもいえないことになる。また，分離の必要性という観点から現状を見ると，リスク対応コストが高くなってきたこと（Risikoanrechnung），必要自己資本が増大してきたことにより，自己資金によるトレーディングは激減している。「多くの銀行は自己資金によるトレーディングから撤退し，顧客に近い業務に集中している」（FAUST 2017）。そうだとすれば，分離銀行規制の必要性あるいは有効性に疑問符がつけられることになる。

　第2に，現実に規制が成立すれば，今までのようにリスクをグループの中に分散させることが出来なくなるため，投資の失敗はすぐに顕在化し，分離されたトレーディング主体の抱えるリスクはすぐに受け入れがたいほどに膨らむことになるとの議論もある（SHEPPERSON 2016）。

　第3に，規制が銀行を安全資産にシフトさせ，結果として国債保有がマイナス利回りとなるにもかかわらず，金融機関が国債をポートフォリオに多く置かざるを得ない状況となっている現実にかんがみ，一般的に金融機関の国債保有拡大は，金融危機に

よって跳ね上がった国家債務のコストを金融機関に負担させることを意味するとの見解もある（佐々木 2014）。

　しかしその後，EU 委員会では，2017年10月に「トレーディング業務規則案」は「到底合意を見ないこと，そして自己資本規制など他の規制がこれに代替するから」との理由で，「これに関する各国代表の担当者が知らぬ間にこっそりと取り下げられて」おり（*Handelsblatt,* 2017年10月24日付），各国法の上位規定となる EU レベルの規則化は潰えた。ドイツの規定では銀行の自己売買もマーケットメイクのためとすれば逃れられるが，EU の規定では逃れられないようになっており，銀行は必死で抵抗したといわれる。

　もっとも，EU レベルのトレーディング業務規制案が廃案になっても，緩いと言われながらもドイツの分離銀行法は生きている。この規定にどの銀行が抵触するかが気になる。これにつき，連邦議会で，2018年11月，「具体的にどの銀行が分離銀行法の規定（銀行法第3条第2文）で分離と規定された自己売買，特定のヘッジファンド・欧州や海外のリスク度の高い投信（AIF）への貸付や保証，HFT（これらのうちマーケットメイクのためは除外）の額を超えているか」との同盟90/緑の党議員からの質問に対し，議会財務政務次官が挙げているのは次の10行である：ドイチェ・バンク，コメルツバンク，ING-DiBa 銀行，ウニ・クレディット銀行，ヘッセン・テューリンゲン LB，バーデン・ヴュルテンベルク LB，ノルトドイチェ LB，バイエルン LB，DZ バンク，Deka バンク（2016年12月まで）（LB はランデスバンクの省略）（Deutscher Bundestag‐19. Wahlperiode, *Drucksache* 19/5984, S. 9）。

生命保険のリスクとドイツの老齢保障

　視野を広げ，金融機関全体が抱えるリスクを見ると，銀行ではなくむしろ生命保険のリスクの方が大きくなっている。従来，銀行では預金―貸付の利鞘は，競争で仮に小さくなったとしても，システムとしては存在し得るものだった。しかし生命保険では，システムとして成り立たない事態もあり得る。生命保険とは，保険掛け金を徴収し運用して，死亡等の際に支払い，満期時に返戻金を支払うシステムである。ドイツの生命保険は長期の養老保険が大宗を占め，「予定利率」（契約者に約束された運用利回り）を保証した商品が多い。養老保険だと，死亡時等の保険金支払いまでの期間も，満期時の返戻金支払いまでの期間も長期となる。そして予定利率が契約時に保証されているので，満期まで契約時の利率のままである。それに対し，資金運用はより短期であるから，マイナス金利の影響を受け利回りが低くなる。つまり，保険会社が逆鞘

のリスクを負うことになる。IMF の報告書（IMF 2016：30-41）でも，ドイツの保険会社の破綻リスクを高く見積もっており，ドイツの金融システム安定性を考える際の重要なポイントになるが，ここでは立ち入らない。[30]

　ただここでは，生命保険が老齢保障において果たす重要な役割に触れておきたい。ドイツの老齢保障制度においては，戦後長く公的年金が中心的役割を果たしてきた。しかし，低成長に移行した1970年代中頃から社会保障制度の見直しが始まると，老齢保障でも公的年金を補完する他の柱――個人年金，企業年金が重視され，促進されるようになった。その中でも，個人年金の生命保険は税制上の優遇も手厚く，最も広く普及している。図2-7で見たように，生命保険は各銀行業態の資金量と比較しても高いシェアを誇り，図中に長期ではプロットされていないが，その比率を上げてきた。このような老齢保障補完の柱としての位置づけを反映し，生命保険はきわめて安定的なシステムでなければならないから，ドイツの生命保険の運用には保守的な規制も多い。

　近い将来に老齢保障がさらに重要な意義を持つことになる所以は，世界的に寿命が延びる（一部90歳を超える）という予想である。[31] 退職後の生活は人生の1/3に達するかも知れない。それを考慮に入れた時，最後の1/3の生活を担保する資金を金融資産の果実で一定程度賄うことが出来るのであろうか。仮にマイナス金利なら生命保険の逆鞘リスクは高くなり，超低金利が続けば安全資産で金利を稼ぐことは出来なくなる。かといって，年金資金は規制により低リスク・低リターンで運用されているから，高利回りを稼ぐことは不可能である。このような状況は，きわめて重大な問題となり得る。IMF が報じているように，ドイツの保険会社の破綻リスクが高まることは，ドイツの老齢保障制度の危機としても認識されるべきであろう。

quo vadis――どこへ行くのか？

　2008年の世界金融危機で破綻に瀕した巨大金融機関を救うため，財政は大きな負担を被ることとなり，経済破綻と同時に財政破綻を回避するため低金利政策を続けざるを得なくなった。さらに，2015年からの世界的経済不安を前に，ECB はマイナス金利政策に追い込まれた。これによって，今度は銀行，保険が安定的に利益を上げうる土台が失われたのである。つまるところ，マイナス金利政策は，貯蓄者の犠牲，銀行の犠牲，保険会社の犠牲，年金生活者の犠牲により，老齢保障の安定を売って世界金融危機以降の経済立て直しを買うという，いわばメフィストフェレスとの取引とも見える。

　その結末として，金融機関の中でもグローバル・ユニバーサルバンクは，規制を極

第2章　金　　融　67

力回避しつつ，そもそもそれによって破綻に瀕したリスキーな投資を続けなければ，存続の土台がシステマティックに失われることになる。トレーディング業務の中でも，その時々の情勢や規制強化によって新たに積み上がったコストを反映して利益が小さくなっている部門を整理しつつ，またこの間に発達したAIを駆使したFinTechを利用し，リスク管理をより精緻にしても，マイナス金利下では結局のところハイリスク・ハイリターンの業務自体は続けざるを得ないであろう。ところが，ドイチェ・バンクの「ストラテジー2020」でも，周到なリスクマネジメントを謳ってはいるものの，リスクマネジメントによって築かれる堤防は，想定以上の津波が押し寄せれば決壊する可能性もある。規制当局の側でも，「大きすぎてつぶせない」(too big to fail)，あるいは「大きすぎて救えない」(too big to save) という問題（小林 2012：39-40，51-52）との危ういバランスをとりながら規制を運営するのは至難の業である。

　リスクは，本来，それを取ることによって，新しい産業の地平を拓き，失敗のリスクのある新技術やアイディアに秀でた起業家を支え，新しい進歩に導くものであった。しかし同時に，新事業への資金投資は，それを随時回収する機会が付与されていなければ，資金を引き揚げることの出来ないリスクを背負い込むこととなり，投資が進捗しない。それを避けるためには流通市場で投資資金の回収がスムーズに出来なければならない。流通市場での流動性が高ければ高いほど，つまり流通市場の厚みがあればあるほど，投資回収リスクは小さくなる。

　このようなジレンマから自由になる途はあるだろうか。産業への投資そのものが，新しいファイナンス形態に道を譲ることになるのであろうか。そこでは，クラウドファンディングのような手法や，それに組み込まれたICO，さらに法的規制をクリアしたSTOなど，ブロックチェーン上でスマートコントラクトを用いた資金調達手法や既存資産のトークン化が成熟し広範に用いられ，投資家の広がりとともにブロックチェーン上の流通市場の厚みが担保されるようになることによって金融の新しい地平が拓け，従来型の金融モデルやそれを担ってきた金融機関は退場することになるのであろうか。

注

(1)　ランデスバンク（州立銀行中央振替銀行とも訳される）は，所有者は州政府，州内市町村営の貯蓄銀行や貯蓄銀行協会であり，伝統的な主業務は，資金調達側としては金融債発行，州内貯蓄銀行からの預金受入，資金運用側としては州政府への貸付，州内企業への貸付が多かった。1980年代頃から大銀行とオーバーラップする投資銀行的な色彩を強める。

(2)　藤澤（2013：131-136）参照。ヨーロッパでの金融危機の広がりを，①ドイツ以外のヨーロッパの住宅ブームから不動産バブル，②（ドイツでは）ランデスバンクの公的保証廃止という制度改変によって経営危機が顕著になったためハイリスク業務に傾斜したことの2点に求め，米サブプライム・ローン関連証券大量保有と価格下落による損失を被った経過を整理している。

(3)　ドイツ統一による東西貯蓄銀行統合に伴い，貯蓄銀行は1990年6月，35％程度行数が増加しているにもかかわらずである。

(4)　信用協同組合の場合，1973年末統計上捕捉する行の下限を変更したことから21％，1985年末に全信用協同組合を統計に計上したことから64％増加したにもかかわらずである。

(5)　2000年代，トレーディング業務の肥大化という投資銀行業務の変貌については新形（2015a）および同（2010）がよく整理されておりわかりやすい。また，小林（2014）は，考察対象はアメリカの銀行ではあるが，銀行の損益計算書からトレーディングの数字を洗い出していく過程が参考になる。

(6)　資本市場振興法がドイツの大銀行の投資銀行化に寄与したことは，DEUTSCHE BUNDESBANK（2015b：36）を参照。

(7)　DEUTSCHE BANK, *Geschäftsbericht* 1999, 31-33では，Bankers Trust を傘下に収めたことにより世界最大の運用資金額を持ち多様なサービスの出来るファンドマネージャーとなり，アメリカでも借入やストラクチャード商品のマネージメントで著しく拡大していることを記している。DEUTSCHE BANK（2000：6-7）によると，ドイチェ・バンク・コンツェルンが従来の5つの部門に分かれていた対企業サービス部門を，CIB（Corporate and Investment Bank）と PCAM（Clients and Asset Management）という2つの部門にまとめるという成長志向の組織変更を行った。このうち CIB はセールス＆トレーディング，コーポレートファイナンス，トランスアクション・バンキングを統合した部門となっており（同：7），華々しい業績を挙げている。ドイチェ・バンクの2001年度年次報告書によれば，CIB のグローバル市場業務としてデリバティブズ，短期金融市場，レポ，証券化トランスアクションを展開し，*"Euromoney"* 誌の "Corporate and Investment Bank" 第1位を3年連続獲得していることを報じている。その他，金融テクノロジーを駆使した各ビジネス（レバレッジド・ファイナンス，不動産・借入ポートフォリオマネジメント，コマーシャル MBS 等々）で上位を獲得しているという（DEUTSCHE BANK 2001：24-26）。

(8)　欧米で貸付債権証券化が本格化したのは1996年11月とのことである（安達 2003：6-7）。

(9)　Pfandbrief と MBS は競合する側面と補完する側面があることが指摘されている（PAUL, FEHR 1997：93-94）。

(10)　銀行監督局が証券化反対のスタンスを撤回し German Mortgage Securities B. V. による1995年の MBS 発行が初めて実行された際も海外に SPV を設立して行われている（PAUL, FEHR 1997：95-99）。

(11)　漆畑（2015：120）は，ドイチェ・バンクが2004年8月 Berkshare Mortgage Finance 社，

2006年12月 Chapel Funding LLC 社，2007年1月 Mortgage IT Holdings 社を買収し，「貸付債権を住宅ローン担保証券（residential mortgage-backedsecurities: RMBS）などの証券化商品に加工し，投資ファンドなどに高利回り投資商品として販売する過程を示している。さらに，住宅ローン会社（オリジネーター）が初めから販売目的で住宅ローンを実行するいわゆるオリジネート・トゥー・ディストリビュート・モデル（originate-to-distributemodel: OTD）への関与である」と特徴づけ，このための証券化商品の保有が原因でサブプライム危機後大幅な赤字に陥ることを示している。

(12) 内閣府（2012：256）では，ACHARAYA and SCHNABL, „Securitization Without Risk Transfer", National Bureau Of Economic Research, Nber Working Paper Series, 2010, p. 16 および Table 2（http://www.nber.org/papers/w15730.pdf）を引き，アメリカの金融機関が4割，ドイツの金融機関が2割と示している。

(13) 2009年末のドイツの全銀行（17行ではないが）のバランスシート総額は7兆5,098億ユーロなので，2,130億ユーロはその約3％相当となり，ドイツの全銀行による証券保有1兆5,667億ユーロの約14％相当となる。

(14) 伝統的にはランデスバンク，信用協同組合中央振替銀行（そしてここには挙げられていないが抵当銀行，抵当銀行業務を兼営する一部の地銀も）に不動産抵当貸付債権を補償資産として発行する「抵当債券」（Pfandbriefe），「自治体債券」（Kommunalobligationen）を発行する資格が与えられており，ランデスバンクの場合は，「抵当債券」，「自治体債券」に州政府の保証が与えられていたため，信用度の高い，すなわち低コストの資金調達手段となっていた。しかし次第に投資銀行化して大銀行と競合し始めたランデスバンク優遇への民営銀行の批判は大きく，EU 委員会への提訴がなされた。その結果，EU の要請により，2005年からは州政府からの保証が廃止されることになった。また「抵当債券」，「自治体債券」（現在日本では総称してファントブリーフ，それぞれ Hypothekenpfandbriefe, öffentliche Pfandbriefe — Öpfa と呼ばれるようになった）の発行も，2005年の規制緩和により金融監督庁から許可を得た他の銀行業態にも開放されたため，現在はコメルツバンクのような大銀行や大手貯蓄銀行も発行している。

(15) Konten mit einer Kündigungsfrist, bei denen der Zinssatz täglich geändert werden kann（DEUTSCHE BUNDESBANK 2016c）。

(16) 筆者の質問に対する Deutsche Bundesbank Zentrale - Bankenstatistik und andere Finanzstatistiken; außenwirtschaftliche Bestandsstatistiken からの回答より。

(17) インターネットバンキングを梃子にした外銀のドイツ市場への進出の位置づけについては，飯野（2003：119-122）参照。

(18) EU 委員会は，資本市場同盟の創設（中小企業債権証券化の法的前提のハーモナイゼーションなど）により新たなビジネスの場を創設しようとしている（DEUTSCHE BUNDESBANK 2015b：33-59）。

(19) DEUTSCHE BUNDESBANK, Zeitreihen-Datenbanken.

⑳ EBA, 2016 EU-Wide Stress Test Results, 29. July 2016, なお, このストレスチェック
では,「市場では『景気失速の前提条件が甘い』として査定結果を額面通りに受け取る見方
は少ない」(『日本経済新聞』2016年 8 月 3 日付) など, ストレスチェック自体甘めとの見方
もある。

㉑ 結局, ドイチェ・バンクとアメリカ司法当局は, 72億ドルの制裁金を支払うことで2016年
12月に和解した。

㉒ Max Planck Institut Präsident であり European Systemic Risk Board (ESRB) 下部機
関 Advisory Scientific Committee (ASC) 副委員長の Martin Hellwig による *Frankfurter
Allgemeine Sonntagszeitung* との談話 (2016年 8 月 6 日付)。

㉓ Finextra は, 世界の金融技術, ホールセール, リテール, 資本市場, 保険に関する独立
のニュースワイア・情報ソースである (2016年 8 月17日閲覧)。

㉔ 禁止対象は銀行法 (KWG) 第 3 条第 2 項を補完する形で規定された。顧客取引が禁止除
外となっている。

㉕ Kreditwesengesetz §3(2)1 (2016).

㉖ 藤澤 (2013), 山口 (2014 : 7 ～33), Stubbe (2016 : 9 ～11) が参考になる。

㉗ ドイチェ・バンク日本法人のプレスリリース (2015年10月29日付) では, トレーディング
の縮小について, 以下のように具体的に提示している。

①特定のプロダクトからの退出:未清算のクレジット・デフォルト・スワップのマーケット
メイク, 特定のレガシー金利商品, エージェンシー住宅ローン証券化商品トレーディング,
高リスク・ウェイト証券化トレーディング

②金利, 証券化, エマージング・マーケット・デットのトレーディング拠点の集約化

③クレジット・ソリューション, クライアント・レンディング, およびプライム・ブローカ
レッジなど, よりバランスシート集約型でない事業への選択的な再投資

㉘ 例えば2016年第 1 四半期では, トレーディングは23％増益, 投資銀行業務で15％増益など
(*Spiegel Online*, 2016年 4 月28日付)。

㉙ EU の「トレーディング業務規則案」が EU 委員会案を EU 議会に付託しているものの
遅々として進まない様子 (*Wall Street Journal* (Online); New York, 2016年 7 月19日付)
は, Bündnis 90/Die Grünen の代表的政治家で欧州議会議員の Giegold Swen による EU で
の法案進捗についての次のような説明にも如実に現れている。「過去に, EU 委員会で法案
を作成する際も, 委員会とロビーイストの間で, 法的事項をめぐって重箱の隅をつつくよう
な果てしない『値切り』交渉が行われた。…大銀行は専門家を多く抱えることが出来, 自分
に必要な抜け穴を見つけ出すことが出来る。…ドイチェ・バンクはトレーディング残高1.2
兆ユーロを擁していても自己資金によるトレーディングは一切行っていないと主張できる。
EU 委員会が867項目の法令を用意しても, 金融業界はそれを笑い飛ばすことが出来る。な
ぜなら, バックドアがたくさん開いたままになっているからだ」と指摘し, EU レベルでの
法案作成の時間がかかる背景が紹介されている。

第**2**章 金　融 71

(30) 保険会社のリスクの詳細については，日本語で読める資料として，中村（2016）や荻原（2013）など，ニッセイ基礎研究所による一連のドイツ生命保険シリーズを参照。

(31) 英インペリアル・カレッジ・ロンドンや WHO の調査結果に基づく世界レベルの平均寿命延長予想が発表されている（ロイター，2017年2月22日付）。

(32) 新形（2015b，第10章）により，欧米の投資銀行業務の現況を一覧的に知ることができる。BERNE & ENNING「ドイツ銀行，CDS 取引を大幅縮小──規制強化に対応」*Wall Street Journal*（日本語 web 版），2014年11月18日によると，規制改革を受け，ドイチェ・バンクは，「個別のソブリン発行体や欧米企業の CDS 取引」から撤退すると発表した。「規制強化，取引低迷を背景に，コストがかかる上に複雑な CDS のトレーディング事業を銀行が」縮小している例といえる。

(33) ドイツにおけるクラウドファンディングの規模は，2015年単年で2億7,200万ユーロ，2007～2015年の累計で5億8,500万ユーロに達するという。EU は中小企業金融促進の観点からクラウドファンディングを促進する姿勢を取っており，またドイツの銀行の87%が何らかの形で FinTech 企業と提携している（DORFLEITNER, HORNUF 2016：ii, 21,）。また，クラウドファンディングについては，日本証券経済研究所から発表されている松尾順介氏の数多くの論文が参考になる。

参考文献

P. ABBASSI, R. IYER, J. PEYDRÓ, F. R. TOUS (2016) „Banken vergeben weniger Kredite, wenn sie mit Wertpapieren handeln", *Research Brief, 3. Ausgabe,* Deutsche Bundesbank (http://www.bundesbank.de/Redaktion/DE/Standardartikel/Bundesbank/Forschungszentrum/2016_03_research_brief.html).

BAFIN (2009) *Jahresbericht der Bundesanstalt für Finanzdienstleistunsaufsicht, 2009.*

BOARD OF GOVERNORS OF THE FEDERAL RESERVE SYSTEM (2016) *Dodd-Frank Act Stress Test 2016 : Supervisory Stress Test Methodology and Results.*

DEUTSCHE BANK (2000) *Geschäftsbericht 1999.*

DEUTSCHE BANK (2001) *Geschäftsbericht 2000.*

DEUTSCHE BANK (2002) *Geschäftsbericht 2001.*

DEUTSCHE BUNDESBANK (2009) „Die Ertragslage der deutschen Kreditinstitute im Jahr 2008", *Monatsbericht.*

DEUTSCHE BUNDESBANK (2015a) „Die Ertragslage der deutschen Kreditinstitute im Jahr 2014", *Monatsbericht.*

DEUTSCHE BUNDESBANK (2015b) „Strukturelle Entwicklungen im deutschen Bankensektor", *Monatsbericht.*

DEUTSCHE BUNDESBANK (2016a) „Asset-Backed Securities in Deutschland: Die Veräußerung und Verbriefung von Kreditforderungen durch deutsche Kreditinstitute", *Monatsbe-*

richt.

Deutsche Bundesbank（2016b）*Bankenstatistik März 2016-Statistisches Beiheft 1 zum Monatsbericht.*

Deutsche Bundesbank（2016c）*Richtlinien zur Geldmarktstatistik（Stand : 22. Juni 2016）*

Deutsche Bundesbank（2016d）„Die Ertragslage der deutschen Kreditinstitute im Jahr 2015", *Monatsbericht*.

G. Dorfleitner, L. Hornuf（2016）*FinTech-Markt in Deutschland*.

European Banking Authority（2016）*EU-Wide Stress Test Results*.

ECB（2015）*Report on financial structure*.

M. Faust（2017）Ein Plädoyer gegen das Trennbankensystem（Springer Professional）（https://www.springerprofessional.de/investmentbanking/privatkunden/ein-plaedoyer-gegen-das-trennbankensystem/12123222）.

Finanzgruppe Deutscher Sparkassen- und Giroverband（2015）*Diagnose Mittelstand 2015 Kreditfinanzierung vor Kapitalmarkt*（https://www.dsgv.de/_download_gallery/Publikationen/Diagnose_Mittelstand_2015.pdf）.

S. Giegold（2014）„Trennt die Banken, aber richtig!: Die EU will den Geldhäusern den riskanten Eigenhandel verbiete. Doch ihre Pläne greifen zu kurz", *Die Zeit*.

Y. Iino（1998）„Das System des lmmobilienfinanzierung in Deutschland und die Hintergünde für seine Stadilität(1)"『敬愛大学研究論集』54号。

IMF（2011）*Germany Banking Sector Structure Technical Note（Financial Sector Assessment Program Update）*.

IMF（2016）*Country Report No. 16/191 Germany Financial Sector Assessment Program Stress Testing The Banking And Insurance Sectors — Technical Note*.

S. Langfield & M. Pagano（2015）"Bank bias in Europe: effects on systemic risk and growth", *ECB, Working Paper Series, No 1797*.

D. Schäfer（2016a）„Trennbankengesetz: Keine Schuld an Börsenturbulenzen", *DIW Wochenbericht*, Nr. 5, 3, S. 108.

D. Schäfer（2016b）„Von Bankenregulierung und Börsenturbulenzen", *Frankfurter Rundschau*.

M. Schrooten（2009）„Landesbanken: Rettung allein reicht nicht", *DIW Wochenbericht*, Nr. 24/2009, 76. Jg.

S. Shepperson（2016）"Too big to fail - EU banking structural reform", Finextra（https://www.finextra.com/blogposting/12652/too-big-to-fail---eu-banking-structural-reform）.

F. Stubbe（2016）"Trennbanken", *Journal*, BaFin（http://www.bafin.de/SharedDocs/Veroeffentlichungen/DE/Fachartikel/2016/fa_bj_1602_trennbanken.html）.

安達毅（2003）「わが国における信用リスク移転取引の現状と課題」，野村資本市場研究会『資本市場クォータリー』2003年夏号。

飯野由美子（2003）「金融」戸原四郎・加藤榮一・工藤章編『ドイツ経済』有斐閣。

飯野由美子（2018）「2010年代ドイツ FinTech の現状と金融市場の構造変化におけるその位置付け──ヨーロッパ経済の技術革新への対応」『敬愛大学研究論集』第92号。

漆畑春彦（2015）「ドイツ大手銀行の国際投資銀行業務と経営改革」『証券経済研究』第90号。

荻原邦男（2013）「ドイツ生保の低金利環境への対応について」『保険・年金フォーカス』2013年12月24日号。

河村小百合（2008）「カバードボンド──グローバル金融市場における金融仲介機能回復に向けて」『ビジネス環境レポート』日本総研（https://www.jri.co.jp/file/pdf/company/release/2009/090213/jri_090213.pdf）。

北見良嗣（2014）『米・英米・英 EU・独仏の銀行規制構造改革法について』金融庁金融研究センター ディスカッションペーパー DP 2014-7。

小林襄治（2012）「英国の銀行改革（独立銀行委員会報告）──大きすぎて救えない リングフェンスと最低17％の損失吸収資本」『証券レビュー』第52巻第3号。

小林襄治（2014）「投資銀行とトレーディング業務」『証券経済研究』第85号。

佐々木百合（2014）「経済への副作用 注視を」（経済教室─金融規制の論点（下））『日本経済新聞』2014年1月16日付。

高橋和也（2014）「欧州のトレーディング業務規制──2014年1月の欧州委員会規則案」『証券レビュー』第54巻第12号。

内閣府（2008）『経済財政白書』2008年度版。

内閣府（2012）『経済財政白書』2012年度版。

中村亮一（2016）「ドイツの生命保険会社の状況(1)」『保険・年金フォーカス』2016年9月20日号。

新形敦（2010）「欧米大手金融機関の成長戦略──金融機関の将来像」『みずほ総研論集』2010年Ⅲ号。

新形敦（2015a）『グローバル銀行業界の課題と展望──欧米アジアの大手銀行とビジネスモデルの行方』文眞堂。

新形敦（2015b）「金融危機後の欧米大手銀行における投資銀行業務の展望」日本証券経済研究所証券経営研究会編『資本市場の変貌と証券ビジネス』日本証券経済研究所。

藤澤利治（2010）「国際金融危機とリーマン・ショック下のドイツ銀行業」『証券経済研究』第72号。

藤澤利治（2013）「国際金融危機とドイツの銀行制度改革」『証券経済研究』第82号。

山口和之（2014）「銀行の投資業務の分離をめぐる欧米の動向」『レファレンス』2014年3月号，国立国会図書館。

K. Burne and E. Enning（2014）「ドイツ銀行，CDS 取引を大幅縮小──規制強化に対応」，

Wall Street Journal（日本語 web 版）。

S. PAUL, P. FEHR（1997）「抵当債券と MBS ――競合か，補完か」（飯野由美子訳）『敬愛大学研究論集』第53巻（http://ci.nii.ac.jp/els/110000469073.pdf?id=ART0000849910&type=pdf&lang=jp&host=cinii&order_no=&ppv_type=0&lang_sw=&no=1462080987&cp=）。

新　聞

Börsen-Zeitung, 2008年10月18日付，„Deutsche Bank kritisiert EU-Initiative; Studie untersucht Kundenmobilität‐Großer Wettbewerb im Retailgeschäft".

Börsen-Zeitung, 2015 年 7 月 1 日付，„Aufschub für die Bankentrennung; Finanzaufsicht BaFin plädiert für die Schonfrist, bis Europa einig ist‐Doppelarbeit vermeiden".

Börsen-Zeitung, 2016 年 11 月 9 日付，„EU sieht wenig Chancen für Trennbankengesetz; Auch bei Verbriefung keine Einigung absehbar".

dpa-AFX ProFeed, 2016年 8 月 1 日付，„Analyse-Flash: Equinet belässt Commerzbank auf 'Buy'-Ziel 10 Euro".

Frankfurter Allgemeine Zeitung, 2016年 8 月 6 日付。

Handelsblatt, 2016年 9 月18日付，„Ausländische Konkurrenz Expandiert‐Banken suchen die kritische Masse".（url:http://www.handelsblatt.com/unternehmen/banken-versicherungen/auslaendische-konkurrenz-expandiert-banken-suchen-die-kritische-masse-seite-2/2578872-2.html）。

Spiegel Online, 2016年 4 月28日付，„Erstes Quartal: Deutsche Bank macht überraschend Gewinn".

Wall Street Journal（Online）; *New York*, 2016年 7 月19日付，"WSJ Interview with EU's Valdis Dombrovskis; The European Union's financial-services chief discusses Brexit, Italian banks and trans-atlantic cooperation".

web その他

bloomberg のサイトより（https://www.bloomberg.co.jp/news/articles/2017-03-05/OMD01P6S972801）（アクセス日：2017年 3 月28日）。

BUNDESVERBAND DEUTSCHER BANKEN, „Bankwechsel und Inanspruchnahme einer Kontowechselhilfe-Ergebnisse einer repräsentativen Umfrage im Auftrag des Bankenverbandes-"Dez. 2017 （https://www.slideshare.net/mobile/Bankenverband/zwei-drittel-der-bundesbrger-haben-noch-nie-die-bank-gewechselt）（アクセス日：2019年 5 月12日）.

ドイチェ・バンク日本法人プレスリリース「ドイツ銀行，包括的組織再編および経営幹部人事の刷新を発表」（2015年10月18日付）。（https://japan.db.com/jp/content/5883_6130.html）（アクセス日：2016年 8 月19日）。

ドイチェ・バンク日本法人プレスリリース「ドイツ銀行，ストラテジー2020の詳細を発表」

（2015年10月29日付）（https://japan.db.com/jp/content/5943_6132.html）（アクセス日：2017年5月7日）。

ドイチェ・バンク日本法人プレスリリース「ドイツ銀行，ストラテジーの調整，資本の増強を発表」（2017年3月5日付）（https://japan.db.com/docs/Media_release_2017-03-05_jpn.pdf）（アクセス日：2017年3月28日）。

Deutsche Bundesbank, Zeitreihen-Datenbanken, Makroökonomische Zeitreihen, Banken und andere finanzielle Institute.

DSGV（Deutscher Sparkassen- und Giroverband：ドイツ貯蓄銀行協会）のサイトより，"Handelsblatt-Jahrestagung Banken im Umbruch, Rede von Georg Fahrenschon, Präsident des DSGV, Thema: Konfliktlinien und herausragende Anforderungen, 04. 09. 2012". （https://www.dsgv.de/de/presse/reden/130904_Rede_HB_Banken_im_Umbruch_GF. html）（アクセス日：2016年8月20日）。

finanznachrichten.de のサイトより，"Trennbankengesetz bringt Deutsche Bank in Bedrängnis"（http://www.finanznachrichten.de/nachrichten-2017-01/39779427-trennbankengesetz-bringt-deutsche-bank-in-bedraengnis-003.htm）（アクセス日：2017年3月30日）。

Fitch Ratings のサイトより，"5. July 2014 Sparkassen-Finanz Vollständiger Ratingsbericht"（https://www.fitchratings.com/site/re/752454 ないしは https://www.dsgv.de/_download_gallery/Rating/Fitch-Ratingbericht_SFG_Juli_2014.pdf）（アクセス日：2015年8月3日）。

Gablers Wirtschaftslexikon より（http://wirtschaftslexikon.gabler.de/Definition/investment gesetz-invg-html?referenceKeywordName=Investmentmodernisierungsgesetz）（アクセス日：2014年8月26日）。

Kreditwesengesetz より，*Gesetz über das Kreditwesen, Merseburg*, 20 Februar 2016（電子書籍）。

ロイター「世界の平均寿命，2030年には90歳超えも＝国際調査」（2017年2月22日付）（http://jp.reuters.com/article/expectancy-idJPKBN1610P0）（アクセス日：2017年3月29日）。

補章 1
協同組合銀行・共同体銀行の展開

田中洋子

1　ドイツで発展する協同組合銀行

　ドイツでは，協同組合銀行と呼ばれる伝統的な銀行の，新しい経済的役割が注目されている。

　日本でも協同組合による金融組織として農業協同組合（JA），信用組合，信用金庫などがあるが，時代に対応していない古い組織として JA が政治的改革の対象とされるなど，必ずしも高評価を受けていない。ところが，これとは対照的に，ドイツでは，近年むしろ協同組合の信用力が増し，それが社会的・経済的に大きく評価される方向が進んでいる。特に，2008年のリーマン・ショック以降，投資銀行として巨額の損失をだしたドイチェ・バンクなどの大銀行に対する人々の信頼が揺らぐ中で，より多くの資金が協同組合銀行に流れ込むようになり，協同組合は成長の軌道に乗っている。

　しかし，こうした協同組合銀行のもつ経済的役割については，従来ほとんど注目されてこなかった。歴史的に民間大銀行が果した経済的役割が大きく評価されてきた（戸原 1960）ことに対し，実際には19世紀から20世紀にかけての大銀行の経済的役割は相対的に小さく，貯蓄銀行や協同組合銀行の存在がむしろ大きかったことが近年指摘されている（Edwards & Ogilvie 1996）。とはいえ，貯蓄銀行の研究（Trende 1957；三ツ石 2000）に比べて，協同組合銀行についての研究は，実務的・伝記的・社史的紹介を除くと国内外を通じて多くない（産業組合中央金庫 1927；村岡 1997；Deutscher Raiffeisenverband 1949；Deutscher Genossenschaftsverband 1960；Faust 1965；Hansen 1976；Arnold 1985）。

　ドイツの銀行制度の中で大きな役割を持つ協同組合銀行とは，そもそもどういうものなのか。どのような仕組みをもち，どのような活動を実際に行っているのか。なぜこの低成長期に順調な成長を続けているのか。こういった問題は長く等閑視されてきたといえる。

77

そこでここでは，大きく成長してきたドイツの協同組合銀行の最近の状況について，その構造と特徴，融資の実態を明らかにしたい。さらに，ドイツの協同組合銀行の中から出てきた新しい動きである共同体銀行（ゲマインシャフト・バンク Gemeinschaftsbank）に注目し，ドイツの協同組合銀行の近年の発展がもつ意味について考えてみたい（田中 2014；田中 2015）。

2　ドイツの金融制度における協同組合銀行

ドイツ金融制度三大柱の1つ

協同組合銀行は，ドイツの金融制度の3つの柱の1つをなすとされる（DIW 2004；Sachverständigenrat 2014；Hartmann-Wendels et al. 2015）。

第1の柱は，民間の信用銀行（Kreditbanken）である。ドイツ最大の銀行であるドイチェ・バンクやコメルツ銀行などの大銀行（Großbanken），また地方銀行（Regionalbanken）が含まれる。

第2の柱は，貯蓄銀行（Sparkasse）である。各地の地方自治体が設置する公的銀行（öffentlich-rechtlich）であり，もともと18〜19世紀前半に国や市が貧しい人々のために設置した公的貯蓄金庫を起源とする。[1]

そして第3の柱が，協同組合銀行（Genossenschaftsbank ゲノッセンシャフト・バンク）である。これは営利目的の民間銀行でもなく，公的に運営される銀行でもない。主に，少額を出資する組合員により自主的に運営される地域信用組織である。

このようにドイツの銀行制度は，民間銀行，公的銀行，組合銀行という3つの信用組織から成り立っているが，それぞれが異なった特徴をもっている。特に協同組合銀行・貯蓄銀行と，民間大銀行との間の差異は大きい。

まず支店数を表補1-1で見てみよう。大銀行の支店数は銀行の全支店数の5％に満たないが，貯蓄銀行・協同組合銀行はいずれも全国に15,000店近く存在し，各々約3割を占めている。1990年代に民営化するまで連邦郵便だった郵貯銀行の10,000店と合わせると，これらで8割以上を占める。貯蓄銀行と協同組合銀行，また郵貯銀行が，いかに人々の身近に存在しているかがわかる。

預金額においても，表補1-2が示すように，大銀行の11.6％に比して，協同組合銀行が3割，貯蓄銀行が5割で，合計8割を占めていることがわかる。現金自動預払機の数でも協同組合銀行だけで全 ATM の32％を占めている（BVR 2017）。

総資産額においても，協同組合銀行や貯蓄銀行が大銀行より小さいというわけでは

表補1-1　銀行種類別機関数・支店数（2003年）[2]

銀行種類		機関数	全支店数	％
民間銀行	大銀行	4	2,225	4.5
	地方銀行	352	3,236	6.5
貯蓄銀行	州立銀行	13	584	1.2
	貯蓄銀行	489	15,246	30.7
協同組合銀行	協同組合中央銀行	2	14	0.0
	信用協同組合	1,394	14,595	29.4
建築貯蓄銀行・信用保証銀行など他		211	3,164	6.4
郵貯銀行		1	10,646	21.4
計		2,466	49,710	100

（出典）　Deutsche Bundesbank（2005：104）より筆者作成。

表補1-2　銀行種類別預金額（2003年）

銀行種類	預金額（100万ユーロ）	％
大銀行	71,373	11.6
地方銀行	34,915	5.7
貯蓄銀行	307,340	50.1
協同組合銀行	183,824	30.0
その他	15,563	2.5

（出典）　Deutsche Bundesbank（2005：82-85）より筆者作成。

ない。表補1-3が示すように，2015年のドイツの全銀行を総資産額でみたトップ20の中に，協同組合銀行が3つ入っている（Die Bank 2016）。ドイツ協同組合中央銀行（Deutsche Zentral-Genossenschaftsbank: DZ），西ドイツ協同組合中央銀行（Westdeutsche Genossenschafts-Zentralbank: WGZ），シュヴェービッシュ・ハル建築貯蓄金庫（Bausparkasse Schwäbisch Hall）である。民間銀行は郵貯銀行を除くと5行に留まり，あとは11行が貯蓄銀行の上部組織である州立銀行などである。

　つまり，協同組合銀行・貯蓄銀行とその上部組織は，民間大銀行に匹敵する巨大金融機関となっていることがわかる。

　また協同組合銀行は，貯蓄銀行と並んで，民間大銀行とは異なる特徴をもった融資を行っている。

　表補1-4が示すように，大銀行では国内企業・個人向けの融資が23.8％なのに対し，貯蓄銀行では57.6％，協同組合銀行では58.6％と6割近くを占めている。中でも

補章1　協同組合銀行・共同体銀行の展開　79

表補 1 - 3　ドイツの大銀行トップ20（2015年）

順位	銀　行	本　社	2015年総資産	店舗数	従業員数	銀行種類
1	ドイチェ・バンク	フランクフルト・アム・マイン	1,629,130	2,790	101,104	民間
2	コメルツ銀行	フランクフルト・アム・マイン	532,641	1,389	51,305	民間
3	ドイツ復興金融公庫	フランクフルト・アム・マイン	502,973	80	5,807	公的
4	ドイツ協同組合中央銀行	フランクフルト・アム・マイン	408,341	19	30,029	協同組合
5	ウニクレディト銀行	ミュンヘン	298,745	581	1,631	民間
6	バーデン・ヴュルテンベルク州立銀行	シュトットガルト	234,015	23	1,112	公的
7	バイエルン州立銀行	ミュンヘン	215,711	12	7,082	公的
8	北ドイツ州立振替銀行	ハノーファー	180,998	19	6,343	公的
9	ヘッセン・チューリンゲン州立振替銀行	フランクフルト・アム・マイン	172,256	17	6,148	公的
10	郵貯銀行	ボン	150,597	1,066	14,758	民間
11	ING ダイレクト銀行	フランクフルト・アム・マイン	143,977	4	3,749	民間
12	ノルトライン・ヴェストファーレン銀行	デュッセルドルフ	141,175	2	1,309	公的
13	ドイツ投資・振替銀行	フランクフルト・アム・マイン	107,981	3	4,277	公的
14	ハンブルク・シュレスヴィヒ・ホルシュタイン・ノルト銀行	ハンブルク / キール	96,973	13	2,449	公的
15	農林金融金庫	フランクフルト・アム・マイン	93,293	1	269	公的
16	西ドイツ協同組合中央銀行	デュッセルドルフ	89,795	3	1,615	協同組合
17	ドイツクレジット銀行	ベルリン	73,429	18	3,179	公的
18	バーデン・ヴュルテンベルク州立クレジット銀行	カールスルーエ	73,295	2	1,236	公的
19	ドイツ証券銀行	ウンターシュライスハイム	66,761	9	785	民間
20	シュヴェービッシュ・ハル建築貯蓄金庫	シュヴェービッシュ・ハル	61,217	1	3,316	協同組合

（出典）　Die Bank（2016）より筆者作成。

特徴的なのが，自営業・個人向け融資であり，協同組合銀行はこの分野への融資割合が17.4％ともっとも多い。また，企業・個人向けの長期融資を行っている割合も高く，大銀行が8.2％であるのに対し，協同組合銀行は貯蓄銀行より高い27.1％となっている。住宅融資についても同じ傾向が見られる。また非営利団体向けにも，協同組合銀行は貯蓄銀行と並んで，大銀行より大きな融資を行っている。

　民間大銀行と比較した時，協同組合銀行は公的な貯蓄銀行と並んで，国内の企業・自営業・個人向けの融資を行い，その中でも長期融資，住宅融資，また非営利団体向けの融資を多く行っているという特徴をもっている。ここからは，協同組合銀行が貯

表補1-4　銀行種類別融資内容（2003年）

（単位：%）

		国内企業・個人向け融資	うち企業向け	自営業・個人向け	企業・個人向け長期融資	住宅融資	非営利団体向け
信用銀行	大銀行	23.8	9.8	5.0	8.2	7.5	0.1
	地方銀行	43.7	16.4	5.5	15.1	10.7	0.1
貯蓄銀行	州立銀行	21.6	15.6	2.0	3.4	3.0	0.2
	貯蓄銀行	57.6	13.3	14.9	26.4	21.8	0.4
協同組合銀行	協同組合中央銀行	12.4	11.4	0.5	0.4	0.1	0.0
	信用協同組合	58.6	9.4	17.4	27.1	22.7	0.5

（出典）　Deutsche Bundesbank（2005：11-20, 37-39）より筆者作成。

蓄銀行と並び，人々の身近に存在しつつ，人々の日常生活のための融資を行う銀行になっているということができよう。

協同組合銀行の大きな発展

　こうした特徴をもつ協同組合銀行は，景気変動とは無縁に，右肩上がりの成長を続けている。

　協同組合銀行を代表する存在であるフォルクスバンク・ライファイゼンバンク（Volksbank-Raiffeisenbank，以下VRバンク）の発展を見てみよう。図補1-1が明瞭に示すように，1970年から2015年に至るまで，総資産額，預金額，融資額，出資組合員数のいずれも，ほぼ一貫して増大の一途をたどっている。

　2008〜2009年のリーマン・ショックと金融危機の際にも，協同組合銀行はまったく影響を受けなかった。ドイチェ・バンクなどの大銀行が投資の失敗で巨額の損失を出し，投機的資金の危うさについて社会的認識が進んだ結果，人々の資金はむしろ民間銀行から貯蓄金庫・協同組合銀行へと移動した。2008年以降に，新たに100万人が協同組合銀行に口座を開設し，80万人が出資し，3,000万人の顧客のうち，約1,800万人が出資組合員として銀行の持ち分所有者となっている（DGRV 2015）。

　経済不況によってまったく影響を受けず，むしろ成長を続ける協同組合銀行の存在は，ドイツの金融制度の安定性にとって特筆に値するといえよう。

　2011年には協同組合銀行は45億ユーロの利益をあげたが，それはドイツ最大の銀行であるドイチェ・バンクの利益を1.3億ユーロ，貯蓄銀行の利益を30億ユーロ上回った。2015年の利益は98億ユーロ（約1.2兆円），出資組合員1,830万人，総資産はVRバンクだけで8,000億ユーロ（およそ100兆円）を越える（BVR 2016）。2005〜2015年までの10年間で，支店数がしぼられて13%減少した一方，出資組合員数は16%増加し，さ

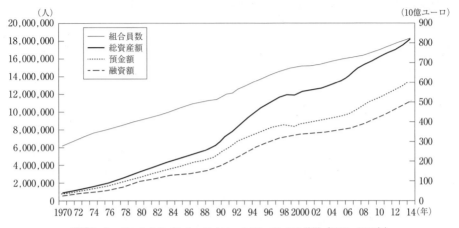

図補1-1　フォルクスバンク・ライファイゼンバンクの発展（1970～2015年）
（出典）　BVR（2017b）より筆者作成。

らに総資産は38％増，預金高は44％の増加，融資額も43％増えている。まさに右肩上がりの躍進を続けているといえる。

　この結果，協同組合銀行の預金額・支店数がドイツの全銀行の3割を占めただけでなく，ドイツ人の成人のおよそ4人に1人は，協同組合銀行の所有者・組合員となるに至った。

　つまり，ドイツの協同組合銀行は，景気と関係なく，人々の生活にごく密着した金融機関として，順調な成長を続けている銀行なのである。

協同組合銀行の歴史と特徴

　では，そもそも協同組合銀行とはどのようなものだろうか。

　協同組合銀行は，協同組合（ゲノッセンシャフト）の原則にもとづいてつくられた金融組織である。協同組合の原則とは，自助・自治・自己責任（Selbsthilfe, Selbstverwaltung, Selbstverantwortung）の3つをさす。国がつくった組織でも，利益を求める企業でもなく，人々が自らの生活を助ける（自助）ため，自ら組織をつくり（自治），自ら運営する（自己責任）組織である。互いの信頼関係を基礎として1人の無力さを乗り越えつつ，経済的・文化的に共同体（ゲマインシャフト）のため活動するという特徴をもつ（Hansen 1976：16；田中 2011）。

　「1人ではできないことも，たくさんの小さな力が集まればできるようになる。そのために，人はほかの人とつながりあっていくべきだ」（シュルツェ・デーリッチュ）

（Schulze-Delitsch 1875；ders 1915）。

「1人はみんなのために。みんなは1人のために」（Einer für alle, alle für einen）
（F・W・ライファイゼン）（Raiffeisen 1887；Arnold & Lamparter 1985；BVR 2017c）。

こうした思想が協同組合の基盤であり，「この考え方（イデー）が歴史をつくる原動
力となった」と評価されている（Faust 1965：9）。

もともとドイツの協同組合銀行は，工業化開始期の19世紀前半に起こった2つの運
動 を 起 源 と し て い る（Schulze-Delitzsch 1875；ders 1915；Raiffeisen 1887；Deutscher
Raiffeisenverband 1949；Deutscher Genossenschaftsverband 1960；Faust 1965；Hansen
1976；Hönekopp 1977；大河内 1936）。

1つは，工業化の進行の中で窮乏化した農民のために，F・W・ライファイゼン
（Friedrich Wilhelm Raiffeisen, 1818-1888）が農村地域でつくった相互扶助組合や貸付金
庫を起源とした協同組合である。もう1つは，都市部で苦境に立たされた手工業者の
ために H・シュルツェ・デーリッチュ（Hermann Schulze-Delitzsch, 1808-1883）がつく
った前貸組合・消費組合である。ここから生まれたのが今のフォルクスバンク（Volks-
bank），すなわち国民銀行である。

ライファイゼンはライン地方の村長を歴任しながら，飢饉時にパン組合（1846年），
家畜用購入の救済組合（1849年），慈善組合（1854年）をつくり，さらに1864年に前貸
組合，1872年にライン農業協同組合銀行，1876年に農業中央前貸金庫，1877年に全国
組織をつくった。各地にできた他の協同組合銀行とも連携する中，前貸金庫が1923年
にドイツ・ライファイゼンバンク（Raiffeisenbank）へと発展し，その管理組織が1948
年にライファイゼン協会（Raiffeisenverband）となる。

一方，シュルツェ・デーリッチュは法学を修めて国会議員として長年活躍する間，
靴屋組合（1849年）や前貸組合（1850年）をつくり，貯蓄・消費組合，生産・運送組合，
信用組合の結成を呼びかけた。彼の尽力により1868年に北ドイツ同盟で協同組合組織
が法的に規定され，その後ドイツ帝国で1889年に協同組合法（Genossenschaftsgesetz）
として制定された（Deutsches Reichsgesetzblatt, 1889）。その中で生まれた信用協同組
合や手工業者協同組合が合同を繰り返し，1920年にドイツ協同組合連合（Der
Deutsche Genossenschaftsverband），1924年に統一中央金庫，のちのフォルクスバンク
となる。

ドイツ経済の工業化過程で苦境に陥った手工業者や農民の地位を改善するための自
助組織として生まれた2つの協同組合組織の流れは，1972年に1つに合流する。シュ
ルツェ・デーリッチュを起源とする都市型のフォルクスバンクと，ライファイゼンを

図補1-2　協同組合銀行ファイナンシャル・グループの構造（2015年）
（出典）　BVR（2016：1）およびBVR（2017）より筆者作成。

起源とする農村型のライファイゼンバンクは，名前を併記する形でフォルクスバンク・ライファイゼンバンク，つまりVR銀行となった。さらに，管理組織のドイツ協同組合連合・ライファイゼン協会も誕生している。

　現在，VR銀行は，他の協同組合銀行とともに，ドイツ・フォルクスバンク・ライファイゼンバンク連盟（Bundesverband der Deutschen Volksbanken und Raiffeisenbanken：BVR）という中央組織のもとで協同組合銀行ファイナンシャル・グループの中核をなしている（図補1-2）。

　協同組合銀行が大銀行だけでなく貯蓄銀行とも異なる点は，ライファイゼン協会の歴史的発展を背景に，その影響力が都市だけでなく農村にも深く浸透している点にあるといえる。ドイツ鉄道の特急が停まらないローカル線の小さな駅の構内にも，鉄道の窓口と並んでVR銀行の窓口があったり，小麦畑・葡萄畑に囲まれた小さな町や広大な酪農地域にVR銀行の店舗がみられるなど，地元密着型の影響力をもっている。農業酪農地域において収穫機械などの農機とそのローンを提供しているのもライファイゼン協同組合である[4]。ドイツの大都市からは見えづらいが，ドイツの農村地域では小さな村々に至るまで，協同組合銀行との密接な関係の中で経済活動が行われているのである。

　近年の協同組合銀行は，こうした伝統的な枠組みをさらに乗り越え，社会の変化により積極的に対応した形で，新しい小規模融資を大きく発展させている。

次節では，新たな挑戦を行いながら急成長を続けている，新しいタイプの協同組合銀行の事例を見てみよう。

3 GLS共同体銀行の成長

高い評価を受けるGLS銀行

成長を続ける協同組合銀行の中でも，とりわけ発展が著しい銀行がある。GLS共同体銀行である（正式名称は融資と寄付のための共同体銀行（Gemeinschaftsbank für Leihen und Schenken e. G.: GLS Bank）以下GLS銀行）（田中 2014；田中 2015）。

GLS銀行の近年の成長ぶりは目覚ましいものがある。図補1-3からわかるように，総資産額，融資額ともに2000～2010年代にかけて飛躍的に伸びた。この銀行もまた経済不況の影響をまったく受けていない。

2011年からの2年間で顧客数が116,500人から165,000人へ，総資産では22.6億ユーロから32.38億ユーロ（約4,500億円）へ，融資額も11.22億から16.52億ユーロへと伸びるなど，2010年代前半は20％を越える高成長率であった。低成長時代とは思えない数字の高さは，いかにこの銀行が社会と時代の要請に適ったものであるかを物語っている。

この銀行の評価の高さはまた，金融に関わる多くの賞の受賞にもあらわれている。[5]
GLS銀行は2010年以降2017年まで8年連続で「今年の銀行（Bank des Jahres）」に

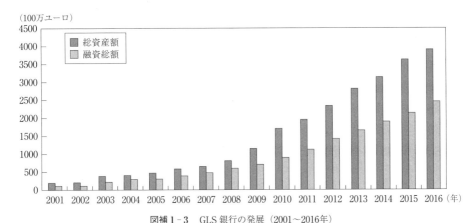

図補1-3　GLS銀行の発展（2001～2016年）

（出典）Jahresbericht 各年：Zahlen und Fakten. Die wichtigsten Kennzahlen für 2016 (https//www.gls.de)（アクセス日2017年2月27日）。

選ばれた。2012年には，ドイツ政府の持続可能な発展委員会（Rat für Nachhaltige Entwicklung）と経済団体・地方団体・市民団体・研究団体が決定する「ドイツ持続可能性大賞（Deutscher Nachhaltigkeitspreis）」を授与されている。2013年には金融商品の先見性とイノベーション力が評価されて，ファイナンシャルタイムズ・国際金融協会による「ヨーロッパにおける持続可能な銀行賞」を受賞した。2016年にはドイツ消費者組織（DKI）による顧客相談満足度調査で，ドイチェ・バンクやデュッセルドルフ貯蓄銀行を抜いて総合第1位を獲得した（DKI 2016）。

この銀行がドイツおよびヨーロッパでどれほど高い評価を得てきているかがわかる。

GLS 銀行の理念と仕組み

では，このGLS銀行とはいったいどのような銀行なのだろうか。何が持続可能で革新的と評価されているのだろうか。GLS銀行の理念と仕組みを次に見てみよう。

1974年に設立されたGLS銀行は，社会的，エコロジー的（sozial und ökologisch）な銀行活動を行う，世界で初めてのユニバーサル・バンクである（GLS 2014）。

「GLS銀行は意義のあることをする」（GLS Bank. Das macht Sinn）という銀行の商標が，銀行の理念かつ実際の業務方針を象徴している（GLS 2017）。

GLS代表T・ヨーベルク（Thomas Jorberg）は，銀行の活動目的を次のように説明する。

「金自身は働かない。人が金をうまく使うことで，はじめて社会的に意味のあることができる。純粋に利回りだけを求める融資は，金を現実の場で生かすという金融本来の目的を，事実上考慮していない。金融危機はこのことを我々の目の前にはっきりと示した。GLSの出資者や顧客は，この融資の決定過程に大きく関りたいと考えている。人々は金がどのような効果をもたらすかに興味をもっている。私たちは，人々のために役立つとはっきりわかる企業やプロジェクトだけに融資をする。私たちは『金はそこにいる人々のためにある』という原則を追求して活動をする」（GLS 2012a：1）。

GLS銀行は，銀行が守るべき持続可能性の基準として，3つの優先順位を掲げる。第1に人間的（menschlich）で社会連帯的（sozial），第2にエコロジー的（ökologisch）で未来志向的（zukunftweisend），最後に経済的（ökonomish）である（GLS 2013a：2）。「私たちが融資するもの」の例として，エコロジーな農業，再生可能なエネルギー，住宅，社会福祉・社会的ネットワーク，教育を挙げ，逆に「私たちが融資しないもの」として原子力発電，軍需，児童労働，遺伝子操作，将来の社会を配慮しないもの

を挙げている（GLS 2017）。

　こうした銀行の基盤は，自分の金を社会とエコロジーのために使いたいと考える一般の人の出資により形成されている（GLS 2012b：2；GLS 2013b：2）。

　誰でも，1口100ユーロを5口（約6万円）[7]以上出資すると組合員になれる。出資金は長期的投資に使われ，5年間は解約できないが，毎年2〜4％の配当を得ることができる。口座を開設すると全国約2万カ所あるVR銀行のATMや店舗を利用できる。万一の倒産時にもVR銀行の金融保証システムによって出資金は保証される。組合員は出資金額に関わらず1票をもち，GLS銀行総会に参加して活動方針について投票権を行使できる。預金のみならず金の寄贈（schenken），配当の寄付（stiften），遺産の譲渡（vererben）もGLS銀行下の公益法人信託協会で受け付けている（GLS 2012a：4）。こうした資金や寄付が将来の世代のための融資に使われる。

　また，GLS銀行は情報の透明性と公正さを重視する。2008年のリーマン・ショックで，金融資産に対する短期的な利益の追求が，複雑な形に作りあげられた金融商品の特性とあいまって，間違った投資を加速させ，経済危機を深刻化させたことをGLSは問題視する。それに対して，銀行業務の透明性・情報公開を大きく高め，金がどこでどのように動いているのかについて人々がよく理解できるようにしている。このためインターネット上の「私のお金はどこで使われている？」欄で融資情報を公開している（GLS 2016）。融資先の決定は行内での徹底的な討論を通じて行い，またその結果を公表してフィード・バックを受けることで，自分の資産を自分の希望に沿って使いたい組合員と銀行との「オープンな銀行文化」（offene Bankkultur）を築こうとしている（GLS 2012a：4）。[8]

GLS銀行の融資事例

　こうして集まった資金は，住宅，教育，福祉，再生エネルギー，有機農業，社会的課題，持続可能性などの分野に融資されている。2016年には図補1-4のような分野で融資が行われた。[9]

　ではこれらの資金は実際にどのような場所に融資されているのか，GLS銀行の公開情報に基づき，2016年4〜6月に行われた融資の具体例を見てみよう（GLS 2016：20-26）。

　まず住宅分野では29件に1億416万ユーロが融資された。ハンブルクの難民ケア住宅に599万ユーロ，ダーレムの多世代住宅に35万ユーロ，ドレスデンの文化センター改築に42万ユーロ，ルッケンヴァルデの宿泊可能な持続可能カフェに3.5万ユーロな

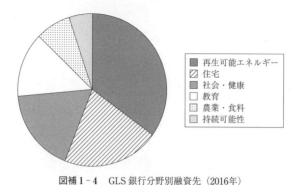

図補1-4　GLS銀行分野別融資先（2016年）
（出典）GLS 2017, Finanzierte Unternehmen und Projekte der GLS Bank, 2016.

どに融資されている。42件，2,126万ユーロの融資が行われた社会的課題分野では，ベルリンのコミュニティー住宅建設に93.6万ユーロ，アルテフェアの社会的セラピー施設の改築に56万ユーロ，オルデンブルクの社会的統合のためのホテル・カフェに36万ユーロなどが融資された。

　再生エネルギー関係では34件，6,135万ユーロの融資がなされた。ドレスデンの風力発電パークに2,101万ユーロ，ライプツィヒの太陽光発電に34万ユーロ，ベルリンの風力発電施設に374万ユーロ，シュプレーのバイオ熱工場に68.8万ユーロなどである。66件，3,452万ユーロの融資があった有機農業・農産品関係では，ベルリンのオーガニックショップの運転資金に4万ユーロ，ナウムブルクのカフェつき有機農産品店に4万ユーロ，エスクテルタールの牛舎新築に22万ユーロ，イテルベックのトラクター購入に5万ユーロなどの融資が行われた。

　教育分野では，58件に2,235万ユーロが融資された。ベルリンの4カ所の保育園新設に各15万・16万・50万・18万ユーロ，フライブルクのアクティブ学校に37万ユーロ，フォルストの村共同センターに7万ユーロなどである。持続可能性のための70件，2,432万の融資では，ベルリンの展示場・アトリエづくりに525万ユーロ，ハンブルクのヨガ・センター整備に3万ユーロ，ドレスデンの移動型オーガニックフード店に2万ユーロ，ヴォルフェンブュテルのエチオピア・コーヒープロジェクトに23.5万ユーロ，カンデルンの木工所の拡張に5万ユーロ，エッセンの認知症患者のためのデイケア施設に1.2万ユーロなどが融資対象とされた。

　これらの場所こそ，GLS銀行が「社会的意義」をもつと判断し，ファイナンシャルタイムズが金融商品としての先見性を評価し，ドイツ政府が持続可能性をもつと顕

彰し，年々より多くの人々がそこに投資したいと希望した融資先である。

GLS銀行は将来の社会を支えるための融資を拡大する金融の仕組みをつくることにより，人々のお金と社会との新しい関係を切り開こうとしているといえるだろう。

4　ドイツの協同組合銀行が支える「もう1つの経済」

最後に，協同組合銀行が，ドイツ金融制度全体の重要な柱として，経済界からも社会からも評価される存在であることをあらためて確認しておこう。

2008年のリーマン・ショックのあと，ドイツ連邦銀行のヴァイトマン（Jens Weidmann）総裁は協同組合銀行について，「ドイツの銀行システムの3本柱の中で，金融危機に最もうまく対処したのは協同組合銀行だった」と述べ，協同組合銀行による信用機能を「持続可能な金融制度」であると称賛した。

市場での信用動向をはかる格付け会社のS&Pも，「協同組合銀行は，ドイツのどの銀行グループよりも信用力がある」と評価した。経済誌『ヴィルトシャフツ・ヴォッヘ』はそうした信用力の背景として，「地域の特色をもった，わかりやすい金融取引が，人々に安心感（Gefühl von Sicherheit）を与えている」からだと分析している（WirtschaftsWoche 2012）。

経済的安定性だけでなく，協同組合が社会の持続可能性に貢献している点も大きく評価されている。『ツァイト』誌は「ライファイゼンの奇跡」と題した記事の中で，協同組合銀行の近年の大きな発展を伝えると同時に，それが社会の持続可能性に大きく役立っていると論じた（Zeit Online 2013）。

メルケル首相も，「1人はみんなのために」をモットーとするドイツの協同組合の考え方は，「短期的に関わった後にすぐ責任を放棄する方法ではなく，次世代に引き継げる長期的な関わりあいを理念とする」ため，「持続可能性概念を自ら内包している」と述べる。また，「協同組合の成功の秘訣は，地域に深く根ざしている点にある。グローバル化がますます進む未来には，この考え方がさらに重要性を増すだろう」と，協同組合が地域経済において果たす役割に大きな期待を表明した（Bundesregierung 2012；BVR 2013：19）。

GLS銀行を含むドイツの協同組合銀行は，広範で多様な地域経済を基盤としつつ，社会の持続可能な発展を金融的に支援するという形で，より多くの出資者・顧客を獲得しつつある。景気の動向に左右されることなく，地域社会で求められている将来に向けてのさまざまな生活基盤に資金を融資することにより，地元の資金循環を下支え

しているドイツの協同組合銀行は，市場での短期利益を目的とする銀行とは異なるもう1つの経済を，大きく動かしていると考えることができる。

　19世紀半ばから人々の自助によって地域経済を支えるためつくられたドイツの協同組合銀行は，21世紀になっても，社会に欠くことのできない金融組織としてますます大きな地位を得ているといえよう。

注

(1)　18世紀の君主による孤児基金や1838年のプロイセン貯蓄金庫条例などを契機に，各市町村が設置した。

(2)　州立銀行は貯蓄銀行の上部組織，協同組合中央銀行は信用協同組合の上部組織として存在しているため，1つのグループとして扱っている。

(3)　この法律の影響のもとに，日本でも1900年に産業組合法が制定された。これがその後の日本での農業協同組合（JA）・漁業協同組合（JF）・森林組合・商工組合・商店街振興組合・信用金庫・生活協同組合などの協同組合組織の基盤となっている。

(4)　2016年8月にメクレンブルク・フォアポメルン州グライフスヴァルトで行った農家聞き取り調査による。

(5)　ここに挙げた以外にも「ポートフォリオ管理賞」「持続可能性のための社会的起業家賞」「ヨーロッパ意義ある投資賞」「持続可能な銀行賞」「21世紀銀行イノベーション賞」「持続可能な起業家賞」「環境に配慮したマネジメント賞」「マーケティング賞」「未来賞」「ドイツ公正な企業賞」「新発想賞」「持続可能な金融商品賞」等を受賞している（田中 2014）。

(6)　報道テレビ局n-tv と証券オンライン Börse online，2013年からは n-tv とドイツ・サービス品質機関 Deutsche Institut für Service-Qualität（DISQ）による約2万人の調査に基づく。

(7)　1ユーロ＝約120円（2017年2月）で計算。

(8)　2013年9月の GLS フランクフルト支局での聞き取り調査に基づく。

(9)　それ以前の融資については田中（2014）参照。

参考文献

Arnold, Walter & Fritz H. Lamparter（1985）*Friedrich Wilhelm Raiffeisen. Einer für alle - Alle für einen.* Hänssler Neuhausen-Stuttgart.

Bundesregierung（http://www.bundesregierung.de）（2012）Rede von Bundeskanzlerin Angela Merkel, 25. Apr. 2012, Berlin（アクセス日2013年11月17日）.

Bundesverbandes der Deutschen Volksbanken und Raiffeisenbanken（BVR）（http://www. bvr.de）（2013）*Starke Partner. Jahresbericht 2012 des Bundesverbandes der Deutschen Volksbanken und Raiffeisenbanken*（アクセス日2013年11月17日）.

BVR（2016）*Konsolidierter Jahresabschluss der genossenschaftlichen Finanzgruppe Volksbanken Raiffeisenbanken,* Frankfurt am Main.

BVR（https://www.bvr.de/）（2017）Zahlen, Daten, Fakten（アクセス日2017年 2 月27日）.

Deutsche Bundesbank（2005）*Bankenstatistik. Statistisches Beiheft zum Monatsbericht 1,* Frankfurt am Main.

Deutscher Genossenschafts- und Raiffeisenverband e. V.（DGRV）（http://www.dgrv. de/）（2015）Genossenschaftsbanken（アクセス日2015年 2 月 1 日）.

Deutscher Genossenschaftsverband（1960）*100 Jahre deutscher Genossenschafts-Verband,* Wiesbaden.

Deutsches Institut für Wirtschaftsforschung（DIW）（2004）'Untersuchung der Grundlagen und Entwicklungsperspektiven des Bankensektors in Deutschland（Dreisäulensystem）', Berlin.

Deutsches Kundeninstitut（DKI）（http://www.dk-institut.de/）（2016）Beste Anlageberatung 2016（アクセス日2017年 2 月27日）.

Deutscher Raiffeisenverband e. V.（1949）*Raiffeisen in unserer Zeit : zum hundertjährigen Bestehen der ländlichen Genossenschaften,* Bonn : Deutscher Raiffeisenverband.

Deutsches Reichsgesetzblatt（1889）Nr. 11, Berlin.

Die Bank（2016）Die 100 Grössten deutschen Kreditinstitute, *Zeitschrift für Bankpolitik und Praxis,* 8-2016.

Edwards, Jeremy & Shellagh Ogilvie（1996）'Universal banks and German industrialization : a reappraisal', *Economic History Review,* XLIX, 3.

Faust, Helmut（1965）*Geschichte der Genossenschaftsbewegung : Ursprung und Weg der Genossenschaften im deutschen Sprachraum,* Frankfurt am Main : F. Knapp.

GLS（2012a）*Good Bank. Die Bank der Zukunft,* Bochum.

GLS（2012b）Angebote mit Sinn, *GLS Angebotübersicht,* Bochum.

GLS（2013a）*Nachhaltigkeitsbericht 2012,* Bochum.

GLS（2013b）*Beteiligen Sie sich an der GLS Bank,* Bochum.

GLS（2013c）*Nachhaltiges Bankgeschäft. Unsere Werte. Unsere Ziele. Unsere Angebot,* Frankfurt am Main.

GLS（https://www.gls.de）（2014）Geschichte（アクセス日2014年 1 月11日）.

GLS（2016）*Bank Spiegel,* Heft 226, 2/2016, S. 20-26.

Hansen, Johannes（1976）*Genossenschaftliches Unternehmertum : Aufgabe der Raiffeisengenossenschaften in der modernen Volkswirtschaft,* Neuwied : Raiffeisendruckerei GmbH.

Hartmann-Wendels, Thomas, Andreas Pfingsten & Martin Weber,（2015）*Bankbetriebslehre,* Berlin : Springer Gabler.

Hönekopp, Joseph（1977）*100 Jahre Raiffeisenverband, 1877-1977,* Wiesbaden : Deutscher

Genossenschafts-Verlag.

Raiffeisen, Friedrich Wilhelm（1887）*Die Darlehnskassen-Vereine : in Verbindung mit Consum-, Verkaufs-, Winzer-, Molkerei-, Viehversicherungs-, etc. Genossenschaften als Mittel zur Abhilfe der Noth der ländlichen Bevölkerung*, Neuwied : Verlag von Raiffeisen u. Cons.

Sachverständigenrat（2014）*Marktstrukturen im deutschen Bankensektor*. Jahresgutachten 2013/14, Berlin.

Schulze-Delitzsch, Hermann（1875）*Die Raiffeisen'schen Darlehnskassen in der Rheinprovinz und die Grundcreditfrage für den ländlichen Kleinbesitz*, Leipzig.

Schulze-Delitzsch, Hermann（1915）*Vorschuß- und Kredit-Vereine als Volksbanken : praktische Anweisung zu deren Einrichtung und Gründung*, Berlin : J. Guttentag.

Trende, Adolf（1957）*Geschichte der Deutschen Sparkassen*. Stuttgart : Deutscher Sparkassenverlag.

Volksbanken Raiffeisenbanken（VR）（https://www.vr.de/）（2017）Mitgliedschaft‐mehr als nur Kunde sein（アクセス日2017年 2 月20日）.

WirtschaftsWoche,（http://www.wiwo.de）（2012）Sparer entdecken die Genossenschaftsbanken, 15. Sep. 2012（アクセス日2013年11月17日）.

Zeit Online（http://www.zeit.de/）（2013）Raiffeisen-Wunder, 2. Feb. 2013（アクセス日2013年11月17日）.

大河内一男（1936）『独逸社会政策思想史』日本評論社。

産業組合中央金庫（1927）『普魯西産業組合中央金庫一九二六年事業報告——株式會社ライフアイゼン銀行一九二五年事業報告』。

田中洋子（2011）「労働者文化と協会（フェライン）の形成」,「労働者の日常生活と協会」若尾祐司・井上茂子編『ドイツ文化史入門』昭和堂。

田中洋子（2014）「社会とエコロジーに投資する銀行——ドイツの GLS 銀行ともう一つの経済」『ドイツ研究』第48号。

田中洋子（2015）「ドイツの農村における協同組合銀行と GLS 共同体銀行」『農業と経済』第81巻第 1 号。

戸原四郎（1960）『ドイツ金融資本の成立過程』東京大学出版会。

三ツ石郁夫（2000）「第一次大戦前ドイツの金融構造における貯蓄金庫の機能転化——社会政策手段から「経済主体」へ」『彦根論叢』第326巻。

村岡範男（1997）『ドイツ農村信用組合の成立——ライファイゼン・システムの軌跡』日本経済評論社。

第3章
企　業
──経営者行動の規制──

石塚史樹

　昨今の金融危機を引き起こした元凶として，金融機関を中心とする多国籍企業の経営者にたいする批判が世界中で高まったことは記憶に新しい。経営危機に陥ったこれらの企業のいくつかは，当局者の「つぶすには巨大すぎる」との判断のもとに実施された公的資金の注入により救済される一方で，経営責任を問われるべき経営陣にたいし，巨額の報酬を引き続き支払い続けた。この事態にたいする世論の批判の高まりを受けて，先進諸国の政府は，彼らに対する報酬額の支払の法的な制限を試みると同時に，経営者が企業経営上，株主に対して負うべき義務を強化するための法的な枠組みを整備するようになった。

　学術研究においては，経済・経営学および法律学を中心に，経営者の行動を規制するためにいかなる制度上の枠組みをつくるべきかについて，短期間に数多くの文献が生み出された。経済・経営学分野の研究の代表例として，Boeri, Lucifora & Murphy (eds.)（2013）が挙げられる。ここでは，欧米の金融機関に勤務する経営者の集計データをもとに，短期的な利益に結びつけられた金銭的インセンティブが彼らのリスクテーキングな行動をもたらしたという仮説が統計学的な分析手法により検証された。ここで集められたデータ[1]およびその記述統計部分の分析結果は，各国の企業内慣行の特徴をよく説明しており，興味深い。しかしながら，回帰分析を用いた実証分析には，目を引くような成果はない。というのも，金銭的インセンティブの構造と経営者のリスクテーキングな行動の因果関係は明確でないとの結論しか示されていない。また，経営者にたいするコントロール機能の低下が取締役給与の急激な増加およびリスクテーキングな行動の原因になったのではないかという核心的な問題の追及は避けている。そのため，将来的に意味のある改善策を，正確な事実関係の分析に基づいて提示できる研究内容ではない。

　法律学的アプローチによる実証研究の代表例として，Sheehan（2012）が挙げられる。ここでは，取締役報酬についての適正なルール作りという観点から，いくつかの企業における取締役にたいするコントロールの仕組みについてのインタビュー結果を

基に，取締役の報酬問題の解決法が論じられた。ここで採用されたアプローチ方法それ自体は，興味深い。ただし，インサイダーから秘密保持義務に触れない程度で聞き出した限定的かつ部分的な情報に頼らざるを得ないという限界がある。また，歴史的な分析視点の欠如という，実証研究としての重大な欠点を抱えている。

このような先行研究の現状を踏まえると，経営者の行動を適正な方向にコントロールするための仕組みを構築する作業に社会科学の側から貢献しようとするならば，以下のアプローチを含めた研究を行う必要があると思われる。それは，企業の取締役に適用された人的資源管理および企業統治（コーポレート・ガバナンス）の在り方を，その歴史的な発展を踏まえつつ，全面的に分析することである。そしてこれが具体的に，どのように経営者行動に影響を与えうるかを明らかにすることである。経営者行動の問題は通常，企業統治の問題として扱われる。しかしここでは，経営者に対するコントロールを，人的資源管理の問題としても扱う。その理由は，取締役が企業のトップマネジメントを司る一方で，企業と労働契約を締結して働いており，取締役と企業との間に雇用関係が成立しているためである。[2]

上記のアプローチには個人情報保護と企業秘密保持の壁が障害となる。だが，金融危機後の時期には，欧州各国政府の対応により，各企業の取締役に適用される人的資源管理および企業統治についての情報が，事業報告書などの公式の文書で公開されるようになった。また，企業文書館が閲覧に供する歴史的な社内資料の中には，比較的最近の取締役の就業規則や過去における経営トップの議事録も含まれる。本章ではこのような情報源を用い，特に一企業の事例研究を軸として，2000年代に発生した世界金融危機の前後の時期においてドイツ企業の経営者である取締役（Vorstandsmitglieder）に適用された人的資源管理および企業統治の在り方を分析する。そして，これらが彼らの行動を有効に規制できているか否かを，歴史的な側面を踏まえつつ検証する。

事例研究の対象として，現在は製薬・農薬企業として活動している化学企業，バイエル（Bayer AG）に着目する。金融危機の張本人とみなされる大規模金融機関ではなく，同社を事例研究の対象として選んだ理由は，以下にある。同社は，高い水準の生産技術に基づく長期的成長を重視してきたという点で，ドイツ型資本主義経済モデル[3]を支える重要な構成要素である製造業の，1つの代表的事例とみられてきた。そのような同社が最近になり経営者の問題行動を引き起こすような人的資源管理および企業統治を行ってきた事実が検出されたならば，現代のドイツ型資本主義経済にたいする評価は，変わってくると思われるのである。

94

本章では，以下の作業を行い，上記の課題に取り組む。まず第1節では，最近における大企業の取締役による問題行動を概観すると同時に，政府によりいかなる対応が取られたかを論じる。続いて，バイエルの事例研究を行い，第2節において金銭的インセンティブ，第3節においてキャリアと就業規則から形成される行動規範，そして第4節において企業内部の監視機関という側面からそれぞれ，取締役に対する行動規制の状況を検証していく。

1　経営者行動と政府による規制

金融危機と経営者に対する批判

ドイツ企業の経営スタイルは，特に1990年代以降大きく変貌した。それまでは高技能の労働力による多岐的高品質生産[(4)]を追求することで長期的成長を志向していた製造業は，株主価値（シェアホルダー・バリュー）重視のスローガンのもと，選択と集中およびダウンサイジング戦略に基づく事業再構築を推し進め，利益率の上昇を至上目的とする経営スタイルを追求した[(5)]。一方で，大規模金融機関は，民間銀行・公的金融機関を問わず，投資銀行業務を中心とするそれに注力した。特に後者は，米国のサブプライムローン，東欧・中東欧での投資プロジェクトを含むハイリスク・ハイリターンの投資に関与し，金融危機後には多額の損失を被った。この結果，いくつかの大規模な金融機関が公的資金による救済を受けた[(6)]。

このような状況にたいし，ドイツ国民の不満は高まった。血税で金融機関の無節操な経営の付けを払わされたことのみならず，業界を問わず多くの大企業の取締役が数々のスキャンダルを引き起こしたこと，また，事業再構築の過程で一般被用者には雇用の不安定化や賃金の切り下げなど犠牲を強いる一方で，自らの報酬を際限なく増加させ，豪奢な生活を送っていることなどが報道されたためであった。

例えば，ドイツで最大規模500社の取締役の平均年間報酬額は，1977〜2007年の30年間に20万ユーロから70万ユーロに上昇した。2008年には金融危機の影響でいったん落ち込んだが，一段落した2010年以降は，再び増加を続けている。ホワイトカラーの平均収入との比較では，1977年には8倍だった格差は，2007年には16倍に拡大した。このうち，所得の上位5％に属する取締役の報酬額は，50万ユーロから230万ユーロに上昇した[(7)]。

個別の事例として，金融危機への責任問題，インサイダー情報の漏えい問題，さらにはLIBORの不正操作疑惑などにより国内外で司法当局による捜索を受けるなど，

悪名高い金融機関としての印象が定着したドイチェ・バンク（Deutsche Bank）を2002
〜2012年まで頭取として率いた，そして自らもマンネスマン裁判などで有罪判決を受
けたアッカーマン（Josef Ackermann）に注目すると，2010年の報酬額は880万ユーロ
であったが，2011年の報酬額は940万ユーロに達した。しかも，2011年の大幅に増え
た報酬額は，事業目標だった純利益100億ユーロに34億ユーロ足りない業績にもかか
わらず支払われた。

　無節操な経営と経営者の高い報酬額に対する国民の怒りは製造業にも向けられた。
例えば，ジーメンス（Siemens）の監査役会は，金融危機前の2006年に当時の社長の
クラインフェルト（Klaus Kleinfeld）を筆頭とする全取締役の報酬額を30％引き上げる
決議を行った。これが大幅な人員削減が決定された直後に発表されたため，世論の大
きな非難を受けた。これに対し，監査役会代表のフォン・ピーラー（Heinrich von
Pierer；ジーメンス前社長）は，企業トップの人材を確保するためにこの措置が不可欠
であると反論しただけでなく，将来的に取締役の報酬額を引き上げる頻度を増やす方
針を明らかにした。だがその後，ジーメンスが海外での受注を得るために2000〜2006
年の間に13億ユーロに上る会社の金を外国政府の関係者に賄賂として贈ったことが明
るみに出た。この結果，同社は2007年に収賄罪により2億ユーロ以上の罰金を当局に
支払わされた。そのため，この不祥事に直接関与していたクラインフェルトとフォ
ン・ピーラーは，金融危機の渦中の2009年に合計2億ユーロの賠償金を社に支払うこ
とになった。今日に至るまで，このようなドイツの経営者の不祥事は連日のように報
道されてきた。

行動規制のための法的枠組み

　上記の事態は，ドイツ企業に対する国際的な評判と株主の信頼を損なう可能性があ
ったため，ドイツ政府も経営者の行動を規制するための法的枠組みを整備し始めた。
すでに，株式法（Aktiengesetz）により株式会社の企業統治の大枠は定められていた。
だが，2000年におけるドイツ最大の建築会社フィリップ・ホルツマン（Phillip Holz-
mann）の破産を機に，政府は経営者の望ましい行動規範を定めた企業統治の基準の
策定に乗り出した。具体的には，2002年にドイツ企業統治規範（Deutscher Corporate
Governance Kodex）が発効し，望ましい経営のあり方および経営者の人的資源管理に
ついてのベストプラクティスが，一国レベルの規範として示された。もっとも，その
規定の大部分は，「すべきである」あるいは「することが望ましい」という推奨ガイ
ドラインにすぎず，またその主目的は経営者行動の直接の規制というより，社会的市

場経済の理念に即した望ましい企業モデルを海外の投資家に示すことにあった。また，経営判断の原則の適用が認められないような不適切な行為により社に損害を与えた経営者に対する罰則を構成する要件も，解釈の余地が大きいなどの問題がある。[14]同法が示したガイドラインは2005年に発効し，個々の取締役の報酬の公開を義務づけた取締役報酬公開法（Gesetz über die Offenlegung von Vorstandsvergütungen: VorstOG），および2009年8月に発効した，取締役報酬の適切性に関する法律（Gesetz zur Angemessenheit der Vorstandsvergütung: VorstAG）を通じて，取締役の報酬システムの運営方法と情報公開に関して，具体的な法的規制が確保された。[15]もっとも，両法律の条文も「べきである」という推奨が大部分であり，企業に対する拘束力という点では疑問が残る。[16]だが，特に取締役報酬の適切性に関する法律は，長期的に持続する成長をもたらす企業経営をさせるインセンティブとしての取締役報酬を設計するように企業に要請し，そのための報酬構造のガイドラインを具体的に示した点で，より踏み込んだ規制とはなっている。例えば同法で，ボーナスは取締役の数年の勤務期間にわたる業績を算定基準として支払うべきである（第1条第1項a）としたことで，STI（Short Term Incentive：短期的な利益に結び付けられたインセンティブ）としてのボーナスの現金による支払を制限し，LTI（Long Term Incentive：長期的な利益に結び付けられたインセンティブ）としての現金以外の給付の比重を高めるように，また，ストックオプション型のボーナス給付の場合，その売却を禁じる期間を長めに設定することを推奨することとなった。また，取締役の報酬額を決定する権利を有する監査役会（Aufsichtsrat）に対し，その報酬を，個人業績，責務，企業の経営状態に見合った額に設定し，企業経営上ただならぬ事態が発生した場合には報酬額の制限を設けるべき（同上条文）としたことで，行き過ぎた報酬の支払いが起こらないよう，いわゆるCap（限度額）を設定するように推奨した。さらに，企業の経営状態が従来の取締役報酬の支払いを続けられないほど悪化した時には，監査役はその額を引き下げるべきであるとの条文も加えられた（第1条第1項b）。つまり，監査役会の取締役に対する制裁権限を強める措置が取られた。

　取締役の報酬規制については，EUレベルでも対策が講じられた。2014年からはEU圏にある大規模金融機関の取締役報酬についての規制が発効し，各国は2019年までに，対象となる取締役にたいするボーナス支払額がその基本給額を上回ることを禁じる法律を整備することとなった。[17]

　一方，一連の立法措置がどの程度の効果を上げているかについては，現時点では否定的な評価を下さざるを得ない。確かにドイツの大企業は，取締役の正確な報酬額と

その構造を公開するようになった。だが，報酬額がいかなる原理で決まっているのかについては，相変わらず不透明である。このことは，以下の事実によって確認できる。金融危機の影響で企業利益が落ち込んだ2008年と2009年には，DAX 30企業（フランクフルト証券取引所で株式取引されるドイツの主要30企業）の社長の平均報酬額は，過去最高を記録した2007年のそれを下回った。だが，企業利益が回復した2010年以降は再び2007年の水準を上回り，毎年過去最高額を記録するようになった。[18]一方，2013年には，DAX 30企業の取締役の平均報酬額が前年を4％上回ったのに対し，企業利益は対前年比で2％落ち込んでいたため，取締役報酬額を引き上げる基準が客観的な企業業績には基づいていない疑いが強まった。[19]また，上記の法規制を悪用する形で取締役報酬額を引き上げている傾向も観察された。というのも，2013年にDAX 30企業の取締役のボーナス額の引き上げ幅が1.1％のみの引き上げ幅にとどまった一方で，基本給額は7.2％と大幅に引き上げられており，より高い報酬額を支払うために，基本給額を引き上げるという行為が大手を振ってまかり通っている実態が世間に伝えられた。[20]

　このように見てみると，世論の批判と立法による規制は，すでに大規模企業の取締役の行動を律する力を失っていると考えざるを得ない。ドイツにおいて，セルフサービス根性（Selbsbedienungsmentalität）という揶揄が大企業の取締役に向けられるようになって久しい。この背景には，監視機能の欠如により，各企業の取締役たちが自らの労働条件を自律的に，そして自らの都合の良いようにアレンジしている状況があるとされる。[21]このような傾向が各企業において本当に定着しているならば，それはドイツの企業体制，ひいては，ドイツ経済そのものを近い将来に再び危機にさらすことになりかねない。そこで，次節では，バイエル社を事例に取り，取締役に対する人的資源管理および企業統治の構造を詳しく分析し，このような状況の有無を詳しく検証する。

2　金銭的インセンティブ

報酬システムの構造と特徴

　バイエルの取締役はかつて，デュイスベルク（Carl Duisberg；1912～1925年までバイエルの社長，1925～1935年までイー・ゲー・ファルベン社の監査役代表）が構築した，共通の規則に基づく労働契約（標準契約；Kollegialer Dienstvertrag）の下で雇用管理されてきた。イー・ゲー・ファルベン期にデュイスベルクが完成させた労働契約のフォームと労働条件についての共通規則は，1980年代直前までほとんど変更されず用いられ続けた。[22]

企業文書の公開制限により，1980～2000年代の人的資源管理のあり方については不明な部分が多い。だが，2010年以降，バイエルは事業報告書において，取締役の労働契約の主な規則と，各取締役に支払われた報酬についての詳しい情報を公開している。そのため，以下では，ここから得られる情報を基に，同社の取締役に適用される金銭的インセンティブについて分析する。[23]

　バイエルは，取締役の報酬システムについては，ドイツ企業統治規範を順守する旨を公式に表明している。つまり，長期的な企業価値の増加をもたらすような経営姿勢に導く仕組みを構築する方針を前面に押し出している。また，大卒職員と中間管理層から構成される協約外職員（aussertarifliche Angestellte）と取締役には，共通の給与構造および報酬決定原理が適用されるとする。加えて，取締役の報酬は，監査役会により常に監視されるとしている。

　取締役給与の具体的な構造は，役職・責任の大きさ，労働市場の状況，そして消費者物価の水準で決まる基本給が30％，STI（目標管理制度に基づき，各々3分の1のウェイトを有する，バイエル・グループの業績，各事業子会社の業績，個人業績それぞれについて目標を設定し，各年度末に監査役会と取締役の間で合意された達成度によって算出される係数に基本給額を掛け合わせて支給額を算出）として支払われる現金でのボーナスが30％，LTIとして支払われるボーナスが40％（うちSTIと同額の時価の株式によって支給するボーナスが30％，4年間のバイエル株価の上昇率およびそのEuroStoxx50の平均株価にたいする比率によって給付額を決定する「アスパイア・プログラム」（Aspire Programm）に基づくボーナスが10％）となっている。同プログラムに基づくボーナスの支給率自体は事業報告書中で公開されており，最低で基本給額の0％，最高で300％とされる。これらに業務上の必要経費が加わる。

　上記の報酬構造は，DAX 30企業の取締役に適用されているそれと，概ね同じである。[24]なお，LTIで支給される株式は，3年間は売却が許されない。また，アスパイア・プログラムに基づくボーナスも4年間勤務し，バイエル株価をその間に引き上げないと支給されない。自社株価格と連動したボーナス決定システムである同プログラムは，2009年12月の監査役会決議に基づき2010年から導入された。つまり，世論の批判と政府規制への対応策として，いわば外圧により余儀なくされた取締役報酬のシステム変更であった。同プログラムは，2010年の導入時は3年間を単位とする運営であったが，より長期の企業性業績に連動した仕組みにすべきとの配慮から，2011年より4年間に延長された。さらに，代表取締役は，基本給の150％の，他の取締役は基本給の100％の時価に相当する自社株を退任時までに保有することを義務づけられた。

第**3**章　企　業　99

在職中の金銭的給付に加え，取締役には契約年金（Vertragspension）の約束が与えられる。これは，2006年以前に取締役に任命されたグループと，これ以降2012年末までのそれ，そして2013年以降のそれで扱いが分かれている。このうち最初に属する取締役は，退職時に60歳を超え，そして退職後の競争禁止規定を守る場合において，退職時の基本給額の80％を恩給形式の年金として受け取ることができる。この年金支給規則と支給水準は，デュイスベルクが整えた規則がそのまま適用されている[25]。第2のグループに属する取締役は，同様の条件で，退職時の基本給額の60％を受け取ることができる。第3のグループは，自ら負担する掛け金（基本給額の9％）と社による上乗せ分（基本給額の33％）の合計額を年金原資として相互会社形式の保険企業であるライン年金金庫（Rheinische Pensionskasse VVaG）に資本市場での運用を委ねた上で，その実績に基づいて支給される年金を受け取る。2013年のバイエルの事業報告書によると，これに基づく取締役の年金額は，退職時の基本給額の45％程度になるとされる。

　報酬構造の特徴としてはまず，以前に適用されたそれに比べ，きわめて複雑であることが指摘される。かつての取締役の報酬は，基本給とバイエルの配当総額の一定の割合で決まるボーナスのみからなる，単純な構造であった。複雑化された理由として，1つには，法令へのコンプライアンスおよび世論への配慮が挙げられる。つまり，STIの比率を制限する一方で，長期にわたり企業業績を向上させる経営を行わなければ支給額が減る仕組みをもつLTIの給付比率を高めることで，企業・社会に有害な結果をもたらす経営者行動を避けさせようとした法規制への配慮を反映している。もう1つは，株価と報酬額の連動する範囲を広げることで，株主価値を重視する経営姿勢をアピールする目的があったものと推測される。ストックオプションを中心とする給付が中心となる米国の取締役の給与構造に近づけたともみられる。なお，取締役に自社株式の保有を義務づける慣行は，ドイツ化学企業の創業期にはよく観察された，プリンシパル・エージェント問題の予防策であった[26]。逆に，この複雑な構造の理由を悪意的にとるならば，ボーナスの構成要素を増やすことで，ボーナス総額の水増しを図った結果ともみられる。

　次に，取締役の報酬システムの運用方法自体は，協約外職員に適用されるそれに次第に近づけられている。この証拠として，現在では，上記に説明した目標管理制度に基づく取締役のSTIの運用は，協約外職員のボーナス決定システムとしてのそれと同じ原理に基づいていることが確認できる[27]。また，企業内年金については，1962年より最終所得の一定比率を支給できるようバイエルが補助金をつけて年金額を調整する総合給付方式（Gesamtversorgung）が協約外職員に適用されてきたが，1990年代以降

は，労使で保険料を拠出してライン年金金庫に運用を任せ，これに社が最低限度の年間運用利率（2004年時点で2.75％）を保証する仕組みとなっている。[28] このことを上での検討結果と比べてみると，運用方法と適用開始時期は異なるにしても，取締役が享受してきた特権的な恩給式の年金は廃止され，彼らも協約外職員と同様，自己負担の保険料とその資本市場での運用益を基礎とする年金システムのもとに置かれるようになったことがわかる。また，最終基本給に対する水準ではかった場合，取締役に支給される年金の水準は年々切り下げられていることから，他の従業員グループとの整合性を保った運用の仕組みに近づけられているといえる。

実際の支給状況と問題点

表3-1には2010〜2013年の間に各取締役に支払われた報酬額が見て取れる。なお，ケーニヒ（Michael König）は2013年4月の取締役着任となるため，それ以前のデータは記載されていない。また，ポット（Richard Pott）はケーニヒに役職を委譲する形で2013年に退任したため，同年内は他の取締役と比べると不規則な報酬額の変動を示す。報酬の支払い状況について詳しい分析は行わないが，代表取締役は基本給とボーナスにおいて通常の取締役の2倍近くを得ていること，また代表取締役以外の取締役については，2012年以降，給与額の分散が大きくなっていることが観察される。この理由は，現時点では不明である。また，STIとLTIで稼ぎだされる合計額が基本給額を大きく上回っており，経営者はボーナスで稼ぐという原則が貫徹されている。

全体として，現時点でバイエルの取締役に適用される報酬システムには，世論および他の従業員グループへの一定の配慮と法的規制へのコンプライアンスが反映された変化が読み取れる。また，取締役の報酬額およびインセンティブの仕組みについては，よく情報公開が行われているといえる。

一方で，問題点も指摘できる。まず，全報酬の算定基準となる基本給の大幅な昇給が毎年行われているが，その理由はまったく不明である。STIに関しても，各取締役がいかなる個人目標（この達成度がゼロであるとバイエル・グループの業績や事業子会社の業績とは独立に，全目標の達成度がゼロと評価される）を監査役会と取り結んでいるかについては，その内容も評価の仕組みも公開されていない。2013年には基本給以外の給付部分の下落がうかがえるが，それが全社レベルでのEBIT（利払い・税引き前利益）あるいはEBITDA（利払い・税引き・償却前利益）の減少という，客観的な指標によるものなのかさえわからない（2013年には対前年比でそれぞれ11％，3％の減少）。そのため，結局のところ，何をもって取締役の報酬額が決まっているのかについては，まったく

表 3 - 1 バイエル社取締役の報酬額（2010～2013年）

（単位：ユーロ）

基本給	マリーン・デッカース(社長)	ヴェルナー・バウマン	ヴォルフガング・プリシュケ	リヒャルト・ポット	ミヒャエル・ケーニヒ
2010年	900,000	633,000	633,000	633,000	
2011年	1,216,000	641,000	641,000	641,000	
2012年	1,271,000	783,000	670,000	670,000	
2013年	1,347,000	888,000	710,000	296,000	533,000
必要経費(引っ越し代など含む)					
2010年	1,010,000	42,000	35,000	30,000	
2011年	69,000	119,000	37,000	32,000	
2012年	35,000	44,000	34,000	34,000	
2013年	39,000	43,000	35,000	14,000	51,000
ボーナス(STI：短期金銭給付)					
2010年	903,000	554,000	554,000	554,000	
2011年	1,420,000	653,000	653,000	653,000	
2012年	1,702,000	979,000	783,000	783,000	
2013年	1,532,000	881,000	1,476,000	294,000	529,000
ボーナス（LTI：自社株による長期金銭給付）					
2010年	903,000	554,000	582,000	582,000	
2011年	1,420,000	653,000	686,000	686,000	
2012年	1,702,000 (24,228株)	979,000 (13,928株)	822,000 (11,701株)	796,000 (11,329株)	
2013年	1,532,000 (15,802株)	881,000 (9,085株)	740,000 (7,631株)	294,000 (3,028株)	529,000 (5,451株)
アスパイア・プログラムによる給付					
2010年	261,000	206,000	291,000	291,000	
2011年	362,000	191,206	191,000	191,000	
2012年	352,000	186,000	186,000	186,000	
2013年	382,000	252,000	201,000	84,000	0
支給額総計					
2010年	3,977,000	1,989,000	2,095,000	2,090,000	
2011年	4,487,000	2,257,000	2,208,000	2,203,000	
2012年	5,062,000	2,971,000	2,495,000	2,469,000	
2013年	4,832,000	2,945,000	3,162,000	982,000	1,642,000
年金原資価値（各年末時点）					
2010年	2,612,000	2,868,000	6,594,000	6,552,000	
2011年	3,664,000	3,484,000	7,574,000	7,617,000	
2012年	6,282,000	6,888,000	9,556,000	10,722,000	
2013年	6,684,000	6,354,000	8,716,000	0	0

（出典）バイエル社事業報告書（各年度）を基に作成。

表3-2　バイエル社取締役の報酬額（2002年）

（単位：ユーロ）

	ヴェルナー・ヴェニング（社長）	ヴェルナー・シュピンナー	ウド・エールス	リヒャルト・ポット	クラウス・キューン
基本給	622,317	408,513	414,079	271,832	271,550
ボーナス（Variable Vergütung）	722,451	480,498	480,498	320,332	320,332
支給額総計	1,344,768	889,011	894,577	592,164	591,882
ストックオプション（行使権数）	119	119	119	0	119

（出典）　バイエル社事業報告書（2002年度）を基に作成。

不明である。

　この原因として，労働契約の全文が公開されていないことと，取締役の報酬額および報酬システムの決定において監査役会がいかに関与しているのかが明らかでないことが指摘できる。ちなみに，2010年に編集された化学産業の管理層職員組合（VAA）の調査によれば，化学企業における取締役直下のマネージャーのボーナスを含めた年間報酬は最大で46万ユーロ程度であり，表3-1を見れば取締役との格差は明らかである。[29]

　2000年代中に取締役の給与がどの程度増加したかも確認してみる。2010年度より前のバイエルの事業報告書の中で，理由は不明だが2002年度に限り，各取締役の報酬額が公開されている（表3-2参照）。[30] これと表3-1を比較してみると，基本給と現金ボーナスを合わせた額だけでも，2000年代中にバイエルの取締役給与が，著しく増大したことがわかる。2013年の現社長と2002年の前社長のそれを比べると，後者が前者の2倍を上回っている。この間，ドイツにおける消費者物価指数は1.2倍程度しか上昇していない。したがって，この10年程度の間で，バイエルでも取締役給与が他の被用者のそれをはるかに超えた程度で上昇したことがわかる。この理由については，事業報告書中では何も説明されていない。

　先に，バイエルの監査役会が，2010年より，取締役の全報酬にLTIが占める比率を増やす措置をとったことを説明した。しかしながら，表3-1と表3-2の取締役の給与額を比較する限り，新たに導入されたLTIは結果として，2000年代初めに支給されていた取締役報酬にさらに付け加わった給付と判断せざるを得ない。つまり，バイエルの監査役会は，世論の圧力やドイツ企業統治規範のコンプライアンスを重く受け止めて報酬改革を行った印象を与えつつも，実際には取締役報酬の給付規模を増やす措置をとっていたといえる。

第3章　企　業　103

3　行動規範の変化──キャリアと就業規則

キャリア

　勤務人生で積み上げられたキャリアの在り方は，取締役の行動規範に大きな影響を与えると考えられる。そこで，最近におけるバイエルの社長のキャリアを検討してみる。

　前社長であるヴェニング（Werner Wenning；現在はバイエルの監査役会の代表）は，1946年に生まれ，1960年代後半に職業訓練を最終学歴とする事務職員としてバイエルに就職した。財務・経理畑でキャリアを積み内部昇進を繰り返した後，いくつかの部門を渡り歩き，海外子会社の社長，スタッフ部門の企画部長を経て，1997年にバイエルの財務取締役に，2003年には社長に就任した。このような昇進パターンは，1980年末に取締役会で決議された，バイエルのマネージャー養成・開発指針にのっとっている。つまり，社長といえども，同社内部での幅広いキャリアを基礎として，また，統一的な社内規則に基づく内部昇進を前提に選抜されていた。ヴェニング以前の戦後のバイエルの社長（古い順に，ハーバーラント（Ulrich Haberland），ハンゼン（Kurt Hansen），グリューネヴァルト（Herbert Grünewald），シュトレンガー（Josef Strenger），シュナイダー（Mannfred Schneider））にしても，例外なく内部昇進を通じて社長に就任してきた。

　一方，現社長のデッカース（Marijn Dekkers）は1957年にオランダで生まれ，同国の大学で化学とケミカルエンジニアリングを勉強したのちに，1985年に米 GE 社のR&D 部門に研究職として就職した。1995年には，航空宇宙・自動車用製品・工業材料の米企業（Allied Signal）に移籍した。2000年には，実験用器具大手の米企業（Thermo Electron Corp.）の財務担当取締役に着任した。同社が買収され，新企業（Thermo Fisher Scientific）に再編されると，その社長に就任した。2010年 1 月には，25年にわたる米国でのキャリアに終止符を打った直後に，そのままバイエルの社長に就任し，同時に GE 社の取締役も兼任した。

　このように，前社長と現社長との間では，キャリア上，まったく異なるパターンが検出される。前者は，従来からのバイエルの人事規則に合致するように積み重ねられた，同社での長く幅広いキャリアを認められる形で社長に就任した。一方，後者は米国を中心とした，「国際的に渡り歩くマネージャー」としてのキャリアを認められて，しかも，バイエルの事業そのものについてはまったくの門外漢として採用された。前者と後者のキャリア・パターンの違いには，トップマネジメントに求められる資質の

変化が反映されていると考えられる。

なお，2013年時点で社長以外の取締役会のメンバーだったバウマン（Werner Baumann；商学士，財務担当取締役），ケーニヒ（Michael König；大卒エンジニア，人事担当取締役），プリシュケ（Wolfgang Plischke；生物学者，技術・イノベーション・長期持続的発展担当取締役）は，前社長と同様に，かつての人事規則に従った社内でのキャリア形成に基づき現職まで昇進したことが確認できる。しかしながら，社長以外の取締役にしても，今後も内部昇進の人材が企業トップに選ばれ続ける保証は，存在しないと考えられる。なお，2019年9月現在の社長は上記のバウマンであり，内部昇進型の人材である。

就業規則

バイエルは，他の大規模な化学企業と同様，1990年代から選択と集中に基づく事業再構築を実施した。最終的に，2002〜2005年までの大規模な組織改革により，事業部制からホールディング制に基づく企業組織に移行した。

組織改編後の企業構造（2015年9月まで継続）について説明すると，マネジメント組織として頂点にあるのは，ホールディング会社としてのバイエル株式会社（Bayer AG）であり，全社取締役会（Konzernvorstand；4〜5名で構成）によって統括される。全社取締役会は，コーポレート・センターと呼ばれるスタッフ組織によって支えられる。バイエル株式会社の下に，製薬・農薬・高機能材料の生産事業を各々担当する3つの事業子会社と3つのサービス子会社が直属する。各子会社はGLC（Group Leadership Circle）と呼ばれる，3段階にグレード分けされた上層のマネージャーのグループにより運営される。ここには，各子会社の取締役会（Executive Board）の構成員を頂点とする，企業内ヒエラルキー上層の従業員が含まれる。その数は，2010年時点で約400名であり，1990年代までの最上位の経営管理層グループである「契約階梯6」が適用された協約外職員から調達されたと推測される。[32] このような，より絞り込まれた人数の上層の管理職グループがバイエルで初めて確認されるのは，2003年である。[33]

この大規模なマネジメント組織の変更は同時に，全社取締役会メンバーの職務および組織の刷新を伴った。第2次世界大戦後から1980年代半ばまでの30年余りの間，15名程度で安定していたバイエルの取締役会構成員数は，1990年代の事業再構築の過程で削減されはじめ，2000年に8名，2002年に6名，2003年に5名，そして2004年には4名にまで減らされた。これ以降2013年に至るまで，バイエルの取締役会は，代表取締役社長，人的資源管理・全社戦略担当取締役，財務担当取締役，イノベーション・

テクノロジー・環境担当取締役の４名から構成された。[34]

　従来，取締役の職務と役割は，定款と監査役会で決議された取締役の職務規定が定[35]めてきた。これにたいし，ホールディング制への移行後は，取締役の役割についての規定を全社取締役会が自ら定め，これに基づき業務を遂行することになった。これが「全社取締役会の職務と組織」と呼ばれる規則であり，現在筆者の手元には，2006年10月１日から効力をもつものが存在する。以下では，この規則の内容を分析し，取締[36]役に求められる行動規範がどのように変化したのかを見出す。

　まず前文では，全社取締役会がバイエル・グループ全体の戦略を決定し，企業全体を設定した企業目標に向かわせる存在であることが明記される。そして，全社取締役会の職務が，「事業ポートフォリオの確定」，「経営管理層のマネジメント」，「企業資源の配分」，そして「ファイナンシャル・マネジメント」の総責任を担当することと定義される。

　続いて，取締役会の組織と役割を規定する具体的な規則が24ページにわたって列挙される。その主な特徴は以下のようである。

　まず，全体として明確に読み取れることは，①企業を徹底して抽象化し，「事業ポートフォリオ」の集合体ととらえる，②経営戦略論を基礎においた企業経営スタイルに基づき，企業戦略を達成するための全体的な企業コントロールを行うことを全社取締役会の中心的な役割と位置付ける，③コア・ビジネスの選択とそのシナジー効果の最適化を企業価値の源泉とみる，④全社取締役が担当する事項の中に「生産」という文言が一切あらわれない，⑤全社取締役の職務内容が企業全体の理念・戦略・企業目標の決定およびバイエル・グループ共通のガイドラインの作成にあるとされ，具体的な事業活動（operational な業務という意味での）のマネジメントには言及されない，そして，⑥監査役会への服従や義務についての言及がほとんどないことである。[37]

　次に，「資産運用管理（Asset und Liability Management)」と称される規則を特に取り上げ，内容を検討する。これは個別規則としては最も長く，およそ４ページにわたっている。ここでは，取締役の最重要な業務として，資産投資（不動産・株式・事業ポートフォリオ）と事業再構築（新規投資，ダウンサイジング)，知的財産の取引が挙げられる。また，取締役による資産投資業務の対象となる資産の範囲が定められる。このように，現在の主要事業の維持発展ではなく，社が主有する諸資産の投資を取締役の主要業務として定めた規則は，過去の取締役の職務規定には一切見られない。この事[38]実からは，「全社取締役会の職務と組織」が効力をもった2006年以降，バイエルの取締役が業務を遂行する際の意識および基本的な発想法が，旧来のそれから根本的な変

化を遂げたと判断される。つまり，彼らは自らの新しい行動規範を，製造業としての
バイエルが有する現行の事業の維持発展から，全体的な事業ポートフォリオの操作お
よび土地や有価証券といった，本来のコア・ビジネス以外の領域での取引を成長の源
泉とする「資産運用」業務に集中するように修正したのである。

　このことは，上記の④ともかかわっていると思われる。バイエルではかつて，「生
産」が重要な要素としてとらえられていた。1970年代まで生産と技術は一体化して，
同社の中心的な成長の源泉と見られていた。例えば，かつて同社では，月2回の定期
取締役会のうち少なくとも1回が開催される直前に，必ず生産・技術分野の重役会議
(Technische Direktionsconferenz：TDC) が開かれることとなっていた[39]。つまり，取締
役会は，まず生産・技術分野の取締役およびディレクター（取締役会に直属する各部門
の最高責任者）から構成される同会議より，生産・技術にかかわる専門的な意見を聞
いた上で，経営上の最高意思決定に臨んだ。この事実ひとつからも，かつての同社で
は生産活動が企業運営上の最重要事項であったことがわかる。また，過去の取締役の
就業規則では，取締役会における決議事項の中に，必ず「新規の生産活動の開始ある
いは既存の生産分野からの撤退」，「新規設備への支出」，「生産拠点の開設・閉鎖」，
「工場の稼働状態の調整」，「生産上の機密事項の取得あるいは売却」といった，生産
活動に直接かかわる項目が明記されていたことも，この証左として挙げられる[40]。バイ
エルの社長が戦後の長期にわたり，生産の専門家から選ばれてきたことも，取締役会
が取り扱う事項として生産活動が重要であった事実を反映している。

　これに対し，「全社取締役会の職務と組織」の規則中では，生産という文言，ある
いは直接の生産活動にかかわる事項がまったく言及されていない。これは，常識であ
れば，生産事項について責任を有すると考えられる「イノベーション・テクノロジ
ー・環境担当取締役」のタスクを定めた規則についても，同様である。同規則は，こ
の取締役の職務を，「知的財産という意味での技術のマネジメントであり，技術の組
み合わせや事業所の選択によって有益なシナジー効果を生み出すことにある」と定め
る。つまり，現在バイエルが有している技術の内容や現に同社が従事している生産活
動からは離れて，あるいはそれらを抽象化する形で，価値を生み出す知的財産あるい
は生産立地の組み合わせを考えることが，具体的な生産活動に関する判断を下す役割
にとって代わったのである。現在のバイエルで全社取締役会に代わり具体的な生産活
動上の決定を委ねられているのは，事業子会社の取締役会である[41]。

　以上から判明することは，以下のようである。2000年代以降，バイエルの全社取締
役は，各事業子会社を含むバイエル・グループ全体を様々な企業資産から構成される

第3章　企　業　107

事業ポートフォリオの総体として捉え，これを「資産運用」する姿勢で企業経営を行うように自らの働き方を決めた。そして，生産活動に代表される具体的な業務の直接的な決定権は，GLC から構成される事業子会社の経営陣に委ね，自らはあくまで経営理念の策定，企業目標の設定，企業戦略の策定およびこれに従った企業資産の効率的配分を決定することに集中するようになった。このことは，経営者は経営戦略論的な観点に基づき，具体的な事業活動のマネジメントからは離れ，全社的な経営システムの構築とその運営管理に専念すべきであるという，コンサルティング企業の提唱する教義と合致している。[42]

一方で，1980年代末までドイツの大企業の取締役は具体的なマネジメントや日常業務に最大の時間を費やし，企業目標や経営戦略の策定には多くの時間を割いていなかった。[43]このため，「全社取締役会の職務と組織」が定める取締役の職務の在り方には，1990～2000年代において加速したドイツ企業による事業再構築の渦中で，取締役に期待される役割に大きな変化が起きたことが反映されていると考えられる。

これに加え，現在の社長の経歴に見られるように，社長を務める人材は，バイエルを知悉した長期勤続のマネージャーであるどころか，化学業界の出身者である必要すらなくなった。これらの事実から推測すると，こうした経営トップは，バイエルの化学企業としての存続に必ずしも固執しない企業決定を下す可能性を否定できない。かつての同社の化学品部門であったランクセス社（Lanxess AG）が2004年にバイエルより分離させられた事実も，このような見方が必ずしも荒唐無稽ではないことを物語る。現在のバイエルの主力3事業についても，高利益をもたらす事業ポートフォリオ・マネジメント，あるいは「資産運用」の観点から不適当と判断されれば，別事業と入れ替えるような企業決定を全社取締役会が下す可能性も否定できない。つまり，現在のバイエルの全社取締役会を支配する行動規範の基では，かつて米 GE 社のジャック・ウェルチ社長が断行したような，あるいはジーメンスが近年に採用してきたような，短期間に次々と事業内容を変えていく企業変革のスタイルが取られても不思議ではないのである。

4　監査役会の影響力

監査役会の組織構造

ドイツの株式会社では，監査役会が株式法の規定に基づき，取締役会を監視する役割を与えられている。[44]監査役会は，株主総会の代理機関として，取締役会に対して，

当該企業を代表する権限を有する（株式法第112条）。これに従い，監査役会には代表取締役を含む取締役の任免権がある（同法第84条）。つまり，監査役会には取締役に対する人事権を中心とする人的資源管理の権限を握っており，彼らとの間で労働契約を結び，かつ彼らの報酬額の適正性についてもチェックする権限を与えられている。このほか，監査役会は，社内の諸規則，社の財務および諸資産の状況について常時チェックするほか，取締役が決議を予定する重要事項に承認を与える権限を有する（同法第111条）。つまり，監査役会は取締役の行動を規制するうえで決定的な役割を与えられている。

　しかしながら，監査役会が取締役会の監視機関として実際にどのように機能しているのかは，法規則とは別の問題である。そこで以下では，バイエルの監査役会が取締役の監視という側面においてどれほどの役割を果たしうるのかについて，現時点で知りうる範囲の情報を手掛かりに探ろうと試みる[45]。

　まず，監査役会の基本的な組織構造について概観する。2015年2月時点で，バイエル・グループの監査役会は20名からなる。1976年共同決定法（Mitbestimmungsgesetz）の規定に基づき，同監査役会は株主側，被用者側から半数ずつ選ばれたメンバーから構成される。その公式の役割は，バイエルの最重要な方針についての意思決定であり，かつ取締役会とともに企業戦略を決定し，事業戦略の実行状況について取締役会と共に点検することにある。

　監査役会内には，4つの専門委員会が設けられ，業務を分担している。このうち，代表会議／調停委員会（Präsidium/Vermittlungsausschuss）は，株主側，被用者側の各2名より構成される。その主な役割は，監査役会で取締役の任命を決議する1回目の投票で必要賛成票が得られない場合に調停案を提出することにある。会計監査委員会（Prüfungausschuss）は，株主側，被用者側の各3名より構成される。同委員会は，会計監査について責任を有すると同時に，監査役会の承認を要する同社の財務諸表の原案を作成する。人事委員会（Personalausschuss）は監査役会代表とその他3名の監査役会構成員から構成され，取締役の任命にかかわる作業を行う。具体的には，監査役会を代表して，各取締役と締結する労働契約の内容（各取締役の報酬額その他の労働条件の決定を含む）を作成すると同時に，取締役会メンバーの長期的な補充計画を策定する。最後に，指名委員会（Nominierungsausschuss）は，株主側の監査役2名で構成され，監査役会の株主側構成員の候補者を株主総会に提案する任務を有する。

　監査役は，業務に必要な必要経費のほか，基本給，可変給（各事業年度のバイエル・グループのキャッシュフロー総額と連動して支給），会議参加手当，各種委員会での業務手

当から構成される監査役報酬を受け取る。各監査役は，上記の基本給と各種委員会での業務手当を合わせた額の25％を，監査役を退任するまでの期間，バイエルの株式で保有することを義務づけられる。ただし，当該監査役が監査役報酬の85％以上を，自身が勤務する企業の労働契約に基づき，社会的目的のために自社に寄付するか，あるいはドイツ労働総同盟（DGB）のハンス・ベックラー財団（Hans-Böckler-Stiftung）に寄付する場合は，寄付後に残った額のみにこの義務は適用される。[46]

　これらからは，監査役会内部に取締役の行動をコントロールするための組織が形式的には整えられていることがわかる。また，監査役報酬の運用も，取締役報酬の場合と同様，バイエルの長期的成長に各監査役の意識が向けられるようなインセンティブとして設計されている。

　次に，各監査役の経歴を見てみる。まず，監査役代表のヴェニングは，バイエル前社長である。現代のドイツ企業では，代表取締役に代表される取締役会の有力なOBが定年後に監査役代表に就任する慣行が広く観察されるため，これは特別なことではない。監査役副代表は，バイエルの全社従業員代表委員会（Konzernbetriebsrat）の長，つまりバイエルの被用者の代表が務めている。

　これ以外の被用者側の構成員は，バイエル・グループのドイツ国内における主要事業所（レーヴァークーゼン，エルバーフェルト，ウェルディンゲン，ドルマーゲン，ベルリン）の従業員代表委員会（Betriebsrat）の長が１名ずつ合計５名，鉱山・化学・エネルギー産業労組（IGBCE）の専従役員が２名，ドイツ労働総同盟の代表が１名，そしてバイエルの指導的職員代表１名から構成されている。

　ヴェニング以外の株主側の構成員は，他企業（BMWとProSiebenSat1. Media）の代表取締役が２名，他企業（RWE）の取締役OBが１名，他企業（ドイツ銀行）の監査役代表が１名，他企業（ドイツ銀行）の監査役代表OBが１名，同業の外国企業（Cabot Corporation）の取締役が１名，同業他社（ヘンケル）の最高意思決定機関（Gesellschafterausschuss）の代表を務める同社の創業者一族が１名，そして自然科学系の権威ある学術会議の代表が２名である。

　第１次世界大戦後に株式会社の実態についての研究結果を発表した当事の著名な経営学者であるパッソウ（Richard Passow）は，当時のドイツ企業における監査役会の構成員の類型化を試みた。彼によれば，監査役会の構成員は，①大株主，②銀行の代表，③他企業の取締役と監査役（OB含む），④零細株主の代表，⑤監査役会業務の助けとなる専門家，⑥当該企業の取締役OB，⑦世間での名声を有する著名人・名士，⑧企業トップが全面的に信頼を置く人物，⑨被用者代表（Betriebsrätegesetz，すなわち

1920年従業員代表委員会法に基づく）に大別できる。そして，①，②，③が圧倒的多数を占めているとされる。[47]

　株主側の構成員に関し，現在のバイエルにおいては，③が7名で最も多い。続いて学術関係者からなる2名が⑦に，そして監査役代表は⑥に分類できる。一方，資金貸付や議決権付き株式の管理を通じ産業企業の監査役会において強い影響力をもつという印象が強い大銀行からは，現役の取締役でなく監査役代表およびそのOBしか参加しておらず，バイエルの企業運営で特に強い影響力を行使しているとは考えにくい。また，現在の監査役会には，同社の大口株主となっている企業の関係者は見当たらないため，①の直接的な影響力も認められない。したがって，株主側から選ばれた監査役会の性格を理解するためには，数的に優勢な他企業の取締役と監査役の存在に注目し，その意味について探るべきである。

監査役会に内在する問題点

　バイエルの株主側の監査役を引き受けている取締役と監査役が属する他社には現在，バイエルとの間に，資本提携などを通じた特別に強い関係は存在しない。このことは，今日までに様々な企業の取締役と監査役が特に規則性もなく次々と入れ替わる形でバイエルの監査役に就任してきた事実によっても立証される。同社の監査役会に他企業の取締役および監査役が数多く就任している理由についてはむしろ，「共同の利益配分契約や株式持ち合いがあるわけではないが，企業間の親密さを表現するために，相互に監査役を派遣する」という，パッソウによる上記の③についての説明が当てはまると思われる。[48]実際に，バイエルは，ヘンケルからの監査役を受け入れているのに対し，監査役代表のヴェニングをヘンケルの監査役に送っている。また，RWEの取締役OBを監査役として受け入れているのに対し，バイエルの前々社長・前々監査役代表であるシュナイダーをRWEの監査役に送っている。これ以外の企業については現在，バイエルとの間で監査役を相互に送りあっている例は見受けられない。また，現時点では，バイエルの現役取締役は他社の監査役会には就任していない。一方，ドイツの大企業全体を見渡すと，大部分の企業でこのような形での監査役の相互派遣が観察される。つまり，ドイツ企業の取締役とそのOBたちは，監査役会という場を通じて，一種の交友ネットワークを築いているとも捉えられる。

　大部分の監査役の就任が企業相互の友好関係を深める目的の相互派遣に基づいている事実は，常識的に考えて，以下の問題をはらんでいる。すなわち，こうした監査役は，監査役に就任している企業の経営状況にはほとんど利害を有していないため，形

式的に監査役会議に出席し議案に賛成するに過ぎない存在となる。彼らの大部分は通常，いくつもの有名企業の監査役を引き受けている（例えば，ヴェニングは，ヘンケルの監査役以外に，エネルギー企業である E.ON の監査役代表，さらにジーメンスの監査役も兼任していた）うえに，場合によっては現職の取締役として，自らが勤務する企業の経営に専念する存在である。そのため，他企業の監査役としての業務に多くの時間を割けない状況にある。つまり，彼らは自らが監査役を務める他企業の経営状況についてはほぼ素人である。このことは，企業の監査役としてその日々の経営状態について知悉していなければならない監査役の本来の役割を果たすには，致命的である。[49]さらに，取締役の監視という側面においても問題がある。例えば，ある企業の監査役が他社の取締役の給与額に異議を差し挟んだ場合，その企業から自社に送られている監査役により報復的に同様の行動をとられる恐れが生じる。これ以外にも，企業の監査役同士で，互いが勤務する企業の取締役の行動に関する自由度を制限する行動をとることは友好関係に影響する可能性がある。そのため，監査役同士でのそのような行為は避けられる可能性が高い。むしろ，このような監査役の相互派遣の下では，取締役の報酬額については互いにチェックを甘くするか，逆に共同歩調をとってお互いに引き上げを図る行動に出やすいと思われる。この見方は，昨今のドイツの大企業における給与額が足並みをそろえて上昇した事実を想起すれば，説得力があろう。

　次に，労使共同決定のもとで，被用者側から選ばれた監査役が，取締役の行動規制にどれだけ影響力を有しているかを探ってみる。目下，バイエルの取締役の行動を監視するうえで重要な役割を有する3つの委員会に，被用者側代表の監査役が入っている。このうち，代表会議／調停委員会を除いた委員会の構成員を検討する。

　まず，会計監査委員会には，財務畑出身のヴェニング，内部監査畑でキャリアを積み複数の企業で財務担当取締役を歴任した他企業の取締役 OB，そしてゼネラリストのキャリアと財務担当取締役の経歴を有する他企業の社長が株主側の代表として就任している。一方で，被用者側からは，監査役副代表，ドイツ労働総同盟の代表，そして指導的職員の代表が同委員会に参加している。会計監査委員会には，会計士が行った会計監査の結果報告の適正性を判断する任務が委ねられている。株主側の委員には，彼らのキャリアから，これを遂行するために必要な職業能力の存在が認められる。一方で，被用者側のそれは，指導的職員代表が技術・生産畑のキャリア，それ以外は，勤務人生の大部分を労働組合あるいは従業員代表委員の専従として過ごしている。したがって，会計監査については完全に門外漢である。この事実により，被用者側の委員は，労使共同決定の原則に基づき会計監査を通じた取締役の監視にあたっているも

のの，実質的には専門知識を独占している株主側の委員に委員会内部での主導権を握られているとみるのが適当である。

次に人事委員会には，株主側からヴェニングと他企業の監査役代表が，被用者側からはバイエルの２つの事業所の従業員代表委員会代表が参加している。人事委員会は，取締役の人事権を握っているため，取締役の人的資源管理においては決定的な役割を有する。ただ，前に検討したように，バイエルでも取締役給与額は著しい増大を見せているため，被用者側の委員がどの程度，これについての影響力を行使してきたのかは，かなり疑わしい。その実情を探り出すには，監査役会内部における議論の過程を分析することが不可欠である。だが，企業の機密事項に属する事柄なので，これに関する最近から現時点での情報を得ることは不可能である。そのため，戦後のバイエルにおける監査役会議事録のうち，閲覧が可能な1980年代前半までのそれに記載された議論の内容を分析し，取締役の人的資源管理に及ぼす被用者側代表の影響力の実態について，以下に推論を試みる。[50]

取締役に対する人的資源管理の実情——歴史的な視点より

監査役会議事録中に確認できる取締役の人的資源管理に関連する議題は，取締役の人選と労働条件事項の２つに大別できる。だが，その全議題に占める割合は著しく低い。人事委員会での議論内容も非常に限られた数の記録しか確認できない。まず，取締役の人選についての議題は，人事委員会が提案する人物を新しい取締役構成員あるいは代表取締役に任命するか否か，そして任期切れとなる現役の取締役会構成員を再任するか否かに関するものである。次に，取締役の労働条件事項について扱われた議題として確認できるのは，株式法の改正による取締役の任期（５年を上限とする）についてのコンプライアンス（1956年），健康上の理由による取締役の退職前有給休暇（Pensionsurlaub：取締役と協約外職員に定年退職の数カ月前から定年退職の日までの期間を有給休暇とすることを認める社内制度）の前倒し取得の認可（1970年），新しく就任した取締役の報酬額を他の若手取締役のそれにそろえる措置（1971年），居住中の社宅の取得を希望する取締役３名に対する同物件の売却の許可（1971年），全被用者の企業年金規則の変更に対応した取締役の労働契約が定める個人遺族年金の取得資格の変更（1971年），そして60歳を超えた取締役の希望に基づく早期退職を12カ月以上の契約解除通告期間（Kündigungsfrist）を守ることを条件として認める措置（1983年）である。

特徴的なのは，議事録中において，個々の取締役の給与額だけでなく，取締役の労働条件の具体的な内容については，ほとんど言及がないことである。労働条件事項も，

第3章 企 業 113

そのほとんどが退職の時期や方式，あるいは法制へのコンプライアンスにかかわるものであり，監査役会と各取締役が個々の労働条件を巡りいかなる交渉を行ったかについては，まったく記録されていない。同様に，各取締役の問題ある行動に対し，いかなる懲戒措置が実施されたかについても記録がない。ここから推測されるのは，これらの事項がまったく問題にならなかったという可能性を度外視すれば，戦後のバイエルの監査役会は，取締役の任命を除けば，取締役の人的資源管理を管轄する場として，ほとんど機能してこなかったということである。この理由としては，以下のことが考えられる。まず，労働契約の規則は全取締役で共通していたため，基本的な労働条件の変更をめぐる交渉が行われる余地はまったくなかった[51]。次に，給与に関しては，人事委員会での話し合いではなく，人事委員会の長であり監査役代表を務める取締役OBが，他企業から来ている監査役や経営者サークルからの情報を基に大体の相場の目星をつけ，自らの後輩あるいはかつての同僚である現役の取締役たちと話し合って決めていた。そして，不祥事を起こした取締役の懲戒に関しては想像に頼るしかないが，任期切れとなった取締役の再任を認めないか，あるいは早期退職の勧告によって解決していた可能性が考えられる。

　いずれにしても，1983年までの時期については，被用者側代表が取締役の人的資源管理に関して何らかの影響力を行使した形跡は認められない。というのも，上で取り上げた過去の議題は例外なく，取締役OBから選出された，そして人事委員会の長を務めた監査役代表が提案し，監査役会内の投票で承認されている。この事実から推測されることは，自社の企業組織全般，事業状況，また経営者の労働市場の動向，そして取締役の候補となりうる企業内の人材について最も知悉している取締役OBのみが，現役の取締役の人事事項に関し，監査役としての本来の機能を果たしえたということである。上に見た通り，被用者側の人事委員会構成員は，専従の労働組合役員や従業員代表委員である。常識的に考えて，どの社員に取締役として社を運営できる能力があるかについての詳しい個人的な情報を彼らが有しているわけはないし，その権限もない。加えて，取締役としての人材を自社に確保するには，給与額を含め，どのような人的資源管理の在り方が適当なのかについても，属している労働市場がまったく異なるため，彼らには判断できない。取締役の任命については，他社からの監査役も影響力を有しているとはいいがたく，結局は取締役OBの監査役代表が決めてきた事実も確認できる[52]。

　共同決定法の施行後は，監査役の数が労使同数となった関係で，監査役会の議事録において被用者側の発言が散見される。取締役に関する議題についても，ひとつの事

例で被用者側の見解が記録されている。ここには，取締役の人的資源管理における被用者側の監査役の関わり方がよく表現されていると思われるので，以下に取り上げる。[53]

　1983年9月1日に開催された監査役会会議において，グリューネヴァルトが1984年6月末付で社長職から退くことによる，次期社長の人選が議題となった。前社長であるハンゼン監査役代表は人事委員会の代表として，同席していたグリューネヴァルトが現役の取締役のシュトレンガーを推薦したことを受けて，彼を次期社長に任命することを提案した。バイエルではそれまで，大卒化学者の社長就任が恒例化していた。そのため，職業教育を最終学歴とする事務職員出身のシュトレンガーを後継社長として提案するために，グリューネヴァルトはその職業能力，キャリアおよび人物について説明し，この後継人事の適切性を強調せねばならなかった。同提案にかかわる議論の過程で，監査役副代表を務めるバイエル全社従業員代表委員会の長と化学産業労組から選ばれた被用者側の監査役が「同提案の重要性を鑑みて，今後同様の提案があったときは，監査役会代表会議において前もって情報が提供され，場合によっては事前に議論が行われるべきである」との意見を述べた。続く投票でこの人事案は承認された。

　この記録からは，少なくとも1983年秋までは，取締役の人選に関し，被用者側の代表は完全に蚊帳の外におかれ，事後承認を与える役割しか果たしていなかったことが判明する。彼らには議決の当日まで，取締役の人選について事前の相談どころか情報すら提供されていなかった。取締役の人選は，現役の社長を中心とする取締役会からの提案に基づき，取締役OBである監査役代表が提案し，自動的に承認されるのが，共同決定法が施行されてからも恒例となっていたのである。

　もちろん，これは30年以上前の状況であるため，現在にもあてはまるかどうかは断言できない。しかしながら，先に説明した現在における監査役会の構成員の状況とそこから推測される監査役会が発揮しうる能力を考えると，このような状況は現在に至るまで本質的には変わっていないのではないかと思われる。

　結論として，バイエルの事例に限定すれば，完全に客観的な監視機関として監査役会が取締役会をコントロールできる可能性は，きわめて限られていると思われる。その理由として，株主側の監査役会構成員も大部分が監査役の相互派遣という慣行に基づき就任しているだけの形式的な存在にすぎないこと，被用者代表も取締役を有効に監視するために必要な知識と能力を持ち合わせていないこと，そして，監査役会内で有効に取締役を監視できる能力を有する唯一の存在である監査役代表が取締役OBであることから事実上取締役会と一体化しており，現役の取締役の人的資源管理におい

第3章　企　業　115

て望ましいチェック機能を果たす立場にあるとは考えにくいことが挙げられる。

かつてパッソウは，1920年代までの株式会社の状況を概観し，「監査役会はその構成と本来の性格から，立法者より課せられたコントロール機能を十分に果たしていないし，将来においても果たしえないであろう」と結論付けた[54]。本章の事例分析からは，現在のドイツ企業に関しても，この主張を覆すような結果は得られなかった。今日，監査役会の監視機関としての機能不全が取締役の非常識な行動を招いているとの声は，個別の事例に関連し方々であがっている[55]。しかしながら，1901年の経済危機の際にみられたような，経済危機の原因を監査役会という制度の失敗に求められるという問題意識に基づいた，「監査役会問題（Aufsichtsratsfrage)」をめぐるドイツ社会をあげての議論は，金融危機後の現在では確認できない[56]。

以上，大企業の取締役に対する批判の高まりと政府機関の対応を踏まえたうえで，バイエルを事例にとり，大企業の取締役に対する行動規制の実情について，歴史的な側面を踏まえつつ，企業統治および人的資源管理の観点から分析を行ってきた。本章での成果から明らかになったのは，以下の点である。

まず，金融危機後に問題とされた取締役報酬については，新たな法規制に対応した情報公開の進展と報酬システムの修正が確認される。また，報酬システムについては，他の従業員とのそれとの整合性を意識した修正が段階的に行われている。ここには，バイエルが，政府より企業に課された法規制，および世論と従業員サイドからの圧力へのコンプライアンスに努めた形跡を確認できる。一方で，これとは独立に，報酬総額は2000年代初めから現在まで着実に増大を続けており，その理由も公開された情報からはまったく読み取れない。つまり，同社は実際には，外部からの圧力に対し面従腹背の姿勢で対応しているとも見られる。

次に，取締役の行動に大きな影響を及ぼすと考えられる，取締役となる人材のリクルートの在り方，また取締役の役割に関する成文化された行動規範の分析結果からは，内部昇進による長期勤続者から国際的に渡り歩く経営者をトップ人材に選ぶようになった状況，そして，具体的な事業活動のマネジメントからは離れ，純粋に企業全体の経営プロセス構築と意思決定に専念する役割を取締役会が担うようになった状況が明らかとなった。この発見に基づき，同社の取締役が今後，事業ポートフォリオ・マネジメントの観点から，現在の事業内容の全面的な変更を軸とした企業改革を実施する可能性が指摘された。

最後に，同社の現在における監査役会構成員の性格，および同社の過去における監

査役会の記録の分析結果に基づき，ドイツ企業の経営者をつなぐ独特な人的紐帯の存在が原因となり，取締役に対する人的資源管理の側面において，監査役会が十分な監視機能を果たし得る状況にはない可能性が指摘された。

これらの成果からは，バイエルのようなメーカーさえも，経営者の行動規制という側面においては，伝統的なドイツ型資本主義経済モデルにおいて描き出されるイメージとは合致しない道を歩みだしている状況が浮かび上がる。金融危機以後もバイエルの取締役は実質的に，企業経営および自らの労働条件の決定における自律性を維持，あるいは強化することに成功していると見られる。

上記の状況の出現は，バイエルが戦略的人的資源管理の立場に立ち，競争優位の確保を達成するために追求している企業戦略に適合した人的資源管理の確立を図った結果であるから正当化できるという主張を仮に認めるにしても，取締役会の自律性に歯止めをかけるという考えが欠如した人的資源管理の在り方が将来に，金融危機で打撃を受けた企業と同様の末路に同社を導く可能性は否定できない。

取締役に対する行動規制は，すでにオランダ東インド会社（VOC）において，企業の運命を左右する重大な問題として認識されていた。[57]一方で，先進国企業は大企業形成の過程で，企業の成長力を高めるために，企業所有者からの取締役会の自律性を高める方向で法秩序を整えてきた。だが，それに伴い，取締役の問題のある行動が誘発される余地が高まったことで，今日に至るまで多くの企業の経営危機，さらには世界的な経済危機が引き起こされてきた。昨今の金融危機により，これまでの歴史的教訓が活かされてこなかったことが改めて証明される形となった。だが結局のところ，取締役に対する適切な企業統治および人的資源管理を実施することを通じてしか，この問題は解決できないのである。

そのために必要なことは，新しい制度をその都度構築するというよりは，既存の法律が定める取締役に対する監視機関を有効な装置としていかに運用するかを熟考することであろう。例えば，多数の取締役を擁したイー・ゲー・ファルベンでは，監査役会が取締役の行動を律するための監視機関として有効に機能していた。[58]これ以外にも存在する歴史的な成功事例を徹底的に分析し，その成功要因を詳しく探りだすことで，どのようにすれば既存の制度の下で有効な監視機関を構築できるかの見通しは立つと思われる。しかし，このような作業は本章の課題の範疇を大きく超えている。そのため，ここではその必要性を指摘するにとどめ，詳細な議論は別稿に委ねることとしたい。

その後のバイエル社

　本稿の主要部分の提出時から本稿が刊行された2019年までの間には，バイエルにも大きな変化があった。それは，同社の経営陣の状況とも関連している。このため，この補論において，その概略と意味を論じておく。

　まず，組織変革に注目すると，バイエルの三大事業の1つを構成した，バイエル・マテリアルサイエンス（Bayer MaterialScience：BMS）が2015年秋にスピンアウトされ，コベストロ社（Covestro）となった。これを機に，2005年代中期に成立したホールディング制に基づくマネジメント組織が見直され，製薬・ヘルスケア製品・農薬の3事業部を中心とする，以前の事業部制組織に戻ることになった。さらに，2016年秋には，米国のバイオ化学・農薬大手であるモンサント（Monsanto Company）を，ドイツ史上最大規模の企業買収となる660億米ドルで買収することで合意した。

　次に，取締役会の構成にも大きな変化が見られた。本文執筆時に在任中だったデッカース社長は，任期終了となる2016年4月以降の労働契約の延長を監査役会に認められたが，同年末でバイエルを退職する意思を示した。同社の株式時価総額は2005年ごろにはDAX 30企業のうち14位程度であったが，デッカース社長の指揮下のもとで，その順位を上げ続け，同社長が退任した2016年末には，3位にまで達した。さらに，2017年2月22日の決算報告では，モンサントの買収にもかかわらず，2016年度のバイエル・グループの決算が最高益を記録したことが発表された。つまり，バイエルは，絶好調な事業展開を継続した。

　デッカース社長の退任後，財務畑の出身であるバウマン新社長を中心に，以前の構成員数を上回る，7名からなる取締役会がバイエルの最高運営責任を担うこととなった。

　以前の取締役会は，全社戦略を担当するメンバーのみで構成されていたのに対し，新経営陣には，各事業部の最高責任を担う取締役が加わった。また，新社長が，外部からの「渡り歩くマネージャー」ではなく，伝統的なジョブ・ローテーション制度により養成された，内部昇進のマネージャーから選ばれたことも，以前との違いである。なお，全社戦略事項を担当する，社長以外の2名の中心的な取締役が，内部昇進に基づくキャリアを有する。一方で，事業部門を担当する取締役のうち3名は，英語圏の出身者であり，かつ他企業や前職でのキャリアを買われる形でバイエルに就職している。

　組織変動において，共同決定が果たした役割についても述べておく。筆者は2016年内に，バイエルの関係者（企業PR部門の社員，マネージャーの利益代表である指導的職員

代表委員会のメンバー）とインタビューを実施し，2015年秋のバイエルの組織変革が，BMS からコベストロに移動させられた従業員にいかなる影響を及ぼしたかを尋ねた。これに対する回答を要約すると，2004年にランクセス社（Lanxess）を分離した際に発生した問題を解決すべく，労使共同で策定した多くの移行規則を応用することで，雇用労働条件に関しては，きわめてスムーズな解決が得られたとされる。つまり，以前の大変革を労使共同の作業で乗り切った経験が，その後の組織変革でも十分に活用されている。

　以上の変化を本文での議論と関連付けると，以下のように評価されうると考える。すなわち，ダイナミックな事業ポートフォリオ戦略を軸として，バイエルの経営陣が経営を成功させている状況には，変わりはない。一方で，トップ・マネジメントを担う人材のキャリアには，伝統的な内部昇進原理の根強さが確認できる。また，これまでは，取締役の担当分野が全社戦略に関するものに限られていたのに対し，具体的な生産活動を含む各事業が，再び経営トップの管轄事項として認識されるようになった。さらに，過去の経験を活かしながら，組織変革に伴う雇用労働条件の変動を労使間の合意に基づき処理する点では，伝統的な共同決定原理が機能していることが確認できる。

　しかしながら，これらの変化を踏まえ，バイエルの経営陣が，「古き良き時代」の経営観に回帰したと断じるのは，早急であると考える。というのも，以前と変わらず，事業ポートフォリオ戦略が企業成長の軸とみられていることから，彼らが長期にわたり蓄積された企業特殊技術の保持よりも，純粋に経営上の成功を重視していることは，明らかである。なお，上記のインタビューでは，事業部制に回帰した主要な理由として，事業会社間の調整困難で発生したコストを削減する必要性が挙げられた。つまり，この組織変更は，純粋に経営的な観点に基づく決定であった。また，取締役の行動を監視する立場にある監査役会の機能が，今日までに強化されたといえる根拠は何もない。つまり，自律的な少数のグループにより企業トップの意思決定が独占的に行われている状況に変わりはない。今のところ，その暴走を抑えているのは，世論の世界的大企業に対する批判的な視線と立法者による企業統治規範の強化姿勢とみられる。だが，将来的にもドイツ経済の好調が続けば，再び大企業に対する監視の目が緩み，大問題が発生する恐れは，否定できない。奇しくもバイエルによるコベストロ社の分離とほぼ時期を同じくして発覚した，取締役会メンバーが深く関与した疑惑が払拭されない，フォルクスワーゲンを中心とするドイツ自動車業界の一連の不祥事は，このような恐れがすでに現実化していることを示す，1つの兆候なのかもしれない。また，

第3章　企　業　119

最近世間をにぎわせている，日産自動車のカルロス・ゴーン前会長による一連の報酬問題も，本章の議論で用いられた視点から見直してみる必要があるのではないかと考えるものである。

注

(1) ExecuComp Database, Forbes Surveys, Standard and Poor's 等のデータベースが用いられている。

(2) ここでは経営者企業の取締役のみに限定して議論を進める。というのは，家族企業では創業者家族が事実上の使用者として機能し，専門経営者として雇われた取締役の企業トップとしての影響力が制限されている場合もあるためである。また，研究対象を，取締役の監視機関である監査役会の設置が義務付けられている株式会社に限定する。経営者企業と家族企業の対比については，例えば，森川（1996）が詳しい。

(3) ドイツ型資本主義経済は，「社会的市場経済」，「ライン資本主義」，「ドイツ生産体制」などの概念により類型化が試みられてきた。特に，企業経営の特徴を論じるドイツ生産体制論では，ドイツの生産体制を，短期的な成長よりも長期的なそれを志向する，広い裾野の高品質な財・サービス生産に特徴づけられる経済体制であると説明される。これを実現するために企業は，企業間・産業間および労使間の協力的なネットワークを尊重し，かつ労働者の知識・技能，および高度な研究開発能力を成長の源泉とする経営を行うとされる。これについて，W. Abelshauser（2004：39-44）を参照。

(4) アーベルスハウザーが用いた用語，Diversifizierte Qualitätsproduktion の訳語である。この用語は，W. Abelshauser（2004：41-43）などでみられる。

(5) 1990年代以降のドイツ企業の事業再構築については，石塚（2008）に詳しい。

(6) 金融危機で経営危機に陥った金融機関のうち，ドイツ政府による金融市場安定化基金を通じた公的救済を受けたのは，ヒュポ・レアル・エステート（Hypo Real Estate）の2009年の事例が初めてである。このあと，9つの大規模金融機関が公的救済の対象となった。

(7) "Managergehälter: Nicht leistungsgerecht", *Handelsblatt*, 27. 2. 2012.

(8) "Ackermann und Jain liefern sich Gehaltsrennen", *FAZ（Frankfurter Allgemeine Zeitung）*, 21. 3. 2012.

(9) "Managergehälter", *FAZ*, 4. 12. 2012.

(10) "Kirche nennt Erhöhung der Vorstandsgehälter maßlos", *Der Spiegel*, 24. 9. 2006.

(11) "Siemens-Aufseher einigen sich mit Pierer", *Manager Magazine*, 2. 12. 2009.

(12) 現在清算中のデパート・チェーンであるアルカンドー（Arcandor AG）の社長であったミッデルホッフ（Thomas Middelhoff）のスキャンダル（27件の社に対する背任行為と3件の脱税行為）が世間の注目を集めている。これについて，"Bad T: Thomas Middelhoff im Gefängnis", *Der Spiegel*, 17. 11. 2014 を参照。

⒀　ドイツ企業統治規範の条文については，Regierungskommission Deutscher Corporate Governance Kodex（2013）を参照。また，ドイツ企業統治規範について解説した邦語文献として，例えば，海道（2013）が挙げられる。

⒁　例えば，同法の第3条第8項は，善管注意義務に違反して社に損害を与えた取締役および監査役の賠償義務を定める。これによれば，社が取締役のために D&O 保険を締結している場合，少なくともそのような損害額の10％から当該取締役の年間基本給額の1.5倍に達する額を自己負担額として払う旨を合意する必要がある。だが，同保険を締結していない場合については明記されていない。

⒂　Bundesministerium der Justiz（2005）および Bundesministerium der Justiz（2009）を参照。なお，報酬公開法に基づき，2006年の事業年度より，フランクフルト株式市場のプライム・スタンダードに区分される上場株式企業は，個々の取締役の報酬に関する情報を Vergütungsregister と呼ばれる電子媒体の報酬一覧表で公開することを義務づけられた。

⒃　例えば，取締役報酬公開法の第1条第2項bでは，株主総会が公開を否決した場合，取締役報酬の公開を見合わせることができるとしている。

⒄　Freshfields Bruckhaus Deringer（2013）を参照。

⒅　"Vorstandsgehälter in Dax-Unternehmen: Top-Manager erhalten im Schnitt fünf Millionen Euro", *Focus Money*, 26. 3. 2013 参照。

⒆　"Die Multimillionäre", *Der Tagesspiegel*, 11. 7. 2014 参照。

⒇　"Konzernbosse verdienen prächtig", *Stuttgarter Nachrichten*, 11. 7. 2014 を参照。

㉑　2013年に取締役給与の調査を行ったミュンヘン工科大学の教授フリードル（Günter Friedl）は，取締役給与額の決定原理が個人業績には基づかないものになっていることと，その原因として，監査役会の取締役給与決定におけるチェック機能が落ちていることを指摘している。これについて，"Konzernbosse verdienen prächtig", *Stuttgarter Nachrichten*, 11. 7. 2014 を参照。

㉒　1970年代までのバイエルの取締役に適用された人的資源管理とその変容については，石塚（2014：652-659）に説明がある。なお，バイエルは，1925年に BASF などの他の大規模化学企業と合同し，イー・ゲー・ファルベン社（I. G. Farben Industrie AG）を形成した。同社は第2次世界大戦後の1951年に連合国の方針により解体され，バイエルは再び独立企業となった。

㉓　以下の記述について，Bayer AG（verschiedene Jahrgänge）を参照。

㉔　DSW/TUM（2014）を参照。ここでは，DAX30 企業の取締役報酬の内訳を，基本給29.5％，STI が23.6％，数年にかけて分割支給されるボーナス8.5％，LTI が12.1％，株価に連動して決められるボーナス26.2％としている。

㉕　石塚（2014：656）。

㉖　Ishizuka（2012）参照。

㉗　BAL（Bayer Archiv Leverkusen；バイエル本社事業所文書館），361-80, Bayer AG

(2009), Bayer Global STI: Ihre variable Einkommenskomponente 参照。

⑵ BAL, 342-073, Jahresbericht des Sprecherausschusses 2003, 21-24参照。

⑵ VAA（2010）を参照。

⑶ Bayer AG（2002：4）を参照。なお、ストックオプションは、一定の条件を満たした場合に、合計で95,200株の自社株が支給される内容であった。

⑶ BAL, 213-007-002, G. Klebs（1987）, Rückschau auf wesentliche Entwicklungen auf dem Arbeitsgebiet der Abt. Führungskräfte-Entwicklung/Obere Führungskräfte im Vorstandsstab bzw. in der Konzernverwaltung を参照。同指針は、バイエルのマネージャーのうち、将来の取締役の候補となる最上位のグループに選ばれるためには、2つ以上の異なる部門でキャリアを積み、さらに長期の海外勤務を果たすべきことを定めた。

⑶ バイエルでは1971年の事業部制導入に合わせ、誰がマネージャーとして適任であるのかを真剣に検討しだした。当時の取締役会はこの際、ヘイシステム（人事コンサルティング企業である Hay Group が提供する職務評価に関するソリューション）に基づき、個々の役職に要求される能力、および実際に同社の経営管理層が有する能力の測定を行い、この結果に基づき改めて経営管理層の採用と昇進を決めようとした。人事改革は1971年から準備が始まり、1976年の新人事規則の発効によって完了した。規則の主な骨子は、各人が担当する役職にあたえられた点数（496, 680, 800, 950, 1,150, 1,500, 2,000点を各グループの区切りとする）に従い取締役を除く経営管理層を7つ（のちに6つ）のグループに分け、これに対応し彼らの待遇（契約階梯）を確定することにあった。なお、下から4番目の契約階梯に属するか否かが、経営陣までの昇進を視野に入れられる上層のグループに分類されるための条件とされる。これ以降、今日に至るまで、バイエルの経営管理層は、この仕組みに基づき雇用管理されている。これについて、G. Klebs, ibid., 2-17, ならびに、BAL, 213-007-002, Mitteilungen für Führungskräfte LA/At: Stellenbewertung nach der HAY-Methode, 17. 12. 1974 を参照。

⑶ バイエルの協約外職員の利益代表の年次報告書である Jahresbericht des Sprecherausschusses 2003, 14（BAL, 342-073）に初めてその存在が確認できる。これによると、契約階梯1〜3、契約階梯4および5、GLC の3つのグループによって協約外職員のグループが分けられている。GLC が他の協約外職員グループと異なり、全社取締役会と共通の扱いを受けている部分は、ストックオプションの適用方法にある。

⑶ Bayer AG（vershiedene Jahrgänge）参照。

⑶ バイエル社文書館では、このような内規（Geschäftsordnung für Vorstand）に関し、1953年（Entwurf）, 1955年、1983年、1987年の改訂版が確認される。これにつき、BAL, 012-1：384-1を参照。

⑶ BAL, 01-1, Bayer-Leitlinie: Aufgaben und Organisation des Konzernvorstandes（Konzernregelung Nr. 1745, gültig ab 1. Oktober 2006）を参照。

⑶ 全社取締役会の監査役会への義務を定める規則は、「代表取締役は監査役会に対し、社の

事業状態と監査役会の承認が必要な事項に関し，株式法90条で定められる報告義務を果たす」と記しているだけである。

(38) ホールディング制移行前の最後の就業規則となる1987年版でも，8項目の「監査役会の承認が必要な全社取締役会の担当業務」の中に，バイエルの他社への持ち分の取得と処分，生産設備・事業分野やバイエル所有の不動産の取得と処分，さらに，14項目の「その他の全社取締役会が決定する事項」の中に，知的財産の取得と処分が挙げられるのみである。

(39) BAL, 012-1, Geschäftsordnung für den Vorstand der Farbenfabriken Bayer Aktiengesellschaft（Fassung vom 18./24. November 1955），§ 2，§ 6を参照。TDC は1971年の事業部制導入に伴い廃止され，事業部長会議（Spartenleiterconferenz）に吸収された。

(40) BAL, 012-1, Geschäftsordnung für den Vorstand der Bayer Aktiengesellschaft（Fassung vom 10. 09. 1987；01. 09. 1983），§ 4，§ 5；Geschäftsordnung für den Vorstand der Farbenfabriken Bayer Aktiengesellschaft（Fassung vom 18./24. November 1955；Entwurf vom 02.07.1953），§ 3 を参照。

(41) 2015年中期までのバイエルの組織表を見ると，各事業子会社の取締役会に各生産分野を担当する取締役が存在することが確認される。

(42) このような主張は，例えばバウワー（2004：15-28）にみられる。

(43) "Druck von Unten", *Manager Magazin,* Nr. 6 vom Juni 1989, 2-6参照。同記事によれば，コンサルティング企業 Heidrick & Struggles が大規模なドイツ企業のうち954社を対象に行ったアンケート調査結果では，これら企業の取締役は平均して3割余りの勤務時間を具体的な事業活動のマネジメントに費やす一方で，経営戦略には8.6%，企業目標の策定には6.5%程度の時間しか使っていないことが報告された。

(44) 監査役会は，北ドイツ連邦における1870年の一般商法典（Allgemeines Deutsches Handelsgesetzbuch）改正で株式会社ならびに株式合資会社において設置を義務付けられた。

(45) http://www.bayer.de/de/aufsichtsrat-fuehrungs-und-kontrollarbeit.aspx（アクセス日2015. 2. 10）に公開された，バイエルの監査役会の構成員，内部組織，監査役報酬についての情報を参考にした。

(46) 取締役が他企業の監査役として受け取った報酬の全額を社に寄付することを義務付ける規定は，戦後のバイエルの取締役の労働契約にもみられる。1953年時点での同社取締役の労働契約の第1条は，「他社の監査役に就任する場合，監査役報酬を自ら取得することはなく，科学・文化・宗教その他の目的のために設けられた社内の基金に払い込むこと」と定める。これについて，BAL 012-1, Vertragsentwurf vom 9.11.1953を参照。

(47) Passow（1922：417-426）を参照。パッソウについては，Mantel（2009）に詳しい。

(48) Passow（1922：420）を参照。このような形での他企業の監査役の就任を促す背景には，その企業と友好関係を結ぶことが自社の今後の事業展開に何らかの重要性をもつという経営上の判断が働いている場合もある。例えば，バイエルのハンゼン社長は1960年代に，同社の輸出増加に資するかもしれないという観点から，海運会社ハパック社（Hapag）の監査役を

引き受けている。これについて，BAL, 384-1（Aufsichtsratssitzung），Kurt Hansen an Fritz terMeer, 16. 9. 1963 を参照。

(49) このような見方は，Passow（1922：441-447）の，「監査役会の監視業務が不十分であることの諸理由」という題名の節でも説明されている。

(50) BAL, 384-1（Aufsichtsratssitzung），312-101-2（Otto Bayer：Personalausschuss des Aufsichtsrats der Bayer AG 1964-1972）に基づく。

(51) バイエル文書館に残されている戦後の取締役の労働契約は，1953年（BAL, 012-1），1975年（BAL, 380-7），1977年（BAL, 384-15）に確認できる。

(52) 例えば，バイエル取締役を務めた後，同社の監査役代表として人事委員会を主催したバイエル（Otto Bayer）が1972年に2名の新取締役を提案した際，人事委員会の他のメンバー（他企業の取締役）は，「最適な人材を判断できるのは貴殿と現職の取締役会構成員だけなので」として，候補者両名との面識もないまま，書面で承認を与えている。これについて，BAL, 312-101-2, Franz Heinrich Ulrich an Otto Bayer, 7. 4. 1972 を参照。

(53) BAL, 384-1, Niederschrift über die 123. Aufsichtsratssitzung der Bayer AG am 1. 9. 1983 を参照。

(54) Passow（1922：460）.

(55) 例えば，"Blauer Brief für Achleitner," *Der Spiegel*, 13. 1. 2014 は，ドイツ銀行の不祥事とそれに対する同行の監査役会による監査機能の不全を批判的に報道している。

(56) 1901年の経済危機に関連して起きた「監査役会問題」の概要については，例えば，Warschauer（1904）を参照のこと。

(57) これについては，Koppel（ed.）（2010）に詳しい。

(58) イー・ゲー・ファルベンは，監査役会内に管理委員会（Verwaltungsrat）と称する取締役の人的資源管理を担当する部会を設けていた。その長はデュイスベルクであり，ここには主に，同社の前身となった諸企業の創業者一族が参加していた。同委員会の議事録は，1932～1933年に限り BAL, 011-11に残されているが，その他の時期についてはすべて破棄されている。というのも，同委員会と個々の取締役との具体的な労働条件を巡る交渉やコンフリクト，そして懲戒に関するきわめてデリケートな内容の記録が記載されていたため，当事者となった取締役が破棄できるよう，該当部分の記録が本人の退職時に譲渡されたためである（バイエル社本社事業所文書館側の公式説明）。この事実からも，同委員会が取締役の監視機関として有効に機能していたことがわかる。

参考文献

W. Abelshauser（2004）*Deutsche Wirtschaftsgeschichte seit 1945*, München：Verlag C. H. Beck.

Bayer AG（verschiedene Jahrgänge）*Geschäftsbericht*.

T. Boeri, C. Lucifora & K. J. Murphy（eds.）（2013）*Executive Remuneration and Employ-*

ee Performance Related Pay : A Transatlantic Perspective, Oxford: Oxford University Press.

Bundesministerium der Justiz (2005) "Gesetz über die Offenlegung von Vorstandsvergütungen," *Bundesgesetzblatt* (Jahrgang 2005 Teil I, Nr. 47), Bundesanzeiger Verlagsgesellschaft mbH.

Bundesministerium der Justiz (2009) "Gesetz zur Angemessenheit der Vorstandsvergütung," *Bundesgesetzblatt* (Jahrgang 2009 Teil I, Nr. 50), Bundesanzeiger Verlagsgesellschaft mbH.

DSW/TUM (2014) *Studie zur Vergütung der Vorstände in den DAX- und MDAX-Unternehmen im Geschäftsjahr 2013.*

Freshfields Bruckhaus Deringer (2013) *New EU Rules on Banker's Pay,* Freshfields Bruckhaus Deringer.

F. Ishizuka (2012) "Formation of Compensation for Employed Entrepreneurs: With a Case Study of the BASF," *The Economic Review of Seinan Gakuin University,* 1-20.

J. Koppel (ed.) (2010) *Origines of Shareholder Advocacy,* Hampshire: Palgrave Macmillan.

P. Mantel (2009) *Betriebswirtschaftslehre und Nationalsozialismus : Eine Institutionen- und personengeschichtliche Studie,* Gabler: GWV Fachverlage GmbH, Wiesbaden.

R. Passow (1922) *Die Aktiengesellschaft-Eine Wirtschaftswissenschaftliche Studie* (2. Auflage), Jena: Verlag von Gustaf Fischer.

Regierungskommission Deutscher Corporate Governance Kodex (2013) *Deutscher Corporate Governance Kodex* (*in der Fassung vom 13. Mai mit Beschlüssen aus der Plenarsitzung vom 13. Mai 2013*), Regierungskommission Deutscher Corporate Governance Kodex.

K. Sheehan (2012) *The Regulation of Executive Compensation-Greed, Accountability and Say on Pay,* Cheltenham: Edward Elgar Publishing, Inc.

VAA (2010) *VAA Gehalts- und Bonussystem.*

O. Warschauer (1904) "Zur Aufsichtsratsfrage in Deutschland", *Jahrbücher für Nationalökonomie und Statistik,* Band 27 : 788-802.

石塚史樹 (2008)『現代ドイツ企業の管理層職員の形成と変容』明石書店。

石塚史樹 (2014)「ドイツの経営者の行動規範の変化――人的資源管理の歴史的変容を軸に」『進化経済学会第18回金沢大会発表論文集』進化経済学会。

海道ノブチカ (2013)『ドイツのコーポレート・ガバナンス』中央経済社。

マービン・バウワー (2004)『マッキンゼー経営の本質』(平野正雄監訳) ダイヤモンド社。

森川英正 (1996)『トップマネジメントの経営史』有斐閣。

第4章
労　働
——雇用システムの動揺と転回——

田中洋子

1　統一後25年の局面変化

　経済成長と高労働条件の双方を支えるドイツ・モデルとして評価されてきた戦後西ドイツの雇用システムは，1990年のドイツ統一後以降，大きな揺らぎを経験している。統一後の25年間で，ドイツの雇用システムはどう変わったのか，変化の中でどのような方向に向かおうとしているのか。本章では，1つの流れだけでは括りきれないこの変化を，3つの局面に分けて明らかにしていくことを課題とする。

　3つの局面とは，第1に1990年の統一以降2000年代半ばまで進んだ戦後雇用システムの「動揺」，第2に2000年代後半からはじまった「反転」，そして第3に，これら一連の動きの中で生じた構造的な「転回」の3つである。はじめにこれら全体の流れを概観しておこう。

　「経済の奇跡」と呼ばれる戦後西ドイツの高度成長を支え，統一ドイツにも引き継がれたのは，次のような雇用システムであった。完全雇用に近い労働市場の中で，男性を中心とする正規のフルタイム労働者のもと，労働組合・経営者団体間で結ばれる産業別協約と，企業内の従業員代表委員会の活動という2つの基盤の上で労働条件が決められる。労使の利害を，産業別および企業別という2つの領域で制度的に調整するという二重の共同決定制度のもとで，争議は抑えられ，企業の競争力は高められ，労働時間短縮や賃金上昇などの労働条件の改善がはかられてきたのである。

　しかし，統一後のドイツでは，特に2000年代前半にかけて，この好循環の安定的メカニズムの前提を危うくするような制度の「動揺」が進行した（田中 2003；田中 2015a）。

　その1つは失業率の高止まりである。東ドイツ地域を中心に失業率が高水準で推移し，一時は11％，400万人を越えるレベルに達した。2つ目は正規フルタイム雇用の減少である。労働の規制緩和が行われ，失業対策ともあいまって，フルタイムの正規

雇用が縮小を続けた。その代わりに，日本と同様，それ以外のさまざまな形の非正規雇用が増加し，格差社会や貧困問題が論じられるようになった（田中 2010）。

　最後に，長く安定的に機能してきた協約体制の弱体化である。西ドイツにおいて強固に制度化していた労使の協約自治の枠組みは，その経験を欠く東ドイツ地域を中心に弱まり，グローバル経済化の進行とあいまって掘り崩されてきた（田中 2009）。

　これらの要因により，戦後40年以上にわたって維持されてきた戦後西ドイツの安定的雇用システムの存立基盤に「動揺」が見られるようになったわけである。

　ところが2000年代半ば以降，この状況は再び大きく変わりはじめた。特に2008年のリーマン・ショックとその後の経済不況以降，ドイツではそれまで進んできた展開が「反転」する動きが進んだ。

　第1に，あれほど深刻で政治問題化していた失業問題は，2000年代前半の制度改革以降大きく改善した。失業率は低位で落ち着きを取り戻し，社会問題として議論されることはほとんどなくなった。周辺諸国と比較してもドイツの雇用はそれ以降順調さを保っている。

　第2に，正規フルタイム雇用の減少傾向が，2000年代後半以降逆転しはじめた。長く縮小し続けた正規フルタイムが増加に転じると同時に，非正規雇用も減少をはじめている。非正規雇用の労働条件改善に向けたさまざまな再規制も行われるなど，日本とは違った展開が見られた。

　最後に協約体制についても，弱体化が進行する中で，逆に労使の協約自治が強化し直されるという，一見矛盾した展開が見られた。特にリーマン・ショックを契機に労働組合と従業員代表委員会の発言権が増し，労働時間を手段とする調整システムが進展した。その中でドイツ経済は，失業を出さずに深刻な経済不況を乗り切り，その後の「一人勝ち」状態へと進むこととなる。

　このように統一後25年の間，ドイツは1つの方向に進んだわけではない。安定的な戦後雇用システムの枠組みは，新自由主義やEU拡大・グローバル化の中で動揺し，その基盤を失っていくかに見えた。しかし，その動きは必ずしもそのまま進んだのではなく，2000年代半ば以降はこの状況が反転し，伝統的な雇用システムが強められるような動きが展開したわけである。

　ただし，反転したといっても，それはその前の元の形にそのまま戻ったということを意味しない。すでに動揺期に進んできたさまざまな変化が新たな社会的前提となる中で，反転にとどまらず，雇用システム全体をこれまでの伝統的雇用システムにはない新しい形に「転回」していこうとする方向が，同時に模索されている。つまり，伝

統的な雇用システムの枠組みの変化と強化を踏まえつつ，それを越えて新しい歴史的
段階に入ろうとしていると考えられる。

　ここでは，ドイツの雇用システムが，統一以降の25年間の流れの中で，どのように
動揺し，反転してきたか，またそれを受けていかなる転回をしようとしているかにつ
いて，上にみた3つの論点にそって明らかにしていく。

　失業問題の悪化と改善，非正規雇用問題の拡大と縮小，協約体制の弱化と強化とい
う，それぞれ一見相反して見える展開を追う中で，矛盾して見える2つの局面がもつ
意味を考察し，その中でドイツが，歴史的な枠組みから一歩踏み出す新しい模索の段
階に入っていることを見ていきたい。

2　失業問題の悪化と改善

失業問題とハルツ改革

　まず第1に失業の問題からはじめよう。

　統一後の1990～2000年代にかけて，ドイツ経済が直面した最大の課題は失業問題だ
った。1996年に失業者400万人，失業率10％の大台を突破し，1997年には戦後最悪と
なる438万人の失業者，11.4％の失業率を記録した。仕事を失った大量の人々にどう
対処するのかという深刻な問題が，ドイツ社会に突きつけられた。2000年代に入って
も失業者の増加は止まらず，経済の低迷とあいまってドイツは「ヨーロッパの病人」
(Economist 1999；Sinn 2004) とまで呼ばれるようになる。2003年，2004年にも440万人
もの失業者をだしたことで，政府は根本的な対応を迫られる。

　この状況に対して行われたのが，戦後最大の社会改革とも呼ばれるハルツ改革
(Hartz-Reform) である。社会民主党と緑の党による左派連立のシュレーダー政権の
もとで2002年，フォルクスワーゲン社の労務担当役員であったペーター・ハルツ (Pe-
ter Hartz) を委員長とした「労働市場における近代的サービスのための委員会」
(Kommission für moderne Dienstleistungen am Arbeitsmarkt)，通称ハルツ委員会が組織
された。2002～2005年にかけて，この委員会は「ハルツ法」（第Ⅰ法～第Ⅳ法）の策
定・実施を通じて大胆な制度改革を行った。この「ハルツ改革」により，ドイツ社会
は大きく様変わりすることになる (HBS 2006；FAZ 2012；Paritätischer Gesamtverband
2014；Zeit 2012a)。

　シュレーダー政権によるアジェンダ2010という社会改革プログラムの一環として行
われたハルツ改革の眼目は，失業問題を改善するために，従来硬直的と批判のあった

労働市場の「近代化 Modernisierung」を目指し，そのために雇用と社会保障に関する法制度を総合的かつ抜本的に改革するところにあった。

そのためハルツ法には，社会保障制度改革，行政組織・運営方式の改編，労働規制の緩和，積極的労働市場政策など複数の改革が含まれている。各政策の効果についての評価は分かれるが，この改革が全体として失業率の低下をもたらした点では意見の一致を見ている。深刻だった失業問題は，改革の複合的効果によって大きく改善され，2010年代に入る頃には，もはや社会問題として認識されなくなるに到った。[1]

ハルツ法が失業に対処した方法の新しさは，大きくいって3つあると考えられる。第1に行政による職業紹介サービスを改善したこと，第2に社会保障制度の根本的な大改革を行ったこと，最後に労働の規制緩和を行ったことである。ここでははじめの2つについて見てみる。

第1の行政組織の改革においては，失業者に職を紹介する行政組織を再編し，きめ細かいサービスを現場で提供できる形に変えようとした。

ハルツ第Ⅰ法で，失業者の届出義務の強化，雇用局のジョブセンターへの改編，失業者を労働者派遣する人材斡旋組織の設置など，失業者を的確に把握して職を斡旋する試みが行われた。[2] 続くハルツ第Ⅱ・Ⅲ法により，連邦雇用庁（Bundesanstalt für Arbeit）の連邦雇用エージェンシー（Bundesagentur für Arbeit）への組織改編と機能強化が行われた。新組織は，官僚主義を排するため権限を地方に委譲し，政労使の代表組織の管理のもとに運営された。そして失業者のニーズにあったケース・マネジメントを行って個々人に合った職業紹介をするため，業務に職員が専念できる体制をつくることに重点が置かれた。これによって失業者の求職活動に対する支援体制が大きく強化され，マッチングが改善されたことが確認されている（Fahr & Sunde 2009）。

ハルツⅣの功罪

これに続いたのが，失業手当と社会扶助（生活保護）のあり方を根本的に変革する大きな社会保障制度改革であった。これを規定した2005年施行のハルツ第Ⅳ法（Hartz-Ⅳ．ハルツ・フィア，以下ハルツⅣ）は，ハルツ改革の代名詞となっている。

ハルツⅣが新たにつくりだしたのは，働ける失業者と働けない生活困窮者を分け，働ける失業者に対しては，求職活動を促しつつ，その分生活を下支えするという方法であった。

働けない人々に対しては従来通り社会扶助（Sozialhilfe）（生活保護）給付が継続されたが，働ける失業者に対する給付のあり方が大きく変わった。失業保険による失業手

当（Arbeitslosengeld）（従来所得の60-67%）の受給期間は最高32カ月から12カ月（55歳以上は18カ月）に短縮された。また，失業手当受給期間終了後も従来は無制限に税財源から給付されていた，所得比例の失業扶助（Arbeitslosenhilfe）制度が廃止された。その代わりに，求職中の失業者とその家族に対して，新たに世帯構成に依拠した失業手当Ⅱという基礎保障（Grundversicherung）給付が支給されることになった。職探しの努力を求める（Fordern）代わりに，月382ユーロ（2016年1月より404ユーロ，2017年1月より409ユーロ）の失業手当Ⅱおよび住居費・暖房費を給付して生活を支える（Fördern）制度になったのである。（BGBl. 2003/2011；BA 2011；BMAS 2016c）。

　この大きな制度改革は多くの新しい問題状況を呼び起こした。失業手当受給期間の短縮，失業扶助制度の廃止により，失業時の保障が大きく削減された。また，支援スタッフの人数と訓練が不十分で，満足のいく仲介業務が行われるとは限らなかったこと，ハルツⅣが受給者とその家族，特に子どもや移民に貧困のスティグマを与えていること，長期失業者の多くがハルツⅣに継続的に依存して受給から抜けられない点などである。こうした社会の階層化のためハルツⅣは失敗だったと論じる議論も多く，再度の改革を望む声も少なくない。また，2005年から8年間で失業手当Ⅱと社会扶助に20兆円以上が使用されるなど，給付のための財政的負担が巨額にのぼる点も問題視された。[3]

　さらに，失業率緩和のため，「失業するよりは低賃金で働いた方がよい」という方針が採用され，これに基づいて，協約賃金より低い給与水準の職であっても職業紹介時に就労可能とされた。このことは低賃金労働を容認することにつながる。ただし，ハルツⅣは同時に，こうした低賃金層に上乗せ支給を行い，低賃金がそのまま低収入に結びつかないように対応した。低賃金所得と公的給付の組み合わせで生活を支える，いわゆる「コンビ賃金」（Kombilohn），「上乗せ受給者」（Aufstöcker）がここで定着する。このことは，しかし，企業が支払う賃金の低さを国が補うという形の制度を普及させる面があった。

　このようにドイツ社会に新たな問題をもたらしたハルツ改革であるが，同時にそれは大きなプラス面ももった。失業状態にある人の人数や状況を正確に把握するシステムが作られた点，それに基づき，これまで社会保障制度でカバーされてこなかった広い範囲の人々にまで基礎保障の給付が及ぶようになった点は積極的評価を受けている。そして何よりも，この改革の結果，統一ドイツを悩ませてきた高失業率が減少し，失業問題が解消に向かったことは，ドイツ経済にとって大きな転換ととなった。

景気と切り離された低失業率

失業者数の推移を図4-1で見てみよう。

法が施行された2005年は，従来働ける状態にあるが社会扶助を受給していた人が，失業手当IIに移行して新たに失業者として分類されたため，記録的な486万人の失業者，11.7％の失業率となった。しかしその後はそれをピークとして失業率は下がり続けている。2016年末の失業者は257万人で失業率は5.8％であり，安定した数値を保っている（BA 2016a）。

景気の回復が失業率の低下をもたらしたわけではなかった，という点も確認される必要がある。通常，景気が減速して不況になると失業は増大し，景気が回復すると失業は減少すると想定されるが，統一後のドイツではそうした関係が見られない。

図4-2は経済のマイナス成長率と失業率との関係をあらわしている。マイナス成長の時には失業も増えるという想定に反して，成長率と失業率には相関関係が見られない（相関係数-0.025）。経済成長率が大きく落ち込んだリーマン・ショックによる大不況時にも，失業は政労使の協調的政策を通じてほとんど増えなかった。

つまり，ハルツ法の施行以降，10年以上にわたって失業率が低減傾向で落ち着きを見せてきたことは，景気動向とはまったく関係ない，政策的な成果だったと見ることができる。

失業問題に対処するために景気対策や成長戦略が行われたのではなく，雇用と人のマッチングを国が現場で積極的に支援し，失業手当支給の短縮・削減を行う一方で求職中の生活の下支えを広範に行う，という抜本的な制度改革を行ったことが功を奏した。ドイツを長く苦しめてきた失業問題は，景気回復や経済成長によってではなく，社会的制度の変革により改善されたと見ることができよう。

この結果ドイツは，他のヨーロッパ諸国と比べても安定した雇用状況を得ることに成功した。2005〜2015年までのEU内8カ国の失業率を比較した図4-3をみると，2005年時点ではEU 8カ国の中で最も高かったドイツの失業率が，その後逆転し，2009年以降は最も低い水準を維持していることがわかる。

こうしてドイツでは，統一以来の最大の懸案事項であった失業率の高止まりをハルツ改革以降反転させ，ヨーロッパの中でも大きく改善することに成功したといえるのである。

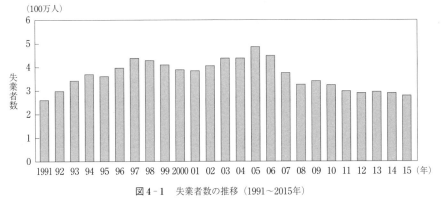

図 4-1 失業者数の推移（1991～2015年）
（出典） Bundesagentur für Arbeit (2016b).

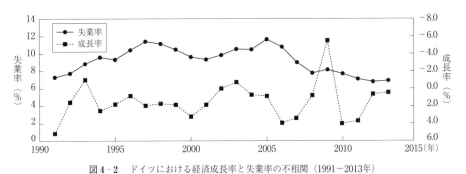

図 4-2 ドイツにおける経済成長率と失業率の不相関（1991～2013年）
（出典） Bundesagentur für Arbeit (2016b); Statistisches Bundesamt (2016a)（物価・季節調整済）。

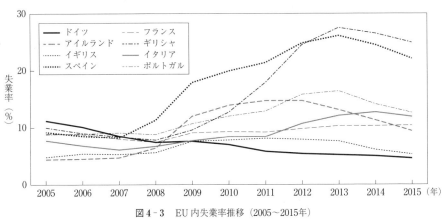

図 4-3 EU内失業率推移（2005～2015年）
（出典） Eurostat (2016a) Unemployment rate; Bundesagentur für Arbeit (2016c)（ILO準拠，季節調整済）。

3　非正規雇用問題の拡大と縮小

労働の規制緩和と格差の増大

　失業を減少させたハルツ改革には，行政サービスの再編，社会保障制度改革のほか
に，もう1つの重要な政策が含まれていた。労働の規制緩和である。雇用をめぐる一
連の規制緩和政策は，日本と同様，ドイツでも戦後雇用システムの土台であった正規
フルタイム雇用をほりくずす役割を果たした。同時にそれは正規フルタイム以外の非
正規雇用の増大を招いた。この改革はそれが結果的に社会的格差の拡大を招いた点に
おいて，ハルツⅣと並んで大きな批判を受けてきた（HBS 2006；Paritätischer Gesamt-
verband 2014；Zeit 2012a；Süddeutsche Zeitung 2014）。

　ドイツではすでに1980～1990年代にかけて「正規労働関係（Normalarbeits-verhält-
nisse）の浸食」という形で問題が提起されていた（Mückenberger 1985；Bosch 1986；
Kommission für Zukunftsfragen 1998；Kress 1998；田中 2003）。2000年代に入ってからは，
正規フルタイムに分類できない「非典型就業（Atypische Beschäftigung）」の増大の問
題として論じられた（Brehmer & Seifert 2008；Keller & Seifert 2007；ders 2013）。それ
と平行して，低賃金セクター（Niedriglohnsektor）で不安定な労働条件で働く人々を
表す「プレカリアート（Prekariat）」や，その状態を表す「プレケア（prekär）労
働」・「プレカリテート（Prekarität）」の問題が，社会的にも学問的にも大きく注目を
集めるようになる（Dörre 2006；Bosch & Weinkopf 2007；Standing 2011；Kalina &
Weinkopf 2012；Bosch 2012）。

　正社員の減少と非正規の増加，経営者報酬の上昇と不安定労働者の貧困化といった
社会的・経済的な格差拡大の問題は，新自由主義的政策への批判とあいまって大きな
議論となった。ちょうど日本でも派遣切り，貧困問題，ワーキング・プア，格差社会
論などが活発に議論された時期と重なっている。ドイツではハルツ改革，日本では小
泉改革をきっかけに，日独両国で新たな社会問題が生じたと考えることができる
（BMAS 2001, 2005, 2008, 2013；田中 2010）。

　とはいえ，ドイツにおける労働の規制緩和の内容が日本とまったく同じだったわけ
ではない。多くの共通点があるものの，雇用制度の中身や制度の運用が違うため，一
括りに論じられないからである。またドイツではハルツ改革後，規制緩和が格差の拡
大をもたらすというマイナス面への批判の声が高まり，これを是正しようとする動き
が同時に進んだ。この点も日本とは異なっている。以下，こうした点に注意しながら，

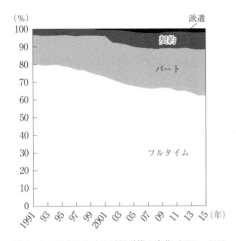

図4-4 日本における雇用形態の変化(1991〜2015年)
(出典) 総務省統計局労働力調査特別調査(1991〜2001年);労働力調査詳細調査(2002〜2015年)。

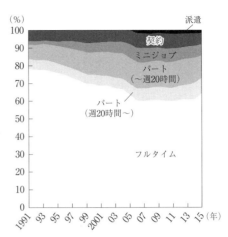

図4-5 ドイツにおける雇用形態の変化(1991〜2015年)
(出典) Statistisches Bundesamt (2016b) Kernerwerbstätige nach einzelnen Erwerbsformen (Ergebnisse des Mikrozensus).

ドイツにおける雇用形態がどう変化したかを見ていこう。

日独における正規雇用の縮小と拡大

はじめに,日独両国での正規フルタイムで働く人の割合の変化を確認してみよう。

ドイツの戦後雇用システムの土台となってきた正規フルタイム雇用は,日本と同様,それ以外の非正規雇用(ドイツでは「非典型就業」と呼ばれることが多いが,ここでは日本で使われる用語に合わせる)の増大とともに,割合を減らしてきた。1980年前後から少しずつ進んだこの動きは,1990〜2000年代前半に加速する(田中 2003;田中 2006)。

図4-4・図4-5は,1991〜2015年の25年間に,日独両国で正規フルタイム雇用とそれ以外の雇用形態の割合がどのように変化したかを見たものである。

2つの表からは日本とドイツの共通性と差異が浮かび上がる。まず第1に日独の共通点として,1991年〜2000年代半ばまで15年にわたり,両国で同じように正規フルタイム雇用が減ってきたことが確認できる。逆にいうと,日独ともに,正規フルタイム雇用以外の雇用形態,すなわちパートタイム(ドイツでは統計上パートは三区分),有期契約の雇用,派遣労働が増加した。この時期の両国における正規フルタイム雇用の減少トレンドは,きわめて似た形で進んできたといっていいだろう。

第2に,それとは反対に,2000年代後半〜2015年までの間,ドイツでは日本と異な

る展開が見られたことがわかる。日本においては，正規フルタイム雇用の減少と非正規雇用の増大傾向はその後も一貫して継続した。これに対してドイツでは，2006年頃にこの傾向に歯止めがかかり，リーマン・ショック後の2009年以降はむしろ逆転する方向に向かっている。正規フルタイム雇用は増加をはじめ，それ以外の雇用形態は縮小する傾向にあり，日本と対照的な展開をしたといえる（田中 2015a）[4]。

　つまりここからは，2000年代半ばまでドイツは日本と同じように正規フルタイム雇用の縮小と非正規雇用の拡大傾向を共有していたにもかかわらず，その後このトレンドがドイツでは反転し，同時期の日本と逆に正規フルタイム雇用の増加という現象が進んできたことが確認できるのである。

　こうした2つの変化はどのような状況の中で生じたのだろうか。まず，非正規雇用の拡大が進んだ2000年代半ばまでの状況から具体的に見ていこう。

非正規雇用の増大——派遣労働

　非正規雇用の増大は，ハルツ改革を含む一連の労働市場改革，労働の規制緩和政策によって大きく進んだ。その典型的な例が派遣労働に見られる。

　派遣労働（Leiharbeit/Zeitarbeit）は，1972年の派遣労働法によって認められたが，派遣期間は最長3カ月で，建築業では禁止されるなど，長く例外的な働き方に止まっていた（BGBl 1972/2016）。その後1985年には派遣期間が半年間に，1994年に9カ月に，1997年に1年間へと延長され，2001年には最長2年間まで認められたが，2003年，ハルツ第Ⅰ法によって，ついに派遣期間の上限が撤廃されるに到った。

　これにより派遣労働が無制限に可能となった。同時に，派遣期間と契約期間を同一とする登録型派遣も自由化された。繰り返しの再雇用を禁止する条項も廃止され，建築業での禁止も緩和された（BGBl 1972/2016；岩佐 2015）。

　これを受けて派遣労働者数は図4-6に見られるように，1990年代後半，特に2003年のハルツ法以降大きく増加している[5]。

　ただしドイツでは，派遣労働の無制限の自由化を認める代わりに，引き換え条件として均等待遇原則（Gleichstellungsgrundsatz）が法律に組み入れられることになった。派遣労働者の賃金・労働時間・休暇請求権等の主要な労働条件について，比較可能な仕事を行う正社員のそれを下回ってはならないという原則である。派遣労働の全面的な規制緩和は，低労働条件による使用に歯止めをかけた上で認められたはずだった。

　ところがこれには抜け道があった。協約を新たに結ぶことでこの原則の適用を免れることが規定されていた点である。このため，キリスト教労働組合CGZPが北バイ

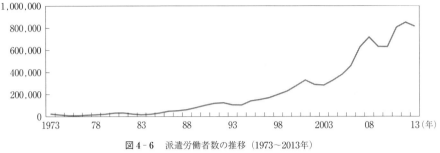
図4-6 派遣労働者数の推移 (1973～2013年)
(出典) BA (2015/2016).

エルン派遣企業連盟 INZ と時給5.7～6.3ユーロという低賃金で協約を結ぶという事態が起こり，このことをきっかけに，派遣・人材サービス全国連盟（Bundesverband Zeitarbeit: BZA）と DGB の間の協約も含め，派遣労働の賃金は協約を通して低く抑えられることとなった。

低賃金の派遣社員を正社員と大量に入れ替える企業も現れた（Handelsblatt 2010；Stern 2010）。例えばドラッグストアのシュレッカー（Schlecker）は2009年，従来の店舗を閉鎖して正社員を解雇した後，同社が設立した派遣子会社に彼らを移し，低賃金派遣労働者として新規店舗に再雇用した。キリスト教労働組合との協約により，賃金も以前のほぼ半額の時給6.5ユーロに切り下げられ，年末手当や有休手当も廃止された。

「賃金ダンピング」「回転ドア方式」と非難されたこの方法は，労働大臣や連邦雇用仲介庁からも派遣労働法の濫用として問題視され，派遣労働の問題性が広く社会に認識されるきっかけとなった。また同社は多くの批判を受けて企業イメージとともに売上も低落し，2012年に倒産している。

非正規雇用の増大──有期雇用・ミニジョブ・その他

派遣労働以外にも，2000年代初めの規制緩和によって増大した雇用形態として，有期雇用，およびミニジョブという名称の短時間のパート・アルバイトが挙げられる。

期限つきの契約で働く有期雇用（befristete Arbeit）は，2001年のパートタイム・有期雇用法により大きく規制が緩和された。これにより，それまで有期契約を結ぶ際に必要とされていた客観的理由が存在しなくても，新規採用時に有期雇用ができることになった。新規採用時に最長2年間，新規企業での雇用なら4年間，また個別に協約を定めることで有期雇用が拡大できるようになった。新規の雇用が有期雇用で許可されたことにより，新規採用に占める有期雇用の割合は年々増えていき，2001年の32％

から2009年には47％にまで増大している（IAB 2013；Zeit 2012b；Welt 2014）。

ミニジョブ（Minijob）というパートの一種も，ハルツ第Ⅱ法によってつくりだされた新しい名称の雇用形態である（BMFSFJ 2012）。これは日本でパートやアルバイトとして短時間働く人と似た働き方である。従来「僅少労働（Geringfügige）」と呼ばれてきたこの雇用形態は，労働時間が週15時間以内，月収が約3万円（390ドイツ・マルク（1996年まで），年収約36万円）以内の範囲で働き，社会保険料が免除されるという働き方だった。

2003年にハルツ第Ⅱ法でこの働き方は「ミニジョブ」という新たなカテゴリーとして定義された。労働時間の上限は撤廃され，月収上限は月約5万円（400ユーロ，2013年からは450ユーロ，年収約65万円）以内となり，対象範囲が拡大することになった。[8]収入上限があがったことで，より多くの人たちが社会保険加入義務からはずれるミニジョブ労働者になったと同時に，労働時間規定がなくなって，収入上限の範囲内で何時間働いてもよいことになったため，低賃金労働者の増加にもつながった。

これ以外にもハルツ改革では，失業者を時給1ユーロ（約120円）で公共的な簡単な仕事につかせる1ユーロ労働を導入したり，新規起業（自分会社 Ich-AG）に対する助成も行われたが，いずれも大きく拡大しなかった。2004年には労働市場改革法（Gesetz zu Reformen am Arbeitsmarkt）により解雇保護法が改正され，小規模・新規企業の人材採用を促進するため，従業員数10人以下（従来は5人以下）の企業での新規採用者を解雇保護の適用からはずしたが，解雇規定を大きく変えるものではなかった。[9]

全体的にみて2000年代初頭における労働の規制緩和政策は，ドイツでも派遣労働，有期雇用，ミニジョブなどの非正規雇用を日本と同じように拡大し，正規労働関係の侵食を促進したと見ることができよう。

非正規雇用の制度的運用の差異

こうした共通点があるにもかかわらず，ドイツでの非正規雇用の動向は，その後同時期の日本とは異なった展開をたどっている。日本と比して相対的に，非正規雇用の不安定性や格差を縮小するための制度の整備が進んだのである。以下，まずパートタイム，ミニジョブ，有期雇用について見てみよう。

まず，日本と同じ名称ではあるものの，その中身が大きく異なっている雇用形態としてパートタイムをあげなければならない。ドイツの非正規雇用の中で一番高い割合を占め，また大きな増加を見せているパートタイム労働であるが，その雇用制度・雇用実態は日本のパートとは大きく異なっている（田中 2012a；田中 2013b；田中 2015b）。

最も重要な点として，ドイツのパートタイムは正社員であり，ただ働く時間がフル
タイムより短い雇用形態である。日本でいう短時間正社員にあたるといってよいが，
その時間設定の自由度ははるかに柔軟である。正社員であるため，社会保険・賞与・
休暇・昇進・昇給・訓練・企業の福利厚生などすべての労働条件がフルタイム正社員
と基本的に等しい。

　唯一異なるのは，労働時間が短い割合に応じて給与および賞与が支払われるという
点だけである。例えば週40時間が所定労働時間で，そのうち30時間働く人は，40時間
分の30時間，つまり75％で給与・賞与が自動的に計算される。一般の労働者・事務職
から管理職・専門職・役員まで，ドイツでは60％，80％など自分の労働時間をパーセ
ントで語ることが一般的である。

　フルタイム雇用ではないが正社員であるため，ドイツ連邦統計局の統計基準におい
ても，また賢人委員会（政府経済諮問委員会）による分類においても，20時間以上働く
パートタイムは「正規労働関係」に入ると定義されている。そのため図4-5において
もこれらを正規フルタイムに準じた色の領域に入れた（Statistisches Bundesamt 2016b；
Sachverständigenrat 2009）。

　2001年のパートタイム法は，こうした正社員として柔軟に働くパートタイムを促進
するための法であった。この法律により，従業員がパートタイムへの移動を希望した
時，経営者はそれを断ることができなくなった。そのため，育児，介護，教育，趣味，
副業など，家庭や個人のさまざまな希望・事情により，フルタイムからパートタイム
に移動する人が増加したのである。パートタイム労働者が希望すればフルタイムに戻
ることは，現在努力義務にとどまっているが，連立政権の合意にもとづいてこれを可
能にする立法の準備が進んでいる。2016年に労働社会省が発表した『労働4.0』にお
いては，フルタイムとパートタイムの垣根を取り払い，希望する期間，希望する労働
時間で働ける「選択労働時間制」が提案されている（BMAS 2016b）。

　つまり，ドイツのパートタイムについていえば，日本のパートのように低賃金で昇
給・賞与・福利等で正社員と大きな差をつけられた存在とはまったく異なった雇用形
態であるということができるのである。

　次に，日本に似ているものの，異なった制度の展開が見られるのが，ドイツのミニ
ジョブである。短時間だけ働き，社会保険が免除されるミニジョブは，日本のアルバ
イトや短時間のパートにきわめて近いが，日本と異なり，ミニジョブ労働者を雇用す
る経営者は，社会保険料として給与の30％分を一括で支払わなければならない。この
社会保険料は従業員個人の社会保険にあてられるわけではなく，社会的連帯のために

支払われる。つまり，短期のアルバイトを雇う際，ドイツの経営者は日本ほど安くは雇えない仕組みになっているということである。この制度はミニジョブのむやみな増加に歯止めをかける役割も果たしている。

またミニジョブ労働者の中には，学生や年金生活者と並んで多くの主婦が含まれる。しかし月収が少ないため，受給できる年金額が少なくなり，将来の老後の貧困リスクが高まる懸念が繰り返し指摘されてきた（BMFSFJ 2012）。それを受けて2014年には，新たにミニジョブ労働者が年金に加入できる制度が導入された。保険料が免除されているにもかかわらず，将来の生活を考えて自ら年金に入る人が増えており，免除の枠内で働こうとする日本のパートと対照的な展開をしている。

有期契約の雇用も雇用形態の制度的運用が異なる例として挙げられる（田中 2018b）。新規採用に占める有期雇用の割合が半数近くに及び，若い人々にとって先が見えづらくなっていることは確かに問題視されている（Zeit 2012b）。ただし日本と異なり，有期雇用が10代・20～30代前半までの男女に集中した雇用形態であることは，ドイツの大きな特徴である。つまり学校教育を終えて職を探す際のお試し期間として，労使双方に利用されているということである。2年以内の契約期間が過ぎると，有期雇用で働く者の半数以上は期限の定めのない本採用に転換されている点にも注意する必要がある（IAB 2013；田中 2018b）。

特に西南ドイツ地域においては，東ドイツに比べて，学校・職業訓練終了後の有期雇用が本採用に転換される率が約9割と高く，試用期間的な意味で，就職制度の一部となっている。また，日本のような新卒一括採用が行われないドイツでは，若い間にいくつかの職場を希望して渡り歩くことも珍しくなく，契約期間の終了とともに自ら移動する人の割合も高い。有期雇用はこうした労働市場の中にマッチング機能として組み込まれている側面をもつのである。

他方，この制度のもとでドイツの若年層失業率は，ヨーロッパの中で最も低いレベルにある。2016年の EU 28カ国の若年失業率を比較すると，ギリシャ47.4％，スペイン43.9％，イタリア36.9％，フランス23. ％と非常に多くの若者が失業しているのに対し，ドイツは最低レベルの7.2％となっており，学校から仕事への移行期の一時的な有期雇用は若者の失業を抑制するとも評価されている（Eurostat 2016b；Statistisches Bundesamt 2015）。また，無期雇用への転換促進政策を受けて，有期契約で働く人数は2010年以降減少し続けている。

非正規雇用の格差是正——派遣労働

非正規雇用の最後の例として，最も極端な規制緩和が行われた派遣労働のその後の展開を見てみよう。

無制限の派遣労働が認められた2003年以降，派遣労働は低賃金不安定（プレケア）労働の象徴として問題視されてきたが，2010年以降，派遣労働者の労働条件改善と格差是正に向けて，規制緩和を逆転させる動きが進み始めた。

最も明快な「反転」のサインは，連邦労働裁判所の判決として出された。低賃金の派遣労働が広がるきっかけとなった2003年のキリスト教派遣労働者組合と人材サービス経営者団体が結んだ低賃金協約に対し，2010年，連邦労働裁判所はこの協約締結を「無効」とする判決をだした。この判決を皮切りに，派遣労働者の労働条件改善の動きが次々に進むことになる（Bundesarbeitsgericht 2010；FAZ 2010；DGB 2011）。

2011年には派遣労働者の賃金を下支えするために，派遣労働法が改正され，一般的拘束力（適用性）をもつ協約最低賃金についての規定が入った。これを受けて2012年1月から，西ドイツで7.89ユーロ，東ドイツで7.01ユーロの最低賃金が派遣労働者に適用されるようになった。2012年秋からは金属・電子・化学企業に派遣される派遣労働者について，派遣期間が6週間を越えると給与が15％増し，それ以降段階的に増え，9カ月を越えると50％増しになる付加手当がプラスして支払われる協約が結ばれ，その後他業種にも普及した。2013年2月にはキリスト教労働組合と人材サービス経営者団体との低賃金協約が停止された。

派遣労働に再規制がかかり，労働条件が改善に向かう中，BMWなどドイツの製造企業の中には派遣労働の使用をやめるかわりに，規制のない，別会社による業務請負（Werksvertrag）を通じて安い労働力を得ようとする動きもあらわれ，社会的批判をあびた（Zeit 2013；Süddeutsche Zeitung 2013）。

これら一連の状況に決着をつけたのが2016年10月に制定された改正派遣労働法（Gesetz zur Regelung der Arbeitnehmerüberlassung: AÜG）である（BGBI 1972/2016）。ここでは派遣労働者の労働条件について，派遣期間を最大1年半（18カ月）とし，9カ月以降の派遣労働者の賃金は（同等の仕事を行う）正社員と等しくすることが規定された。ただし協約による条件変更を認めており，派遣期間の延長や均等賃金期間の延期（産業別協約で派遣6週目から付加賃金を支払う場合は均等賃金は15カ月以降で可）も可能とされる。協約に入っていない派遣先企業は，個別に企業内協定を結ぶか，その産業の協約の開放条項を利用する。また派遣労働者をスト破りとして使うことの禁止や，偽装業務請負・委託業務の禁止が規定された。

第4章 労 働　141

「より多くの柔軟性を望むならば，より多くの安定性を提供しなければならない（Wer mehr Flexibilität wolle, müsse mehr Sicherheit bieten）」。この法律についてナーレス労働社会大臣はこう述べ，「労働市場の秩序」を回復して低賃金不安定労働の拡大を防ぐ意志を示した（Bundesregierung 2016；BMAS 2015b, 2016a；Handelsblatt 2016）。

こうしてハルツ改革が行った派遣労働の規制緩和は，裁判所・労働組合・メディア・世論・政府を巻き込む数年間の議論と活動の中で，協約および立法による再規制がかけられる方向に進んだといえる。

以上，ドイツでは日本と同じような非正規雇用の増大の方向が2000年代中頃まで進みながらも，非正規雇用をめぐる実態は日本とは異なる方向に進んだことを見てきた。規制緩和の過程で増大，定着した低賃金不安定（プレケア）労働の問題はまだ大きく残っているものの，その後，特に2010年以降に格差是正の動きが進む中で，非正規雇用問題は少しずつ改善する方向に進んでいるといえよう。

4　協約体制の縮小と強化

正規フルタイム雇用を基盤として成立していたのがドイツの協約体制である。ドイツの労働条件は，経営者団体と労働組合による協約自治，産業レベル・企業レベルでの二重の共同決定制度にもとづいて調整されてきた。最後にこの協約体制がどのように変化したのかを見ていこう（田中 2015a）。

1990年代以降に正規フルタイム雇用が減少するのと平行して，協約体制も徐々に後退してきた（田中 2003）。特に，社会民主党のシュレーダー首相は，産業別協約の硬直性を嫌い，企業別に柔軟化された労働条件を志向する協約軽視の姿勢をもっており，自らの党の支持母体である労働組合との対立を招いた。2003年前後には政治的に産業別協約体制の存続自体が危ぶまれる状態にも到った（大重 2011；岩佐 2015；枡田 2016）。

ところがそれにもかかわらず，ドイツの協約自治は2000年代後半，特に2008〜2009年のリーマン・ショックを契機にむしろ強化されたと評価されている。深刻な経済不況に直面する中でドイツ企業は，労働組合や従業員代表委員会という協約自治・共同決定を通じた調整機能を高め，解雇・失業なく危機を乗り切ったのである。労使協議の重要性はこれまで以上に高まり，労働組合側の発言権も大きくなった。一部の労働組合では長期低落傾向を逆転させて組合員も増加した。ドイツ経済が不況の中でも失業者を出さずに安定性を保ち，その後「1人勝ち」や「スーパースター」とまで呼ばれた好調な経済の土台をつくったのも，こうした協約自治の強化によるものと論じら

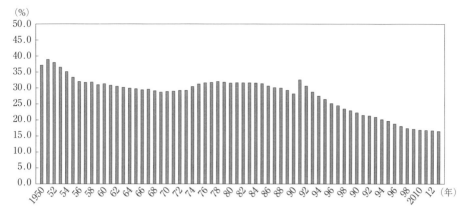

図4-7 ドイツにおける労働組合組織率の推移（1950～2013年）
（注）1950～1959年は労働組合総同盟 DGB（Deutscher Gewerkschaftsbund）のみの組織率。
（出典）1950-1959: Statistisches Bundesamt; 1960-2013: stats. oecd.

れている（Krugman 2009；Bosch 2010；Herzog-Stein & Seifert 2010；Dustmann et al. 2014；Reisenbichler & Morgan 2015）。

協約体制が弱体化しながらも，同時に強化されている。この矛盾に見える状況はいったい何を意味しているのだろうか。ここでは，まず協約自治の構造的な弱化傾向を確認し，その上でリーマン・ショックから2010年代にかけてそれが「反転」した状況を見ていこう。

労使団体の組織率の低下

ドイツにおける基本的な労働条件は，労働組合と経営者団体という2つの協約団体・協約当事者（Tarifparteien）の間で，団体交渉によって決められる企業横断的な産業別労働協約（Tarifvertrag）によって規制されてきた。これは19世紀末に拡大しはじめ，ワイマール期の国家介入主義やナチス期の弾圧という歴史的経験を踏まえて，戦後西ドイツにおいて労使当事者による協約自治（Tarifautonomie）という形で定着したものである（田中 1990-1991；田中 1998；枡田 2009）。

西ドイツに安定的な労使関係をもたらしたこの協約体制は，特にドイツ統一後の1990年代以降，その基盤を徐々に失ってきた。産業別協約の弱化は第1に，協約自治を担う労使団体の組織率の低下にあらわれている。

図4-7は1950～2013年までのドイツにおける労働組合組織率の推移を示している。戦後1950年前後には4割を越え，その後も3割以上を保ち続けていた組織率は，統一

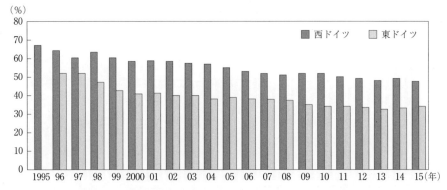

図 4-8 産業別協約適用従業員割合の推移（東西別）（1995〜2015年）
(出典) IAB Betriebspanel, IAB (2016).

後に一時的に増加するものの，その後は一貫して低落している。1995年に30％を下回り，その後の10年で2割を切り，2013年には18％に到った。

同時に，産業別労働組合という組織原理も2000年代に動揺しはじめた。鉄道機関士，パイロット，医師など強い交渉力をもつ職業別組合が台頭し，ストライキを武器に独自の労働協約の交渉・締結に成功している。逆に，派遣労働分野のように，キリスト教労働組合があえて低賃金協約を結ぶ動きも展開するなど，戦後西ドイツの産業別労働組合による労働条件規制システムは，組織の内側からも揺さぶられている。

労働組合だけではない。協約体制を弱めたもう1つの要因は，協約当事者としての経営者団体の組織力の低下である。

その大きな契機となったのはドイツ統一であった。西ドイツの雇用システムの歴史的経験が蓄積されていない東ドイツでは，経営基盤が弱かったこともあり，協約による労働条件の規制を避けようとする企業や，経営者団体にそもそも加入しようとしない企業が増え，「協約離脱 Tarifflucht」が進行したのである。経営者団体に入った場合でも，協約の適用を受けない (ohne Tarifbindung: OT) 協約適用免除会員になったり，そもそも協約を結ばない経営者団体が増加した (Behrens 2013；田中 2015a)。

こうして協約当事者双方の組織力が落ちる中，産業別協約の規制の下に置かれる従業員の人数は，この20年間ほぼ一貫して減少を続けている（図4-8）。西ドイツ地域では1995年に7割を占めていたが2015年にはほぼ半数にまで減少した。東ドイツ地域では1999年に半数を切り，その後は30％台後半を続けている。適用者が減少する中で，産業別協約がもはや主要な労働条件規制の手段とはいいづらくなる状況が出現しているのである。

産業別協約の分散化

　さらに産業別協約自体も変質してきた。開放条項（Öffnungsklausel）と呼ばれる新しい規定を産業別協約に入れることにより，協約が保障してきた労働条件の最低水準を，企業・職場レベルで柔軟化し，下回ることをも可能にしたのである。

　産業別協約の掘り崩しだと労働組合が批判したこの方法は，皮肉なことに，左派連立政権のシュレーダー首相が2003年に発表した「アジェンダ2010」の中で，新たな雇用を生み出し企業の競争力を高めるものとして推奨された。ここでは，協約の労働条件より有利な内容の企業内協定のみが許される，という労働協約法の有利原則から離れ，労使が合意すれば企業の経営状況に合わせて労働条件を（下げて）設定できる。労働組合側はこれを協約体制の危機と捉え，協約の分権化・柔軟化を一定程度認めつつも，それは企業レベルで決定されるべきではなく，あくまで産業別の協約自治に基づくものでなければならないと強く主張した。この状況は2003年末に，労使の協約団体のみが開放条項を規定する権限をもつことで政治的結着がついた（Ellguth & Kohaut 2014；DGB 2003；枡田 2016：18-23）。

　これにそって2004年に締結されたのが，バーデン・ヴュルテンベルクの金属労組IGメタルと金属経営者団体が合意したプフォルツハイム協定である。ここでは，開放条項によって企業レベルの当事者が協約と異なる労働条件を定めた補完協約が結ばれた。歴史的に認められてこなかった協約水準からの逸脱は，これにより公のものとなった。ただし，その一方，手続きとしては，まず企業レベルの労使当事者が協約団体に申請し，条件の内容についてそこで審査，制度調整がなされ，協約団体の合意によって期限つきで認められることになった。この意味で，企業レベルの労働条件の調整と運用は，「統制された弾力化」として，あくまでも協約自治の枠組みの中にとどまったといえる（大重 2011；藤内 2013；岩佐 2015；枡田 2016）。

　この方法はその後広がり，規制の分散化（Dezentralisierung）をドイツにもたらした。2005年には西ドイツ地域で雇用者の約3割，東ドイツ地域で2割強が開放条項の下に入った（Massa-Wirth & Seifert 2006；Kohaut 2007：96；DGB 2003）。

　これと同時に，企業別協約を締結する企業も増えた。経営者団体と労働組合の間で締結される産業別協約に対し，経営者団体が労働協約の交渉締結権を放棄して，加盟企業に返還した場合，個別企業と労働組合が直接交渉して企業別協約が結ばれることになる。特に産業別協約を避けようとした東ドイツ地域の企業で企業別協約の締結が増加した。

　とはいえ，企業別協約の割合はそれほど高くない。図4-9は2015年時点で，産業

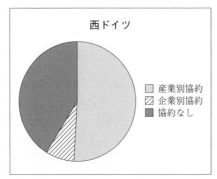
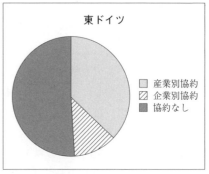

図 4-9 産業別協約・企業別協約・無協約別従業員割合 (2015年, 東西別)
(出典) IAB Betriebspanel, IAB (2016).

別協約適用,企業別協約適用,どちらの適用もなし,にわけて東西別に従業員の割合を見たものである。ここからは,東ドイツでは企業別協約が12％と多いが,産業別協約の適用が37％に止まっているため,半数を越える人々が協約の適用から完全にはずれていることがわかる。西ドイツでも産業別協約・企業別協約のどちらも適用になっていない人々が4割いる。

　労働条件を産業別協約によって規制するという戦後雇用システムが及ぶ範囲は,西ドイツ地域で2人に1人,東ドイツ地域で3人に1人に対してのみとなっている。逆に西で4割,東で半数は,協約の適用をまったく受けていない状態にあるといえるのである。

　協約の実施に関して企業・職場レベルで監視・実行を担う,企業・職場内の従業員代表委員会 (Betriebsrat) についても,制度の弱化が進行している。従業員代表委員会は5人以上の企業に設置され,企業と交渉して企業内協定を結んだり,場合によっては補完協約や企業別協約を締結するなど,職場レベルで従業員側の発言を反映させる重要な制度である。しかし,企業内で共同決定制度を担うこの制度も年々先細り,従業員代表委員会のある経営数は,1995年には西で51％,東で43％あったのに対し,2011年には西で44％,東で36％まで減少している。

　戦後ドイツの雇用システムは,産業レベルでの協約,企業レベルでの従業員代表委員会という2つの場での利益調整にもとづく共同決定制度に支えられてきた。しかし,その双方がドイツ統一以降,とりわけ東ドイツで機能低下しているわけである (Handelsblatt 2013)。協約体制が効果をもつ領域そのものが縮小する中で,集団的な労使関係の規制や保護を受けることなく労働条件が引き下げられるという,従来のシステムにとって想定外の状況が増加してきたといえよう (Ellguth & Kohaut 2016)。

グローバル市場の圧力と労働条件引き下げ

　この上に加わったのが，EU 拡大や経済のグローバル化による市場圧力である。一方では東欧からの低賃金労働力のドイツへの流入によって，他方では，生産拠点の国外移転という圧力の下で，雇用条件が切り下げられる事態が起きた。市場の自由化が労働条件の悪化につながった 2 つの例を挙げておこう（高橋 2005；島崎 2005；田中 2009；岩佐 2015）。

　1 つめの事例は食肉産業に見られる。2004年にポーランド・ハンガリー・チェコなど10カ国，2007年にブルガリアとルーマニアが EU に加盟した。その結果，それまで産業別協約や企業別協約を通じて相対的な高賃金が支払われていたドイツの食肉産業に，東欧からの請負労働者が大量に流入してきた。ドイツには最低賃金制度がなかったため，請負労働者は東欧の送り出し国の賃金，つまりドイツ水準よりはるかに低い賃金で，屠殺工程などで働いた。ヨーロッパ最大手の食肉企業デーニッシュ・クラウン（Danish Crown）が，自国デンマークの代わりに「低賃金国ドイツ」に工場を移転する現象さえ起きた。ドイツ人の正規職の多くは東欧請負労働者に奪われ，あるいは大幅な賃金切り下げを余儀なくされた。こうした圧力の中，使用者の強硬姿勢のもとで，ドイツ食品・飲食業労働組合（NGG）は，低賃金協約の締結を受け入れるか，無協約状態になるかの困難な選択を迫られ，その後最低賃金制度という国家介入を求めて闘うことになる（IUF 2013；岩佐 2015）[12]。

　もう 1 つの事例は，逆に，グローバル展開をする大企業が，賃金の安い外国に生産拠点を移すという圧力を通じて，労働時間の延長・労働条件の切り下げを求めた動きである。

　電機最大手のジーメンスは2004年 3 月，携帯電話 2 工場を含む最大5,000人の雇用をハンガリーや中国への工場移転によって削減する計画を発表し，それを避けたいなら現在の労働時間の延長と大幅なコスト削減が必要だと言明した。これに対して金属労組は42万人規模の抗議行動や対象工場の警告スト等で対抗したが，結局当該 2 工場では賃金補償なしでの週40時間制が補完協約として導入された。クリスマス手当・休暇手当も廃止されて業績連動手当に一本化された。その引き換えに 2 年間の雇用が保障され，また「雇用・競争力・技術革新のための協定」が結ばれ，協約自治の原則の確認と，外部委託の一部内部化，開発投資などが約束されることとなった（IG Metall 2004a, 2004b, 2004c；Handelsblatt 2004）。

　自動車大手のダイムラー・クライスラーも，2004年 6 月に，週40時間制の導入と休憩時間・交代手当の廃止が行われなければ，主力工場ジンデルフィンゲンでの生産

をブレーメンと南アフリカに移転すると発表した。交渉と平行して抗議行動，警告ス
ト，職場放棄など労使紛争が5週間にわたって行われたが，結果として，研究開発・
計画部門の2万人については週40時間制導入，ガードマンなどサービス部門には週39
時間制が導入され，協約賃金上乗せ分の放棄等が協定された。その代わりに基幹労働
者についての労働時間変更はなく，2012年まで8年間の雇用が保障された（Spiegel
2004；IG Metall 2004d）。経済のグローバル化の進展の中で，19世紀以降一貫して短縮
されてきたドイツの労働時間は，21世紀に入って一部ではあるが初めて延長される事
態となったのである。[13]

　このように2000年代前半のドイツでは，協約システムの歴史的な変化が起きたと見
ることができる。最低賃金制度のないドイツにおいて，産業別協約は労働条件の最低
水準を保障する役割を長く担ってきた。しかし産業別協約がカバーする領域が減り続
け，特に東ドイツでその影響力が顕著に減退した。これに加え，産業別協約を下回る
労働条件が，開放条項による補完協約や企業別協約で認められるという，これまでな
かった新しい事態が進んだ。低賃金を認める協約の締結が増えると同時に，労働時間
についても，短縮が進んできた歴史的趨勢がドイツ史上初めて逆転して延長に向かう
事態も起きた。

　新自由主義，EU拡大，グローバル化という一連の市場圧力の増大のもとで，戦後
西ドイツで実現されてきた協約自治による労働条件の向上という仕組みが動揺し，歴
史的に初めて労働条件の低下が生じはじめる。2008年にリーマン・ショックが起きる
までは，こうした悪循環はその後も加速していくかに思われたのである。

「雇用の奇跡」と労使協力

　ところが，2008年のリーマン・ショックとそれに続く金融危機による深刻な経済不
況は，意外にもこの傾向を反転させた。それはむしろ協約体制の再強化をもたらした。
産業レベルでも企業レベルでも，労使による協約自治が強まり，伝統的コーポラティ
ズムの復活とも評価された。大不況の中で何が起こったのかを見てみよう。

　まず初めに確認すべきことは，リーマン・ショックとその後の不況の中，ドイツ経
済が「ヨーロッパの病人」から，EUで「1人勝ち」の「スーパー・スター」へと躍
り出ることになった点である。国内総生産がマイナス6％まで落ち込む未曾有の恐慌
状態の中で，ドイツは失業者を出すことなく経済の急回復をとげるという「雇用の奇
跡（Job miracle, Job Wunder, Beschäftigungwunder）」を成し遂げることとなった（Econo-
mist 1999；Krugman 2009；Herzog-Stein & Seifert 2010；Bosch 2010；Dustmann et al. 2014）。

148

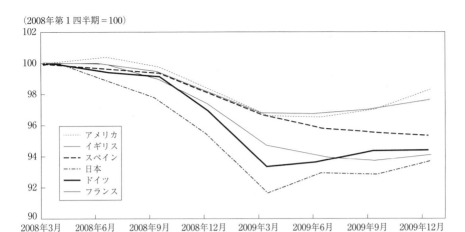

図 4-10 リーマン・ショック後の GDP の推移の国際比較（2008年3月～2009年12月）
（出典） Bosch (2010).

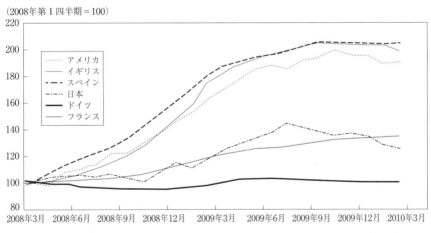

図 4-11 リーマン・ショック後の失業者数の推移の国際比較（2008年3月～2009年12月）
（出典） Bosch (2010).

　図4-10・図4-11はリーマン・ショック後の国内総生産と失業者数の推移をアメリカ・イギリス・ドイツ・フランス・スペイン・日本の6カ国で比較したものである。ここからは，各国で失業者が急増する中，ドイツは日本と並んで最悪の景気後退を経験したにもかかわらず，失業者を増やさず，日本よりも低水準であったことがわかる。雇用を守ったまま深刻な経済不況を乗り切ったこと，これが「雇用の奇跡」と呼ばれ

第4章 労　働　149

る現象である。

　これが可能になった理由はほかでもない協約制度にあった。国レベルの政労使の協議，産業レベルの労働組合と経営者団体の協約自治，企業・職場レベルでの従業員代表委員会と企業の調整作業という，これまで大きな機能低下が指摘されてきた伝統的な仕組みが危機の中で機能を発揮したことが，ドイツ経済の一大危機をしのぐ力になったのである。

労働時間の削減・調整

　リーマン・ショックの発生後すぐに，政府と経営者団体・労働組合総同盟による政労使会合が開かれた。2001年以降，シュレーダー政権の下で政府と労使代表による「雇用のための同盟（Bündnis für Arbeit）」がつくられ，雇用保障のための労使協議が全国レベルで行われてきたが，従来評価されてこなかったこうした協議の積み重ねが，危機の中で生きることになった（Bogedan et al. 2009；Herzog-Stein & Seifert 2010；藤内 2013；田中 2015a）。

　生産量・流通量が大きく落ち込む中，いかに生産を調整するかが話し合われる中，危機に対処する中心的方法として採用されたのは，労働時間の削減であった。ゲルハルト・ボッシュの言う「人を解雇するのではなく，時間を削減する」という政策が中心となったのである（Bosch 2010）。

　労働時間の削減方法としては，まず産業別に落込みの特に大きかった金属・機械産業において，操業短縮（Kurzarbeit）が大規模に実行された。操業短縮を行う際には，国・経営者団体・労働組合の話し合いで協定が定められ，従業員の収入の減少が大きくならないように，国からの補助金が加算されて支給された。2009年1月～2010年2月までの1年間余りの間，50万人以上の従業員が操業短縮を経験することになった（田中 2015a）。

　また企業レベルで大規模に使用されたのは，すでにドイツ企業に根づいていた労働時間口座（Arbeitszeitkonto）である（田中 2006；田中 2013a；田中 2018a）。労働時間口座は，残業した時間を口座にポイントとして貯め，その分をまとめて休日としたり現金に替えたりすることができる仕組みであり，1990年代以降多くの企業で一般化した。不況時にはまずこの労働時間口座のポイントが休日として使われた。この効果は操業短縮を上回ったとされる。これ以外にも6週間の有給休暇の取得や親時間（育児休暇）の取得・延長，仕事の繁閑に合わせた配置転換や正社員パートタイムへの転換も行われた（Seifert 2011）。

これらはいずれも職場の人事担当者および従業員代表委員会が関わる中で「個人的な都合」（personale Bedingungen）と「人事管理上の都合」（personelle Bedingungen）を調整する形で行われ，具体的な職場での仕事量の減少に合わせた労働力の再配分が行われた。経営者は労働力の実質的削減と一定の人件費削減，労働力の柔軟な配置を実現し，従業員側は雇用の保障と一定所得の保障のもとで，自分と家族のための時間を増やしたのである（Herzog-Stein & Seifert 2010：11；田中 2013b；田中 2015a）。

　こうした労働時間の組織的調整は，産業別協約と企業内協定の双方のレベルで話し合われ，規定された。例えば2009年2月には金属労組とバーデン・ヴュルテンベルクの金属経営者連盟の間で「操業短縮・資格向上・雇用保障に関する協約」（Tarifvertrag zu Kurzarbeit, Qualifizierung und Beschäftigungssicherung）が締結され，操業短縮の継続と引き換えに，雇用を保障し，通常操業に戻った時の資格向上のための訓練について規定された（IG Metall 2010a）。この合意（Jobpaket）では，解雇者を出さないことを第1の目標とした。そのために法律と協約が規定する操業短縮や法律にある定年前パートタイム制度を最大限利用した上で，実習生を継続的に受け入れ，継続教育を保障し，派遣労働の導入を防ぐことを合意している（IG Metall 2010b）。こうした協約を受けて企業内でも，ダイムラー社のように，企業と全従業員代表委員会（Gesamtbetriebsrat）の間で企業内協定が結ばれ，具体的な企業・職場レベルでの労働力・労働時間配置が行われた（Fattmann & Gesamtbetriebsrat 2011）。

　こうした政策を通じて，ドイツ企業は雇用を守りつつ深刻な経済危機を乗り切った。この時に人を減らさなかったことは，その後の経済回復基調の中で，素早く増産体制に切り替わることに大きく貢献したといわれる[14]。またその過程で国レベルでの労働組合の発言権，企業内でも従業員代表委員会の発言権が以前よりも増す方向に向かった。またドイツでは，この経済危機が資本主義・市場主義に内包される根本的な問題性に根ざしているという認識が広がったこともあり，危機以降，労働組合活動が再活性化した。ドイツ労働組合総同盟の中でも組織率の長期低落傾向に歯止めがかかり，金属労組 IG メタルでは，若い労働者や派遣労働者の組織化が進んで組合員が増大するといった新しい動きも起こった（Wetzel 2012；田中 2015a）。

　このように，戦後雇用システムにおける協約自治の原則を強化することで，ドイツはリーマン・ショックを乗り切り，「雇用の奇跡」を実現したと考えることができる。労働組合と経営者団体の産業別の協約自治，それを実際に現場で調整する企業レベルでの従業員代表委員会の活動という伝統的な仕組みが有効に機能したことにより，ドイツ経済は失業を出すことなく，その後の経済回復の基盤を形成したわけである。労

使が一緒に危機を乗り越えたことは，労働組合・従業員代表委員会の発言権を強める効果をもち，また企業側も優秀な労働力を柔軟な形で維持することで，国際競争力を確保する方向に進んだといえる。

　こうして見ると，ドイツの協約体制をめぐっては，方向性の異なる2つの動きが同時に起こったことを確認することができる。一方では，協約自治の適用範囲が縮小し，その機能が変化することで，歴史的な協約自治の存立基盤が弱体化する長期的傾向が存在している。しかしその一方で，労使による協約自治がリーマン・ショックの中で強化され，労使間での調整，共同決定機能が再強化されるという，反転した状況が見られたわけである。

　協約体制の弱体化と，その再強化に基づいた競争力の維持とは，どのような関係にあるといえるのだろうか。最後に，ドイツ経済全体の構造変化による「転回」という視点から考察してみたい。

5　グローバル製造業とサービス産業

労働条件規制の差異

　協約体制の弱体化と強化は，一見したところ大きな矛盾に見える。しかし，それらは実際には矛盾していない。というのも，2つの出来事が起こっている場所が異なっていると考えられるからである。

　国際競争力をもち，ドイツ経済の回復と発展を主導しているのは，19世紀の工業化以来の金属・機械を中心とした重工業メーカー，特に西ドイツのグローバル大企業である。協約体制が強化され，ドイツ経済の国際競争力を支えたのは，これら製造業大企業であった。一方，協約体制の弱体化を進めているのは，近年著しく増加してきたサービス業，特に多くの女性が働き，非正規雇用も多いローカル産業である。協約の強化と協約の弱体化は，異なる特徴をもつ異なる産業で起こっていると考えることができるのである。

　ドイツにおける長期的な就業構造の変化を見てみよう。図4-12は1950～2015年までの産業構造の長期的な推移を雇用者数で示している。戦後に国内雇用者数の半数以上を占めていた第2次産業の製造業で働く人数は，2010年代に25％にまで減少した。第1次産業である農林業で働く人数は人口の1％程度に過ぎない。結果として，雇用者の4分の3という圧倒的多数は，第3次産業，すなわちサービス産業で働く状況となっている。

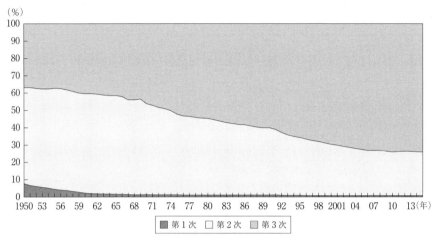

図4-12 ドイツにおけるセクター別雇用者数の推移 1950〜2015年
(出典) Statistisches Bundesamt, destatis.

　4人に3人がサービス産業で働いていることが,ドイツの協約制度についていかなる意味をもっているかを示すのが表4-1と表4-2である。
　表4-1は製造業とサービス業別,また東西別に,協約適用割合と従業員代表委員会の有無を見ている。ここからわかるのは,産業別協約体制と従業員代表委員会という二重の共同決定制度が相対的によく維持されているのは西ドイツの製造業においてであること,逆にそれ以外,すなわち東西のサービス業,東の製造業においては,協約の適用もなく,従業員代表委員会もない職場で働く人々が4割以上を占めるに到っているということである。
　戦後雇用システムの歴史的基盤であった西の製造業だけは,この体制をなおかなり引き継いでいるが,この歴史を共有していない東の地域や,西であってもサービス産業の場合は,このシステムが十分に機能しているとはいいがたい状況にある。
　従業員代表委員会の活動を産業分類別にみた表4-2からも,鉱山,生産財,投資財および金融・保険業では7〜8割の従業員が代表委員会のある事業所で働いているのに対し,金融・保険を除くサービス産業や建築業においては,その割合がわずか2〜3割にとどまっていることがわかる。
　ただし表4-3が示すように,500人以上規模の企業の場合は,東西ドイツどちらにおいても,従業員代表委員会の存在が身近にある人が大多数を占めている。大企業では従業員は企業内の労働条件についての発言権をもっていることがわかる。東ドイツ

第4章 労　働　153

表4-1　製造業・サービス業における協約適用と従業員代表委員会の設置の割合（東西別，2015年）

（単位：％）

	西ドイツ		東ドイツ	
	製造業	サービス業	製造業	サービス業
産業別協約と従業員代表委員会	46	22	15	15
企業別協約と従業員代表委員会	9	6	16	11
協約なし，従業員代表委員会のみ	12	7	20	7
産業別協約のみ，従業員代表委員会なし	10	24	5	19
企業別協約のみ，従業員代表委員会なし	1	1	1	3
協約なし，従業員代表委員会なし	23	40	43	45

（出典）　IAB-Betriebspanel, Ellguth & Kohaut（2016: 290）.

表4-2　業種別にみた従業員代表委員会設置事業所の割合（2005年）

（単位：％）

	鉱山・エネルギー	金融・保険	生産財	投資財	消費財	企業向けサービス	サービス	商業	建築
従業員代表委員会がある事業所	43	42	21	15	15	8	7	10	5
そこで働く人数	87	78	72	70	51	34	34	33	21

（出典）　IAB-Betriebspanel, Ellguth（2007）.

表4-3　企業規模別・東西別にみた従業員代表委員会設置事業所の割合（2003・2015年）

（単位：％）

		5〜50人		50〜100		100〜200		200〜500		500〜	
		2003	2015	2003	2015	2003	2015	2003	2015	2003	2015
西	従業員代表委員会がある事業所	7	5	47	34	68	56	82	73	91	88
	そこで働く人数	11	9	47	35	68	58	83	74	94	89
東	従業員代表委員会がある事業所	7	5	42	34	68	51	75	67	79	88
	そこで働く人数	12	9	42	36	70	52	74	69	82	87

（出典）　IAB-Betriebspanel, Ellguth & Kohaut（2004）; Ellguth & Kohaut（2016）.

ではその割合が近年増えている。

　これらのデータから浮かび上がってくるのは，戦後雇用システムがよりよく維持されているのは，サービス産業よりも製造業，東ドイツよりも西ドイツ，小企業より大企業においてである，ということである。産業レベル・企業レベルの二重の労働条件の規制は，それが歴史的に発達した「西」の「製造業」の「大企業」においては，なお有効に機能しており，ここにおいて協約自治の再強化が進んできたと見ることができる。しかし別な角度から見れば，歴史的に製造業での雇用労働力が縮小している以上，これらは人数から見ると徐々に「少数派」になりつつあるといえよう。

製造業とサービス産業——賃金上昇の差異

　戦後雇用システムが比較的良好に保たれている製造業大企業と，そうではないサービス産業では，賃金上昇率にも大きな差がでている。図4-13，図4-14，図4-15を見てみよう。これらは1990～2008年までの20～60歳のフルタイム労働者の賃金上昇率の推移を，1990年を基準（0）として，百分位の15％，50％，85％についてみたものである。図4-13は製品の輸出割合が25％以上を占めるグローバル製造業，図4-14は同じくグローバルサービス産業，図4-15は輸出がそれ以下の，国内市場向けサービス産業を扱っている。

　これらからはっきりわかることは，グローバル製造業においてのみ，どの賃金階層の人も賃金が1990年水準を上回る形で上昇したことである。特に大企業と思われる上位相では大きな賃金上昇が見られた（図4-13）。

　これに比べるとサービス産業の状況は異なる。賃金水準の低い15パーセンタイル層について見ると，輸出向けサービス産業ではすでに1990年代後半から，国内市場向けサービス産業でも2000年代中頃以降，1990年の賃金水準を下回っていることがわかる。また中位層・高位層でもグローバル製造業ほど賃金があがっていない。

　要するに，賃金上昇が明らかに順調なのはグローバル製造業の上位層においてであり，反対にサービス産業においては低賃金層の賃金下降，低賃金化が進んだといえる。つまり，グローバル製造業の状況は，雇用の4分の3を占めるサービス業にそのままあてはまらないということがわかる。

　次に，労働組合による労働条件規制の有無という点から賃金上昇の推移を見たのが図4-16・図4-17である。

　協約による労働規制が及んでいる領域（図4-16）では，上位層・中位層で賃金上昇があり，特に上位層では大きな上昇があった。その一方で，協約のもとにあっても下位層では賃金の低下傾向がみられる。これは，2000年代半ば以降，食肉産業や製パン業，小売業・飲食宿泊業などのサービス産業などで低賃金協約が増加し，労働組合が必ずしも労働条件の向上をもたらさないという組合活動の限界が生まれたことを示している。

　協約の規制がはじめから届かない労働組合の「空白」地帯（図4-17）では，上位層・中位層・下位層のいずれについても目立った賃金の上昇を見ていない。組合規制がある所では上位層・中位層・下位層の格差が広がる形で展開したのに対し，組合規制がない所ではおしなべて労働条件が横ばいから悪化という推移だったといえる。

第4章　労　働　155

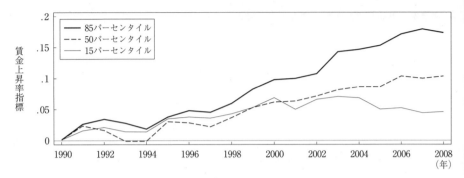

図 4-13　グローバル製造業における百分位別賃金上昇率の推移（1990〜2008年）
（出典）　Dustmann et al.（2014）.

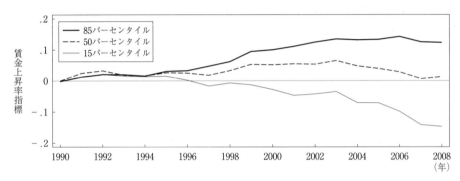

図 4-14　グローバルサービス産業における百分位別賃金上昇率の推移（1990〜2008年）
（出典）　Dustmann et al.（2014）.

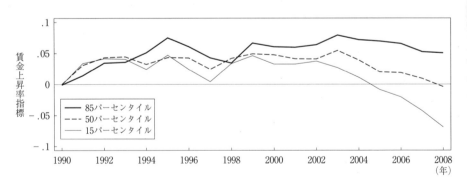

図 4-15　国内向けサービス産業における百分位別賃金上昇率の推移（1990〜2008年）
（出典）　Dustmann et al.（2014）.

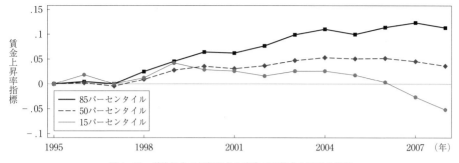

図4-16 労働組合の規制がある産業での賃金上昇率の推移
(出典) Dustmann et al. (2014).

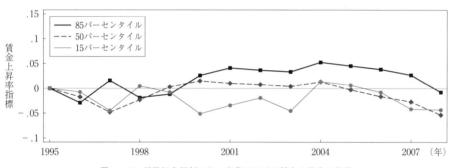

図4-17 労働組合規制のない産業における賃金上昇率の推移
(出典) Dustmann et al. (2014).

ローカル・サービス産業の低賃金問題

さらに賃金の絶対額に注目すると,低賃金セクターが国内市場向けのサービス産業の中に形成されていることがわかる。

平均賃金の3分の2以下水準である低賃金層の割合が最も高い経済部門を,2010年について見てみよう。図4-18によるとタクシー,美容・理容,清掃,飲食・レストラン,クリーニング,映画館,小売業などでその割合が高い。これらは,グローバル競争にさらされている業種というより,むしろローカルなレベルで日常的サービスを提供する分野であるといえる。これらローカル市場の中小企業では,組合が組織されず,協約規制が及ばないまま低賃金で働いている人々が多く存在している。

無協約状態よりはよいとしても,低賃金協約が締結されている分野も多い。時給8.5ユーロ以下の賃金が締結された分野として,美容・理容(西7.5,東6.5ユーロ),クリーニング(西8.25,東7.5ユーロ),派遣(西8.5,東7.96ユーロ),ゴミ清掃(東西8.68ユ

第4章 労 働 157

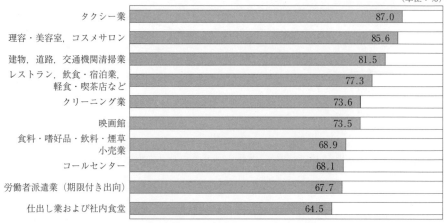

図4-18 低賃金従業員の割合が高い経済部門（2010年）
(出典) Statistisches Bundesamt (2016e).

ーロ），介護（西9，東8ユーロ），建物清掃（西9.31，東7.96ユーロ）などが挙げられる（Bosch & Weinkopf 2012；Bosch & Weinkopf 2014：36）。

　雇用形態上で最も低所得者であるミニジョブ労働者が分布している業種も，これらと少なからず重なっている。2007年時点でミニジョブ労働者が最も多く働いていた5業種は，小売業，飲食業，清掃業，健康関連業，自動車整備業であった（BA 2007）。低い時給で生活リスクにさらされやすいミニジョブ労働者は，身近なサービス産業において働いていることがわかる。

　これらのことからは，サービス産業，とりわけ家政（Haushalt）に近いローカルで身近な対人サービスになるほど，グローバル製造業で見られたような形での労働規制による労働条件向上機能が発揮されず，労働条件の悪化をくい止める力をもてないまま，低賃金で不安定な雇用状況（プレカリティー）が生まれていると見ることができよう（Bosch 2012；Behrens 2013：220）。

　ドイツの雇用構造がサービス産業に重心を移せば移すほど，このように，伝統的な協約自治だけではもはや制御しきれない低賃金分野が拡大している。これは協約自治が対応できない領域の増大と，それに伴う社会的格差の拡大を意味している。ドイツの戦後労働システムは構造的な限界に直面しているといえるのである。

2015年最低賃金制度の導入

　この状況に対応するために2014年に制定されたのが，「協約自治強化法」（Gesetz zur Stärkung der Tarifautonomie），通称，最低賃金法である（BGBl 2014 : 1348）。

　これにより，協約自治の機能が弱化していることを前提に，組合の手が届かない領域の労働条件を引き上げるため，全国一律の最低賃金制度（Mindestlohn）が導入された。同時に，組合がない職場でも協約の労働条件が適用されるようにする一般拘束力宣言（Allgemeinverbindlicherklärung）の手続きが簡易化され，清掃・警備・ゴミ収集・介護・建設等に協約賃金を適用する2009年の労働者送出法の規制が拡大された。いずれも労働条件の規制が及ばない「空白地帯」を埋めるための方策である。

　2015年1月から実施された最低賃金制度はドイツの歴史上，初めて導入された制度である。これは，2013年選挙でのキリスト教民主・社会同盟の勝利の後，賃金格差の是正を公約していた社会民主党との連立交渉の中で，キリスト教民主・社会同盟が譲歩する形で合意がなされた。これにより，従来労働協約法・労働者派遣法・労働者送出法で規定されてきた協約による最低賃金の一般的適用を越えて，全国一律に時給8.5ユーロ（2017年からは8.84ユーロ，約1,150円）の最低賃金が段階的に導入されることになった。

　労使による協約自治を掲げてきた労働組合と経営者団体にとって，このような国家による直接の労働条件規制は，歴史的経緯から考えると本来認めがたいことであった。実際，金属労組や化学労組をはじめとする労働組合総同盟も，また経営者団体や一部研究機関も，国家介入に反対する立場を表明してきた（Lesch & Byrski 2016）。しかし，協約自治で規制しきれない領域が特にサービス産業で増加し，賃金格差の増大が表面化するにつれ，労使とも考え方の根本的な転換を余儀なくされたといえる。戦後雇用システムから一歩踏み出て，まったく新しい規制の方向へと「転回」したのである。

　この背景には，低賃金セクターにおいて活動する労働組合が，自らの力の限界を悟ったことが挙げられる。2000年代前半，経営者の強硬姿勢のもとでの無協約状態や低賃金協約が増加する中，飲食・食品労組 NGG やサービス産業労働組合 Ver. di は，協約により労働条件を規制できない自分たちの弱さを公に認め，2000年代後半から国家による法的介入としての最低賃金導入を要求するようになった。このことが労働組合総同盟と社会民主党の方針をも変化させ，2015年の最低賃金導入につながったのである（岩佐 2015：枡田 2016）。同時に最低賃金水準の決定を協約当事者が行う制度を組み込むことで，協約自治が守るべき一線も維持した。

　グローバル製造業の担い手である金属労組等が守りたかった本来の協約自治に対し，サービス産業や低賃金セクターの担い手である飲食・食品労組やサービス労組が求め

た最低賃金の法制化の力がまさったと見ることができよう。その意味で最低賃金制度は，組合の敗北であると同時に組合の勝利でもあった。

最低賃金の適用

　協約強化法の中では収入構造調査を行うことが規定されており，その調査結果から最低賃金の導入により賃金が上昇した人々の特徴が分析されている。これをもとに，実際どのような人が最低賃金の適用を受けたのか見てみよう（Statistisches Bundesamt 2016d）。

　連邦統計局によると，法律施行前に約550万人が時給8.5ユーロ（名目）以下で働いており，適用除外とされた学生の研修生（Praktikanten；インターンシップ），企業実習生（Auszubildende），18歳未満の者を除く約400万人に対して法律が適用された。最低賃金が適用されたこの400万人には次の４つの特徴があった。

　第１に大多数が協約の適用されていない職場で働いていた。「協約適用外」で働く人は400万人中330万人，82％を占めた。協約規制のないところで低賃金が一般化していたことが明瞭に示されている。その中で主要な業種は飲食業と小売業であり，この２業種だけで100万人に最低賃金が適用された。

　第２に東ドイツ地域で低賃金が多かった。東の全就業者の22％にあたる110万人に最低賃金が適用された。東では低賃金協約や無協約状態が広がっているため，正規フルタイムにもかかわらず時給が最低賃金を下回る人々が40万人に達していた。

　第３に多くのミニジョブが対象になった。西ドイツ地域での290万人の該当者のうち，約３分の２にあたる220万人がミニジョブ労働者だった。最低賃金の実施により低賃金労働としてのミニジョブの経営的メリットは減少し，法施行後ミニジョブ数は減少傾向に向かっている。

　最後に男性よりも女性が多く対象となった。女性は約250万人で62％を占め，法施行前の平均賃金7.21ユーロは，最低賃金の導入により18％上昇した。

　このように，低賃金セクターは，協約規制のある所よりない所，西よりも東，男性より女性，雇用形態としては特に西のミニジョブ，という特徴をもっていたことがわかる。戦後雇用システムが，男性の正規フルタイム社員に基づく西ドイツの製造業における協約自治を基盤としていたことを考えると，最低賃金が適用されたのはまさに，それがカバーしきれなくなっている領域であると考えることができよう。最低賃金の法的強制という新しい規制の方法は，協約規制の空白を少しでも埋める機能を持つことができたといえる。

　この最低賃金制度の導入により，ドイツ全体で４億3,100万ユーロ，約630億円に及

ぶ賃金上昇がもたらされた。その約4割は東ドイツ地域の人々の生活賃金を増やし，約6割は女性に再分配され，8割以上は協約規制のない職場の低賃金の引上げを通じて，ローカル・サービス産業やミニジョブでの待遇を改善した。またこれとは別に，介護の仕事で働く労働者については特に「介護分野における強制的労働条件令」を通じて，最低賃金が高く定められ，2015年の9.4ユーロから2017年の10.2ユーロ（約1330円）へと引き上げられている（BMAS 2015a/2017）。[16]

　最低賃金制度は，協約規制の限界による低賃金化の傾向に一定の歯止めをかけただけではない。それはハルツⅣが導入した基礎保障の考え方にも重大な変化をもたらした。ハルツ改革は，失業者を減らす代わりに低賃金での雇用を容認し，その代わりに低賃金で働く者の生活を，基礎保障の上乗せ支給という形で支えてきた。つまり，企業は低い賃金しか払わなくてよく，働く人がワーキング・プア状態に陥ったら，国が税金からの給付で生活を支える形であった。最低賃金制度は，これまでの企業と国との関係を変化させ，最低賃金を支払う責任と努力を企業側に求めた。これにより，企業の低賃金を支えるため財政から出費し続けるという構図に変化が生じ，社会保障制度と企業との新しい関係が再設計されはじめていると考えることができる。

6　国際競争力と社会国家の両立

　戦後広く確立したドイツの雇用システムは，ドイツ統一から25年が経過する間に，大きな変化を経験してきた。その変化は一見矛盾して見える2つの方向性を含むものだった。

　統一後から2000年代前半にかけてドイツが直面したのは失業率の高止まり，日本と同じ正規雇用の縮小と非正規雇用の増大，労使団体の組織率の低下や協約カバー率の減少という，ドイツ経済の伝統的基盤を揺るがすような事態の進行であった。新自由主義，EU拡大，グローバル経済化の影響の下で，労働条件の悪化が一方的に進んでいくかに思われた「動揺」期である。

　しかし2000年代半ば，特にリーマン・ショック以降は，こうした状況が「反転」し，むしろ雇用システムが再強化されるような状況が出現する。失業率は低位で安定し，正規雇用の減少傾向は日本と違って2000年代後半に反転し，非正規雇用はパートタイムのようにはじめから正規と同様の労働条件か，正規に近づけるための規制が試みられた。リーマン・ショック時には労使の協力体制が強化されて解雇者を出さずに不況を乗り越え，その過程で組合や従業員代表委員会の発言権が増した。その後ドイツ経

第4章　労　働　161

済は「１人勝ち」と言われる好調さを維持し，2011年には輸出高の最高記録を塗り替えるほど，国際競争力は強化されることになった（Statistisches Bundesamt 2011）。

一見すると相反して見えるこれら２つの動きは，ドイツの戦後の雇用システムのどのような変化をあらわしているといえるのか。本章の考察からは以下の点が確認できよう。

まず第１に，産業・企業レベルでの二重の利害調整・共同決定に基づく伝統的な協約システムは，それが歴史的に生まれた場所である西ドイツのグローバル製造業大企業において，なお健在である，という点である。むしろ深刻な不況期にこの協約体制はドイツ経済を支え，高い国際競争力を維持するために不可欠な基盤として再認識され，その維持強化がはかられた。企業・職場レベルに対応した協約の柔軟化が進んだ一方で，協約当事者はなお協約自治の枠組みを維持している。

鉄鋼・機械・電機・自動車など19〜20世紀初頭に発展しはじめた製造業大企業は，男性フルタイム労働者の長期的技能養成を背景に労使の二重の共同決定が行われるという，まさに戦後雇用システムの場そのものであり続けている。この仕組みは，21世紀の自動化・デジタル化・ネットワーク化という環境変化に対応して，「インダストリー4.0」「労働4.0」という形に発展しようとしている（BMAS 2016b）。つまり，ドイツ経済の中心をなす輸出産業は，なお戦後雇用システムの枠組みに準拠しており，この点において，ドイツの戦後雇用システムは大きな動揺や弱体化はしていないと見ることができる。協約体制は政治的にも，経済的にも，なおドイツ経済の強固な基盤をなしているといえる。

しかし第２に，その一方で，ドイツ経済全体をみた時には，戦後雇用システムがもつ意味は大きく異なってくる。グローバル製造業大企業以外の分野において，この伝統的枠組みは大きく弱まっており，崩壊途上のようにさえ見えるからである。

このことの背景には，就業者構造のサービス経済化という歴史的趨勢が存在している。協約自治の伝統をもつ製造業で働く人数が就業者数全体の４分の１へと大きく縮小し，反対に，労働組合による労働条件の規制の力が及びづらいサービス産業で働く人が就業者の４分の３にまで増えた。協約の存在しない業種が拡大し，従業員代表委員会の発言権がない職場も増え，協約があっても低賃金協約であるような状況が増大したのである。

男性フルタイムが中心だった製造業とは対照的に，サービス産業では女性の比率が高く，長期的な企業内技能養成がそこまで要求されず，ミニジョブ，有期雇用・派遣労働など条件の悪い非正規雇用の拡大が進んだ。その中でサービス産業で働く労働者，特に非正規雇用者は，協約による規制から排除されがちとなった。国際競争とは無縁

162

のローカルな市場，家政・家庭に近いサービス分野では組合の規制が届かず，低賃金で不安定（プレカリアス）な仕事を通じて，貧困に陥りやすい状況が進行した。

さらに東ドイツ地域では，西ドイツの戦後の協約自治の経験を共有しておらず，経営者団体や労働組合に入らず，産業別協約から離脱し，従業員代表委員会をつくらないなど，戦後雇用システムの枠組みは尊重されなかった。そのため協約のカバー率は低く，労働者の発言力も弱く，賃金水準も低くなっている。

このようにドイツでは，一方では国際競争力の維持が協約自治を再強化したグローバル製造業において実現されつつ，他方でローカルなサービス業で働く人々が協約規制からこぼれ落ち，最低賃金法によってかろうじて生活が下支えされるような状況が現れたと見ることができる。サービス経済化の中でこうした二極化が進むことは，協約体制にとって，自らが規制しきれない分野の拡大という，歴史的な限界の現れだと見ることができよう。

最後に第3として確認できることは，こうした矛盾する2つの流れを受け，ドイツが戦後雇用システムから一歩外に踏み出して，新しい方向に転回しようとしているという点である。協約自治を社会国家としての国が法律や社会保障制度によって補完するという，戦後システムから外れた方向である。労使と国との新しい関係の模索であるともいえる。

それはこれまでドイツになかった新しい形の生活保障制度に現れている。ハルツ改革における，働けるが失業中の人への基礎保障としての失業手当Ⅱや，無協約か低賃金協約の下でやむを得ず低賃金で働く人々への上乗せ支給は，これまで協約がカバーして当然と思われてきた領域が縮小したことに対する社会保障の拡大であった。

2015年に導入されたドイツ史上初の最低賃金の導入も，協約自治と国との新しい補完関係を作り出している。従来労使の協議に任された賃金規制について，立法が介入したことは，確かに協約自治の歴史的な敗北である。しかし組合は同時に，自らの力が及ばない領域が拡大したことを公に認め，国に対して低賃金の法的底上げをする役割を求めて闘い，それに勝利した。また，労使の委員会による最低賃金水準の決定や，協約の一般拘束力の強化など，法律の中でもあくまでも協約自治の原則は尊重されている。

協約自治でできる所は協約自治でやるが，協約の力が最も届きづらい領域については国が登場して法的規制を行う。こうした新たな補完関係として，労働者送出法の全業種への拡大，協約自治強化法における最低賃金制度の導入と引上げ，派遣労働法改正による派遣労働者の均等待遇化，業務請負制の濫用禁止など，次々と新たな法的規制が進められている。

第4章　労　働　163

男性正規フルタイムが賃金・社会保障を十分に得ることで皆の生活が安定するという戦後雇用システムがもはや十分機能しなくなる中で，これらはサービス経済化，プレカリアート化，グローバル化，デジタル化という新しい環境への社会国家（Sozial-staat）としての対応である。これが戦後雇用システムの転回方向であると考えられる。

　21世紀に入って，経済のサービス化・グローバル化・デジタル化による雇用の変化の波は加速している。経済と雇用の構造が大きく変化する中，ドイツは，経済の競争力を保ちつつ，なお社会国家として人々の雇用と生活を支え，市場の圧力の中で拡大する格差に対して対処していく方法を模索している。ドイツはどこまで国際競争力と社会国家とを両立していけるのだろうか。広がる格差の是正や生活の保障と力強い経済をドイツが同時に実現していけるかどうかは，これからの世界の雇用の行方を占う1つの鍵となるに違いない。

注

(1)　1年以上の長期失業者のハルツⅣ滞留問題については議論が続いている（IAB 2017）。

(2)　人材斡旋組織（Personal-Service-Agentur: PSA）はうまく機能せず，数年で打ち切られた。また積極的労働市場政策として起業（Ich AG）支援やジョブ・クーポン制度も行われたが，成果は少なかった。

(3)　2005～2012年末までの8年間で，失業手当Ⅱ・社会扶助に1,787億ユーロ（約20兆円），住居・暖房費に1,068億ユーロ（約12兆円），再教育・訓練費に388億ユーロ（5兆円）が使われた（Focus 2013）。

(4)　日本でも2016年から若干だが正規労働者が増大に転じたが，非正規雇用も増大している。

(5)　2013年に統計方法が変更され，それまで把握しきれていなかった労働者がカウントされるようになったため，2014年以後人数が増加し，2015年には95万人を突破した（BA 2016a）。

(6)　52歳以上でそれまで4カ月以上失業していた者の場合は5年間。

(7)　有期契約にする根拠がない場合は3週間以内に労働裁判所に訴えると，無期雇用となる可能性がある。

(8)　1999年以降は経営者側の社会保険料負担が義務づけられた。2003年からはミニジョブの上に月収400～800ユーロのミディジョブが置かれ，月収に応じて社会保険料支払いが増加する「変化緩和」措置がとられた。

(9)　1951年に制定された解雇制限法以来，解雇は「最終手段」とされており，その前に企業は配置転換，操業短縮，労働時間短縮，残業縮小，職業訓練，労働条件変更などの可能性を追求しなければならない。また解雇対象者の人選には従業員代表委員会の関与のもと，「社会的選考」が必要とされ，1996年と2003年の法改正により，勤続年数・年齢・扶養家族の有無・障害の有無を考慮することが規定されている（藤内 2013；ゾンマー 2014）。

⑽ 2019年1月に「架け橋パートタイム」(Brückenteilzeit) 法が施行され，希望する年数
（1～5年）パートで働いた後，フルタイムに戻る権利が規定された。

⑾ 内訳は，年金保険15%，健康保険13%，賃金税・連帯税・教会税2%。

⑿ 2009年4月に施行された労働者送出法（Arbeitnehmer-Entsendegesetz）の改正により，
建設・清掃・郵便・整備・クリーニング・廃棄物収集・介護などの職種については，ドイツ
国外の事業主にも，労働協約の一般的拘束力を通じて，最低賃金などの労働条件が適用され
ることとなった。

⒀ 市場競争の圧力はインターネット・スマートフォンなどの情報通信技術の進歩とあいまっ
て，ドイツの職場にも業績圧力，時間圧力の強化をもたらした。従来のドイツでは見られな
かった働きすぎによる「燃え尽き（バーンアウト）」やうつ病などの精神疾患が増加し，休
職者が急増して「新しい国民病」と呼ばれるような状況も生まれた（田中 2012b）。

⒁ 2014年8月ダイムラー社（Stuttgart）従業員代表委員会でのインタビュー調査による。

⒂ 1ユーロ＝130円（2017年7月）で計算。

⒃ 2019年には11.05ユーロに引きあげられた。

参考文献

M. Behrens (2013) Germany, in: Carola Frege & John Kelly (eds.), *Comparative Employment Relations in the Global Economy*, Routledge.

G. Bosch (1986) Hat das Normalarbeitsverhältnis eine Zukunft?, *WSI-Mitteilungen*, 3.

G. Bosch (2010) Stunden und nicht Beschäftigte entlassen, *IAQ-Standpunkte*, 2.

G. Bosch (2012) Prekäre Beschäftigung und Neuordnung am Arbeitsmarkt, *IAQ-Standpunkt*, 2.

G. Bosch & C. Weinkopf (Hrsg.) (2007) *Arbeiten für wenig Geld : Niedriglohn Beschäftigung in Deutschland*, Frankfurt a. M.: Campus.

G. Bosch & C. Weinkopf (2012) Wirkungen der Mindestlohnregelungen in acht Branchen, *WISO Diskurs*, 11.

G. Bosch & C. Weinkopf (2014) Zur Einführung des gesetzlichen Mindestlohns von 8.50 € in Deutschland, *HBS Arbeitspapier*, 304.

W. Brehmer & H. Seifert (2008) Sind atypische Beschäftigungsverhältnisse prekär? *ZAF*. 4.

Bundesagentur für Arbeit (BA) (https://statistik.arbeitsagentur.de/) (2007) Mini- und Midijobs in Deutschland.

BA (2011) Grundsicherung für Arbeitssuchende.

BA (2015/2016) Aktuelle Entwicklungen der Zeitarbeit. Arbeitnehmerüberlassungsstatistik.

BA (2016a) Der Arbeits- und Ausbildungsmarkt in Deutschland.

BA (2016b) Arbeitslosigkeit im Zeitverlauf.

BA (2016c) Arbeitsmarkt in Kürze. Arbeitsmarktstatistik im europäischen Vergleich.

Bundesarbeitsgericht (http://juris.bundesarbeitsgericht.de/) (2010) Beschluss 14. Dezember 2010.

Bundesgesetzblatt (BGBl) (https://www.bgbl.de/) (1972/2016) Gesetz zur Regelung der Arbeitnehmerüberlassung (AÜG).

BGBl (2003/2011) Sozialgesetzbuch, Zweites Buch, Grundsicherung für Arbeitsuchende.

BGBl (2014/2017) Gesetz zur Stärkung der Tarifautonomie.

BGBl (2014) Zweite Verordnung über zwingende Arbeitsbedingungen für die Pflegebranche.

Bundesministerium für Arbeit und Soziales (BMAS) (http://www.bmas.de/) (2001, 2005, 2008, 2013) Armuts- und Reichtumsbericht.

BMAS (2015a/17) Mindestlohn in der Pflege.

BMAS (2015b) Gesetz zur Änderung des Arbeitnehmerüberlassungsgesetzes.

BMAS (2016a) Klare Regeln für Leiharbeit und Werkverträge, 1. Juni 2016.

BMAS (2016b) Weißbuch, Arbeiten 4.0.

BMAS (2016c) Arbeitslosengeld II.

Bundesministerium für Familie, Senioren, Frauen und Jugend (BMFSFJ) (https://www.bmfsfj.de/) (2011) Neue Wege-Gleiche Chancen. Erster Gleichstellungsbericht.

BMFSFJ (2012) Frauen im Minijob.

Bundesregierung (https://www.bundesregierung.de/) (2016) Mehr Rechte für Leiharbeiter, 25. Nov. 2016.

C. Bogedan, W. Brehmer & A. Herzog-Stein (2009) Betriebliche Beschäftigungssicherung in der Krise, *WSI Report*, 01. Dez.

Deutsche Gewerkschaftsbund (DGB) (http://www.dgb.de/) (2003) Tarifautonomie, Pressemitteilungen 3. September 2003.

DGB (2011) CGZP-Tarifverträge für Leiharbeit ungültig, 31. Mai 2011.

DGB (2014) Arbeitsrecht: Gesetz zur Stärkung der Tarifautonomie, 18. Juli 2014.

K. Dörre (2006) Prekäre Arbeit. Unsichere Beschäftigungsverhältnisse und ihre sozialen Folge, *Arbeit*, 1(15).

C. Dustmann, B. Fitzenberger, U. Schönberg, & A. Spitz-Oener (2014) From Sick Man of Europe to Economic Superstar: Germany's Resurgent Economy, *The Journal of Economic Perspectives*, 28(1).

The Economist (1999) "The Sick Man of the Euro", 3. June 1999.

P. Ellguth (2007) Betriebliche und überbetriebliche Interessenvertretung, *WSI Mitteilungen*, 3.

P. Ellguth & S. Kohaut (2004) Tarifbindung und betriebliche Interessenvertretung, *WSI*

Mitteilungen 57-8.

P. Ellguth & S. Kohaut (2014) Öffnungsklauseln-Instrument zur Krisenbewältigung oder Steigerung der Wettbewerbsfähigkeit? *WSI Mitteilungen*, 6.

P. Ellguth & S. Kohaut (2016) Tarifbindung und betriebliche Interessenvertretung, *WSI Mitteilungen*, 4.

Eurostat (http://ec.europa.eu/eurostat) (2016a) Unemployment rate.

Eurostat (2016b) Youth unemployment rate.

R. Fahr & U. Sunde (2009) Did the Hartz Reforms Speed-Up the Matching Process? *German Economic Review*, 10(3).

R. Fattmann & Gesamtbetriebsrat der Daimler AG (2011) *125 Jahre Arbeit und Leben in den Werken von Daimler und Benz*, Ludwigshafen.

Focus (http://www.focus.de/) (2013) Reform-Monster Hartz IV verschlang schon 356 Milliarden Euro, 1. März 2013.

Frankfurter Allgemeine Zeitung (FAZ) (http://www.faz.net/) (2010) Tarifverträge in der Zeitarbeit sind ungültig, 14. Dezember 2010.

FAZ (2012) Zehn Jahre „Hartz IV". Deutschlands größte Sozialreform als Dauerbaustelle, 15. August 2012.

Handelsblatt (http://www.handelsblatt.com/) (2004) Bedeutung des Flächentarifs nimmt ab, 29. September 2004.

Handelsblatt (2010) Bundesregierung sagt Schlecker-Methoden den Kampf an Datum 11. Januar 2010.

Handelsblatt (2013) Betriebe mit Betriebsrat produktiver, 25. April 2013.

Handelsblatt (2016) Bundestag verabschiedet Gesetz gegen Missbrauch, 21. Oktober 2016.

Hans-Böckler-Stiftung (HBS) (https://www.boeckler.de/) (2006) Die „Hartz-Reform" und ihre Folgen.

HBS (2014) Mindestlohn: Viele Gründe für Gelassenheit, *Böckler impuls*, 11.

A. Herzog-Stein & H. Seifert (2010) Deutsches "Beschäftigungswunder" und flexible Arbeitszeiten, *WSI-Diskussionspapier*, 169.

Institut für Arbeitsmarkt-und Berufsforschung (IAB) (http://www.dok iab) (2013) Befristete Beschäftigung.

IAB (2015) Forschungsbericht 12.

IAB (2016) Tarifbindung der Beschäftigten, 01. Juni 2016.

IAB (2017) Typische Verlaufsmuster beim Grundsicherungsbezug, *IAB Kurzbericht*, 4.

Industriegewerkschaft Metall (IG Metall) (https://www.igmetall.de/) (2004a) Warnstreiks: IG Metall mobilisiert 60,000 Metaller, 11. Feb. 2004.

IG Metall (2004b) Über 25.000 Siemens-Beschäftigte demonstrieren gegen Konzernführung, 18. Juni 2004.

IG Metall (2004c) IG Metall und Siemens vereinbaren Beschäftigungs- und Standort-sicherung, 24. Juni 2004.

IG Metall (2004d) Peters: Daimler-Kompromiss ist eine gute Lösung für den Standort und eine Absage an Arbeitszeitverlängerung, 23. Juli 2004.

IG Metall (2010a) Arbeitsplätze, Chancen für die Jugend und Einkommen gesichert, *Metallnachrichten Baden-Württemberg*, 3(22), Feb. 2010, Darmstadt.

IG Metall (2010b) Das Jobpaket der IG Metall. Fakten und Hintergründe.

Internationale Union der Lebensmittel-, Landwirtschafts-, Hotel-, Restaurant-, Café-und Genussmittelarbeiter-Gewerkschaften (IUF) (http://www.iuf.org/) (2013) Durchbruch im Kampf gegen Lohndumping, 24. September 2013.

Institut der deutschen Wirtschaft Köln (IW) (http://www.iwkoeln.de/) (2013) Mehr Gerechtigkeit durch eine mutige Reform, März 2013.

IW (2015) Agenda 2010 und ihre Folgen. Die Ärmsten profitieren am meisten.

L. Jacobi & J. Kluve (2006) Before and After the Hartz Reforms: The Performance of Active Labour Market Policy in Germany, *IZA Discussion Paper* 2100.

T. Kalina & C. Weinkopf (2012) Niedriglohnbeschäftigung 2010, *IAQ-Report*. 1.

B. Keller & Hartmut Seifert (2007) *Atypische Beschäftigung - Flexibilisierung und soziale Risiken*, Berlin: Sigma.

B. Keller & Hartmut Seifert (2013) *Atypische Beschäftigung zwischen Prekarität und Nor-malität*, Berlin: Sigma.

S. Kohaut (2007) Tarifbindung und tarifliche Öffnungsklauseln, *WSI Mitteilungen*, 2.

Kommission für Zukunftsfragender Frei Staaten Bayern und Sachsen (Hrsg.) (1998) *Er-werbstätigkeit und Arbeitslosigkeit in Deutschland*, Olzog.

U. Kress (1998) Vom Normalarbeitsverhältnis zur Flexibilisierung des Arbeitsmarktes, *Mitteilungen aus der Arbeitsmarkt- und Berufsforschung*, Jg. 3. H. 3.

P. Krugman (2009) Free to Lose, *New York Times*, 13. November 2009.

H. Lesch & D. Byrski (2016) Flächentarifvertrag und Tarifpartnerschaft in Deutschland. *IW-Analyse*, 107.

H. Massa-Wirth & H. Seifert (2006) Analyse über Bündnisse für Arbeit auf unsicherem Grund, *Wirtschaftsdienst*, 6.

U. Mückenberger (1985) Die Krise des Normalarbeitsverhältnisses, *Zeitschrift für Sozial-reform*, 7/8.

Paritätischer Gesamtverband (https://www.10jahre-hartz4.de) (2014) Zehn Jahre Hartz Vier.

A. Reisenbichler & K. Morgan (2015) The German Labour Market: No Longer the Sick

Man of Europe, in: B. Unger (ed.) *The German Model. Seen by its Neighbours*, SE Publishing.

Sachverständigenrat (https://www.sachvenstaeudigenrat-wirtschaft.de) (2009) *Jahresgutachten 2008/09*.

H. Seifert (2011) Beschäftigungssicherung durch flexible Arbeitszciten. Erfahrungen aus Deutschland, in: Ministerium für Arbeit, Integration und Soziales dles Landes Nordrhein-Westfalen, *Arbeitszeit in Europa*, Düsseldorf.

H-W. Sinn (2004) Der kranke Mann Europas, *Internationale Politik*, Berlin: Deutsche Gesellschaft für Auswärtige Politik.

Spiegel (http://www.spiegel.de/) (2004) Daimler-Chrysler. Der Testfall, 19. Juli 2004.

G. Standing (2011) *The Precariat : The New Dangerous Class*, London: Bloombury Academic.

Statistisches Bundesamt (https://www.destatis.de/) (2011) Export, Import, Globalisierung.

Statistisches Bundesamt (2015) Pressemitteilung Nr. 288. Deutschland hat die niedrigste Jugenderwerbslosigkeit in der EU.

Statistisches Bundesamt (2016a) Volkswirtschaftliche Gesamtrechnungen.

Statistisches Bundesamt (2016b) Atypische Beschäftigung.

Statistisches Bundesamt (2016c) Erwerbslosigkeit.

Statistisches Bundesamt (2016d) Pressemitteilung, Nr.121, 4 Millionen Jobs vom Mindestlohn betroffen.

Statistisches Bundesamt (2016e) Verdienststrukturerhebung.

Stern (http://www.stern.de/) (2010) Lohndumping mit Zeitarbeit, 16. Januar 2010.

Süddeutsche Zeitung (http://www.sueddeutsche.de) (2013) BMW will Werkverträge reduzieren, 10. August 2013.

Süddeutsche Zeitung (2014) Zehn Jahre Hartz IV, 26. Dez. 2014.

Welt (https://www.welt.de) (2014) Befristete Jobs sind wichtig für den Arbeitsmarkt, 17. März 2014.

D. Wetzel (2012) *Mehr Gerechtigkeit wagen*, Hoffmann und Campe.

Zeit (http://www.zeit.de/) (2012a) Zehnjahresbilanz, 22. Februar 2012.

Zeit (2012b) Befristung. Job mit Verfallsdatum, 4. Oktober 2012.

Zeit (2013) Klassengesellschaft ab Werk, 21. November 2013.

岩佐卓也 (2015)『現代ドイツの労働協約』法律文化社。

大重光太郎 (2003)「ドイツにおける協約システムの分散化と企業別労働協約——食品加工産業における事例研究」『大原社会問題研究所雑誌』第541号。

大重光太郎 (2011)「1990年代以降のドイツにおける労働協約体制の変容」『大原社会問題研究

所雑誌』第631号。

島崎晴哉（2005）「世界の労働者のたたかい・ドイツ」（http://www.zenroren.gr.jp）

総務省統計局（https://www.stat.go.jp/），労働力調査特別調査（1991-2001），労働力調査詳細調査（2002-2015）。

モニカ・ゾンマー（2014）「ドイツ・ハルツ改革の功罪」海外労働情報フォーカス(10)（https://www.jil.go.jp）。

高橋友雄（2005）「最近のドイツ金属産業における雇用保障と労働条件をめぐる労使対立」『大原社会問題研究所雑誌』第555号。

田中洋子（1990-91）「企業共同体と社会的労働運動の相剋──世紀転換期のドイツにおける鉄鋼・金属工業の労資関係(1)〜(4・完)」東京大学『経済学論集』第56巻1号・3号，第57巻1号・2号。

田中洋子（1998）「『手工業職人』と『プロレタリアート』の間で──ドイツ社会民主主義の歴史的アイデンティティ」増谷英樹・伊藤定良編『越境する文化と国民統合』東京大学出版会。

田中洋子（2003）「雇用・労働システムの構造転換」戸原四郎・加藤栄一・工藤章編『ドイツ経済──統一後の10年』有斐閣。

田中洋子（2006）「労働と時間を再構成する──ドイツにおける雇用労働の相対化の試み」『思想』第983号。

田中洋子（2009）「EU拡大・グローバル化とドイツ・モデルの葛藤」津田塾大学国際関係研究所『市場の流動化と社会的結束──仏・独・英の諸相と欧州統合の現段階』。

田中洋子（2010）「働き方の変化と社会的格差」『ドイツ研究』第44号。

田中洋子（2012a）「ドイツにおける時間政策の展開」『日本労働研究雑誌』第619号。

田中洋子（2012b）「健康のための社会政策──ドイツの事例から」『社会政策』第4巻第2号。

田中洋子（2013a）「経済とケアの再設計」広井良典編『ケアとは何だろうか』ミネルヴァ書房。

田中洋子（2013b）「正社員パートという働き方──ドイツで広がる柔軟な労働時間の調整」『DIO』No. 11。

田中洋子（2015a）「ドイツにおける労働への社会的規制──『雇用の奇跡』と二重共同決定制度」『社会政策』第7巻第1号。

田中洋子（2015b）「多様な働き方　独『パート正社員』に学ぼう」『朝日新聞』2015年6月12日付。

田中洋子（2018a）「なぜ日本の労働時間はドイツより長いのか」『社会政策』第10巻第1号。

田中洋子（2018b）「有期雇用の日独比較」『大原社会問題研究所雑誌』第718号。

藤内和公（2010）『ドイツの従業員代表制と法』法律文化社。

藤内和公（2013）『ドイツの雇用調整』法律文化社。

枡田大知彦（2009）『ワイマール期ドイツ労働組合史』立教大学出版会。

枡田大知彦（2016）「2000年代前半のドイツにおける労働組合と協約自治」専修大学『社会科学研究月報』第639号。

（ウェブサイト最終アクセス日2017年3月31日）

補章２
ハルツ改革と労働組合

枡田大知彦

本論は，第２次世界大戦後における「社会国家」ドイツを支えてきたひとつの重要な柱（「社会的パートナー」）である労働組合が，2002年以降にドイツ社会民主党（SPD）を中心とした政権が推進した労働市場改革，いわゆるハルツ改革をどのように捉えてきたのか，その変遷を描くことを目的とする。

1998年の連邦議会選挙の結果，キリスト教民主同盟（CDU）を中心としたコール（Helmut Kohl）政権に代わり，SPDと同盟90／緑の党（Bündnis 90/Die Grünen）とによる連立政権が発足した。SPDが政権の座についたのは1982年以来16年ぶりのことであり，同党に所属するシュレーダー（Gerhard Schröder）が首相に就任した。この連立政権がまず直面した課題は，コール政権時から続く深刻な失業問題への対応であった。だが，第１次シュレーダー政権は，発足時に400万人程度であった失業者を大きく減らすことができず，厳しい批判にさらされることになる。シュレーダーは，9月に連邦議会選挙が行われることになっていた2002年の2月，旧知の仲であったフォルクスワーゲン社の労務担当役員のハルツ（Peter Hartz）を委員長とする，大量失業を克服するための対策を検討することを目的とした諮問委員会（通称ハルツ委員会）を設置した。ハルツ委員会の答申に基づく改革案の実行を公約に掲げた連立与党は，同年9月の連邦議会選挙に辛くも勝利する。その後，第２次シュレーダー政権は，答申の立法化に着手し，2003年1月に施行されたハルツ第Ⅰ法を皮切りに，ハルツ改革と呼ばれる一連の労働市場改革を進めていくことになった。

ハルツ第Ⅰ法は，労働者に労働契約の終了時点での求職活動（職安への登録）を義務づける一方で，労働者派遣法を改正し就職を促すための人材派遣機関を設置した。ハルツ第Ⅱ法は，失業者による個人事業起業のための補助金制度の整備や低賃金労働の定義の拡大等を内容とする。ハルツ第Ⅲ法は，雇用仲介サービスの充実等を目的に，連邦雇用庁・職業安定所の組織改編等を定めた（田畑 2014：10-16）。ハルツ改革とは，これらと以下で検討するハルツ第Ⅳ法等による労働市場改革を指す。その主な内容は，2003年3月にシュレーダー政権が打ち出した，財政再建をひとつの大きな柱とする

171

「アジェンダ2010」という包括的な経済構造改革プログラムに組み込まれた（近藤2011：88）。

　ハルツ改革の実行は，政労使の合意に支えられてきた，戦後ドイツの社会・経済体制である「社会国家」の大幅な見直し，「方向転換」を伴うものであったゆえ，さまざまな抵抗・反発が予想された。とりわけ最大の労働組合ナショナルセンター，ドイツ労働総同盟（DGB）を重要な支持基盤とするSPDを中心とする政権が，労働組合からの反発を招く可能性が高い改革を推進したという点に注目が集まった（労働政策研究・研修機構 2003；保住 2010：74, 83）。

　例えば，ブッターヴェッゲによれば，ハルツ改革とりわけハルツⅣ[1][2]がドイツにもたらしたものは「ライン型資本主義の新自由主義（ネオ・リベラリズム）化」「社会国家の新自由主義的な変質」（Butterwegge 2015：234, 248）にほかならなかった。こうした改革をSPDが推進したことは，帝国議会における「SPD議員団が1914年8月4日，戦時公債の発行に賛成したこと」と同じ意味をもつ。すなわち，1914年の出来事は第1次世界大戦へと向かう帝政ドイツとそれを支持するエリートへのSPDの無条件降伏であり，ハルツ第Ⅳ法の可決は「新自由主義とそれを支持する経済エリートへの〔SPDの〕無条件降伏」だというのである（Butterwegge 2015：139）。DGBは，こうしたハルツⅣを，どのような状況で，どのような論理で受けとめた，否，受け入れたのであろうか。本論では，DGBを中心に，その加盟組合等労働組合のハルツ改革に対する態度の変遷を，主にDGBのプレスリリース，声明（Pressemitteilung欄中心）[3]，新聞記事および近年の研究成果を用いて，再構成することを試みる。DGBの見解およびその内部の議論の状況を明らかにすることを通じて，DGBが，SPDと袂を分かつことなく，労働市場における規制緩和や社会保障の切り捨て等を受け入れた論理，状況，そしてその苦悩の一端を浮き彫りにしたい。

　なお，対象とする時期は，ハルツ委員会が設置された2002年から，ドイツで初めて法定最低賃金制度が導入された2015年までとする。本論では，同制度の導入の背景についても，ハルツ改革との関係という観点から検討する。

1　ハルツ改革の概要

ハルツ改革の基本方向

　本論では，ハルツ改革の内容については，以下で触れる第Ⅳ法も含め，多くの研究において言及されている[4]ゆえ詳しくは検討しないが，ハルツ改革の基本的な考え方，

それに基づく具体的な政策の方向性は，労働政策研究・研修機構（2012）によれば，次のようになる。①労働政策の効率性・効果の増強であり，具体的には職業紹介組織の再編が行われた。②失業者の労働市場への統合を目的に，彼らへの給付システムの再編およびその際の罰則規定を厳格化した。③労働市場における規制緩和を通じて，企業による雇用需要の喚起を目指した。派遣労働分野の諸規定，有期契約の制限，そして解雇規制について，いずれも「緩和」する政策を打ち出した。以上である。こうした改革が行われた背景には，1990年の東西ドイツ再統一以降の雇用情勢の悪化がある。

西ドイツにおける失業率は，1960年代には１％を下回る場合も少なくなかった。だが，第１次石油危機の頃から失業者数は100万人を超え，失業率も上昇していく。1983〜1989年の西ドイツにおける失業率は，一貫して９％前後となった。再統一後のドイツ全体の失業者数（括弧内：推定失業率）は，1992年は約298万人（7.7％）であったが，1999年は約410万人（10.5％）となり，2000年は約389万人（9.6％），2002年は約406万人（9.8％）となった。[5]

こうした厳しい雇用情勢に直面し，使用者側からは勿論，労働側からも，労働者を守ることに重点を置いたこれまでの労働市場政策（例えば，厳しい解雇制限，失業者に対する手厚い保障等）を転換あるいは修正し，高失業率と労働市場の硬直化の是正を求める声が強くなったのである。

ハルツ第Ⅳ法の概要

ハルツ改革において，もっとも盛んに議論され，同時にもっとも強く批判されたのは，ハルツ第Ⅳ法およびそれに伴うさまざまな改革・変化である。それゆえ，同法によりもたらされた改革・変化を「ハルツ改革」と呼ぶ場合も少なくない（武田 2016：18）。ハルツⅣ法の内容は，大きく，①失業扶助（Arbeitslosenhilfe）と社会扶助（Sozialhilfe）の統合による失業手当Ⅱ（ArbeitslosengeldⅡ：いずれも後述）の制度化，②就労支援の強化と制裁の厳格化，③生活保障あるいは就労支援の実施機関の一元化と協働化，とまとめられる（田畑 2014：10）。同法は，こうした諸改革を通じて，就業能力のある長期失業者，社会扶助受給者を積極的に労働市場に再編入することを目指すものであった（保住 2010：74）。ただし，後述するように，同法による改革には，従来の社会保障制度の——とりわけ失業者にとっての——利点が失われる側面があることも疑いなかった。この点を労働組合はどのように捉えたのだろうか。ここでは，まずハルツ改革前の失業者への給付のあり方を確認した上で，ハルツ第Ⅳ法を中心に改革後のそれに対応する制度の骨子を記しておこう。

ドイツでは，就労可能にもかかわらず仕事がない者に対して，大きく三段階の給付システムにより金銭的支援が行われてきた。①失業手当（Arbeitslosengeld）は，期限付きの保険給付であり，給付率は扶養家族がいる場合は直近の手取り賃金の67％，いない場合は60％とされた。②失業扶助は，連邦政府が管轄する税金を財源とする扶助給付であり，失業手当の受給期間終了後，なお失業状態にある者に対し，扶養家族がいる場合は失業前の賃金の57％，いない場合は53％が給付された。給付にあたり審査は毎年行われたが，給付期間に制限はなかった。③社会扶助は，地方自治体が管轄する税金を財源とする扶助給付であり，失業手当または失業扶助の請求権のない者に支給された。日本における生活保護にあたる制度であり，最低生活費を意識して支給額が決定された。①②を受給していても最低生活水準を維持しえない失業者が補足的に受給する場合もあった。2003年，連邦政府は失業扶助として約165億ユーロを負担し，地方自治体は約95億ユーロを就労可能な要扶助者に費やしていた。失業扶助は平均26カ月，社会扶助は平均28カ月支払われており，連邦政府，地方自治体の財政を圧迫していた。さらには，失業の長期化が就労復帰を困難にするという悪循環に陥っていた（田畑 2014：11-14, 22-24, 31-37）。

ハルツ改革を通じて，①失業手当は，失業手当Ⅰ（Arbeitslosengeld I）と呼ばれることになった。給付率に変更はないが，最長の給付期間が大幅に短縮されることになった。加入期間によっても異なるが，47歳の者は22カ月，57歳の者は32カ月であった給付期間が，2006年1月からは，55歳未満の者は12カ月，55歳以上の者は18カ月とされた。ただし，2008年1月以降，中高年層について期間の延長があり，50～54歳の者は15カ月，55～57歳の者は18カ月，58歳以上の者は24カ月となった。だが，40代以下の者が12カ月を越えて給付を受けることができない点は変わらなかった。また，正当な理由なく職業紹介を拒否した場合は，給付が停止されるなどの「制裁」が厳格化された。例えば，改革前は，職場が遠隔地であることを理由に職業紹介を拒否することは可能であったが，改革後は困難となった（戸田 2010：18-22）。

ハルツ第Ⅳ法は，②失業扶助と③社会扶助とを統合し失業手当Ⅱを設け，失業手当Ⅱの実施機関を原則的に一元化することを定めた。「ひとつの手から（aus einer Hand）」就労支援と給付・サービスとを提供することにより，個々の長期失業者が抱える固有の問題に対応した，より包括的・効率的な就労支援が可能となり，同時に失業者に費やされる公的支出および事務負担の節減にもつながると考えられたのである[6]（武田 2016：38）。ただし，連邦政府と地方自治体との間の費用負担をめぐる調整の困難さ，与野党間での意見の相違もあり，立法化の過程で2003年12月，「妥協案」が成立した

（シュテック・コッセンス編著 2009：15）。失業手当Ⅱは，原則的に連邦政府と地方自治体とが設立した「協働組織」の所管となるが，地方自治体が希望すれば，単独でその実施を担うことが認められたのである（最初は全国で69に限定）（戸田 2010：25-26）。

　また，ハルツ第Ⅳ法は，稼得能力がある失業者，あるいは従来社会扶助を受給していた労働者層の多くを失業手当Ⅱの対象として，その受給に際して就業へ努力を強く求めることを定めた。稼得能力がある失業手当Ⅱの受給者は，まず自らの責任において，再就職を含む給付の必要性がなくなる，あるいはそれを減じるためのあらゆる可能性，生活費を自分で賄うためのあらゆる可能性を追求する（自助）努力が義務付けられた。こうした「要請」を経てはじめてさまざまな就労支援サービスや現金給付を受けることができるということである。同法ではまた，職業相談や職業訓練，さらには再就労のための給付等，さまざまなかたちで手当の受給者が職を得るための就労「支援」が提供されることが定められた。上記のような「支援と要請」（Fördern und Fordern）がハルツ第Ⅳ法による改革全体を貫く原則となっている（シュテック・コッセンス編著 2009：15, 22-24；田畑 2014：8-9）。

　ハルツ第Ⅳ法によれば，稼働能力がある失業手当Ⅱの受給者は，協約賃金や当該地域における一般的な賃金水準を大幅に下回る仕事であっても，斡旋された仕事を拒否することはできない（労働政策研究・研修機構 2009：27）。また，長期失業者には，社会との接触を促すことを目的に，自治体等が提供する，高齢者の話し相手等の公益的な仕事に従事することが義務づけられた。社会保険のある職に就くための準備期間と位置づけられるこの仕事は，「支援」の一部であり，時給が１～２ユーロであったため１ユーロジョブと呼ばれた。失業手当Ⅱの受給者は，この１ユーロジョブを含め斡旋された仕事を正当な理由なしに拒否する，あるいは「要請」を拒否するなど義務に違反した場合，厳しい「制裁」が課される。失業手当Ⅱの給付は，義務に違反すると30％，再度の違反で60％減額され，さらなる義務違反によって停止される（戸田 2010：23-24）。

　上記のように，ハルツ第Ⅳ法のねらいは，「支援と要請」そして「制裁」を織り交ぜ，給付や扶助に依存し就労を回避する者に対するペナルティーを強化することを通じて，失業者に自助努力を強く促し彼らの就労へのインセンティブを高め労働市場に再統合することであり，同時にそれによって連邦政府と地方自治体の負担を軽減することであった。CDUや自由民主党（FDP）は，かねてより失業者に対する手厚い給付が，低賃金労働に就くよりも有利な状況を生む場合があり，就労する意欲を失わせていると主張していた。ハルツ第Ⅳ法は，こうした主張をある程度は受け入れた内容といえた（田畑 2014：8）。

　ハルツ第Ⅳ法により，税金を財源とする②失業扶助と③社会扶助という２つの社会

保障・生活保障の制度は，最低生計費を基準とした給付額を含め，従来の③社会扶助に近いかたちで失業手当Ⅱとして統合された。これは事実上，②失業扶助の廃止であり，その結果，②失業扶助の対象であった長期失業者の受給額が大幅に減る場合が多くなった。かつ受給のための所得や資産状況の審査は②失業扶助より厳格化され（戸田 2010：20），受給の条件として就労への努力が強く求められるようになった。こうした諸点および失業手当Ⅰの給付期間の短縮等が，失業者，失業扶助受給者たちはもとより，DGB からも強い反発を招くことになったのである（DGB 2005）。

2　ハルツ改革の審議過程

ハルツ委員会の設置からその最終答申まで——労働組合の好意的な態度

　DGB は，ハルツ委員会が設置された当初は，同委員会が進めようとしていた労働市場改革に好意的な態度を示していた。[7]この点は，ハルツ第Ⅳ法施行からおよそ10年が経過した2014年末に行われた，ハルツのインタビューにおいても確認できる（Die Welt：14. 12. 14）。その理由のひとつは，ハルツ委員会の答申で示されたハルツ第Ⅳ法の内容が，前節で概観した実際の法案の内容と異なる部分があった点にある。

　2002年の6〜7月，5月に選出されたばかりの DGB のゾンマー（Michael Sommer）会長は，ハルツ改革について，労働市場の欠陥への対応，とりわけ失業者を減らす機会を提供するものとして期待を寄せた（DGB PM：02. 7. 18）。最終的な答申が提示される直前にも，「全ての面で動いている。これは失業者の利益にとっても結構なことである」との見方を示している。また，これまでのハルツ委員会の提案を，持続的に失業を減らすための革新的なアプローチと評価し，今後の立法手続きに対し積極的な態度をみせていたのである（DGB PM：02. 8. 11, 12）。

　2002年8月16日，ハルツ委員会による最終的な答申が提示された。労使の代表者および研究者等の専門家15名からなるメンバーには，労働組合からは2名が名を連ねていた。SPD 所属で金属産業労働組合（IG-Metall）のノルトライン・ヴェストファーレン（Nordrhein-Westfalen）州の地区委員長であったガッセ（Heinz-Peter Gasse），そして統一サービス産業労働組合（ver. di）の指導部の一員であったクンケル・ヴェーバー（Isolde Kunkel-Weber）である。ハルツ自身，当時 SPD および金属産業労働組合に所属しており，クンケル・ヴェーバーとは同じザールラント（Saarland）の出身であ[8]った。ただし，数の面で少ないこともあり，委員会における労働組合の影響力は大きなものではなかった。こうした DGB 傘下の二大組合の代表者を含めた「巧みな」[9]構

成やハルツ委員長の指導力により，設置から短期間にもかかわらず，最終答申は棄権もなく全会一致で採択された（Butterwegge 2015：78, 81）。答申では，労働市場に失業者を参入させるという目標の達成のために，失業者に対しては，ある程度の「制裁」措置を伴う強制を行い自助努力を引き出すと同時に，支援や保障を約束することが指導理念として掲げられた。こうした理念のもと，実行される改革（全体）を通じて，平均失業期間を33週間から22週間まで短縮し，失業者数を2005年末までに約400万人から200万人へと半減させること，これらにより失業に費やされる公的支出を現状の392億ユーロから196億ユーロに減らすことが可能だとされた（田畑 2014：8-9）。

DGBとその加盟組合は一致して，ハルツ委員会が提示した改革全体のコンセプトを，失業者の大幅な減少が期待できる内容と評価し，賛成の立場を表明した。ただし，「支援と要請」の原則における「要請」の要素が強くなり，失業者に対する全般的な給付の減額，給付期間短縮等の不利益を伴ってはならないとの懸念も示している。その上で今後も建設的批判を提供しつつも，最終答申の実行を支援するとした（DGB PM：02. 8. 16；都倉 2002：57）。

ハルツ委員会は，雇用（職業の紹介）について「まさに画期的な改革のシナリオを提供した」（DGB PM：02. 8. 22）。「高い失業率を改善するために，ハルツ委員会により提示された」改革（案）は，「可能な限り早く実行されるべきである」（DGB PM：02. 9. 6）。ハルツ委員会によれば，失業扶助と社会扶助の統合は，財政負担の軽減よりも「業務の効率化」を目的としたものである（DGB PM：02. 9. 7）。「ハルツ委員会の提案の実行により失業者は減少する」（DGB PM：02. 9. 18）。2002年の8～9月にかけてこうした認識がDGB指導層より幾度も示されている。さらに彼らは，最大の社会的な不公正である大量失業に対し，ハルツ改革に加え，公共・民間投資を増やすことによる景気・雇用対策で対処すべきとの主張を繰り返した（DGB PM：02. 9. 19, 24）。このようにハルツ委員会の答申は，DGBから一定の支持を得た。とりわけDGBが支持したのは，失業扶助と社会扶助の統合，およびそれに伴う支援・実施機関の一元化，すなわち「ひとつの手から」の給付およびそれと連動した就労支援（の効率化）であった。DGBは，後にこの最終答申の内容を，意欲的なコンセプトであり，「積極的な労働市場政策」という（その）理想に従うものであった，と評価している（DGB 2005）。上記の「統合」に対する好意的な評価は，ハルツ第Ⅳ法の施行から10年経過した2014年においても変わることはなかった（DGB 2014）。

SPDは，上記のようなハルツ委員会の最終答申の実行を選挙公約に盛り込み，連邦議会選挙に臨むこととなった。

2002年連邦議会選挙後の展開——ハルツ改革に対する DGB の懸念

2002年9月22日に行われた連邦議会選挙は，SPD を中心とする政権与党の辛勝という結果となった。この結果に対し，DGB は歓迎の意を表明した。ゾンマーは翌23日，選挙結果について，ハルツ委員会が企図する「より多くの柔軟性と社会保障を相互に結び付けるコンセプトを発展させるチャンス」と捉える見解を発表した（DGB PM：02. 9. 23）。だが，選挙後，公約に従いハルツ改革関連法案の成立に向けた動きが進むにつれ，DGB のそれに対する態度は徐々に硬化していく。

エンゲレン・ケーファー（Ursula Engelen-Kefer）DGB 副会長は9月25日，SPD が選挙直後に公表した雇用対策に歓迎の意を表明した。また DGB 指導部のプッツハマー（Heinz Putzhammer）は，大量失業の原因を労働市場の硬直性に求める CDU の見方を批判し，経済の低成長こそ，その原因であるとの見解を示した。彼によれば，DGB は，基本的に政府が進める労働市場の効率を高めるための構造改革に反対ではない，イエスである。だが，単なる規制緩和とコスト削減を目的とする改革は，ドイツにとって有害であり反対するとの立場だというのである（DGB PM：02. 9. 25）。労働市場の「近代化」を容認する，あるいは必要と考える理由は，このとき DGB が，失業との闘いを最も優先順位の高い課題と認識していたからであった（DGB PM：02. 10. 7）。それゆえ，ハルツ委員会の提案の実行を支援する（DGB PM：02. 10. 8）のである。ゾンマーも10月15日，政府の雇用政策の方向性を社会的に公正な「近代化」であると評価し，そうした労働市場改革の推進に加え，「社会国家」の機能のさらなる向上を要望した。ただし，DGB の指導層は，労働市場改革が緊縮財政とセットになっていることに対する懸念も表明している（DGB PM：02. 10. 1）。

シュレーダー首相は10月22日，同盟90／緑の党と組む第2次政権を発足させた。ゾンマーは，シュレーダーの再選を歓迎し，DGB が政権をサポートすることを約束した。だが，同時に失業者への給付の削減を改革の主眼とすることは「ハルツ委員会の答申と矛盾」するとして注意を喚起した。エンゲレン・ケーファーも連立合意とハルツ改革への支持をあらためて表明したが，失業者への給付の削減についてはハルツ委員会の精神やこれまでの連邦政府の発表に反していると批判した（DGB PM：02. 10. 29，30）。第2次シュレーダー政権が発足した直後に，DGB のトップに位置する2人から異口同音にハルツ改革への懸念・批判が表明されたのである。[10]

それというのも，選挙後まず明確になったことは，政権与党による経済・社会政策の軌道修正だったからである。連立政権発足直後の2002年10月29日，シュレーダーは，あからさまに失業者に対する給付をより大幅に削減することを表明し，次のように述

べた。「この改革と刷新には，福祉国家ドイツにおける多くの権利，規制，補助金が自由に処分されることが含まれる。ビスマルク時代における社会国家の萌芽期に戻」ったのである。30～50年前に（労働者に）付与された多くの「資格」は，今日その「正当性を失った」と。このシュレーダーの態度に，彼の再選を支持してきたDGBはひどく失望したのであった（Butterwegge 2015：97）。シュレーダーが「社会の近代化」と表現した改革は，1ユーロジョブという「中年に対する強制労働」により，数多くの労働組合員の怒りを呼び起こしたのみならず，（奴隷状態ともいえる前近代的形態である）解雇規制の緩和と派遣労働の自由化という「労働世界の再封建化」を目的としていたというのである（Butterwegge 2015：104）。

ハルツによれば，ハルツ委員会は，失業扶助受給者に対する支給額の削減を望んでおらず，失業手当Ⅱの支給額を旧失業扶助の平均額である月511ユーロとすることを満場一致で提案した。だが，「政治は，〔ひと月の〕基準額が345ユーロであった，社会扶助の水準と決定した」（Der Tagesspiegel: 14. 12. 22）。今後，このことを一貫して強く批判し続けることになるDGBは，2014年に次のように断言している。「失業手当Ⅱは"社会扶助Ⅱ"と呼ばれるべきであった」（DGB 2014）。

エンゲレン・ケーファーは2003年1月，上記のようなシュレーダーの見解に基づく政府による労働市場改革案が示されると，即座に激しい批判を浴びせた。こうした改革案が実行された場合，現時点で確定している34億ユーロの社会保障費の削減に加えて年間30億ユーロがさらに削減される一方で，失業扶助受給世帯の29％が将来給付を受けられなくなる。すなわち，本案のひとつの重要な目的は，失業扶助の「計画的なさらなる削減」にほかならず，「ハルツ改革」の看板の下でまったく別のことを行おうとしている。改革の目的は，失業者の労働市場への統合でなければならない，と警告した。また，1953年以来維持されてきた解雇規制の緩和をSPDを中心とする政権が進めることは，「歴史の逆行」というほかなく，まさに「見境いのない規制緩和」であり，到底受け入れられないというのである（DGB PM: 03. 1. 30）。

「アジェンダ2010」と労働組合による対案──DGBによるハルツ改革の「否定」

こうした状況の下，2003年3月14日に行われたシュレーダー首相の施政方針演説「平和への勇気，変革への勇気」の中で，「アジェンダ2010」と題した包括的な経済構造改革プログラムが公表された。「アジェンダ2010」は，失業扶助の対象者に対する，事実上の支給額の引き下げ，解雇保護法改正等，従来労働組合の抵抗の強かった分野に切り込む内容であり，労働市場改革をより強く推進する固い決意を表明したものとなった。

補章2　ハルツ改革と労働組合　179

DGB は施政方針演説が行われたその日，即座に「アジェンダ2010」に対する批判を展開した。「発表された失業手当および失業扶助・社会扶助〔給付〕の引き下げは，間違った方法である。それは，労働市場における労働者と失業者の機会を改善することはなく，ただ単に彼らのための資金〔社会保障費〕の削減を導くだけである。このことは，私たちの国における社会的に公正な近代化という考え方と矛盾しており，それゆえ，労働組合は同意できない」（DGB PM：03. 3. 14）。また，ゾンマーは，「アジェンダ2010」で明示された，失業扶助の支給額の社会扶助の水準への引き下げと失業手当の給付期間の短縮は，連邦議会選挙の公約において約束されたものとは逆の方向性を示している，と激しく批判した（横井 2005：73）。ゾンマー，金属産業労働組合のツヴィッケル（Klaus Zwickel）委員長，統一サービス産業労働組合のブジルスケ（Frank Bsirske）委員長は，そろってシュレーダー政権との対決姿勢を強く打ち出し，「アジェンダ2010」の内容が法案化される2003年の秋は「対決の秋」になると警告した（労働政策研究・研修機構 2003）。

「アジェンダ2010」の公表後，. DGB によるハルツ改革への批判は激しさを増した。エンゲレン・ケーファーは2003年４月，「アジェンダ2010」により明示された長期的な福祉の切り捨ては，社会的にも政治的にも経済的にも誤りであり，労働市場の崩壊をさらに加速させるものだと断じ，金融緩和政策を手段とした景気対策が必要だと訴えた（DGB PM：03. 4. 3）。

2003年のメーデーにおける集会では，「改革にイエス（Ja）！　福祉の切り捨て（社会保障費の削減）にノーサンキュー」とのスローガンが掲げられ，ハルツ改革が激しく批判された（DGB 2005）。ヘッセン（Hessen）での集会においてゾンマーは，労働市場改革の必要性を認めながら，連立政権の緊縮政策を批判した。税制改革により資金を調達し，低・中所得層の購買力を維持しつつ，景気対策として投資を推奨すべきである。シュレーダーに対し「勿論あなたと今後意味のある改革について議論する準備は出来ている」として，「アジェンダ2010」からの方向転換を，とりわけ失業者への給付の削減の撤回を求めた（DGB PM：03. 5. 1）。

DGB は同年５月，「アジェンダ2010」に対抗する自らの改革政策「逆転への勇気——成長，雇用と社会的公正のために——」を発表した。そして「人間味のある（寛大な）近代化を——公正な改革を」のスローガンの下，この対案を広く伝えるキャンペーンを展開し，５月24日には14の都市で大規模な集会が行われることとなった（DGB PM：03. 5. 13；DGB 2005）。

この対案の目的は，大量失業との闘い，社会保障費の大幅な削減との闘い，税制に

見られる不公平との闘い，そして恒久的な経済成長の安定化，であった。景気対策の資金は，社会保障費の削減によるのではなく，税制改革を通じた税収（増）により，すなわち高額所得者から調達されるべきであった。さらに，そうした資金を手厚い社会保障制度のために用いるべきとさえ訴えている。対案の中で，とりわけ景気回復を目的とした公共投資の財源確保のために税制改革を断行すべきとする主張は，例えば当時ノルトライン・ヴェストファーレン州首相であったシュタインブリュック（Peer Steinbrück）といった SPD の有力党員のみならず，幅広く支持を得たと DGB は伝えている（DGB PM：03. 5. 16）。

　さらにゾンマーは 5 月 5 日，「アジェンダ2010」が提示されたことにより，せっかくの社会的な改革の機会を逃したとの認識を示し，その内容はむしろ CDU 等による新自由主義的な主張との共通点が多いと批判した（DGB PM：03. 5. 5）。「アジェンダ2010」について，この時点での DGB と SPD の合意は不可能と判断され，予定されていた両者の協議会の開催は延期された。ゾンマーは，連邦政府を批判し，「アジェンダ2010」の大幅な修正が必要であると明言した（DGB PM：03. 5. 6）。

　この時期，ハルツ改革に関して，DGB の加盟組合の間で意見の相違がみられたとの報道がなされたが，ゾンマーはそれを否定し，DGB 全体で批判を共有していると主張した。例えば，統一サービス産業労働組合のブジルスケとは緊密に議論を重ねており，対案「逆転への勇気」については，少なくとも鉱山・化学・エネルギー労働組合（IG BCE）のシュモルト（Hubertus Schmoldt）委員長，鉄道員の労働組合であるトランスネットのハンゼン（Norbert Hansen）委員長，食品・飲食・旅館業労働組合（NGG）のメーレンベルク（Franz-Josef Möllenberg）委員長が賛意を示している。DGB としては，労働組合内部の議論のさらなる高まりを期待しているというのである（DGB PM：03. 5. 16）。

　ハノーファー（Hannover）における対案「逆転への勇気」のキャンペーンでゾンマーは，「アジェンダ2010」が「社会国家」の解体を意味するものにほかならないとの認識を示し，「福祉を切り捨てるアジェンダの代わりに，真の改革を」と訴えた（DGB PM：03. 5. 24）。DGB は2005年 3 月，このキャンペーンにおいて全国の労働組合員の「アジェンダ2010」への怒りが明確に示されたと振り返っている（DGB 2005）。こうした DGB の抗議行動に対応して，「アジェンダ2010」の内容が若干改正される可能性が出てきたとされるが，ゾンマーはそれでは不十分であり根本的な改正こそが必要との認識を示した。だが，DGB の指導者たちは，失業者に対する給付の削減，解雇規制の緩和への批判を続ける一方で，労働市場政策の対案としては，積極的な経済・財政政策を通じた景気回復・雇用創出，という主張をただ繰り返したのであった

（DGB PM：03. 5. 26）。

2003年5月下旬，ヨーロッパ労働組合連盟の会議が行われたプラハ（Prag）において，ゾンマーと DGB 加盟5組合の指導者が2日間にわたり協議し，「アジェンダ2010」では経済危機と労働市場の問題は解決しないとの意見で一致した。参加者は，DGB のゾンマー会長，統一サービス産業労働組合のブジルスケ委員長，金属産業労働組合のツヴィッケル委員長，鉱山・化学・エネルギー労働組合のシュモルト委員長，建設・農業・環境産業労働組合（IG-BAU）のヴィーゼヒューゲル（Klaus Wiesehügel）委員長，トランスネットのハンセン委員長，警察労働組合のフライベルク（Konrad Freiberg）委員長であった。「アジェンダ2010」の実行は失業者の生活を悪化させる可能性が高く，DGB は過去数週間，それに対する批判を展開し根本的な修正を要求してきた。だが，効果はみられたが十分ではないというのである。今後も連立与党をサポートしてはいくが，「現在の状況に鑑みると，他の政党との協働を強化することも重要だ」との意見もみられた（DGB PM：03. 5. 27）。

その後 DGB は，識者の見解（DGB PM：03. 5. 27）や社会調査の結果（DGB PM：03. 6. 18）等を示し，「アジェンダ2010」への批判を繰り返した。だが，6月1日に行われた SPD の臨時党大会では，今後も党として「アジェンダ2010」を推進していくとする方針が決議されたのである。SPD 内部でも当然「アジェンダ2010」に対する反対意見は少なくなかったが，党指導層は事前に多くの地域で会議を開き立場を説明し続けた。こうした根回しに加え，党大会においては，シュレーダーが巧みな演説と「党代表および首相の辞職を幾度かちらつかせ」およそ3分の2の代議員からの賛成を取りつけたのである[12]（Butterwegge 2015：105）。

こうした SPD の態度表明を受けゾンマーは，「アジェンダ2010」により決定された社会保障費の削減は，経済の活性化にも適していないし，労働市場の活性化ももたらさないと断言した。この時，ゾンマーにとって「アジェンダ2010」は，福祉の切り捨てとほぼ同義であり，DGB はそれとは別の改革の方法を議論する用意があると SPD や他の政党に呼びかけたのであった（DGB PM：03. 6. 1）。

DGB は被用者への聞き取り調査の結果を示し，「アジェンダ2010」の柱を緊縮財政と福祉の切り捨てとする DGB の認識およびそれに基づく批判を，労働組合員を中心とした多くの者が共有していると主張した。労働組合員267人を含む1,013人の回答者の3分の1が「アジェンダ政策」を誤りとし，そのうちの41％が明確にそれを拒否している。「アジェンダ2010」の実行により，社会保障に関する財政問題の解決が期待できると考えた者は37％，経済の再生に繋がると考えた者は33％であった。また失業

者への給付期間の短縮については，それに38％が賛意を，59％が拒否的な態度を示した。DGBが提示した対案「逆転への勇気」は，組合員の51％に支持されているが，未組織の被用者からの支持は28％とかなり低かった（DGB PM：03. 6. 18）。ただし，DGBは，対案がさまざまな立場の者から多く支持を得ていることを強調した[13]。それゆえ，連邦政府はDGBの意見に耳を傾けるべきだというのである（DGB PM：03. 6. 25）。

　この時期のDGBによるハルツ第Ⅳ法に対する主要な批判点を整理しておこう。まず，ハルツ第Ⅳ法が本当に雇用を創出するのかという疑念である。連邦政府は，失業者への給付期間の短縮等の福祉の切り捨てが労働市場において何をもたらすか，これまで説明していない（DGB PM：03. 6. 18）。DGBによれば，ハルツ第Ⅳ法による失業扶助と社会扶助の統合による失業手当Ⅱの創設等により，年間約40億ユーロの経費削減に繋がる一方で，200万人以上の失業者が給付を大幅にカットされる。その家族を含めると250〜300万人の生活が脅かされることが予想されるというのである（DGB PM：03. 10. 1）。また，ハルツ委員会の最終答申では，失業手当Ⅱ等の実施機関の一元化を通じて，財政面を中心とするさまざまな無駄を排除することが要求されていた。すでにみたように，この点はハルツ第Ⅳ法の重要な柱のひとつであったが，実際には一元化はこの時点では徹底されていなかった。DGBは，この実施機関の「分裂」をハルツ委員会の立場と矛盾するものとして，繰り返し激しく批判した（DGB PM：03. 9. 19：DGB 2005）。

　上記のように2003年には，こうした社会的に公正ではない「改革」を容認できないとするDGBの立場が，さまざまなかたちで示されたのであった。だが，ハルツ第Ⅳ法は10月17日，連邦議会で可決された。

　ブッターヴェッゲによれば，ハルツ第Ⅳ法の審議中，議会外でのそれに対する反対活動は消極的なものであった。結局DGBは，断固として改革を推進しようとする態度をとるSPDと緊密に結びついて行動せざるを得なかったからである。だが，いよいよハルツ第Ⅳ法の審議が山場を迎えた2003年11月1日，「もううんざりだ。全般的な社会的な切り捨てに反対」のモットーの下，ベルリン（Berlin）において「アジェンダ2010」やハルツ改革に反対する大規模なデモが行われた。DGBやその加盟組合が召集したわけではないが，多くの労働組合員を含む約10万人もの人々が参加したのである（Butterwegge 2015：147-148）。

　また，2004年4月3日には，ベルリン，シュトゥットガルト（Stuttgart），ケルン（Köln）において，労働組合が主導したハルツ第Ⅳ法に対する大規模なデモが行われ，全国で約50万人が参加した。このデモでは，連立与党の改革プログラムを社会的な公

補章❷　ハルツ改革と労働組合　183

正を傷つけるものとする主張が提示された。だが，DGB は，ハルツ第Ⅳ法や個々の法案に対する実質的・具体的な批判，代替策の提示という点では大きな役割を果たさなかった。[14]「労働組合の指導者たちは，SPD との対立がエスカレートすること，それにより労働組合運動の統一が危機にさらされることを危惧していた」(Lahusen und Baumgarten 2010：87) のである。ブッターヴェッゲによれば，ゾンマーもエンゲレン・ケーファーもブジルスケも，確かにハルツ改革に対して批判的であった。だが，結局 SPD と完全に決別することは不可能だったのである (Butterwegge 2015：148)。

　ハルツ第Ⅳ法を含む「アジェンダ2010」関連法案は，野党である CDU もハルツ改革の基本線には概ね賛成であったこともあり，2003年12月19日に連邦参議院の同意を得て成立した。ハルツ第Ⅳ法は2005年1月1日以降施行されることとなった。

3　ハルツ第Ⅳ法成立直後の労働組合

DGB と「月曜デモ」

　ハルツ第Ⅳ法は，その成立から施行まで約1年間の「準備」期間があった。その期間の半ばを過ぎた頃，とりわけ2004年の8月から9月にかけて，毎週月曜日にハルツ第Ⅳ法に対する全国的な反対運動が行われた。それゆえに「月曜デモ」[15]と呼ばれたこのデモを最初に主導したのは，旧西ドイツ地域に比して失業率が高かった，すなわちハルツ第Ⅳ法の影響をより大きく受ける旧東ドイツ地域の失業者，一般市民たちであった。「月曜デモ」は，政党や労働組合の関係者が中心となって組織した運動ではなかったのである (Butterwegge 2015：149；近藤 2011：89-90, 101-102)。

　すでに指摘したように，DGB は2003年，一貫してハルツ第Ⅳ法に強く反対してきた。2004年4月には「労働と社会的公正のための労働者の要求」というスローガンのもと，ヨーロッパの多くの国を巻き込んだ大規模な運動を主導し，同法への拒否的態度を示した (DGB 2005)。そこでは，ハルツ改革の中心的な問題は，やはり社会保障費の削減であるとする認識が共有されていた。ベルリンにおいて，ゾンマーは「国民の大半に不利益をもたらす一方で，金持ちがより豊かになり，資本とそのマネージャーがさらに厚かましくなるような政策には終止符が打たれなければならない」とハルツ改革を批判した (DGB PM：04.4.3)。また，エンゲレン・ケーファーは，「アジェンダ2010」は「労働市場の好転につながっていない」(DGB PM：04.4.6) とし，長期的には消費者の信頼（感）を悪化させるものであり，事実，個人消費（内需）を低迷させており，景気回復の妨げになっている (DGB PM：04.4.7) と断じた。こうした

主張と並行して，両者とも，景気回復の手段として，労働市場改革によるコスト削減ではなく，公共投資を推進すべしと訴えた。

このように DGB は2004年に入ってもハルツ改革に対する批判を継続していた。だが2004年 8 月19日，DGB は，指導部と地区委員長らによる，経済と労働市場改革の現状についての会議の結果として，「月曜デモ」への組織としての参加を呼び掛けない，組織としての行動を召集しないことを表明したのである。その理由としては，まず「月曜デモ」が時の経過につれて，政党の利害のため，政治的に利用される「分散」したデモになった点が挙げられている（DGB PM：04. 8. 19）。「月曜デモ」では，ハルツ第Ⅳ法の何が問題で，具体的にどのように改善すべきか議論することが軽視されている（近藤 2011：106）。そこでは，真摯にハルツ第Ⅳ法の修正を検討せず，修正のための方針を提示することもないというのである。ただし，DGB は，個別の労働組合，組合員の行動を制限しなかったので，独自に「月曜デモ」を支援・参加する労働組合，組合員も少なくなかった（DGB 2005）。

上記のように，DGB は，「月曜デモ」に反対はしないが，支持もせず距離をおくことを決定したのであった。近藤は，この態度について，シュレーダー政権と正面から対決することを避けると同時に，組合員による下部からの突き上げに配慮し，彼らがデモの担い手となることを黙認せざるを得ない DGB の苦しい立場を示すものだとしている。「協約自治（Tarifautonomie）の縮小と事業所レベルの共同決定拡充」を訴える使用者の攻勢に対し，年を追うごとに低下する労働組合員数・組織率に苦しみ防戦一方の労働組合が，「協約自治」を守り影響力を維持するためには，SPD の協力が不可欠だったからである（近藤 2011：106）。

DGB の指摘どおり，徐々に「月曜デモ」は政治的な色あいが強くなり，それにつれ勢いを失っていく。シュレーダーを激しく批判してきた元 SPD 党首のラフォンテーヌ（Oskar Lafontaine）が参加し，さらにはハルツ改革およびそれを推進する SPD 指導部に対する抗議から生まれた「労働と社会的公正のための選挙アルタナティーフ」（WASG）等が運動の前面に位置するようになった。

参加者数でみれば，2004年 8 月23日が「月曜デモ」のピークであったが，すでにそれは転換点を迎えていた。「月曜デモ」における中心的な主張は，「失業扶助と社会扶助の統合」への反対から，「シュレーダーは去らねばならない」との合言葉の下，市場メカニズム自体への反対にシフトしていったのである（Butterwegge 2015：150）。こうなると，前節で指摘したように SPD との関係を断ち切ることが出来ない DGB が，「月曜デモ」において居場所をみいだすことは，もはや困難であった。

上記のように DGB と「月曜デモ」との関係は微妙なものであった。DGB は,「月曜デモ」の初期の段階からすでにその「分散」型の傾向を指摘し, いまひとつ積極的ではない姿勢を示していた (DGB PM : 04. 8. 13)。また「月曜デモ」に組織として参加しない旨を表明した 8 月19日の声明では, DGB が, ハルツ改革について継続的に客観的かつ細かな分析作業を続けていること,「月曜デモ」より早い時期である2004年 4 月 3 日に, すでに同法に対する具体的な批判を行っていることが強調されている (DGB PM : 04. 8. 19 ; DGB 2005)。

　また,「月曜デモ」が一段落を迎えた 9 月には次のような立場を表明している。「DGB は, 最初から雇用を改善するための労働市場改革をサポートしてきた」。ただし, 失業者を労働市場へと統合しようとする試みは歓迎すべき内容と評価できるが, ハルツ第Ⅳ法は他に重大な欠陥があり,「経済的, 社会的なバランスに脅威を与えて」いる。「それゆえに, DGB はさらなる修正を要求している」。とりわけ失業手当Ⅱの受給者が「第二労働市場」から抜け出すための方策が必要である, と (DGB PM : 04. 9. 7)。

　2004年11月 6 日のニュルンベルク (Nürnberg) におけるデモが最後の大規模な「月曜デモ」となった。その後, 抵抗の波は, ハルツ第Ⅳ法の最終的な施行手続きの前に再び収まっていった。この頃すでに, 労働組合の指導層は長期にわたる抵抗 (運動) に意味をみいだしておらず, 大半の労働組合員が抵抗運動から引きあげていたのである (Butterwegge 2015 : 154-155)。

　後に DGB は, 複数の新聞のインタビューにおいて, ハルツ改革に断固反対するのであれば, そのためのゼネストをも辞さない WASG となぜ組まないのかと問われている (Die Zeit : 05. 7. 7 ; Leipziger Volkszeitung : 07. 7. 7)。WASG に参加しその中心人物となったラフォンテーヌは, 反ハルツ改革という点で幾度も DGB に共闘を呼び掛けている (DGB 2005)。だが, ゾンマーはそれに応じることはないと断言した。事実, DGB は, 部分的には重なる目標を追求していた WASG とは, 常に距離をとっている。[19] その理由は 1 つではない。まず, WASG が純粋な野党 (反対政党) と思われること, とりわけハルツ改革以降, DGB が常にあらゆる政党から独立している姿勢を強調していること (DGB PM : 05. 3. 16), さらに, ゼネストの実行は話し合いの否定, すなわち DGB が重視してきた「協約自治」および民主主義の否定になること, 等である (Leipziger Volkszeitung : 07. 7. 7)。DGB が「社会国家」を支える柱であろうとする場合, とりわけ「月曜デモ」以降は, WASG 等と組みハルツ第Ⅳ法を全面的に否定する行動をとることは困難であったといえよう。

　ハルツ第Ⅳ法は2005年 1 月 1 日から施行されることとなった。だが, ハルツ改革の

推進等を理由に，DGB との関係が悪化し多くの支持者を失ったシュレーダー政権は，スムーズな政権運営のために 1 年前倒しで連邦議会選挙を行わざるを得なくなった。2005年 9 月の連邦議会選挙では，ハルツ改革に反対する WASG 等が多くの議席を獲得し，SPD は敗北した。SPD は CDU 等と大連立政権を組んだものの，シュレーダー自身は首相の座を追われることになった。

　だが，選挙前から DGB，少なくともゾンマーは大連立政権を望んでおり，選挙の後に新首相となるメルケル（Angela Merkel）との対話に期待していた。ゾンマーは，メルケルとの関係について，前任者であるシュレーダー以上に親しい付き合いをしていること，互いに率直に話を出来る関係であることを強調している（Die Welt：05. 8. 7）。「メルケルは，私たちの要求と痛みのポイントを知っている」として，労働者に配慮した政策が期待できるとの認識を示した（Die Zeit：05. 7. 7）。その後も繰り返し，メルケルとの良好な関係は変わっていないことが示されている（Der Tagesspiegel：07. 4. 29；Wirtschaftswoche：10. 4. 26）。WASG に対する態度とは対照的であるといえよう。

ハルツ第IV法の施行と労働組合

　2005年 1 月，ハルツ第IV法が施行された。この頃になると，ハルツ改革に反対する動きが，前年夏に比して「驚くほど」みられなくなっていた（Süddeutsche Zeitung：05. 1. 21）。以下では，ハルツ第IV法施行直後の時期における DGB のハルツ改革に対する認識を検討しよう。

　Süddeutsche Zeitung 紙から，この 1 年間（2004年），シュレーダーとの間で強い軋轢があったことを指摘されたゾンマーは，一応それを認めたが，労働組合にとっては必ずしも「失敗」の年ではなかったとの認識を示した。ハルツ改革をめぐる交渉は困難だったが，DGB が主に高い柔軟性によってその困難を乗り越えたことは間違いないというのである。Süddeutsche Zeitung 紙の認識では，ハルツ第IV法は DGB の抵抗を退けて施行された。同法の施行は，ドイツの人々が生活水準の低下を余儀なくされることを意味しているのではないか，と問うた。この問いに対してゾンマーは，ハルツ第IV法には光と影の両面があったと指摘する。光の部分として雇用創出があり，多くの失業者の雇用状況が改善された。だが，強い「要請」に比して，「支援」が十全に行われていなかった。とりわけ人々を（元の）仕事に戻すという点ではうまくいかなかった。こうした影の部分により，きわめて厳しい状況を経験した，としている。

　質問者は，上記のゾンマーの発言を，数カ月前より穏やかな口調だと指摘し，あなたは改革と折り合いをつけたのか，ハルツ第IV法を容認したのかとの疑問を投げかけ

た。ゾンマーはいう。私は幻想を作ることは出来ないし，ハルツ第IV法をなかったことにするなどと，約束することはできない。パラダイムシフトが起こったのである，と。現時点ではハルツ改革に満足している人々が多くいることは否めない。だが，ハルツ改革の断行により支持者離れが進んだSPDの支持率の回復は容易ではない。ただし，次の連邦議会選挙（この時点では2006年実施予定）においてはSPDを直接サポートしないとした半年前に示した立場は必ずしも保持せず，公約次第ではあらゆる政党を支持する可能性があることを示唆した（Süddeutsche Zeitung：05. 1. 21）。

2005年3月16日には，DGB創立60周年を記念し，さまざまな領域についての総括がDGBのホームページに掲載された。その中にあるハルツ改革に関する記述をまとめてみよう。

「ハルツ改革は，戦後ドイツにおける最大の社会改革となるはず」であったが，立法化の過程でハルツ委員会の答申にはなかった規定が含まれるようになった。ハルツ改革がその一部を構成する「アジェンダ2010」は，2003年3月に公表されたものだが，「労働市場政策において使用者側に立つという，シュレーダー政権の立場」の変更を反映した内容であった。「DGBおよびその加盟組合は，アジェンダ2010を『社会的にアンバランス』『労働市場に無益』なものと評価し」，「著しい社会的な歪みを是正するように警告した」。確かにハルツ改革の個々の構成要素には，例えば失業扶助と社会扶助の統合等必要な措置もあり，労働組合はハルツ改革全体を拒否したわけではない。だが，他の幾つかのものは「まったく反社会的かつ，使用者よりの内容をもつものであった」。特にハルツ第IV法は，その施行後も物議を醸している。同法により，事実上，旧失業扶助の受給者に対する給付の水準が引き下げられただけではなく，給付の際の条件が厳格化された。これらはハルツ委員会の答申にはなかったものである。DGBは，これらに反対しただけでなく，失業手当IIの実施機関の統合による無駄の排除が実現しなかったこと，失業手当Iの給付期間の短縮による社会保障費の削減についても厳しく批判し，組織的な抗議行動も行った[20]。だが結果として，ハルツIVの受給者は，それによる「雇用のための過大な要求」の激化，厳しい「制裁」により，「事実上どのような仕事でも，どのような賃金でも受け入れなければならなくなった」[21]（DGB 2005）。

4　2006年以降におけるハルツ改革の評価とその結果

ハルツ改革と景気回復の関係

世界的な好況の影響を受け，2006年頃からドイツにおいても大企業が過去最高の収

益を報告するなど，景気回復の動きが見て取れた。失業者数（括弧内は推定失業率）の推移を確認しておこう。2003年の437万7,000人（10.5％）から2005年には486万1,000人（11.7％）となった。2006年以降，失業者数は減少し，推定失業率も低下していく。同年は448万7,000人（10.8％），2007年は376万人（9.0％）となり400万人を割り込んだ。この傾向は継続し，2011年には297万5,000人（6.8％）となり，推定失業率は1992年のそれ（7.7％，失業者数は297万9,000人）を下回った。2013年の失業者数は295万人（6.9％），そして2015年7月時点のそれは277万3,000人（6.3％）となった[22]。

　上記の数値に基づけば，確かにハルツ改革，とりわけハルツ第IV法の施行以降，失業者数は減少している。こうした状況が，ドイツの景気回復の一端を示していることは疑いない。そして，経済学者も含めドイツの多くの人々が，ハルツ改革を景気回復の主要因のひとつと考えていた（Die Welt: 14. 12. 18）。

　こうした状況をDGBはどのように捉えていたのだろうか。2007年に行われたゾンマーのインタビューの内容を検討しよう。冒頭，質問者はこう切り出した。「ゾンマーさん，シュレーダーにもう謝罪してきましたか？」。ゾンマーは答えた。「謝罪する理由がわかりませんが」。

　Der Tagesspiegel 紙は，シュレーダーによる労働市場改革を，現在の景気回復の重要な基礎とみていた。それに対抗してきたDGBは，景気の回復がみられた現在，何らかの誤りを認めるべきではないか，不安を煽ってきた労働組合には長く続いた不況に対する責任はないのか，と質したのである[23]。ゾンマーは強い口調で反論した。ドイツの景気回復は，シュレーダーや大連立政権によるものではない。この回復は，全ての従業員の「良い仕事」と，継続的な世界経済の好況の結果である。ドイツは輸出によって大きな利益を得ているが，その重要な背景に，競争力のある労働コストと柔軟な労働時間モデルがあることは疑いない。労働組合がなければそれらは実現しなかっただろう。勿論，景気回復が全て私たちの貢献によるものだとはいわないが，それはドイツの全ての者たちによる繁栄である。シュレーダーとSPDを中心とした連立政権は，アジェンダ政策とハルツ改革により，人々の間に不信と不安定をもたらし，国内の景気を圧殺した。すなわち，むしろ経済成長を阻害する要因であったというのである（Der Tagesspiegel : 07. 4. 29）。

　ブッターヴェッゲは，景気回復の始まりを2005年の秋にみている（Butterwegge 2015：213）。その上で，景気回復とハルツ改革の関係について，次のような見方を示す。ハルツ改革により，3つの意味で使用者側が大勝利を収めた。第1に，失業者の立場が以前よりさらに厳しくなり，従業員，経営協議会，労働組合が，企業の規律に

より強く服従させられることとなった。これにより，使用者に有利な労使関係の構築が可能になった。第2に，人々の大多数が，ハルツ改革により長期失業の克服が成功したかのような「まったくの思い違い」をすることになった。第3に，一連のハルツ改革の法案が最終的に施行された2005年の「改革過程の終了」の時期と，景気回復の開始の時期とが偶然重なったことにより，その因果関係が解釈し直された。連日におよぶ巧みな宣伝活動や報道を通じて，ハルツ改革により景気回復が実現したかのような印象が意図的に国民に植えつけられたというのである（Butterwegge 2015：217-218）。

低賃金労働の拡大と法定最低賃金制度の導入

2009年9月の連邦議会選挙において，大幅に議席を減らしたSPDは，大連立を解消し下野した。CDU／キリスト教社会同盟（CSU）とFDPの連立による第2次メルケル政権が発足した。

ハルツ第Ⅳ法が施行されておよそ5年が経過した2009年12月6日，DGBはあらためてその「成果」について総括している。ハルツⅣによる「支援」を通して，長期失業者は労働市場に再統合されるはずであった。だが，それどころか，彼らの多くは事実上低賃金の仕事を受け入れざるを得ない状況に追い込まれている。ハルツ改革は，賃金のダンピング・引き下げの手段となり，低賃金労働の拡大に門戸を開いたのである[24]。ハルツⅣにより，多くの人々が貧困に陥る恐怖を感じ[25]，長期的な見通しが立たない生活を強いられている。2005年以降経済成長が持続しているにもかかわらず，こうした状況に陥っている人々の数は少なくない。ハルツⅣの導入が，「社会国家」を「貧困国家」に向かわせるという間違った方向性を導いたのである。対策としてDGBは，法定最低賃金制度の導入と「制裁」の緩和を要求する。DGBは「社会のハルツ化」（Verhartzung der Gesellschaft）を，ドイツの将来における大きな脅威のひとつと考えているのである（DGB PM：09. 12. 16）。

上記のようなDGB指導層のハルツ改革に対する認識は，2007年頃から2010年頃にかけて概ね変化していないように思われる。ハルツⅣは，社会的な没落のシンボルである。それにより，ドイツの社会，労働市場は分断された（DGB PM：07. 5. 1）。すなわち，1ユーロジョブを含む低賃金の「労働の影の領域」（DGB PM：08. 5. 1）と新しい貧困プロレタリアートを生み出したのである（DGB PM：08. 3. 28）。ひとたび失業手当Ⅱの受給者になると低賃金労働，貧困（ワーキングプア）から抜け出すことはきわめて困難である。「ハルツ（改革）は多くの人々にとって社会的な不安定と同義語になった。（それは）失業者に対する圧力を強め，多くの家庭を貧困に陥れた」（DGB

PM：07. 8. 15）のである。DGB にとって，こうした状況を克服する手段のひとつが，法定最低賃金制度であった。

　DGB 内部では，2005年頃から，例えばメーデー等においてハルツ改革に対する言及が少なくなる一方で，法定最低賃金制度の導入を主張する声が多くなった。そして2006年5月，DGB は同制度の導入を推進する方針を固めた。その背景には，労働組合員数・労働協約適用者数の減少，組織率の低下に加え，欧州統合の進展による低賃金労働の拡大といった問題がある。こうした状況の中で，労働組合の交渉力は弱まり，労働協約を通じて最低賃金を規制することが困難になったのである[26]。

　多くの国が法定最低賃金制度をもつ中で，ドイツでは，最低賃金の規制を，法律ではなく，労使間の団体交渉により締結される労働協約に委ねてきた。そこで決定された協約賃金は，一般拘束力宣言により未組織の労働者にも適用することが可能であった。こうして事実上の最低賃金を設定してきたドイツでは，最低賃金法の制定は，基本法により基礎付けられる「協約自治」への侵害を意味し，DGB はこれを歓迎していなかったし（根本 2009：84），政府も「協約自治」を尊重してきた。「協約自治」は，ワイマール期，ナチス期の経験を経て構築された，第2次世界大戦後の（西）ドイツの労使関係における原則のひとつであった（枡田 2016a：1）。法定最低賃金制度の導入は，一見するとこの原則の放棄のようにもみえるが，この点について，2007年4月に提示された DGB の見解を確認しておこう。

　労働組合がその固有の力で協約賃金を使用者に強制することが不可能であるならば，国家的な最低賃金を導入せざるを得ない。こうした考え方は，労働組合が無力であることを自ら証明するものではないのか。この問いにゾンマーは以下のように答えている。実際に法で定められた賃金の決定方法が実行されず，多くの人々がきわめて低い賃金で生活せざるを得ない産業が多く存在する。我々は DGB 内部で「協約自治」について深く議論してきた[27]。「協約自治」が機能する産業，企業では，最低賃金制度は必要ではない。だが，労働組合の組織としての力が弱くなっており，使用者が産業・地域レベルでの団体交渉を回避する，すなわち「協約自治」がうまく機能しない場所では，それは必要である，と（Der Tagesspiegel：07. 4. 29）。

　2009年9月の連邦議会選挙に臨むにあたって，DGB は，法定最低賃金制度の導入を最重要の課題のひとつに掲げたのであった（DGB PM：09. 6. 15）。

ハルツ第Ⅳ法施行10周年

　2015年1月1日，ハルツ第Ⅳ法の施行から10年を迎えた。これを機に多様な角度，

補章 **2** ハルツ改革と労働組合　191

立場からハルツⅣについての検討が行われた。ここでは，DGBとその加盟組合である統一サービス産業労働組合，金属産業労働組合，そしてハルツ自身の見解を検討しよう。

　DGBは2014年12月25日，ホームページに「ハルツ第Ⅳ法10年：目標は達成されず，より大きな改革が必要(28)」と題する記事を掲載した。そこからダウンロード可能なPDFファイル「ハルツ第Ⅳ法10周年：祝う理由（などあるのか）？」には，この時点のDGBによるハルツⅣの評価が詳細に論じられている。以下でまとめてみよう。

　ハルツⅣは，「社会国家と雇用促進（のあり方）の改革」という「高い目標」を掲げていたが，結論からいえば，そのほとんどが失敗した。法制度が主張することと現実の間の矛盾は見逃せない。本来，失業扶助と社会扶助の「統合」を通じて，金銭面も含む包括的な就労支援が「ひとつの手から」なされるはずであった。この「統合」自体はまったく適切な方法であったが，これを含むいくつかの措置が「本来の意図」とは異なるかたちで運用され，うまく機能していない。それゆえ，良好な経済の状況にもかかわらず，今日まで扶助給付に依存する人々の数を大幅に減らすことに明らかに成功していない。ハルツ第Ⅳ法の「施行後10年経っても，600万人を超える人々が依然として最低限の生活を確保するための援助に頼っている」。2014年半ばには，全人口の9.5％が，扶助給付に依存していた。こうした者たちが労働市場に再統合されるチャンスは依然として少ない。確かに失業者数は大幅に減少したが，全失業者に占める長期失業者の割合は約37％に増加している。さらにはハルツⅣによるシステムの「中心的な要素」である失業者への圧力，すなわち失業者に就労を求める「要請」および「制裁」の可能性の強化等が，不安定就労，望んでいない職・職場あるいは低賃金の職場での就労を促した。ハルツⅣが，ワーキングプアを増やしたことは疑いなく，失業者数の減少を「通常の労働市場への統合と混同してはならない」。従って，ハルツ第Ⅳ法の雇用促進効果については疑念を抱かざるを得ない。

　本来，ハルツ改革という「社会国家のパラダイムシフトは」，「長期的な失業の深刻化または貧困状況の深刻化を防ぐことを目的」としていたはずである。だが，上記のようなハルツⅣの10年間の結果は，長期失業者の「安定した統合」よりも「短期的な統合」を，就労「支援」よりも「要請」および「制裁」の厳格化を優先していたことを示すものである。DGBは，こうしたハルツⅣの影響が，失業者にだけではなく，企業や社会全体に及んでいることを特に問題視している。旧社会扶助の水準である失業手当Ⅱや厳格な「制裁」等による「社会的な没落およびハルツⅣに対する不安」が職場においても広がっており，労働者の世界全体に好ましくない「作用」をもたらしている。「ハルツⅣは，全ての働く者たちの，減給や不安定雇用を受け入れる意欲を

高めた。このことは低賃金セクターの拡大をもたらした」。しかも「これはまさに2003/2004年の政治指導者たちの意図するところであった」のである。こうしたハルツⅣによって，ドイツにおける「社会システムの柱と基本的な構造」，「社会国家」は「大きく変容」したのである。

　上記のような認識に基づき，DGBは，ハルツⅣを「ドイツの労働市場政策，社会扶助政策のアキレス腱」とみなし，それを改革する必要性を訴えている。具体的には，より上位のセーフティネット，特に失業保険の拡充，「支援」に対する「要請」の優位の是正を基礎としたさらなる雇用促進，生活の基盤を危険にさらすような「制裁」の撤廃，長期失業者に対する職業教育の資金の増額，等を挙げた。加えて，長期失業者にも8.50ユーロの最低賃金が支払われるべきだと主張している。

　2014年12月31日，統一サービス産業労働組合はホームページに「ハルツⅣの10年」と題する記事[29]を掲載した。同記事によれば，2005年1月1日にハルツ第Ⅳ法が施行された時点では，それに対する期待は非常に高かった。しかし10年経った今，この失業扶助と社会扶助の統合は，まずもってドイツにおける低賃金セクターの大幅な拡大を導いたプログラムであったことが判明したというのである。ただし，ブジルスケ委員長は，ハルツⅣが，労働者が有利になるように労働者市場をより強く規制する必要があることを，（労働組合に）強く認識させることに貢献した，との見解も示している。すなわち，ハルツⅣは，労働組合が最低賃金制度の導入を主張するようになる重要な契機となったということである。さらに，同氏は，長期失業者への仕事の斡旋に力を入れつつ「制裁」のあり方を見直すことを主張した。

　他方，2014年末〜2015年初頭の金属産業労働組合のホームページでは，DGBや統一サービス産業労働組合に比して，ハルツ改革に関する言及が著しく少ない。2015年のメーデーで行われた金属産業労働組合の指導者ウルバン（Hans-Jürgen Urban）の演説でも同様であったが，そこで彼は次のように明言した——「ハルツⅣは失敗した！」[30]。

　改革の「主役」ハルツは，ハルツ第Ⅳ法施行から半年ほど経過した2005年の7月にフォクスワーゲン社に対する背任が発覚し，2007年1月，執行猶予付きの2年の禁固刑と57万6,000ユーロ（約9,000万円）の罰金刑の判決を受けている。同社の労務担当役員であったハルツは，労使交渉を円滑に進めるために会社の金を不正に流用し，監査役会の労働側の役員であり，全社経営協議会議長等を兼務するフォルカート（Klaus Volkert）を「接待」していた。フォルカートは，同社の労働側のトップに位置する非常に影響力の強い人物であり，1993年には週4時間制の導入，3万人の雇用確保のための給与の15％減額に協力した。彼はその見返りとして1994年，違法な特別賞

補章❷　ハルツ改革と労働組合　193

与を要求し，ハルツは2005年まで合計195万ユーロを会社の秘密口座から支払ったことを認めた。「賞与」は，フォルカートの愛人の架空業務に対する報酬，私的な旅行の費用，娼婦を混じえたパーティー等の費用等に使われ，ハルツもこのような濫行に便乗したとされる。両者は共に SPD，金属産業労働組合に所属していた。[31]

　このようにハルツは，改革の「終了」とともに表舞台から姿を消していたが，2014年末，複数の新聞においてハルツⅣについてインタビューを受けている。[32] ハルツⅣは今や「ドイツにおける福祉の切り捨てのシンボル」となっており，改革全体は「低賃金労働の拡大を加速した」と評価されている。Die Welt 紙によるこの評価に対しハルツは次のように答えた。改革により「失業者数が減少」していることは確かであり，それゆえ「ハルツⅣは，結果的に成功を収めた」。改革を検討し始めた2002年頃，失業を減らす，すなわち雇用を創出するためには低賃金セクターを拡大することが「必要だった」。次いで質問者は労働組合との関係について問うた。「現在ドイツでは，多くの者が改革に非常に批判的であり，それを社会の冷たさの象徴とみている。こうした見方は特に SPD の党員や労働組合員に多くみられる。このことはあなたを傷つけるか？」ハルツはいう。「あなたは，当時，労働組合が改革の必要性を共有していたという状況に気付く」べきである。そして労働組合員のうち「沈黙している大多数が，この改革を何とか実現させることが必要だと考えていたし，その成果の存在を確認していると私はみている。確かに改革は委員会で取り決めたようには実行されなかったが」。ハルツによれば，ハルツ委員会の答申は，議会での審議を経て，それとは異なる内容の法案になっていた。例えば，失業手当Ⅱの支給額が社会扶助の水準に引き下げられたことがそれである。「私は専門家の意見が政治的な権力闘争に従属することを学ばねばならなかった」（Die Welt：14. 12. 18）。

　Der Tagesspiegel 紙の記事においても，ハルツはまず，ハルツⅣの評判が悪い理由を問われ「それについて何もいうことはない。結果的に改革は成功した」と断言した。根拠は「失業者数を減らすことに大きく貢献した」ことである。ただ，改革が必ずしもハルツ委員会の提言どおり実行されなかった点に不満を示しており，その原因を議会による「改革」の「悪化」に求めている。とりわけ残念であったこととしては，失業者の支援を実施する機関が分裂したままであり，一元化が不徹底であった点を挙げた。また長期失業からなかなか抜け出せず，ハルツⅣに頼らざるを得ない者が多くいる現状は認めながらも，それに対する自身の責任については明言を避けた。対策としては，国家による支援は必要だが，失業者自身の「状況を変えようとする」努力に期待をよせた（Der Tagesspiegel：14. 12. 22）。

上記のように，DGB 等がハルツⅣを「失敗」であったと断じている一方で，ハルツは，紆余曲折を経た後も改革の「成功」を疑ってはいない。ただし，両者はいずれも，失業手当Ⅱを所管する機関の一元化の不徹底をハルツ改革の問題点としている。その一因は，ハルツによると，SPD と CDU/CSU の意見の相違およびその後の妥協であったが，DGB はハルツⅣの10年をこのようにも振り返っている。「SPD と緑の党がこの"戦後史における最大の社会改革"を始め，CDU/CSU ならびに FDP がハルツ第Ⅳ法の厳格化に大きく貢献した」（DGB 2014）。

　なお，フォルクスワーゲン社の労務担当の役員であったハルツさえもが労働組合員であった事実は，同社における従業員の影響力の大きさを示すものであった（吉森 2015：29-30）。上記の不祥事は，まさにこうした労使の関係を象徴する出来事であったといえる。そして，くしくもその当事者であったハルツが，ハルツ改革を通じて，労働側が「強い」ドイツにおける労使の力関係を崩していくきっかけのひとつを用意したのであった。

　以上のように，DGB は，ハルツ委員会の設置から2002年9月の連邦議会選挙の頃までは，ハルツ改革に対して大きな期待を寄せていた。とりわけ失業扶助と社会扶助の統合およびその実施機関の一元化による就労支援の強化・効率化については，その後も一貫して支持した。だが，選挙直後に示されたシュレーダーの労働市場改革に対する態度，そして「アジェンダ2010」に含まれていたハルツ第Ⅳ法の内容およびそれがもたらした変化は，DGB の想定とは異なるものであった。上記の「統合」が社会福祉費の削減の手段である点が強調され，就労支援は「要請」とそれを拒否した場合の「制裁」の厳格化を通して「強化」された。これに反発した DGB により「アジェンダ2010」の対案が示された2003年は，ハルツ改革に対し最も激しい批判が展開された年となった。だが，その対案はハルツ改革を押しとどめる有効な労働市場政策を提示できず，労働組合員からでさえ大きな支持を得ていたとはいい難かった。労働市場改革とりわけ大量失業への対応の必要性は DGB も認めており，2003年末に向け，DGB の強硬姿勢は徐々にトーンダウンし，少なくとも「対決の秋」といえるような激しい抵抗はみられなかった。ハルツ改革を全面的に否定せず，認めるべきところは認め，その修正を要求する。あるいは，ハルツ第Ⅳ法への抗議は，具体的な対案を提示するというよりも，その「社会的な公正」を問うというかたちになっていく。

　こうした傾向は，2004年に入りさらに強くなる。SPD との関係の悪化を避けたい DGB の姿勢が示されると同時に，「月曜デモ」の過程で，DGB 以上に激しく SPD およびハルツ改革を批判する WASG 等の勢力が登場した。DGB は，WASG 等より早

補章 2　ハルツ改革と労働組合　195

い時期から一貫してハルツ改革を批判してきたことを強調しながら，その一方で「月曜デモ」への組織としての参加を見送った。WASG等の登場により，「協約自治」や民主主義を尊重する，あるいは「社会国家」の柱であろうとするDGBは，もはやハルツ第Ⅳ法を容認せざるを得ない状況になり，同法は施行される。その結果をDGBは次のように認識している。ドイツの社会，労働市場は分断され，「社会国家」は変容した。景気回復との関係は疑わしいが，ハルツⅣが低賃金労働の拡大を導いたことは疑いない。しかもそれは政策立案者の意図したものであった。こうした状況ゆえに，法的最低賃金制度が必要になったのだ，と。

　ハルツ第Ⅳ法の施行後，DGBにおいては，ハルツ改革を批判する声が少なくなる一方で，法定最低賃金制度の導入が強く主張されるようになった。ハルツ改革をめぐる議論の中でDGBとSPDの関係は悪化した。だが，DGBは，最終的にはSPDとハルツ改革を「容認」している(33)。本論で検討してきたこうした過程は，ハルツ改革に導かれたさまざまな法制度が，否応なしにドイツの社会に「所与」のものとして受け入れられていったことを示しているのかもしれない。2014年末におけるDGBのハルツ改革に対する評価は，2005年のハルツ第Ⅳ法施行直後のそれから大きくは変わってはいないが，ハルツⅣが，ドイツの社会に，とりわけ労働者の世界に広がり深く根付いている状況を認めざるを得なくなっている点は異なると思われるのである。

　2007年4月，DGBとSPDとを繋ぐもののひとつは最低賃金制度の導入という課題か，と問われ，ゾンマーは，SPDへの期待をこめて次のように答えている。「我々が最低賃金制度を推進しようとする場合，当然SPDとDGBとの間の緊張関係は緩和される」(Der Tagesspiegel：07. 4. 29)。SPDは2007年10月，「アジェンダ2010」からの路線変更を明言し，DGBはそれを歓迎した (DGB PM：07. 10. 23)。そして2013年9月，SPDはDGBの要求を受け入れ，法定最低賃金制度の実現を公約に連邦議会選挙に臨み，周知のとおり，CDU/CSUとの大連立ではあるが，政権の座に返り咲くことになる。連立政権の目玉政策のひとつとして，2014年8月に成立した「協約自治強化法」の最も重要な構成要素のひとつは，時給8.50ユーロの法定最低賃金であった。それは，2015年1月1日から段階的に導入され (労働政策研究・研修機構 2014：56)，現在では全産業において，国内で働くほぼ全ての18歳以上の労働者に適用されている。同法について，DGBは2014年4〜7月，10年以上にわたる労働組合の運動の結果，勝ち得た「歴史的成果」であるとの認識を示し，労働協約システムを強化するものとして，歓迎の意を表明したのであった(34)。

　本論における検討を通じて，ハルツ改革が法定最低賃金制度を求める声のひとつの

源流であったことが明らかになった。ハルツ改革，とりわけハルツ第Ⅳ法の10年間により「変容した」ドイツにおける労働，労使関係のあり方に直面し，労働組合が法定最低賃金制度を求めるようになったということである。ハルツⅣによる低賃金労働の拡大，労働市場の分断等が，労働組合の組織率，交渉力の低下の一因となったことは疑いないと思われるのである。そして，法定最低賃金制度もまた，ドイツにおける働き方のみならず，労働組合の役割やあり方を大きく変える「改革」であることは疑いないであろう。ドイツの社会に定着しつつある，否，定着したといってもよい法定最低賃制度は，ドイツの労使関係，労働組合，そして労働者にどのような「変化」をもたらすのであろうか。今後の動向に注目せざるを得ない。

注

(1)　ブッターヴェッゲは，2016年2月に行われたドイツ大統領選挙において左翼党（Die Linke）の候補者となったが，獲得した票数は1,260票中128票にとどまり，931票を獲得した連立与党の統一候補，シュタインマイヤー（Frank-Walter Steinmeier）前外相に敗れた。

(2)　ドイツにおいて，「Hartz Ⅳ」という語は，ハルツ第Ⅳ法だけではなく，同法がもたらした変化，さらにはその中でも最も多く議論・批判の対象となった，失業手当Ⅱを意味するものとしても用いられている。これに従い，本論では，後者2つを意味すると思われる場合は「ハルツⅣ」と表記する。ハルツ第Ⅳ法によりもたらされた変化は多岐にわたるが，本論では，紙幅の制限もあり，DGBが最も強く批判した失業扶助と社会扶助の統合およびそれにより制度化された失業手当Ⅱのあり方をめぐる諸問題を中心に検討せざるを得ない。

(3)　DGBのホームページのPressemitteilung欄を参考にした記述については，末尾に発表された年月日のみ示す。例：（DGB PM：02.1.31）＝2002年1月31日。新聞等についても同様である。例：（Die Welt：14.12.14）＝2014年12月4日付のDie Welt紙の記事より。

(4)　例えば，嶋田（2009），シュテック・コッセンス編著（2009），田畑（2014），戸田（2010）などを参照。

(5)　上記の数値は，連邦雇用エージェンシーの統計（http://statistik.arbeitsagentur.de/）より（アクセス日2018年12月25日）。

(6)　この一元化を通じて，連邦政府と地方自治体との間の負担の押し付け合い等による非効率を解消することも，ハルツ第Ⅳ法のねらいであった（嶋田 2009：114, 120）。失業手当Ⅱを所管する機関およびそれをめぐる議論については，武田（2016）を参照。

(7)　この点については，枡田（2016a：8-10）も参照。

(8)　ブッターヴェッゲによれば，加盟組合の中でもっとも大きな影響力をもっていた金属産業労働組合は，ハルツの立場を支持していたという（Butterwegge 2015：81）。

(9)　DGBは2002年，総組合員数769万9,903人，推定組織率23.5％であった。加盟組合は8で

補章2　ハルツ改革と労働組合　197

あり，このうち金属産業労働組合は組合員数264万3,973人で DGB の34.3％を，統一サービス産業労働組合は274万123人で35.6％を占めていた。2015年には，総組合員数609万5,518人，加盟組合は 8 であり，2002年から構成に大きな変化はないが，推定組織率は2006年以降，20％を割り込んでいる（田中 2015：30）。このうち金属産業労働組合は227万743人で DGB の37.3％を，統一サービス産業労働組合は203万8,638人で33.4％を占めた。2002年，2015年のいずれにおいても，二大組合のみで DGB の組合員数の 7 割程度を占めており，それらの影響力の大きさがうかがい知れる。こうした状況は，組合員数の減少がみられたものの（2017年，DGB 全体で599万5,437人），2017年においても大きく変化していない（http://www. dgb.de/uber-uns/dgb-heute/mitgliederzahlen/）（アクセス日2018年12月25日）。

⑽　DGB 指導部のブンテンバッハ（Annelie Buntenbach）は2007年 8 月，「確かにハルツ委員会は失業扶助と社会扶助の統合を推奨したが，その給付を社会扶助の水準で行うとはいっていない」と主張した。同時に「高齢者に対する給付が減額された際，〔当時の〕連邦政府はハルツ委員会を」「罷免できなかった。これは政治的な過ちであった」と振り返っている（DGB PM：07. 8. 15）。

⑾　ハルツ改革関連法案の成立過程については，例えば，名古（2018）とりわけ第 2 章第 1 節を参照。

⑿　「アジェンダ2010」が支持を得た一因は，SPD 党員の多くにとってそれがあくまで「過去の清算のため」の対策と認識されたことが考えられる（Butterwegge 2015：112）。すなわち「アジェンダ2010」は，労働市場の問題への対応を中心とした2003年時点における諸課題への当面（緊急）の対策であり，その後も恒久的に社会・経済を規定する枠組みとは認識されなかったということである。この方針をめぐる SPD 内部の対立は長く残り，注⒄でみるように多くの離党者を生み出すことになった。

⒀　ただし，「対案」の中で支持を得たのは，とりわけ税制改革による税収増，それを財源とした投資による景気回復という主張であった。事実，2003年 6 月半ば，SPD の連邦議会議員団長ミュンテフェーリング（Franz Müntefering）は，相続税増税に着手することを指示した（DGB PM：03. 6. 25）。

⒁　こうした DGB 主導の運動は散発的であり，単なる意思表示にとどまった。それゆえ政府や与野党にハルツ改革の撤回を迫るほどの圧力にはなりえなかった（近藤 2011：98）。

⒂　この呼称は，東ドイツにおいて，1980年半ば以降に展開した民主化を要求する大衆・市民運動である「月曜デモ」をまねたものである。この「月曜デモ」は1989～1990年には東ドイツ全体にひろがり，社会主義統一党（SED）政権幹部の辞任，ベルリンの壁崩壊，そして東西ドイツ再統一の原動力となった。2004年における「月曜デモ」の詳細な展開過程については，近藤（2011：第 2 章）を参照。

⒃　第 2 次世界大戦後の（西）ドイツでは，労働条件の規制については，国家は基本的に介入せず，「協約自治」というかたちで労働組合と使用者団体との間の交渉に委ねられてきたが（田中 2015：29），ハルツ改革が始まった2002年頃から2003年にかけて「協約自治」をめぐ

る論争および労使の対立が激化した。当該時期の DGB にとって、「協約自治」の維持は何より優先すべき課題であり，そのためには SPD の協力が必要であった。この問題について，詳しくは枡田（2016a）を参照。また，「協約自治」（の原則）の歴史については，枡田（2009），枡田（2010），枡田（2016b）を参照。

⒄　WASG は，ハルツ改革にみるような「新自由主義」的な路線をとる SPD 指導部に反発した党内左派勢力であり，2005年 1 月に一斉に離党し同年 2 月に政党となった。その後，SPD 左派の大物ラフォンテーヌが加入する。2005年には，東ドイツの SED の後身である民主社会党（PDS；7 月に左翼党・民主社会党と改称）と政党連合を結成し，9 月の連邦議会選挙に臨んだ。その結果，合計で約 8 ％（前回 PDS は 4 ％）の票を得て54議席を獲得し，第 4 党となった。両党は2007年 6 月，正式に合併し左翼党となった。

⒅　DGB は，「月曜デモ」が行われた当時から，それが右翼の過激な勢力にも「利用」されていたことを繰り返し指摘している。例えば，DGB PM：04. 9. 7 および Süddeutsche Zeitung：05. 1. 21，等を参照。

⒆　統一サービス産業労働組合のブジルスケは，WASG との共闘に前向きであった（Die Welt：05. 8. 7）。

⒇　DGB の指導者たちはハルツ第Ⅳ法施行直後から，1 ユーロジョブの「乱用」に注意を喚起しており，それを含む収入の低い仕事がフルタイムの「通常」の仕事に影響を与えないような仕組みを作ることを主張していた（DGB PM：05. 2. 3；DGB PM：05. 5. 1；Süddeutsche Zeitung：05. 11. 10；DGB PM：06. 5. 9）。

(21)　DGB は，ハルツ第Ⅳ法施行前から，同法により，労働条件に不満がある仕事でも受け入れざるを得なくなること，低賃金で働く者が多くなることを指摘していた。例えば，DGB PM：03. 9. 3，等を参照。

(22)　上記の数値は，連邦雇用エージェンシーの統計（http://statistik.arbeitsagentur.de/）より（アクセス日2018年12月25日）。

(23)　ゾンマーへの質問の内容に従えば，幾つかの新聞は，DGB がハルツ改革に対抗する中で得られた成果はわずかしかないと考えていたと思われる。例えば，Süddeutsche Zeitung：05. 11. 10 および Der Tagesspiegel：07. 4. 29，を参照。

(24)　2009年 6 月の時点で，約650万人が低賃金セクターで働いており，彼らの多くは「ワーキングプア」であった（DGB PM：09. 6. 29）。なおシュレーダー自身，2005年 1 月28日にダボスで開催された世界経済フォーラムにおいて，連立政権の大きな成果として，ヨーロッパにおける「最高の低賃金セクター」を作ったことを挙げている（Butterwegge 2015：140）。

(25)　DGB 指導部のブンテンバッハは2008年 5 月，ハルツ第Ⅳ法の施行以来，社会には恐怖と不安が満ちており，こうした雰囲気は，ナチスが支配のために利用したものであるとの見解を示した（DGB PM：08. 5. 1）。

(26)　2009年頃までの最低賃金制度をめぐる議論については，労働政策研究・研修機構（2009）を参照。

補章❷　ハルツ改革と労働組合　199

⑵⑺　2000年代前半の「協約自治」をめぐる議論の展開については，枡田（2016a）を参照。

⑵⑻　http://www.dgb.de/themen/++co++159cb73c-8a9e-11e4-8341-52540023ef1a（アクセス日2014年12月26日）。

⑵⑼　http://www.verdi.de/themen/nachrichten/++co++8cc3ab4c-90c8-11e4-8a71-5254008a33df（アクセス日2015年1月2日）。

⑶⑽　https://www.igmetall.de/internet/2015%2005%2001%20Mairede_Urban_6fb0732c2f428215c0b3aa17d31a8b4dd9b495dd.pdf（アクセス日2015年8月30日）。

⑶⑴　この不祥事が大衆紙 Bild に掲載される前日，ハルツは知人に同紙の買い占めを相談したが徒労に終わった。ハルツとフォルカートは共に労働者の家庭の出身で，彼らほど短期間にドイツ経済界・労働分野の頂点に上り詰め，一瞬にして全ての地位を失った指導者はいないという（吉森 2015：29-30）。

⑶⑵　いずれの記事のおいても，冒頭で労働市場改革のための諮問委員会の名称を「労働市場における現代的サービス事業委員会」としたことを「失敗」だったとしている。名称が長すぎたゆえに，「ハルツ委員会」と呼ばれるようになり，このことによりハルツ自身が改革に全責任を負っているかのような印象を与えたというのである。

⑶⑶　2014年5月にゾンマーが DGB 会長を辞すにあたり，12年間の任期を振り返った新聞記事（Der Tagesspiegel: 14. 5. 5）によれば，任期中に彼が特に苦しんだ出来事のひとつとして，失業手当Ⅱの給付が旧社会扶助の水準になった点等について「なぜあなたはそれを妨げなかったのか」と組合員に責められたことが挙げられている。この記事によれば，ゾンマーは「シュレーダーだけは許すことができなかった」。本論では検討できなかったが，DGB が SPD やハルツ改革を「容認」した背景に，メルケルおよびその政権との連携あるいは「協働」があったことは疑いない。この点についても同記事を参照。

⑶⑷　http://www.dgb.de/themen/++co++17a5fbf6-c154-11e3-ba56-52540023ef1a（アクセス日2014年12月1日）同法の名称が示すとおり，「協約自治」を尊重しようとする労働組合の姿勢もまた，法定最低賃金制度の導入の源流のひとつであったことは疑いない。この点については，枡田（2016a）を参照。なお，最低賃金（時給）は，2017年1月1日に8.84ユーロに引き上げられた。さらに最低賃金委員会は2018年6月，2019年1月1日には9.19ユーロ，2020年1月1日には9.35ユーロへと二段階で引き上げるよう政府に勧告した。https://www.jil.go.jp/foreign/jihou/2018/09/germany_01.html（アクセス日2018年12月25日）。

参考文献

C. Butterwegge（2015）*Hartz IV und die Folgen : Auf dem Weg in eine andere Republik ?,* Weinheim und Basel: Beltz Juventa.

H. D. Dribbush und P. Birke（2014）Die DGB-Gewerkschaften seit der Krise: Entwicklungen, Herausforderungen, Strategien（http://library.fes.de/pdf-files/id-moe/10716-22042015.pdf）（アクセス日2014年12月1日）。

K. Jaehrling und C. Rudolph (Hrsg.) (2010) *Grundsicherung und Geschlecht : Gleichstellungs-politische Befunde zu den Wirkungen von Hartz IV,* Münster: Westfälisches Dampfboot.

C. Lahusen und B. Baumgarten (2010) *Das Ende des sozialen Friedens？: Politik und Protest in Zeiten der Hartz-Reformen,* Frankfurt am Main/New York: Campus Verlag.

C. Rudolph und R. Niekant (Hrsg.) (2007) *Hartz IV‐Zwischenbilanz und Perspektiven* (*Arbeit-Demokratie-Geschlecht/Ingrid Kurz-Scherf, Bd. 5*), Münster: Westfälisches Dampfboot.

近藤潤三（2011）『ドイツ・デモクラシーの焦点』木鐸社。

嶋田佳広（2009）「最低生活保障制度の変容——就労支援型公的扶助の特徴と課題」日本社会保障法学会編『社会保障のモデルチェンジ—— ADR／ハルツ改革／生活保護／通勤災害（社会保障法第24号）』法律文化社，109-122頁。

B. シュテック・M. コッセンス編著（2009）『ドイツの求職者基礎保障——ハルツ IV による制度の仕組みと運用』（田畑洋一監訳）学文社。

武田公子（2016）『ドイツ・ハルツ改革における政府間行財政関係——地域雇用政策の可能性』法律文化社。

田中洋子（2015）「ドイツにおける労働への社会的規制——『雇用の奇跡』と二重共同決定制度（〈特集〉社会政策としての労働規制）」『社会政策』7 (1)：28-47頁。

田畑洋一（2014）『現代ドイツ公的扶助序論』学文社。

都倉裕二（2002）「時事Ⅱ　シュレーダー政権の課題——ハルツ委員会答申と労働市場改革」『海外労働時報』330：50-59頁。

戸田典子（2010）「失業保険と生活保護の間——ドイツの求職者のための基礎保障（小特集　社会保障）」『レファレンス』60(2)：7-31頁。

名古道功（2018）『ドイツ労働法の変容』日本評論社。

根本到（2009）「ドイツにおける最低賃金規制の内容と議論状況」『日本労働研究雑誌』51 (12)：84-93頁。

保住敏彦（2010）「ドイツの労働市場とハルツ改革」『愛知大学国際問題研究所紀要』第135号61-86頁。

枡田大知彦（2009）『ワイマール期ドイツ労働組合史——職業別から産業別へ』立教大学出版会／有斐閣。

枡田大知彦（2010）「ドイツにおける労使関係への国家介入の歴史的展開——1930年代大恐慌期を中心に」『歴史と経済』207：21-30頁。

枡田大知彦（2016a）「2000年代前半のドイツにおける労働組合と協約自治——ハルツ改革および法定最低賃金制度との関係から」『専修大学社会科学研究所月報』639：1-29頁。

枡田大知彦（2016b）「ワイマール期ドイツにおける国家的仲裁制度と協約自治——自由労働組合における議論を中心に」『専修大学社会科学研究所月報』640：1-38頁。

横井正信（2005）「第2次シュレーダー政権と『アジェンダ2010』(II)」『福井大学教育地域科学部紀要　第III部　社会科学』61：71-126頁。

吉森賢（2015）『ドイツ同族大企業』NTT出版。

労働政策研究・研修機構（2003）「シュレーダー首相，社会・労働政策の改革推進を表明——注目の施政方針演説　議事日程2010年」（海外労働情報・ドイツ）6月（https://www.jil.go.jp/foreign/jihou/2003/06/germanyP01.html）（アクセス日2018年12月25日）。

労働政策研究・研修機構（2009）『欧米諸国における最低賃金制度II——ドイツ・ベルギー・アメリカの動向』（JILPT資料シリーズ　No. 63）12月。

労働政策研究・研修機構（2012）「海外労働事情　ドイツ」『ビジネス・レーバー・トレンド』11月号：43-44頁。

労働政策研究・研修機構（2014）「Focus　ドイツ・ハルツ改革の功罪」『ビジネス・レーバー・トレンド』11月号：50-57頁。

労働政策研究・研修機構（2018）「最賃勧告——二段階引き上げで2020年1月から時給9.35ユーロへ」9月（https://www.jil.go.jp/foreign/jihou/2018/09/germany_01.html）（アクセス日2018年12月25日）。

ドイツの新聞・週刊紙等

Frankfurter Allgemeine Zeitung.

Leipziger Volkszeitung.

Süddeutsche Zeitung.

Der Tagesspiegel.

Die Welt.

Wirtschaftswoche.

Die Zeit.

労働組合のホームページ等

ドイツ労働総同盟（DGB）ホームページ（http://www.dgb.de/）（アクセス日2015年8月31日）。

DGB（2005）DGB 60周年の記事（2005年3月16日掲載）（http://www.dgb.de/uber-uns/bewegte-zeiten/60-jahre-dgb/1999-2008/die-hartz2013reform）（アクセス日2015年8月31日）。

DGB（2014）DGBの分析「ハルツIVの10年」（DGB指導部の労働市場部長ヴィルヘルム・アダミー（Wilhelm Adamy）が2014年12月19日に執筆）（http://www.dgb.de/themen/++co++159cb73c-8a9e-11e4-8341-52540023ef1a）（アクセス日2015年8月31日）。

金属産業労働組合ホームページ（http://www.igmetall.de/）（アクセス日2015年8月31日）。

統一サービス産業労働組合ホームページ（http://www.verdi.de/）（アクセス日2015年8月31日）。

連邦雇用エージェンシーの統計；Statistik der Bundesagentur für Arbeit（http://statistik.arbeitsagentur.de/）（アクセス日2017年12月25日）。

第5章
東部ドイツ
——統一後25年の軌跡——

白川欽哉

　歴史的な統一から約四半世紀，政府やマスメディアが伝えるさまざまな経済指標は，東部ドイツ（旧ドイツ民主共和国）と西部ドイツ（旧ドイツ連邦共和国）の格差縮小を示唆している。表5-1は，1991～2015年の両地域の主要経済指標の変化を示したものである。東部ドイツの国内総生産（以下GDP）は約3.1倍となり，その全ドイツに占める割合は7.1％から11.4％に上昇した。また，人口1人当たりGDPは7,342ユーロから2万6,453ユーロに増加し，西部ドイツとの格差は大きく縮小した。約四半世紀に及ぶ設備投資と資本ストックの増大に支えられた生産性の増加，それを基盤とする単位労働コストの低下は，東部ドイツ経済の成長を牽引した。被雇用者報酬の約2倍の増加もまたその成果であった。加えて失業者数の削減は，東部ドイツ再建の最大の懸案事項であったが，2005年の失業率のピーク（東部20.6％，西部11.0％）を境に徐々に改善し，リーマン・ショック後の一時的中断をのぞいて状況は好転しつつある。

　反面で，180万人の人口減，117万人の雇用労働力の減少は，東部ドイツ経済の成長要因の縮小を物語っている。また表5-1からは，四半世紀を過ぎても東部ドイツ経済のパフォーマンスが，西部ドイツの70～80％の水準に止まっていることがわかる。統一直後の約5年間の劇的な変化とは裏腹に，東西平準化のスピードは，1990年代半ばを境に停滞と減速が顕著となった。それに伴い，連邦政府や西部諸州は，当初の思惑とは裏腹に財政支援を継続せざるを得なくなった。このネガティブな展開は，旧東ドイツの人々，そして東部支援の負担を強いられた旧西ドイツの人々の不満の温床となってきた（近藤 2010，2013ならびに西田・近藤編 2014）。

　この頭打ちの状況は長期化するのか，それとも近年のドイツ経済のポジティブな趨勢が改善の道を拓くのか。以下では，統一から約四半世紀の統合プロセスを，いくつかの問題群に分けて検証し，東部ドイツ経済の過去・現在，そして若干の見通しについて考察したい。

表 5 - 1　ドイツ統一後の主要経済指標の変化（東西比較）

項　目	単　位	A. 西部ドイツ（ベルリンを除く）		B. 東部ドイツ[注1]		西部（100）に対する東部の比率[注2][注3]	
		1991年	2015年	1991年	2015年	1991年	2015年
①人　口	1,000人	61,913	65,467	18,071	15,889	(22.6)	(19.5)
②就業者数（自営業者をも含む）	1,000人	30,300	35,307	8,479	7,700	(21.9)	(17.9)
③被雇用者数	1,000人	27,210	31,849	8,006	6,841	(22.7)	(17.7)
④失業者	1,000人	1,596	2,021	1,006	774	(38.7)	(27.7)
⑤国内総生産（名目 GDP）	10億ユーロ	1,404.6	2,570.9	107.4	330.8	(7.1)	(11.4)
⑥人口1人当たり GDP（名目）	ユーロ	22,687	39,270	7,342	26,453	32.4	67.4
⑦就業者1人当たり GDP（名目）	ユーロ	46,356	72,814	20,313	56,284	43.8	77.3
⑧就業者労働時間当たり GDP（名目）	ユーロ	37.62	53.59	26.4	41.3	70.2	77.0
⑨被雇用者報酬	10億ユーロ	731.8	1,305.6	84.8	170.3	(10.4)	(11.5)
⑩被雇用者1人当たり賃金	ユーロ	26,895	40,994	13,164	32,340	48.9	78.9
⑪被雇用者時間当たり賃金	ユーロ	24.28	31.73	17.61	25.08	72.5	79.0
⑫人口1人当たり総設備投資	ユーロ	5,300	7,300	3,300	5,200	62.3	71.2
⑬人口1人当たり資本ストック	ユーロ	105,000	181,000	47,000	145,000	44.8	80.1
⑭単位労働コスト	％	71.75	65.80	74.18	67.53	[2.43]	[1.73]

（注1）　表中の「東部ドイツ」のうち，①～③の項目については，下記資料の2015年版に示された2014年の数値を用いた。下記資料（2016年版）では，当該項目についてベルリンの分が除かれている。2015年版までは，ベルリンの人口，就業者数，被雇用者数が含まれていたが，2016年版では，それが省かれ，1991年と2015年の数値が，①人口1億4,625万人から1億2,507万人，②就業者数6,787万人から5,878万人，③被雇用者6,439万人から5,265万人と表記されている。

（注2）　（　）内は，ドイツ全体の統計に占める東部ドイツの割合。

（注3）　[　]は，西部ドイツと東部ドイツの差。オリジナルの表の数値を修正して表記。

（出典）　Bundesministerium für Wirtschaft und Energie（2015：4，2016：26）.

1　四半世紀の統合プロセスの全体像

　図5-1は，統一後の東部ドイツの再編プロセスを，連邦全体の政治・経済の動きを交えながらまとめたものである。本節では，各論に入る前に，この図を参照しながらプロセスの概要を4つの時期に区分して整理しておこう[1]。

　第1期は1990～1996年までの急速な体制再編とインフラストラクチャ（以下インフラ）の近代化の段階であり，社会主義時代の経済構造（産業，企業，雇用，貿易等）が大きく変容した。後述する国有企業の民営化や「ドイツ統一基金」に象徴される連邦政府や西側諸州からの莫大な公的資金のトランスファーは，この時期を象徴する出来事であった。1990年代後半に入ると，一転してGDP成長率が急落した。失業者の急増により東西平準化への期待に疑問が投げかけられた。連邦政府委託の『経済諮問委員会年次答申』（以下『年次答申』）1996/97年版以降，1993～1995年までのポジティブな叙述は消え，平準化の鈍化や格差の固定化・拡大への危惧が表明されるようになっ

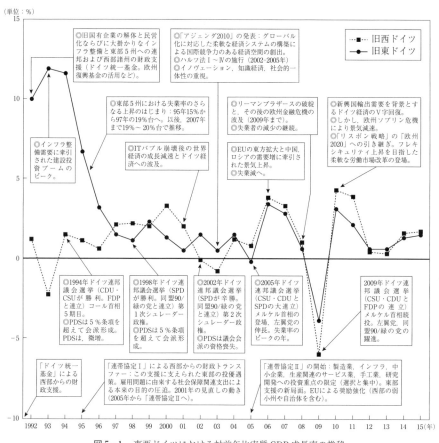

図5-1　東西ドイツにおける対前年比実質GDP成長率の推移

(略語)　CDU＝キリスト教民主同盟，CSU＝キリスト教社会同盟，SPD＝ドイツ社会民主党，FDP＝自由民主党，PDS＝民主社会党（のちにWASG＝選挙オルタナティヴ：労働と社会的公正と合同し，Die Linke＝左翼党へ）
(注1)　1995年に改定された欧州国民経済計算体系（the European System of Accounts 1995: ESA95）をベースに算定。
(注2)　旧東ドイツ，旧西ドイツともにベルリンを除いた数値をベースとしている。
(出典)　Bundesministerium für Wirtschaft und Energie (2016), Wirtschaftsdaten Neue Bundesländer 2016, S. 3（原典では棒グラフ）。グラフの中の説明については，1991～1996年度の経済諮問委員会による『年次答申（Jahresgutachten=JG）』，1997～2014年度は『年次報告書』（Jahresbericht=JB）を参考に作成した。

た。1998年の連邦議会選挙における政権交代，民主社会党（PDS）の5％条項超の選挙結果は，まさにこのような情勢下で現れた。

　第2期は，インフラ投資が収束し，新たな成長の基軸の発見が模索されていた1997年～2000年である。この時期のGDPの動きから，東部経済の伸び悩みが見てとれる。

第5章　東部ドイツ　205

上記の『年次答申』から東部ドイツ関連の部分に焦点を当てて公表されるようになった『年次報告』(本章末尾注(2)参照) では，1997年に「新連邦州の困難な復興の道のり」という認識が示された。それを皮切りに，復興・成長の新たな突破口を見出そうと，「躍進する東部 (Aufschwung Ost)」という標語のもと製造業への投資支援と雇用創出，建設業への梃入れ，農業の再編，研究・開発の推進を柱とする経済振興策が構想された。その実現に向け，すでに1995年に開始されていた「連帯協定 (Solidarpakt)」(1995～2004年；のちに「連帯協定 I」と呼称) に基づき，西部から東部への財政支援が行われ，東部各州・自治体において企業・団体・個人の起業，投資，雇用促進のための奨励策が講じられた。

　この時期，連邦レベルでは「新しい中道」をかかげたドイツ社会民主党が，長期に及んだコール政権に代わって，緑の党との連立で第1次シュレーダー政権 (1998～2002年) を発足させた。それまでの福祉国家的政策は徐々に後景に退き，緊縮財政，国際競争力の強化，国際的投資誘因に対応する産業立地の創出など，経済政策に重心が置かれるようになった。さらに，アメリカのITバブル崩壊の影響が世界に及ぶなか，東部を含めたドイツ全体の構造改革 (税制，社会保障，労働市場等) が加速化した。この頃から東西格差の縮小は頭打ち状態に陥り，失業率は急上昇し東部から西部への人口移動が増えた。

　第3期 (2001～2008年) は，第2期に発生した経済的問題の解決に向けて，新しい技術基盤の創出や輸出競争力の強化が要請された時期である。特に技術革新とイノヴェーションの奨励は，東部ドイツに限らず，全ドイツ的に模索されるようになった。2001年には「連帯協定 I」の内容や重点の変更を伴う見直しが図られ，2005年開始予定の「連帯協定 II」の基本骨子が固められた。東部への財政トランスファーについては，かねてから批判の声が高く，財政支援の効率化，使途の明確化，公正な支出，支援の具体的な成果が求められていた。

　これらに加え，2002年に成立した第2次シュレーダー政権が発表した「アジェンダ2010」ならびにハルツ法 I～IV (2002～2004年) は，経済グローバル化に対応すべく，知識集約的で，創造的・革新的な生産体制を創出して国際競争力を高めること，それを支える柔軟な労働市場を創出すること，などを要請した[4]。この政策は，東部ドイツの産業および輸出構造の再編，雇用対策の重点化，新しい研究・開発体制の模索につながった。改革直後には大量の失業者が東西ドイツで発生し，深刻な社会不安の広がりとともに，労働組合や社会民主党内部からもシュレーダー政権への批判の声が強まった。

変化の兆しは，2005年の連邦議会選挙で CDU/CSU と SPD の大連立内閣（メルケル首相）が誕生した頃に現われた（前掲図5‐1）。EU の東方拡大により，欧州内の貿易と直接投資の可能性が増大したこと，相対的に安価な労働力が流入してきたこと，中国やロシア向けの輸出が増加したこと，そして EU 全体の消費市場が増大したことなどにより，ドイツ全体の GDP 成長率の上昇と雇用の改善がみられるようになった。東部ドイツは，西部に比して輸出率は低かったものの，内需や新興国需要に対応して活力を持ち始めるようになった。ちなみに，東部ドイツの製造業と鉱業の輸出率は，1994年に11.4％に過ぎなかったが，2000年までに21.2％に，2006年には31.2％に達した。他方，西部ドイツの輸出率は，上記の3時点で28.4％，37.5％，45.7％と，東部よりも高い水準で増加した（Bundesministerium für Wirtschaft und Technologie 2012：14）。

　第4期（2009年以降）は，2007/08年のリーマン・ショックとその後の世界同時不況で幕を開けた。金融危機が世界に波及するなか，ドイツ経済は統一後，最も激しい成長率の急落を経験した。しかし，この不況は2009年のうちに「脱出のてがかり」をつかみ V 字回復を果した。その背景に，ブラジル，ロシア，インド，中国などの新興国の需要，差別化戦略（高品質品，伝統製品の重視）が，ドイツの輸出拡大と製造業の生産を後押ししたことが指摘されている（古内 2012：202-238）。この新しい状況に対して，東部ドイツ経済も対応を迫られた。産学官協同の学術拠点やイノヴェーション重視のクラスター・ネットワークの形成などが，地方経済再生の支柱に据えられるようになった。こうした未来志向の動きが現われる一方で，景気回復後の GDP 成長率の動向からは，東西ドイツともに先行きの不透明さは否めない（前掲図5‐1）。

2　統合プロセスの初期段階における試行錯誤

国有企業の民営化

　東部ドイツの混迷は，すでに通貨・経済・社会同盟に関する国家条約の発効（1990年7月1日）を前後する時期から始まっていた。「早期統一」の政策的意図を優先して実施された「1対1」での東西通貨の交換比率は，統一の方法やスピードをめぐる政治的駆け引きの結果であったが，それは旧東ドイツ企業の資産や製品を実力以上に高く評価することにつながった（鹿取 2010：154-183）。そうしたなか国有企業の解体と民営化の過程で，「企業再建よりも売却」，「売却できないものは清算」という考えが強まり，投資家にとって有益と判断された企業の売却は進んだものの，多くの不採算

企業が再生のチャンスを与えられないまま倒産を余儀なくされた。

通貨・経済・社会同盟の発効から民営化の暫定的終了宣言がなされた1994年12月31日までに，信託公社を媒介して12,354の企業が処分された。全体の54％が公社の「私有化（再建・売却）」（旧西ドイツ投資家やその他の外国人投資家による買収，旧経営陣あるいは従業員による株式の取得など）によって民営化され，13％が「再私有化」（旧所有者への返還），2％が「地方自治体所有」に転換された（Seibel 2005：209ff.）。残りの31％は，再建されないまま整理・清算されたり，信託公社の後継組織に委ねられたりした。この「ショック療法」的体制移行は，短期間で東部ドイツを魅力ある投資先に変え，市場経済体制に移行させる目的で実施されたわけだが，性急さゆえに構造転換時の社会問題を十分にカヴァーできないままに進められた。

1994年春までに民営化された企業のうち売却件数が多かったのは，金融機関を含むサービス業，建設業，商業，そして機械製造であった（白川 2001：216）。そのうち建設業とサービス業については「再私有化」の件数も多く，信託公社の事業の柱となっていた。東部再建のためのインフラ関連の公共投資が急増したことがその背景にあった。また，サービス部門についても，金融機関，不動産業，運輸業，商業を中心に西部企業の進出や中小企業の起業が民営化とともに進展した。サービス社会化が遅れ，工業に偏重した構造を有していた社会主義時代の東ドイツ経済が，この民営化によって一気に転換しはじめたのである。

他方で，企業集中度の高いエネルギー，化学や鉄・非鉄金属などの素材型部門では，件数は少なかったものの，「私有化」プラス「再私有化」の割合は，サービス業のそれを超えていた。特に比較的生産性の高い事業所，環境保護などの新しいコスト要因に対応可能な事業所，以前から西部ドイツとの取引関係にあった事業所などが，国内外の新しい所有者または経営者の下で操業を続けることができた。

なお，整理・清算された企業の割合が高かった部門は，農林業，繊維・皮革，電機・電子・精密機器，商業，食品，機械製造，サービス業であった。それぞれの分野・部門の4分の1〜3分の2の企業・事業所（そして従業員）が，短期間のうちに操業の場を失った。

国際競争力の強化

企業の再編とならんで，東部ドイツは，社会主義時代のもう一つの負の遺産に対応しなければならなかった。戦前からメイド・イン・ジャーマニー製品や西部ドイツの工業地帯への基礎原料の供給企業を輩出してきたザクセン，ザクセン＝アンハルト，

テューリンゲン，ブランデンブルクの製造業は，第2次世界大戦後の東西分断ののちも貿易に依存していた（白川 2017：27-47）。「国内」市場（特にルール，バイエルン，オーバーシュレージエンとの関係）や海外市場を失った東部ドイツは，1950年にコメコンの分業に組み込まれたことで，ソ連・東欧諸国との貿易に活路を見出すことができた。ソ連や東欧からの原燃料や金属加工原料の輸入と，繊維・被服，機械，ガラス・セラミックを中心とする輸出部門が主導する成長が達成され，「社会主義の優等生」と呼ばれる経済水準が実現した。

しかし，1960～1970年代末までのデタントの進展に伴う東西関係の変化により，東ドイツが世界市場との関係を徐々に深めていくにつれ，国際競争力の格差が露見するようになった。そして東西統一前夜となった1989～1990年の統一までの間に，東西ドイツとソ連・東欧諸国の貿易関係は大きく変貌した。1989年の対ソ連・東欧輸出において，東ドイツは約290億マルクを売り上げていたのに対して，西ドイツは約245億マルクだった。1991年には，それが114億マルク対260億マルクへと逆転した。輸入についても1989年の269億マルク対192億マルクが，1991年には62億マルク対264億マルクへと東西の力関係は大きく逆転した（Gebhardt 1994：51）⁽⁶⁾。コメコン諸国間分業の瓦解と東ドイツ製品の国際競争力の低さはその主因となった。

貿易と同様に，統一ドイツの国内市場においても東部ドイツ企業の市場シェアは西側企業によって急速に侵食された。1992年時点のデータによれば，東部の人々が購入する生活必需品・日用品に占める「東部ドイツ製品」の割合は，パン，食肉・ソーセージ，小麦粉・砂糖については8～9割，ビール，青果・野菜は5～6割であったが，洗剤，スピリッツおよびシャンパン，タバコが4割，缶詰と家具が3割と東側製品の比重が低くなり，服飾や靴などの流行品，家電に至っては1割前後でしかなかった（Gebhardt 1994：76）。また，東部ドイツ時代の国民車トラバントやヴァルトブルクが，急速に西側諸国の自動車に買い替えられたことに象徴されるように，高付加価値製品であればあるほど東部の競争力の低さが際立った。

さらに建設投資や設備投資の受注状況においても変化がみられた。1992年の建設投資事業のうち，90％は東部ドイツの事業者が受注したが，1993年には82％に減少した。西部ドイツのゼネコンの東部への進出がその背景にあった。設備投資についてみると，1992年時点で65％が西部ドイツの企業，2％が外資系企業，31％が東部ドイツ企業という比率であった。翌1993年には外資系企業が若干伸びたものの大きな変動はなかった（Gebhardt 1994：77）。東部ドイツの建設業や製造業における本社企業の不足は，東部ドイツ経済の自立的再建に影を落としていた。

設備・建設投資の動向

次に統一後10年間の投資活動について見てみよう。1990年代前半は，政策的資金援助に支えられながら設備・建設投資が同地域の急速な成長を牽引した。とりわけ，老朽化が甚だしかったインフラの整備，新たな都市開発や住宅建設・改修のための建設投資は，1991年の266億ユーロから1995年には712億ユーロへと急増し，この時期の建設業の雇用拡大（約72万人から約107万人へ；Statistische Ämter des Bundes und der Länder 2014：22-23，28-29）と国内総生産の増大に寄与した。

この間のインフラ整備の最大の柱は，交通・運輸網の更新と拡大であった。なかでもドイツ鉄道に統合された東部のドイチェ・ライヒスバーンは，1980年末の時点においても，戦後のソ連による設備の解体・撤去・移送の影響で，路線が寸断されたり，複線が単線化されたままだったりした。また，更新投資の不足から低速走行を余儀なくされた路線を抱え（全体の約17％），橋梁の55％以上が通常の耐久年数を超えるなど，未解決の問題が山積していたために，早急の再建が不可欠であった（Bundesministerium des Innern 2010：133-134；白川 2017：58-59）。同様に，一般道や高速道路のうち「障害なく走行可能な道路」は，1988年の時点でそれぞれ43％および61.4％であった。さらに運河，空港，港湾の施設・設備は国際水準を満たすことのできない事態に陥っていた。統一後に，状況は大きく改善した。

インフラのもう一つの柱は，情報通信網の整備であった。1989年時点の旧東ドイツの住民1,000人当たりの電話設置数は100件で，旧西ドイツの500件を大きく下回っていた。ドレスデン，ロストック，ズールでは，100世帯のうち固定電話を保有していたのはわずかに13世帯であった。テレファックス，無線電話，ポケットベルはほとんど普及しておらず，それは法人，個人を問わず東部ドイツの生活の障害になっていた。この状況に対してドイツ・テレコムは，1997年までに長期的な投資を行い，情報通信網の刷新に努めた。その結果，760万件のアナログ回線（89年の4倍以上）と100万件のISDN回線が設置され，ほぼ旧西ドイツの水準に到達した（Bundesministerium des Innern 2010：143-145）。

こうしたインフラ整備に加えて建設需要に刺激を与えたのは，住宅建設の分野である。戦時の破壊を免れたものの未居住の住宅，戦後の瓦礫から再建された相対的に古い住宅，そして社会主義時代にパネル工法で建設された新興の公団住宅には，大きな修理・修繕，改装需要が，そして改築・新設需要があった。環境保護，文化財記念物保護，世界遺産を盛り込んだ新しい街づくり，地域振興も併せて構想された（Bundesministerium des Innern 2010：145-156）。

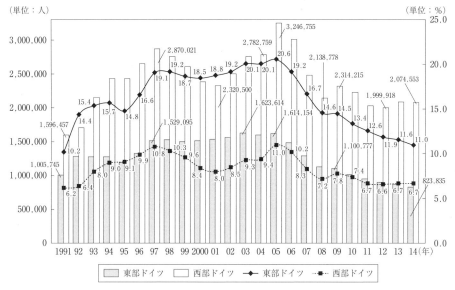

図 5-2 東西統一後の失業の推移
(注) 西部ドイツには，旧西ベルリンは含まれない。東部ドイツは，ベルリン全体を含む。
(出典) ドイツ連邦統計局のウェブサイトの数値から作成した（https://www.destatis.de/DE/ZahlenFakten/Indikatoren/LangeReihen/Arbeitsmarkt/lrarb003.html）（2015年3月9日参照）。

　他方，民営化による製造業の縮小もあって，設備投資の伸びは緩慢であり，転換期に必要とされた東部ドイツの労働生産性の底上げや雇用の確保には困難が伴った。1991年から翌年にかけて失業者が約27万人増加し，失業率も10.2％から14.8％に急増した（図5-2）。以後1995年まで建設業やサービス部門で約6万人の雇用増（Statistische Ämter des Bundes und der Länder 2014：31）はあったものの，この間に記録された120万人規模の失業を削減するには程遠かった。失業の大半は農林水産業，製造業（特に素材型部門，繊維被服）からの解雇・退出によるもので，それぞれ約16万人，約63万人が登録された（Statistische Ämter des Bundes und der Länder 2014：15-17）。

　1990年代後半，それまでの成長を牽引していた建設投資の縮小は，失業問題を一層深刻なものにしていた。この状況を打開するためには，東ドイツ時代に疲弊した技術基盤の近代化のための設備投資を通じて生産性向上を図るとともに，競争相手になりつつあった旧ソ連・東欧諸国，さらにはアジアの新興国よりも収益性の高い輸出を実現することが必須であった。1990年代後半に実施された設備投資の拡大により，東部ドイツの労働報酬や労働生産性の上昇と，単位労働コストの東西格差の縮小が進んだ。

　経済分野全体で見た場合，労働報酬および労働生産性は，その出発点において西部

表 5 - 2 労働報酬，労働生産性，単位労働コストの東西比較

	1991年	1994年	2000年	2006年	2009年	2012年	2013年
①経済分野全体							
労働報酬	57.0	76.0	79.4	80.6	81.5	81.7	82.1
労働生産性	45.4	70.8	75.2	77.7	78.8	79.2	80.2
単位労働コスト	25.5	7.4	5.5	3.6	3.4	3.1	2.3
②製造業							
労働報酬	53.2	66.7	69.7	70.0	70.5	68.8	70.1
労働生産性	28.0	54.4	72.4	80.2	76.6	70.7	70.2
単位労働コスト	42.9	22.6	− 3.7	− 12.8	− 8.0	− 2.8	0.1
③建設業							
労働報酬	64.5	77.7	75.6	77.0	81.7	79.2	79.6
労働生産性	54.8	70.9	70.4	74.4	79.0	81.3	82.4
単位労働コスト	17.8	− 1.1	7.4	3.5	1.5	− 2.6	− 3.4
④サービス業							
労働報酬	62.9	73.9	85.9	86.9	87.0	88.1	88.0
労働生産性	51.2	79.7	77.7	78.6	80.0	81.5	82.7
単位労働コスト	22.9	9.1	10.6	10.5	8.7	8.1	6.5

（注）「労働報酬」は西部ドイツ＝100としたときの東部ドイツの数値。「単位労働コスト」は西部ドイツと東部ドイツの単位労働コストの差。
（出典）Bundesministerium für Wirtschaft und Energie（hrsg.），*Wirtschaftsdaten Neue Bundesländer*, Juli 2014, S. 10；2015, S. 10のグラフから数値を抜き出して表記した。

ドイツの57％および45％程度に過ぎなかったが，1990年代半ばまでに76％および70.8％に上昇した。それら 2 指標には，2000年まではさらなる改善が見られたが，それ以降は目立った変化を示さなくなった（表 5 - 2）。他方で建設業とサービス業において，2000年代後半に東西格差が縮小したことは注目される。

また，国際競争力の指標の 1 つである単位労働コストに見られた東西格差は，上記の二指標の改善に歩調を合わせる形で縮小した。その内訳をみると，1990年代前半は建設業とサービス業における格差是正が，2000年以降はサービス業のそれを確認することができる。やや異なる動向を示したのは製造業で，いずれの指標も1991～2000年まで改善は見られたものの，その後は伸び悩んだ。他の経済分野との最大の違いは，労働生産性の水準が労働報酬の水準を上回っていたことであった。それを基礎に単位労働コストの東西格差は是正されたと考えられるが，労働報酬（特に製造業）が抑制される形での国際競争力の創出は，先の失業問題と相まって，さまざまな社会問題を引き起こす可能性をはらんでいた。

東部ドイツ経済向けの投資奨励策

　上記の投資活動は，通貨・経済・社会同盟の発行時に公布された「設備投資向け支援の申請ならびに給付に関する政令」（*Verordnung über die Antragung und die Gewährung von Investitionszulagen für Anlageinvestitionen vom 4. Juli 1990,* 621ff.）に基づく連邦政府や西部諸州の公的支援に大きく依存していた。主要な支援策としては，①中小企業の起業奨励のための投資支援策を主たる目的としていた欧州復興プログラム特別資産からの信用供与，②住宅新設や改修に関連する居住空間近代化プログラム向けの信用供与，③「地域経済構造改善のための共同プログラム」に基づく東部5州の製造業への投資支援，④地方経済におけるインフラストラクチャ整備などがあった（Sachverständigenrat zur Begutachtung der gesamtwirtschaftlichen Entwicklung 1990/91: 241–242）。支援の規模は，東部ドイツ経済の成長を見計らいながら徐々に縮小していく計画であった。

　4つの投資奨励策の推移を示す表5−3から，1990年代後半の状況について確認しておこう。①の中小企業の起業や投資奨励のための欧州復興プログラム関連の信用供与については，認可額ベースで1996/97年頃から減少し，その後1999年まで横ばいで推移したことがわかる。実際の投資額は，支援認可額を大きく超え，その限りでは旺盛な需要が存在していたと考えられるが，支援認可についてはやや抑制気味になったことが見て取れる。②の住宅建設融資については，1995～1999年まで小さな変動はあったものの，その支援は増加傾向にあった。③の地方経済の製造業企業への支援認可額は，1990年代後半に入り浮き沈みを繰り返していた。実際の投資はそれを超える規模でなされ，成長率の低落，失業率上昇が顕著であった1997年を除けば，100億ユーロを堅持しようとする姿勢が読み取れよう。④の地方経済におけるインフラストラクチャ整備関連については，他の支援策とは異なり，1995～2001年まで実際の投資額が支援認可額を下回る事態が続いていた。東ドイツ時代に未整備だった交通・通信インフラ関連の建設投資が一通り終わったことが関連していたと思われる。1996年からは，支援の認可額も実際の投資も年々縮小していったことが目に留まる。

　以上で見てきたように，1990年代半ばから2000年代初頭までの投資奨励は，インフラ整備への支援縮小の兆しは見られたものの，地方の中小企業支援，製造業支援については維持されたことがわかる。また，建設ブームの後退局面の一方で，住宅政策関連の投資支援が堅持されたことも看取される。しかし，表5−3が示す通り，2000年以降この投資支援をめぐる状況は大きく転換することになる。それについては本章第3節で詳しくみることにしよう。

表5-3　主要な投資奨励策の動向

(単位：100万ユーロ)

各種奨励策	1995年		1996年		1997年		1998年		1999年	
	申請件数	認可額	申請件数	認可額	申請件数	認可額	申請件数	認可額	申請件数	認可額
①欧州復興プログラム特別資産からの信用供与	15,386	3,520	12,092	2,563	16,552	2,618	14,292	2,434	11,745	2,207
（参考：投資額）	-	(8,700)	-	(6,509)	-	(7,048)	-	(6,488)	-	(5,293)
②居住空間近代化プログラムへの信用供与(注1)	53,900	4,880	54,042	4,336	47,660	4,988	44,416	4,708	44,754	5,918
③「地域経済構造改善のための共同プログラム」の投資支援	4,549	4,302	4,689	6,432	4,540	4,475	4,556	6,019	4,999	4,313
（参考：投資額）	-	(10,016)	-	(11,592)	-	(7,364)	-	(10,213)	-	(9,178)
④「地域経済構造改善のための共同プログラム」のインフラストラクチャ整備(注2)	896	4,007	605	1,891	664	2,089	533	1,435	467	1,351
（参考：投資額）	-	(3,064)	-	(1,464)	-	(1,630)	-	(1,165)	-	(1,041)

各種奨励策	2000年		2001年		2002年		2003年		2004年	
	申請件数	認可額	申請件数	認可額	申請件数	認可額	申請件数	認可額	申請件数	認可額
①欧州復興プログラム特別資産からの信用供与	7,539	1,522	4,491	1,138	2,889	934	2,190	1,216	1,382	859
（参考：投資額）	-	(4,179)	-	(2,858)	-	(2,606)	-	(2,900)	-	(1,200)
②居住空間近代化プログラムへの信用供与(注1)	8,643	1,299	4,833	750	5,028	1,079	6,792	486	5,476	561
③「地域経済構造改善のための共同プログラム」の投資支援	3,848	3,336	3,320	2,818	2,975	1,649	2,877	1,658	2,213	1,229
（参考：投資額）	-	(7,339)	-	(6,459)	-	(7,087)	-	(7,957)	-	(8,186)
④「地域経済構造改善のための共同プログラム」のインフラストラクチャ整備(注2)	424	1,235	362	764	391	680	468	556	320	307
（参考：投資額）	-	(938)	-	(571)	-	(861)	-	(682)	-	(410)

各種奨励策	2005年		2006年		2007年		2008年		2009年	
	申請件数	認可額	申請件数	認可額	申請件数	認可額	申請件数	認可額	申請件数	認可額
①欧州復興プログラム特別資産からの信用供与	1,098	1,242	1,252	1,247	1,537	1,323	6,916	961	1,957	566
（参考：投資額）	-	(2,400)	-	(2,200)	-	(2,323)	-	(1,687)	-	(993)
②居住空間近代化プログラムへの信用供与(注1)	2,890	310	7,014	620	5,706	579	12,280	626	2008年で終了	
③「地域経済構造改善のための共同プログラム」の投資支援	1,910	1,091	2,420	1,555	2,309	1,169	2,229	1,212	2,156	1,104
（参考：投資額）	-	(5,481)	-	(8,657)	-	(6,390)	-	(6,957)	-	(5,504)
④「地域経済構造改善のための共同プログラム」のインフラストラクチャ整備(注2)	362	517	307	250	241	332	342	640	355	467
（参考：投資額）	-	(711)	-	(321)	-	(403)	-	(845)	-	(625)

各種奨励策	2010年		2011年		2012年		2013年		累計データ 注3)	
	申請件数	認可額	申請件数	認可額	申請件数	認可額	申請件数	認可額	申請件数	認可額
①欧州復興プログラム特別資産からの信用供与	1,206	652	266	199	179	29	143	28	482,040	53,518
（参考：投資額）	-	(1,144)	-	(349)	-	(51)	-	(49)	-	(125,364)
②居住空間近代化プログラムへの信用供与(注1)	2008年で終了								763,215	45,738
③「地域経済構造改善のための共同プログラム」の投資支援	2,301	1,290	1,823	985	1,453	1,030	1,056	822	76,057	39,851
（参考：投資額）	-	(5,892)	-	(4,930)	-	(6,234)	-	(4,543)	-	(195,957)
④「地域経済構造改善のための共同プログラム」のインフラストラクチャ整備(注2)	283	357	178	175	205	191	189	214	13,394	20,242
（参考：投資額）	-	(474)	-	(286)	-	(280)	-	(299)	-	(29,573)

（注1）　ドイツ復興金融公庫による住宅建設の補完事業で，供与された信用の利子は，連邦財政の補助金によって低利に抑えられていた。

（注2）　ドイツ復興金融公庫ならびにドイツ調整銀行からの投資支援融資策を含む。

（注3）　奨励策①は1990年3月から，②は1990年10月から，③は1991年1月から，④は記載はないが1990年からの累計。なお，これらの主要奨励策に関するデータの公表は，資料の2015年版までは記載されていたが，2016年版ではなくなった。

（出典）　*Jahresbericht der Bundesregierung zum Stand der Deutschen Einheit 2004*, S. 169; *Jahresbericht der Bundesregierung zum Stand der Deutschen Einheit 2005*, S. 153; Bundesministerium für Wirtschaft und Energie (hrsg.), *Wirtschaftsdaten Neue Bundesländer*, Berlin 2014, S. 19; 2015, S. 19.

東部ドイツ再建の財政基盤

1990年の「ドイツ統一基金」の創設は，東部ドイツの経済力や住民の生活水準を5年間のうちに西部のそれに近づけるための財政措置であった。もともと西部では，統一前から基本法に則って経済力の異なる各州間の財政調整制度が整備されてきた。それを統一直後の東部5州に活かそうとしたが，東西格差が著しく暫定的な移行措置が必要だと判断され，この救済基金が創設されたのである。1990〜1994年までに，東部ドイツが受け取った資金は総額で822億ユーロに及んだ。そのうち，486億ユーロは公債発行によって，336億ユーロは連邦財政と州財政からの移転（それぞれ254億ユーロおよび82億ユーロ）によって調達された（Bundesministerium des Innern 2010：69）。

この支援が一定の成果と新たな課題を生むなかで，「ドイツ統一基金」終了の前年となった1993年には，財政力の低い東部ドイツをも組み込んだ全ドイツ的財政調整制度を創出すべく，さきに触れた「連帯協定Ⅰ」が，連邦健全化計画（das Föderale Konsolidierungsprogramm）の一環として取り決められた。その際，従来の4段階の連邦財政調整制度（第1段階：売上税収の連邦と州の間の調整，第2段階：売上税収の州間配分調整，第3段階：州間財政調整，第4段階：連邦補充交付金）では対処しきれない問題が生まれることが予測されたため，暫定的方策として，使途を拘束されない交付金（ungebundene Zuweisungen）[7]である一般連邦補充交付金のほかに特別需要連邦補充交付金（Sonderbedarf-Bundesergänzungszuweisungen）を新設し，2004年までの時限付きで財政力の低い州（東部ドイツ5州および西部のシュレースヴィッヒ゠ホルシュタイン州，ザールラント州，ブレーメン州など）への支援がなされることになったのである。実質的には，すべての州の公平性よりは，むしろ東部に傾斜した支援が行われた。

この「連帯協定Ⅰ」には，制度導入時からバイエルン州，バーデン・ヴュルテンベルク州，ヘッセン州などの富裕州（高負担州）からの反発があり，それは1999年の「連帯協定Ⅰ」違憲訴訟に発展した（霜田 2004：45-47）。それを受ける形で制定された2001年の連帯協定継続法（Solidarpaktfortführungsgesetz）により，「連帯協定Ⅰ」が修正され，2005年から「連帯協定Ⅱ」がスタートすることとなった（2019年終了予定）。そうした将来の利害調整への布石を打ちながら，連邦政府は特別需要連邦補充交付金の供給を決定したのである。

1995〜2004年まで，「連帯協定Ⅰ」関連の同交付金ならびに「東部再建投資促進法」関連の補助金として，総額で約1,050億ユーロの資金が東部各州に供与された（Bundesministerium des Innern 2010：69）。この交付金は，2004/05年の『年次答申』が分析した2003年の東部5州の状況によれば，ザクセン州を除き，構造的失業・雇用促進対策，

第**5**章　東部ドイツ　215

表5-4　東西ドイツ間の財政トランスファーの実績

（単位：10億ユーロ，％）

	2003年		1991〜2003年の合計	
移転総額[注1]	116	(100.0)	1,280	(100.0)
うち；インフラストラクチャ整備[注2]	15	(12.9)	160	(12.5)
経済支援[注3]	10	(8.6)	90	(7.0)
社会政策的給付[注4]	52	(44.8)	630	(49.2)
東部5州への財政支援（使途を拘束されない交付金等）[注5]	24	(20.7)	295	(23.0)
その他[注6]	14	(12.1)	105	(8.2)
旧東ドイツから連邦への国庫納入（税，社会保障関連）	33		300	
純移転額	83		980	

（注1）　資金の供出主体は，連邦，西部ドイツ各州・自治体，ドイツ統一基金（1995年で終了），EC，連邦雇用庁，公的年金保険である。連邦からの支出が全体の7割強。
（注2）　道路，線路，運河，町村の道路事情の改善に支援に関する法律に基づく支出，住宅・都市計画など。
（注3）　地域経済構造改善のための共同プログラム（Gemeinschaftsaufgabe "Verbesserung der regionalen Wirtschaftsstruktur"），農業構造保護，海岸保護，投資補助金，ドイツ金融復興金庫およびドイツ調整銀行（2003年，前者に吸収合併）への利子補給，鉄道補助金，地方鉄道・市電・バスへの補助金など。
（注4）　年金，労働市場，児童手当，連邦教育奨励法関連支出への補助。
（注5）　ドイツ統一基金（1991〜94年：620億ユーロ），売上税補充割当金（830億ユーロ），州間財政調整金（660億ユーロ），特別需要分を含む連邦補充交付金（850億ユーロ）。
（注6）　公的機関の人件費，国防関連費など。
（注7）　百分比（％）は，西側からの移転総額に占める割合。
（参考）　2003年の純移転額が，西部ドイツのGDPに占める割合は4％，東部ドイツのGDPに占める割合は32％，東部ドイツの総需要に占める割合は22％。
（出典）　Der Sachverständigenrat zur Begutachtung der gesamtwirtschaftlichen Entwicklung, *Erfolge im Ausland-Herausforderungen im Inland*, Jahresgutachten2004/05: Textteil, S. 644；藤澤利治「旧東ドイツ経済——体制転換から統合へ」戸原四郎・加藤榮一・工藤章編『ドイツ経済——統一後の10年』有斐閣，2003年，324頁；霜田博史「統一後の東ドイツ地域からみたドイツ連邦財政調整制度の意義」『高知論叢』（社会科学）第91号，2008年3月，79頁。

あるいは比較的小規模な州の高い行政コストをカヴァーするために用いられた，といわれている（表5-4）。使途を限定されていなかったとはいえ，それは，必ずしも「連帯協定Ⅰ」の本来の目的にそぐわない事態であった（Ragniz 2003：2；霜田 2008：81-83；佐々木 2011：212-214）[8]。

　この特別需要連邦補充交付金に見られた特徴は，西部ドイツから1991〜2003年にかけて行われてきた支援全体にみられる現象であった。先の2004/05年の『年次答申』が指摘しているように，1991〜2003年までの財政トランスファーのうち49.2％が「社会政策的給付」に，「東部5州への財政支援」に23％，「インフラ整備」に12.5％，「経済支援」に7％と，社会保障関連への支援が「東部復興」の基盤整備や投資活動にかかわる補助金を大きく上回っていた。建設ブームが後退し，民営化で急速に縮小した製造業の活動もまだ再建途上，さらに18％を超える失業率が長らく高止まりして

216

いたことは，財政支援が経済的な成果につながっていない，あるいはその効果が表れにくい構造的な問題があることを示唆していた。西側からの財政資金（純移転分）が東部5州のGDPと総需要に占める割合は，それぞれ32％と22％に及んでいた。それなしに，東部の経済状況の悪化は一層深刻だったに違いない。それだけに，「東部5州への財政支援」は継続されねばならなかった。

3　統合プロセスの新たな局面と政策転換

財政支援の継続と変化

　統一から10年を経過した時点で，連邦政府は，先にみた社会保障関連支出への「流用」ともいえる事態を乗り越え，経済再建を明確にした支援によって東西ドイツの平準化を図ろうとしていた。2001年には，上記の課題への事前措置として，そして「連帯協定Ⅰ」への批判にこたえる形で，連邦と各州の合意形成を通じて「連帯協定Ⅱ」がまとめられた。

　「連帯協定Ⅱ」は，2つの支援のバスケットから構成された。バスケット1の目的は，インフラの追加整備と，一部の地方自治体の脆弱な財政力を補うことである。金額は総額1,053億ユーロで，期間は2005〜2019年までの15年間とされた。2005〜2008年までは，毎年約102〜105億ユーロ規模の支援がなされるが，2009年以後は7億1,600万〜7億6,700万ユーロの間で減額しながら支出を切り詰め，2019年までには支援額を約21億ユーロにする，という長期計画であった。[9]

　他方で，バスケット2は，バスケット1による支援を補完するものとして，連邦政府が総額510億ユーロの交付金を東部ドイツの再建に投入するというものであった。道路交通網，住宅，都市計画の拡張，研究開発やイノヴェーションの奨励，環境汚染地域の浄化，スポーツ振興などが，その項目として挙げられている。この支援金も，バスケット1と同様に，2008年まではほぼ同水準（約50億ユーロ）で，それ以後は漸次的に補助額を10億ユーロ規模に減らしていくというものであった。

　この2つの支援のバスケットは，「連帯協定Ⅰ」の総供与額よりも規模が小さかった。ドイツ統一後に，一気に増大した社会保障関連支出のみならず，統一コストの負担を背負うことになった連邦や西部の州・自治体は公債の発行を余儀なくされ，その元利償還がその後の中央・地方財政を圧迫していた。[10]それだけに，新しい東部ドイツ支援の在り方が模索されるようになり，生産的投資と結びついた支援，将来の支援の減額を見据えた計画的な事業計画の作成と実施，選択と集中による資金の効率的・効

第5章　東部ドイツ　**217**

果的配分，成果に関する報告義務と投入資金の監査が追求されたのである。

支援策の見直し

　連邦政府の『年次報告2010年』によると，東部ドイツのさまざまな経済指標（西部を100％とする数値）において，一定の改善があったことがわかる。2000～2009年までに労働生産性は76％から81％に，就業者1人当たりの付加価値生産高（製造業のみ）は72％から85％に上昇した。また，就業者1人当たりの資本ストックの割合は78％から85％に，さらに輸出率（製造業の付加価値生産高に占める輸出の割合）は，56％から73％へと大きく上昇した。そして，人口1人当たりGDPは，2000年の67％から2009年の73％に上昇したのである。しかし，これらの数値は，別の観点からみれば，統一後の20年間の経済復興策の積み上げがあっても東西平準化は「未達成」，ということの証左でもあった。

　それゆえ，この間にも東部ドイツ再建のための支援は続けられていた。2000年代には，「連帯協定Ⅰ」から「連帯協定Ⅱ」への橋渡しによる東部諸州への支援継続や欧州構造基金からの援助とならんで，兼ねてから東部ドイツの投資活動の主要な支援策として実施されてきた，①欧州復興プログラム特別資産からの信用供与（中小企業の起業支援ならびに投資），②居住空間近代化プログラム向けの信用供与，③「地域経済構造改善のための共同プログラム」に基づく東部5州の製造業への投資支援策，④上記の「共同プログラム」に基づくインフラ整備も，さらに続けられることになった。

　いま一度，前掲表5-3をみよう。第1に，「欧州復興プログラム特別資産からの信用供与」は，2000年時点で申請件数が1995年の約半数，支援認可額は6割減に縮小した。以後2007年までいずれも漸減し，リーマン・ショックと金融危機の影響が現れた2008/09年には，申請件数は急増したものの，認可額は2000年の約半分にまで落ち込んだ。それは，いわゆる「V字回復」ののちも変わることはなく，むしろ2010～2013年まで急速に縮小した。申請件数は1,206件から143件に，認可額は6億5,200万ユーロから2,800万ユーロに激減し，公的支援として打ち切られる勢いであった。

　第2の住宅改修関連の支援は，2000年を境に申請件数ならびに認可額ともに激減した。1990年代後半は50億から60億ユーロ規模の支援が行われてきたが，2000年には13億ユーロに縮小した。そして，2008年の支援打ち切りまで6億ユーロ規模にまで引き下げられた。統一から10数年のち，この分野への連邦レベルでの公的支援は幕引きに向かったといえよう。

　第3に，製造業の中小企業振興に深く関わっていた「地域経済構造改善のための共

同プログラム」の投資支援については，2000年代に入ってから，申請額の減少以上に支援額の縮小のスピードが速かった。1995年，2000年（統一後10年），2008年（リーマン・ショック），Ｖ字回復直後の2011年の支援認可額をピックアップすると，43億ユーロ，33億ユーロ，12億ユーロ，10億ユーロと，15年間で４分の１に縮小したことがわかる。その間の実際の投資額の推移を併記すると，順に100億ユーロ，73億ユーロ，70億ユーロ，50億ユーロであった。個々の年次の支援認可額が投資実績に占める割合は，43％，45％，17％，20％と推移してきたことがわかる。リーマン・ショックと欧州金融危機を境に，投資支援の在り方に明確な変化（公的支援の縮小）があったことを看取できる。

　そして第４は，「地域経済構造改善のための共同プログラム」のうち，インフラ整備に対する投資支援において変化が起きたことである。この支援項目の最初の節目は1996年であり，申請件数が３割減少し，支援認可額にあっては52％の縮小が記録された。以後2000年まで10億から20億ユーロの支援が維持されたが，2001年からは７億ユーロをピークに削減され続け，2011年以後は２億ユーロ台にまで縮小された。

　より立ち入った分析が必要であるが，投資支援の要となった以上の４項目のうち，住宅の改築・改修やインフラ整備については統一から20年までの間に，ほぼその役割を終えたといえよう。1990年代の体制転換期に生まれた建設需要が1990年代半ばから急速にしぼみ，2000年代前半にはより小規模な投資（地方のインフラ整備，住宅の改築・改修）にシフトしたことがその背景にあるものと考えられる。

　他方で，地方の製造業（特にベンチャーを含む中小企業）への投資支援にかかわる「地域経済構造改善のための共同プログラム」については，支援規模の縮小傾向はみられるものの，まだその必要性までは失われていないように見える。ただし，先述の「連帯協定Ⅱ」以降，公的資金への依存からの脱却が東部ドイツに要請されたことは否めない。このことは，さらに第１次・第２次シュレーダー政権下で，財政赤字の削減と国際競争力の強化に向けた税制改革や労働市場改革が開始された時期にも重なる。東部ドイツの自力再建が，以前にも増して強く要請される時代となったことは確かである。

東部ドイツの経済構造の変化

　さて，ここまでみてきたさまざまな財政支援によって，東部ドイツの経済構造はどのように変化してきたのだろうか。統一前の東部ドイツ経済は，工業に偏重した経済構造を有していた。行政サービスをのぞき，流通や金融を含むサービス業は，農業や

工業などの生産的分野に比べて軽視されてきた（工藤 1992：48-50）。東西統一後に民営化が急速に進むなかで，幅広い分野のサービス業における企業の新設・拡大が急がれた。

　表5-5は，1995～2013年の東部ドイツと西部ドイツにおける粗付加価値の経済分野別構成比を示したものである。東部ドイツにおいて遅れが指摘されてきたサービス業が，1995年の時点で約57％にまで増大し西部の63％に接近していた。しかし，その内訳をみると，西部に比べて公共サービスと自営業の比重が高く，金融，不動産，コンサルティング事業の割合の低さが目立っていた。

　2001年になると，製造業および建設業の割合の低下（合計で約28％。1995年から12％減少）と，サービス業の割合の増大を確認することができる。気になるのは製造業の割合の低下であり，建設業の急激な縮小とともに東部ドイツの成長に暗い影を投げかけた。反対に，増大傾向にあったサービス業においては州・地方の公共サービス機関（民間委託を含む）が占める割合が急拡大し，製造業が生み出す付加価値を超える規模となった。この公的セクターに依存した状態は，2009年まで強まった。

　この状況が変化するのは，金融危機からのV字回復以降である。上記表5-5の2011年と2013年の数字からは，東西双方においても製造業の割合が増大したことを確認できよう。第1節で概観した新興国需要に牽引された輸出の伸びがそれに関連していたことが考えられる。他方，比率にほとんど変化がなかったのは公共部門のサービスであった。若干減少したとはいえ，粗付加価値の4分の1がそれに支えられた状態であった。

　以上の分析から見えてくるのは，第1に，東部ドイツにおいて，統一から約四半世紀の間にサービス業の拡充が進展したことである。ただし，サービス業を構成する3つの部門のうち，その拡大をリードしたのは公共セクターのサービス部門（行政，交通インフラ，観光，教育・研究，保健・衛生，福祉等）であった。公的サービス部門は，業務の民間委託による合理化を進めつつも，地方の雇用や所得の面で重要な存在であり続けている。

　第2に，東部ドイツ経済の成長の鍵を握っていた製造業は，1990年代後半には粗付加価値の約25％を占めていたが，2000年代にその割合を20％前後に低下させた。拡大の兆しはリーマン・ショックと世界同時不況後のV字回復以降に訪れ，粗付加価値に占める製造業の割合は2011年から約24％，約30％と上昇した。この変化は，今後の東部ドイツ経済の行方を分析していく上で注目される。

表5-5　粗付加価値の経済分野別の割合

（単位：％）

経済分野	1995年		1996年		1997年	
	東　部	西　部	東　部	西　部	東　部	西　部
農林水産業	2.9	1.3	2.7	1.3	2.7	1.4
製造業 （うち，加工業）	23.3 (19.0)	30.3 (27.7)	22.5 (18.6)	29.4 (26.5)	25.6 (21.4)	29.9 (27.1)
建設業	17.2	5.1	16.4	4.7	15.1	4.5
サービス業 （うち，商業，運輸，接客業） 　（金融，不動産，コンサルティング） 　（公共サービス，民間委託を含む）	56.7 (13.8) (23.7) (19.2)	63.3 (14.7) (35.3) (13.3)	58.5 (13.7) (25.0) (19.8)	64.6 (15.0) (36.4) (13.2)	56.6 (15.6) (25.0) (16.0)	64.2 (15.1) (36.1) (13.0)

経済分野	2001年		2005年		2009年	
	東　部	西　部	東　部	西　部	東　部	西　部
農林水産業	2.5	1.1	1.6	0.8	1.4	0.8
製造業 （うち，加工業）	19.7 (16.1)	26.4 (24.4)	21.8 (18.3)	26.8 (24.8)	20.2 (16.3)	22.6 (20.2)
建設業	8.2	4.3	5.7	3.6	6.3	4.4
サービス業 （うち，商業，運輸，接客業） 　（金融，不動産，コンサルティング） 　（公共サービス，民間委託を含む）	69.5 (16.7) (25.0) (27.8)	68.3 (18.1) (30.4) (19.8)	71.0 (18.2) (24.7) (28.1)	68.8 (18.1) (29.5) (21.2)	72.1 (16.9) (25.9) (29.3)	72.2 (17.8) (31.5) (22.9)

経済分野	2011年		2012年		2013年	
	東　部	西　部	東　部	西　部	東　部	西　部
農林水産業	2.0	0.9	2.2	0.9	1.7	0.7
製造業 （うち，加工業）	23.8 (18.4)	26.4 (23.0)	29.9 (17.8)	31.2 (23.5)	29.7 (17.3)	30.9 (23.0)
建設業	6.7	4.1	6.8	4.3	7.0	4.8
サービス業 （うち，商業，運輸，接客業） 　（金融，不動産，コンサルティング） 　（公共サービス，民間委託を含む）	67.6 - - (24.1)	68.6 - - (16.7)	67.9 - - (24.6)	67.9 - - (17.3)	68.6 - - 	68.4 - -

（注）　1995～1997年の製造業の数値は，原典とは異なる。原典では，製造業に建設業も含めて計算していたために，それを後年の基準にあわせて修正した。

（出典）　『年次答申』（1995/96：S. 79，96/97：S. 72，97/98：S. 72）ならびに『年次報告』（2002：S. 101，2006：S. 153，2010：S. 5，2012：S. 6，2013：S. 7，2014：S. 84）から作成。

東西間の人口移動と移民の推移

　次に，東部ドイツにおける人口動態と労働事情について2000年以降の動向を簡単に整理しておこう。

統一後の四半世紀の間，ドイツでは人口減と高齢化が将来の労働力不足に対する不安の火種となってきた。1990年代には，外国人の移住により人口は毎年増加してきたが，2003年に初めてのマイナスを記録した。2011年に再びプラスに転じたものの人口増加のスピードは緩やかである（Bundesministerium für Wirtschaft und Energie 2014：52）。

　そうした人口動態のなか，東部ドイツでは1991～2008年の間に約109万人の純減が記録された（「西部への移住者」－「東部への移住者」）。そのうち最も多かったのは，18～25歳の青年（約40万人；うち女性37％），ついで18歳未満の若年者（約28万人；うち女性25％），30～50歳未満の成年（約24万人；うち女性22％）であった。西部への移動の理由の大半は就学と求職で，それは都市部よりも農村部において顕著であった（Bundesministerium des Innern 2010：66-67）。

　この状況への対策として，連邦政府は地方自治体の生活圏としての魅力を高め，地元への定着率や外部からの移住を奨励するため，雇用条件，社会保障，地域経済振興策，情報インフラの整備などの財政補助や優遇措置を講じてきた。特に，地場産業を核に新しい発想の組織を創出し，それを若い労働力の確保につなげていこうという試みである。

　2014年の『年次報告』では，2013年から上記の人口移動バランスの状況に，明るい兆しがみえてきたことが指摘されている。ベルリンにおいて，それまでの出超から入超に転じたことは，その一例であった。また，僅かな変化ではあったものの，ドイツ全体のバランス表において東部ドイツの損失（純減）の規模が縮小（2012年のマイナス1万4,800人から2013年の1万1,150人へ）したことに注目が集まっている。

　さらに，外国人の移動バランスにおいては東欧移民の増加が顕著であり，2013年には全ドイツで43万7,000人の純増があった。彼らの主要な受入れ先は，バイエルン，ノルトライン＝ヴェストファーレン，バーデン＝ヴュルテンベルクなどであった。東部ドイツについては，2013年の外国人の移動バランスにおいて6万6,979人の純増が記録された。2012年の3万7,789人から約1.8倍の増加が見られたのである。その増加に最も寄与したのは首都ベルリンであったが，他の州についても1.3倍に増えた。移住先として好感度の高かった州は，ザクセン＝アンハルト，メクレンブルク＝フォアポンメルン，ブランデンブルク，テューリンゲンであった。逆に，東部ドイツで最も工業化水準が高いといわれるザクセン州への移住は低調であった。経済的要因とは別に，外国人排斥運動の強さなどの社会問題がその一因として考えられる。

　近年では，シリア，アフガニスタン，パキスタン，イラク，イラン，ナイジェリア，

ソマリア，エリトリアなどからの大量難民が流入しているが，2016年版の『年次報告』は，東部ドイツにおいても，移民・難民を中・長期的な視野で専門労働力として養成し，ドイツの労働市場に統合していくことを明示している。それと同時に，国内の極右勢力，人種差別主義，反セム主義との闘いと民主主義の強化をも掲げている（Bundesministerium für Wirtschaft und Energie 2016：30, 69-72）。

労働市場と労働政策

すでに触れてきたように，1990年代初頭から2000年代半ばまでの東部ドイツ経済の最大の問題は，失業者対策であった。1991年に約100万人（失業率10.2％）を記録した失業者数は，1997年には153万人（19.1％）に，ハルツ改革直後の2005年には162万人（20.6％）に増加した（前掲図5-2）。西部ドイツでは，その間に2つの失業増の山があった。1991年の160万人（6.2％）から，1997年までに287万人（10.8％）へと急増した。その後，失業者数はITバブルに牽引される形で2001年まで232万人に減少したものの，ITバブルの崩壊，ハルツ改革施行後に，278万人（2004年）から325万人（2005年）に激増した。

この状況は，2006年から一転して改善の方向に向かった。統一後のピークからわずか3年後の2008年までに東部ドイツでは失業率が14.6％（111万人）へと低下し，その後も2009年不況期をのぞいて改善傾向が続いた。また2011年には1991年以降初めて失業者数が100万人を下回り，2014年には82万人にまで減少した。他方，西部ドイツでは，2006～2008年まで失業者数，失業率の減少はあったものの，2009年の一時的な急増を乗り切ったのちは目立った改善は見られなくなった。

この変化の原因を，1990年代後半の積極的労働市場政策・雇用創出政策や2000年代前半のハルツ改革および「アジェンダ2010」以降の労働柔軟化政策に求めるにはより立ち入った分析が必要であるが，[11]2006年以降，雇用に関連する指標が，景気浮揚とともに好転してきたことは事実である（2009年を除く）。東部ドイツの失業率全体が低下したことはもとより，女性の失業率の減少，15～25歳の若年失業の縮小，長期失業者の削減など，これまでなかなか実現されなかった課題が徐々に改善され，それが継続しているのである（Bundesministerium für Wirtschaft und Energie 2014：41, 2015：43, 2016：26-27）。

失業問題の解消の裏側では，雇用状況の改善が進行していた。2014年の『年次報告』では，西部，東部ともに，2006年から非典型雇用が減少し，正規雇用が増加していることが指摘されている（西部10.5％増，東部12.7％増）。特に女性の正規雇用の増加

表5-6 東西ドイツにおける被雇用者1人当たり報酬（粗賃金・俸給）の推移

（単位：ユーロ）

	ドイツ全体(平均)	西部ドイツ（ベルリンを含まない）	ドイツ全体=100.0	東部ドイツ（ベルリンを含む）	ドイツ全体=100.0
1991年	19,886	21,980	110.5	12,779	64.3
1995年	24,003	25,098	104.6	19,852	82.7
2000年	25,065	26,018	103.8	21,062	84.0
2005年	26,505	27,445	103.5	22,292	84.1
2006年	26,701	27,661	103.6	22,409	83.9
2007年	27,066	28,052	103.6	22,666	83.7
2008年	27,713	28,713	103.6	23,234	83.8
2009年	27,696	28,623	103.3	23,545	85.0
2010年	28,388	29,339	103.4	24,140	85.0
2011年	29,343	30,303	103.3	24,996	85.2
2012年	30,146	31,135	103.3	25,640	85.1
2013年	30,761	31,758	103.2	26,200	85.2
2014年	31,631	32,630	103.2	27,046	85.5
2015年	32,477	33,399	102.8	28,216	86.9

（注） 西部ドイツはベルリンを含めると数値が下がる。反対に東部ドイツはベルリンを含めないと数値が下がる。
（出典） Arbeitskreis, Volkswirtschaftliche Gesamtrechnungen der Länder, Arbeitnehmerentgeld, Bruttolöhne und-gehälter in den Ländern der Bundesrepublik Deutschland 1991 bis 2016, ,Reihe 1, Band2, 6. Bruttolöhne und-gehälter je Arbeitnehmer（Inland）参照。

がみられた。また，15～25歳の青少年の失業率は，2013年で東部が9.6％，西部が5.2％とまだまだ高率であったが，EU 28カ国平均の23.4％は大きく下回る数字であった。近年，以前からドイツの強みのひとつであった職業教育や職業転換のための教育施設（公的施設，企業内施設）は，積極的労働市場政策のなかでも活用されてきた。今後は，人口動態の変化に対応した職業教育の在り方が模索されていくことになるであろう。

　失業問題のもう1つの課題は，長期失業者への対処であった。2013年に12カ月以上就職できなかった求職者は，東部ドイツの全失業者の約31万人（37.5％）を占めていたが，2014年には30万6,000人，15年には28万5,000人に減少した。2008年との比較では約104万人が再就職したといわれている（Bundesministerium für Wirtschaft und Energie 2014：41；2015：43；2016：26-27）。

　この雇用情勢の好転は，さらに被雇用者の所得水準の動向にどのような影響を与えたのであろうか。表5-6は，1991年～2015年までの東西ドイツの全経済分野（農林業，製造業，サービス業）の被雇用者1人当たり報酬（粗賃金・俸給）の推移を示したものである。ドイツ全体（平均）との比較を見る限りでは，2000年代に入ってから東西格差はほとんど縮まっていないことがわかる。失業問題の解消と，被雇用者の所得水

準の上昇は，必ずしもセットで進んでこなかったのである。

　東西格差を解消し，国民生活の平準化を図るためには，製造業の底上げにより，雇用と所得を生み出す経済空間を作り出すことが必要であったはずだが，連邦政府，州政府，そして EU からの長期かつ莫大な財政支援を受けながらも，その目標はいまだに達成されていない。東部ドイツをフルセット型の「国民経済的」経済空間に仕立てあげることは，もはや現実的ではない。東部ドイツの特質，成長の条件や可能性を発見し，そこに生産要素と資金を効果的に投入することが求められていると考えられる。

4　東部ドイツ経済の現在と展望

1人当たり GDP

　本章冒頭で確認したように，ドイツ統一から2015年までの間に，人口1人当たりGDP，被雇用者1人当たり賃金・俸給は，40〜50％台から70〜80％台に上昇した。しかし，そこには，さらに地域間格差という問題が潜んでいた。表5-7からは，人口1人当たり GDP について約四半世紀にわたり東部5州とベルリンが，ノルトライン＝ヴェストファーレン州の数値（ほぼ全ドイツ平均値）に到達できないでいることがわかる。西部ドイツにも，そうした地域間格差は存在し，シュレースヴィッヒ＝ホルシュタイン州，ラインラント＝プファルツ州，ザールラント州，ニーダーザクセン州は，全ドイツ平均を下回り続けている（2015年時点で90％台）。東部5州は，リーマン・ショック後，そのさらに下位の階層グループに位置している（2015年で60％台後半〜70％台。ベルリンは約95％）。

　この状況は，「生活条件の同等性」を理念としながら財政調整制度によって州間の格差是正を図ってきた連邦政府にとって，さらなる改善を要請するものであった。連邦政府が特に東部再建の重点としている課題は製造業の強化である。2014〜2016年の『年次報告』では，サービス業（金融・保険，不動産，そして最近では観光）の成長可能性を追求するとともに，製造業の強化，そしてそれを支える生産体制や研究開発体制の充実が強調されている。2016年の『年次報告』には，東部ドイツにおける「デジタル化とインダストリー4.0」（ドイツ政府の「第4次産業革命」の方針は2011年に既出）も要請されるようになった（Bundesministerium für Wirtschaft und Energie 2016：26）。また，工業の成長を，西部に遅れを取っていた輸出力の向上に結び付けようとする方向性も示されている。以下，それらの課題を整理しておこう。

表5-7 人口1人当たり国内総生産の推移（州別）

(単位：ユーロ)

	全ドイツ平均	自由ハンザ都市ハンブルク	自由ハンザ都市ブレーメン	バイエルン自由州	ヘッセン州	バーデン＝ヴュルテンベルク州	ノルトライン＝ヴェストファーレン州	ザールラント州	ラインラント＝プファルツ州
1991年	19,754	36,862	27,467	22,760	25,892	24,413	21,791	19,795	19,988
1995年	23,354	41,285	30,104	25,828	28,613	64,626	24,258	22,080	21,740
2000年	25,983	46,712	34,022	29,614	32,349	29,882	26,259	23,925	23,368
2005年	28,288	52,313	38,236	32,164	35,238	31,963	28,497	27,573	24,872
2008年	31,719	38,538	55,929	35,286	20,905	36,310	30,407	22,025	42,254
2009年	30,569	53,990	38,517	34,494	36,748	33,886	31,227	28,352	27,011
2010年	32,137	55,578	40,966	36,386	38,057	36,727	32,230	30,151	28,593
2011年	33,673	56,002	42,442	38,706	39,384	38,679	33,558	32,037	2,991
2012年	34,296	56,781	44,181	39,580	39,636	39,247	33,980	32,404	30,757
2013年	35,045	58,855	44,581	40,505	40,505	39,930	34,735	32,306	31,351
2014年	36,106	59,531	45,306	41,673	41,891	40,970	35,874	33,709	32,260
2015年	37,128	60,912	46,755	42,950	42,732	42,623	36,544	34,893	33,589

	ニーダーザクセン州	シュレースヴィヒ＝ホルシュタイン州	メクレンブルク＝フォアポンメルン州	ベルリン	ブランデンブルク州	ザクセン＝アンハルト州	テューリンゲン自由州	ザクセン自由州	その年の象徴的出来事
1991年	19,298	19,203	7,377	19,744	7,643	7,729	6,534	7,729	ソ連邦解体
1995年	21,347	21,795	14,497	24,965	14,940	13,971	13,708	15,400	WTO 発足
2000年	23,439	23,203	16,455	25,869	17,315	16,232	16,385	17,157	ハノーバー万博
2005年	24,816	24,260	18,204	26,761	19,239	18,689	18,629	20,044	CDU/CSU, FDP 連立
2008年	27,982	26,508	20,905	30,407	22,025	21,519	21,135	22,738	リーマン・ショック
2009年	26,876	25,789	20,891	30,362	21,643	20,793	20,482	22,217	リスボン条約発効
2010年	28,619	26,394	21,578	31,547	22,720	22,241	21,883	23,309	欧州債務危機
2011年	30,333	27,344	22,512	32,749	23,498	22,755	23,291	24,509	原子力政策の転換
2012年	31,056	28,469	22,892	32,803	24,065	23,906	23,719	25,053	ガウク大統領選出
2013年	31,498	28,931	23,736	33,210	24,804	24,472	24,760	25,713	CDU/CSU, SPD 大連立
2014年	32,349	29,698	24,408	34,074	25,874	25,031	26,008	26,736	欧州議会議員選挙
2015年	32,591	30,482	25,025	35,428	26,848	25,828	27,172	27,899	欧州難民危機

(出典) Statistische Ämter des Bundes und Länder, Volkswirtschaftliche Gesamtrechnungen der Länder VGRdL, Bruttoinlandsprodukt-in jeweiligen Preisen-je Einwohner in Deutschland nach Bundeslandern 1991 bis 2016 (WZ2008), Berechnungsstand November 2016/Februar 2017. (http://www.vgrdl.de/VGRdL/) (アクセス日2017年3月30日).

東ドイツ工業の強み

　表5-8は，東部および西部における鉱工業の部門別生産高の指数を，2013年の数値を基準に順位付けしたものである。

　それによると，東部ドイツにおいて，2014年までの生産高の伸び幅が大きかったのは，輸送機（自動車を除く），皮革・製靴，自動車部品，機械，金属製品，電子・光学・情報機器，冶金・金属加工であった。いずれもリーマン・ショック後に生産高が伸び，それが2014年に至っても大きく落ち込んでいない。さらに下位の製品（木材加工，ガラス・セラミック，ゴム・合成樹脂，紙，薬品，家具，飲料，修理・修繕，機械設置，化学製品）についても，2010年の水準以下に縮小していない。これらの部門は，戦前から今日に至るまで東部ドイツの伝統産業と結びついて発展してきたものであった。

表5-8　東部・西部ドイツにおける主要鉱工業製品の生産高の推移

A. 東部ドイツ

鉱工業部門	東部ドイツ（2010年＝100.0）								
	2005年	2007年	2008年	2009年	2010年	2011年	2012年	2013年	2014年
自動車以外の車両・輸送機	78.2	88.9	98.0	94.4	100.0	106.9	112.1	113.8	125.7
皮革，製靴	92.4	104.5	101.3	79.8	100.0	118.2	115.6	113.6	124.8
自動車・自動車部品	68.4	92.0	89.8	76.6	100.0	112.0	105.6	107.0	122.6
機械	77.5	122.3	127.3	87.0	100.0	114.7	118.1	115.5	120.9
金属製品	78.8	97.1	104.9	90.0	100.0	116.1	115.2	114.1	116.0
電子，光学，情報機器	62.4	88.3	90.3	90.9	100.0	123.1	118.4	113.4	116.0
冶金・金属加工	82.5	97.5	96.5	83.4	100.0	108.9	106.9	106.2	114.7
木材加工（家具を除く）	97.2	103.3	98.7	90.9	100.0	109.7	111.1	116.3	109.4
ガラス，セラミック	86.9	97.7	94.8	89.5	100.0	108.7	105.7	104.0	107.9
ゴム・合成樹脂	79.4	94.5	97.7	88.5	100.0	104.1	101.4	103.7	106.7
紙	85.2	99.3	101.2	95.6	100.0	105.6	105.3	105.7	106.4
薬品	77.8	89.5	113.7	109.6	100.0	107.3	108.2	109.5	105.4
家具	103.0	106.1	101.8	102.7	100.0	106.5	104.0	101.1	104.7
飲料	105.8	107.0	106.3	102.2	100.0	105.0	104.1	107.3	103.0
修理・修繕，機械設置	58.3	65.1	79.9	80.8	100.0	105.0	104.1	100.4	102.7
化学製品	90.4	100.4	99.9	88.3	100.0	106.7	100.9	100.8	102.1
印刷・電子データ記録	67.3	76.6	78.4	95.6	100.0	106.1	107.6	101.7	101.3
電装品	97.8	113.2	115.6	93.2	100.0	111.9	110.7	100.9	100.9
石炭・褐炭	102.6	104.1	102.6	99.0	100.0	103.2	106.4	108.3	100.5
食品・飼料	95.6	105.7	98.3	101.0	100.0	100.3	100.1	100.3	99.4
繊維	104.9	111.3	107.8	89.5	100.0	104.3	98.2	95.6	99.0
コークス，石油精製	102.4	98.9	90.1	100.6	100.0	104.0	104.1	99.1	96.9
土石・窯業，その他鉱業	108.2	105.2	109.2	101.7	100.0	106.8	96.2	98.0	90.3
被服	166.0	132.2	126.7	115.2	100.0	98.7	88.7	85.6	82.6
石油・ガス	147.3	103.5	108.7	103.6	100.0	96.6	89.9	76.0	69.4
タバコ	203.0	188.7	94.4	93.5	100.0	73.8	29.8	30.2	35.0

B. 西部ドイツ

鉱工業部門	西部ドイツ（2010年＝100.0）								
	2005年	2007年	2008年	2009年	2010年	2011年	2012年	2013年	2014年
自動車以外の車両・輸送機	88.3	99.8	107.3	106.8	100.0	114.2	120.3	126.0	126.5
電子，光学，情報機器	77.9	102.6	112.1	85.4	100.0	111.1	110.2	111.7	117.4
薬品	80.9	94.6	100.6	98.4	100.0	104.1	101.2	107.6	115.5
金属製品	97.7	110.7	112.3	86.9	100.0	111.3	109.5	111.0	114.2
機械	97.6	115.7	120.9	90.0	100.0	113.6	114.8	113.1	114.0
木材加工（家具を除く）	103.7	108.7	107.6	94.6	100.0	118.0	116.9	113.6	113.3
修理・修繕，機械設置	78.8	93.6	108.0	99.4	100.0	106.9	108.8	111.3	112.7
皮革，製靴	95.5	102.5	94.4	94.1	100.0	104.4	94.5	93.6	107.3
飲料	108.3	104.4	102.5	98.0	100.0	103.3	103.0	102.9	105.6
ゴム・合成樹脂	94.9	100.4	100.4	88.3	100.0	106.1	104.0	105.4	105.5
ガラス，セラミック	101.0	108.5	105.3	94.5	100.0	108.0	102.8	102.4	104.5
電装品	94.4	129.5	125.1	84.5	100.0	108.1	104.1	101.9	104.1
自動車・自動車部品	100.4	108.2	103.8	80.8	100.0	112.5	111.8	113.7	103.9
冶金・金属加工	105.5	117.4	116.0	82.5	100.0	104.0	99.7	98.9	101.5
土石・窯業，その他鉱業	97.1	98.6	96.9	91.1	100.0	105.3	102.3	103.0	101.3
食品・飼料	92.7	96.7	98.4	97.3	100.0	100.7	100.7	100.5	100.8
タバコ	159.7	147.5	139.8	136.0	100.0	111.8	118.2	109.6	99.4
コークス，石油精製	114.0	112.9	114.1	101.0	100.0	98.8	100.9	98.6	98.3
化学製品	99.0	103.6	99.1	84.5	100.0	100.2	97.4	98.2	96.9
家具	106.4	114.5	113.6	97.5	100.0	103.0	101.3	96.3	96.6
繊維	116.9	116.1	111.1	89.5	100.0	101.0	93.2	93.0	95.2
紙	92.5	100.0	100.1	92.0	100.0	99.8	97.1	95.6	94.3
印刷・電子データ記録	103.6	106.6	107.3	99.7	100.0	100.0	96.3	92.5	92.8
被服	170.2	134.6	114.3	99.6	100.0	98.9	89.8	87.1	92.5
石油・ガス	174.2	192.9	129.3	118.1	100.0	99.0	91.7	87.2	84.1
石炭・褐炭	134.6	128.6	114.5	104.0	100.0	96.8	88.0	62.1	63.2

(注1)　原典の表から建設業（基礎工事）と一部の工業製品を除いた。作表にあたっては，東部ドイツならびに西部ドイツの主要製品の2013年のインデックス値を，高い順に並べかえた。2013年を基準とすることで14年の変化の意味を捉えることができよう。
(注2)　前年よりも数値が上昇している箇所に網掛けを施した。
(出典)　Bundesministerium für Wirtschaft und Energie (Hrsg.), *Wirtschaftsdaten Neue Bundesländer*, Juli 2014, S. 11; 2015, S. 11 表中のデータを加工。

個々について見よう。機械工業は，すでに2005年以降の新興国への輸出拡大期に急成長していたことが注目される。リーマン・ショック期に落ち込みを経験したが，その後回復して東部ドイツの稼ぎ頭となった。同様の動きは，自動車以外の車両・輸送機，電子・光学・情報機器，冶金・金属加工にもみられた。同じく加工組立型部門に属する自動車・自動車部品については，リーマン・ショック後の生産増を見て取れる。伝統工芸と結びついた皮革・製靴，木材加工（家具を除く），ガラス・セラミックも，リーマン・ショック前よりも，その後の不況とＶ字回復過程で加工組立部門に劣らぬ伸び幅を記録した。

　西部ドイツの指標との比較で際立った相違を示しているのが石炭・褐炭である。表の数値を見る限り，西部では2009年以降，急激に生産高を減らしているのに対して，東部ドイツでは，比較的安定した供給がなされているようにみえる。2011年の福島原発事故以降のドイツの脱原発の動きに連動して生産高が伸びてきたものと思われる。東部ドイツでは，豊富な褐炭資源が，新たに大気汚染・温暖化対策を施した火力発電所で利用されている。ただし，再生可能エネルギー（特に太陽光発電）を利用した発電への転換の流れは，東部ドイツの石炭・褐炭部門にも影響を与えるであろう。

　西部ドイツに目を転じると，メイド・イン・ジャーマニーの代名詞である自動車・自動車部品，車両・輸送機（自動車をのぞく），電子・光学・情報機器，金属製品，そして化学部門の薬品，ゴム・合成樹脂が安定的に伸びてきたことがわかる。また東部ドイツと同様に，木材加工や皮革・製靴などの軽工業においても強さを発揮している。

　東部と西部の個別状況の分析から，東部ドイツ工業の強みは，広義の機械工業と，それに関連する素材部門や加工部門にある。とはいえ，部門レベルでは東西間の重複があり，量質ともに西部の優位性が顕著であるものも少なくない（機械と化学）。東西間の競争のなかで，棲み分けや差別化が求められることになるだろう。

　次に，表5-9を用いて，2012～2014年の東部ドイツの輸出構成について，州別そして製品種別の特徴をつかんでおこう。表中のいずれの年も，東部ドイツの輸出はドイツ全体の約8.5％を占めていたにすぎない。ザクセン州が約3％であった以外は，メクレンブルク＝フォアポンメルン州が0.6％，ベルリン，ブランデンブルク州，テューリンゲン州の1.1％～1.2％，ザクセン＝アンハルト州の1.4％であった。それは，西部のザールラント（約1.2％），シュレースヴィッヒ＝ホルシュタイン州（約1.7％）とほぼ同等の水準であった。西部の他の州については，ノルトライン＝ヴェストファーレン州が16％台，バーデン＝ヴュルテンベルク州とバイエルン州がそれぞれ15％台で，全体の45％以上を占めていた。残りの諸州は，5～7％台で，この時期の東部ド

表5-9　東部ドイツの輸出品の構成と伸び率の変化

製品グループ	2012年 1,000ユーロ	%	2013年 1,000ユーロ	%	2014年 1,000ユーロ	%	2012年	2013年	2014年
							前年比変化（%）		
ドイツ全体									
①食物関連	63,461,914	(5.8)	66,049,245	(6.0)	65,594,091	(5.8)	6.2	4.1	−0.7
②製造業関連	1,015,814,105	(92.7)	1,008,235,610	(92.2)	1,034,286,286	(91.2)	3.3	−0.7	2.6
うち，完成品	929,513,253	(84.8)	925,753,601	(84.7)	955,384,970	(84.3)	2.7	−0.4	3.2
③その他	16,490,413	(1.5)	18,829,752	(1.7)	33,660,136	(3.0)	−6.8	14.2	78.8
合　計	1,095,766,435	(100.0)	1,093,114,588	(100.0)	1,133,540,510	(100.0)	3.3	−0.2	3.7
ドイツ全体に占める割合	(100.0)		(100.0)		(100.0)				
ベルリン									
①食物関連	1,955,171	(14.3)	1,790,647	(13.9)	1,803,474	(13.6)	8.6	−8.4	0.7
②製造業関連	11,551,256	(84.7)	10,945,057	(84.7)	11,155,138	(83.8)	4.6	−5.2	1.9
うち，完成品	11,042,100	(81.0)	10,469,714	(81.0)	10,551,466	(79.3)	3.3	−5.2	0.8
③その他	124,350	(0.9)	190,692	(1.5)	349,964	(2.6)	−15.7	53.4	83.5
合　計	13,630,765	(100.0)	12,926,412	(100.0)	13,308,575	(100.0)	4.9	−5.2	3
ドイツ全体に占める割合	(1.2)		(1.2)		(1.2)				
ブランデンブルク州									
①食物関連	975,789	(7.3)	1,034,853	(8.0)	1,083,817	(8.2)	1.3	6.1	4.7
②製造業関連	12,243,921	(92.0)	11,713,343	(90.6)	11,783,068	(89.3)	−1.4	−4.3	0.6
うち，完成品	11,034,506	(82.9)	10,611,361	(82.0)	10,733,557	(81.4)	−0.7	−3.8	1.2
③その他	95,805	(0.7)	184,722	(1.4)	324,937	(2.5)	−17.6	92.8	75.9
合　計	13,315,517	(100.0)	12,932,906	(100.0)	13,191,826	(100.0)	−1.4	−2.9	2
ドイツ全体に占める割合	(1.2)		(1.2)		(1.2)				
メクレンブルク＝フォアポンメルン州									
①食物関連	2,028,608	(33.0)	2,787,752	(38.2)	2,552,168	(35.3)	1.3	37.4	−8.5
②製造業関連	4,076,048	(66.2)	4,369,506	(59.9)	4,372,867	(60.5)	−20.9	7.2	0.1
うち，完成品	3,348,997	(54.4)	3,445,683	(47.2)	3,475,256	(48.1)	−24.7	2.9	0.9
③その他	51,611	(0.8)	141,244	(1.9)	298,164	(4.1)	10.5	173.7	111.1
合　計	6,156,268	(100.0)	7,298,504	(100.0)	7,223,205	(100.0)	−14.6	18.6	−1
ドイツ全体に占める割合	(0.6)		(0.7)		(0.6)				
ザクセン州									
①食物関連	1,171,782	(3.7)	1,281,456	(4.1)	1,279,951	(3.6)	11.8	9.4	−0.1
②製造業関連	30,436,495	(95.6)	29,770,370	(94.7)	33,969,658	(94.4)	8.2	−2.2	14.1
うち，完成品	29,079,087	(91.4)	28,451,044	(90.5)	32,532,132	(90.4)	8.7	−2.2	14.3
③その他	219,382	(0.7)	378,437	(1.2)	725,212	(2.0)	−5.1	72.5	91.6
合　計	31,827,666	(100.0)	31,430,252	(100.0)	35,974,820	(100.0)	8.2	−1.2	14.5
ドイツ全体に占める割合	(2.9)		(2.9)		(3.2)				
ザクセン＝アンハルト州									
①食物関連	1,809,166	(12.2)	1,809,129	(12.2)	1,598,144	(10.7)	8.3	0	−11.7
②製造業関連	12,892,701	(87.1)	12,745,821	(86.1)	12,908,659	(86.2)	−0.4	−1.1	1.3
うち，完成品	10,385,687	(70.1)	10,409,994	(70.3)	10,635,563	(71.0)	1.5	0.2	2.2
③その他	104,159	(0.7)	245,647	(1.7)	472,683	(3.2)	8.9	135.8	92.4
合　計	14,806,026	(100.0)	14,800,608	(100.0)	14,979,477	(100.0)	0.6	0	1.2
ドイツ全体に占める割合	(1.4)		(1.4)		(1.3)				
テューリンゲン州									
①食物関連	786,062	(6.2)	834,039	(6.9)	976,368	(7.5)	3.6	6.1	17.1
②製造業関連	11,638,585	(92.3)	11,026,193	(91.0)	11,562,747	(88.8)	−0.5	−5.3	4.9
うち，完成品	10,946,121	(86.8)	10,364,029	(85.6)	10,875,248	(83.5)	−0.3	−5.3	4.9
③その他	188,038	(1.5)	253,938	(2.1)	488,943	(3.8)	16.1	35	92.5
合　計	12,612,682	(100.0)	12,114,165	(100.0)	13,028,062	(100.0)	−0.1	−4	7.5
ドイツ全体に占める割合	(1.2)		(1.1)		(1.1)				

（注）「食物関連」は，さらに家畜，動物性食品，植物性食品，嗜好品に分類される。「製造業関連」は，さらに原料，半製品，完成品（中間製品，最終製品）に分類されている。「その他」は，返品，代替品，雑品，骨董品・収集品などである。

（出典）Der Statistisches Bundesamt, Zusammenfassende Übersichten für den Außenhandel-vorläufige Ergebnisse-Fachserie 7 Reihe 1-2014.（https://www.destatis.de/DE/ZahlenFakten/GesamtwirtschaftUmwelt/Aussenhandel/Gesamtentwicklung/Gesamtentwicklung.html）（アクセス日2015年3月20日）必要な部分のみ抜粋し，加工した。表中の百分比については，合計が100.0にならないケースもあるが，小数点以下で四捨五入した結果である。

イツ諸州の割合を超えていた。この輸出構成比に見られる格差は，前掲表5-7の1人当たり粗付加価値の州間格差にも呼応している。輸出強化は，東部ドイツ経済の成長に刺激を与え，それは，さらに東西の生活の平準化に寄与するものであるといえよう。

　では，どのような製品群にその可能性をみることができるのだろう。東部ドイツにおいて「製造業関連」，そして「完成品」の割合が高いのはザクセン州である。同州では，2012～2014年において「製造業関連」の90％強を占める「完成品」のうち最終製品が83％を占めていた。その対前年比伸び率は，2012年が8.7％，2014年が14.3％といった高い水準を記録している。さらに詳細な分析が必要であるが，ドレスデン，ケムニッツ，ツヴィッカウ，ライプツィッヒなどの自動車（フォルクスワーゲン，ポルシェ，BMW），電機・電子，情報機器（半導体），重機などの生産拠点からの輸出が伸びていると考えられる。後述する産業クラスター形成に関連するが，「シリコン・サクソニー」と呼称される半導体，ナノテクノロジーの企業や研究機関の集積地として，ザクセン州の国際競争力の上昇に期待が集まっている。

　ザクセン州に次いで完成品の輸出割合が高かったのは，テューリンゲン州の83.5％で，そのうち最終製品は75.2％を占めていた。同州のイェーナ，エルフルト，アイゼナッハ，イルメナウ，マイニンゲンには，ザクセン州と同様に機械工業（光学・精密機器，自動車，電機）が展開している。代表的企業は，カール・ツァイス・イェーナにゆかりのある光学製品，医療用機器の企業や，ボッシュ社の工場（アルンシュタット，アイゼナッハ，エルフルト），オペル社の工場（アイゼナッハ），ドイツ鉄道の機関車工場（マイニンゲン）などがある。また，ハイテクノロジー関連のクラスターが，大学や研究機関と結びつきながら多数形成されている。

　ブランデンブルク州では，完成品の割合は82％前後で上記2州とほぼ同様であったが，最終製品は56％，中間製品が36％であった。同州北部ではシュヴェートの石油精製企業，州中部のブランデンブルク・ハーフェルの鉄道車両企業，ルートヴィッヒスフェルデのダイムラー・ベンツとフォルクスワーゲンの部品工場，州南部の褐炭採掘およびエネルギー供給企業などが同州の輸出を支えていた。

　ザクセン＝アンハルト州についても，完成品の輸出割合は71％前後で他州に比べて低かった。最終製品は約40％，中間製品が約31％であった。同州の強みである化学原料部門の存在がそれに関連しているものと思われる。近年は，再生可能な資源，太陽光発電に関連する研究・開発と結びついた基盤整備も行われている。

　メクレンブルク＝フォアポンメルン州の輸出については，かつての穀物供給地帯の

伝統もあり，食料（特に植物性食品）の割合が33～38％を占めていた。バルト海沿岸の漁業基地との関連で，動物性食品の輸出割合も高い。完成品輸出は同州の製造業輸出の48％前後と他州よりも３割以上低かった。とはいえ，近年バイオテクノロジー，薬品，航空機，造船関連の研究と生産の拠点作りが行われており，この構成が変わっていく可能性もある。

　いずれの州にも共通するのは，伝統的な工業部門の生産や輸出を強化するだけでなく，ハイテク関連の工場誘致，研究・開発体制の構築，といった新しい動きが現われてきていることである。これに呼応した経済政策や支援策を実現していくことは，東部ドイツの将来の成長モデルを探る上で期待されよう。

研究・開発力の強化と地域振興

　そこで注目されるのが，西部ドイツで1996年にスタートした「ビオ・レギオ（Bio-Regio）」のような地域イノヴェーション政策である。その発端は，ドイツの工業生産と輸出の「強み」が，アメリカ，日本におけるマイクロエレクトロニクス，コンピュータ，バイオ技術，医療・医薬品技術などの新しい成長部門での競争に後れをとった，という政府や産業界の危機意識を反映するものであったといわれている。その克服に向けてスタートしたのは，先端技術の１つであるバイオ技術分野でのイノヴェーション政策であった。規制下にあった遺伝子技術の制限を緩和し，産学官協同で研究・開発と製品化を目指すバイオ技術関連企業のクラスター形成が推進された。当初は，ラインラント，ハイデルベルク，ミュンヘンにバイオ技術ベンチャーの３つのクラスターが，のちに特別措置として東部ドイツのイェーナが，連邦教育研究省の競争的資金を獲得して，それぞれの研究プロジェクトを実施した。

　このイノヴェーション奨励策において「官」の実質的主導機関となったのは，連邦教育研究省と連邦経済技術省であった。「学」をリードしたのは，基礎研究のマックス・プランク学術振興協会，大学の研究スタッフや企業との連携に強いフラウンホーファー応用研究促進協会，小規模の基礎研究プロジェクトをリードするゴットフリート・ヴィルヘルム・ライプニッツ学術協会，国内のビックプロジェクトの中心的役割を担ったヘルムホルツ協会ドイツ研究センターである。これらの支所・支部・関連施設，地域の大学，連邦の各種研究機関が，中小企業と連携しながらクラスターやネットワーク組織の製品開発や生産方法の改善などを推進することとなった（加藤浩平2013：6-11）。

　「ビオ・レギオ」の開始以降2000年代に至るまで，バイオ技術関連のベンチャー企

業が多数誕生し，同分野におけるドイツの劣位が克服されたといわれている。その成功を背景に，後継事業として，1999年には「ビオ・プロフィール」（BioProfil）が始動した。環境系バイオ技術への助成ということで，まずは応募した30の地域から20地域への絞り込みと少額支援による試行期間が設定された。その後2001年までの成果の評価によって絞り込まれた3地域（ベルリン・ポツダム地域，シュトゥットガルト・ネッカー＝アルプ地域，ブラウンシュヴァイク・ゲッティンゲン・ハノーファー地域）のクラスターを構成する複数のベンチャー企業に対して，2002～2006年にかけて支援が行われた。

　こうしたバイオ技術振興のためのクラスター形成の成功を踏まえて，東部ドイツ振興のための政策も実施された。1999年に連邦教育研究省の主導で始まった「イノ・レギオ」（InnoRegio）は，東部5州とベルリンにおけるハイテク技術関連クラスターの創出により，停滞していた地域振興に解決の道筋や手段を提供するものとして注目を浴びた。個々の地域において蓄積されてきた知的財産，固有の技術，モノづくりの経験などを，先端技術の研究・開発と生産に活かすことが目標とされた。「イノ・レギオ」に参加する地域と23の専門分野は，表5-10の通り。

　これに並行して，東部ドイツでは続々とクラスター関連事業が誕生した。2001年には，「イノヴェーティブな成長の核」（innovative Wachstumskerne）プロジェクトが始まり，医療，医薬，港湾都市開発，ナノテクノロジー分野の8つのクラスターがベルリン，ハレ，マクデブルク，ライプツィッヒ，ツィッタウ，ロストックに形成された。それを起点に，2014年までに47の「成長の核」が全国各地に生み出された。

　2001年には，さらに小規模な支援事業（6カ月限定）であった「イノヴェーション・フォーラム」において，上記の「イノヴェーティブな成長の核」プロジェクトに参加する前段のネットワーク作りが行われた。2002年には，東部ドイツの地場中小企業のネットワーク形成を促進する試みとして，「ネットワーク・マネジメント・オスト」（通称，NEMO）（RKW Rationalisierungs-und Innovationszentrum der Deutschen Wirtschaft e. V. 2013：1-104）が，さらには最先端技術振興の一環として「イノヴェーション・コンピテンス・センター」（ドレスデンでの生命科学研究，グライフスヴァルトでの遺伝子研究，ライプツィッヒのコンピュータに支援された外科学研究，イルメナウのナノテクノロジー研究，腫瘍学と放射線治療研究，イェーナでのウルトラ・オプティクス研究）での研究開発と後継者育成が行われた。

　2005年からは，「イノ・プロフィーレ」（InnoProfile）（Bundesministerium für Bildung und Forschung 2012：1-22）が始まり，特に先端研究の人材と研究・開発の成果を地域の中小企業と結合するための施策が実行された。若手研究者のなかには，地場のベン

表5-10 「イノ・レギオ」に参加した地域とその専門分野

クラスターまたはネットワークが形成される分野	主たる形成地
① 癌治療	ベルリン
② 医薬，食品，遺伝子研究	ブランデンブルク州ポツダム
③ 環境に優しい素材を用いた輸送機部品	ブランデンブルク州ヘニッヒスドルフ
④ リサイクリング事業	ブランデンブルク州ヴィルダウ
⑤ 糖尿病患者の予防・治療を支援するための情報サービス	メクレンブルク＝フォアポンメルン州グライフスヴァルト
⑥ 精密機械	メクレンブルク＝フォアポンメルン州パルヒム
⑦ 合成樹脂	メクレンブルク＝フォアポンメルン州ヴィスマール
⑧ 港湾地域の総合開発	メクレンブルク＝フォアポンメルン州ヴィスマール
⑨ バイオテクノロジー	ザクセン州ドレスデン
⑩ レーザー技術，情報通信技術の機械への応用	ザクセン州ケムニッツ
⑪ 自動車ボディ，内装品	ザクセン州ツヴィッカウ
⑫ 繊維の街におけるイノヴェーション重視の総合開発	ザクセン州ケムニッツ
⑬ 視覚障碍者支援のための情報ネットワーク	ザクセン州ドレスデン
⑭ 楽器製造	ザクセン州マルクノイキルヒェン
⑮ 物質科学研究ネットワーク	ザクセン州フライベルク
⑯ 植物バイオテクノロジー	ザクセン＝アンハルト州ガスタースレーベン
⑰ 神経学研究ネットワーク	ザクセン＝アンハルト州マクデブルク
⑱ 自動車部品	ザクセン＝アンハルト州バルレーベン
⑲ 麻を原料とする素材開発ネットワーク	ザクセン＝アンハルト州ガルデレーゲン
⑳ 植物性医薬品・栄養補助食品関連の中小企業ネットワーク	ザクセン＝アンハルト州マクデブルク
㉑ 精密機器・設備の研究・開発	テューリンゲン州シュマルカルデン
㉒ バリアフリーな観光地域の創出	テューリンゲン州タムバッハ・ディートハルツ
㉓ マイクロエレクトロニクスの建築技術への応用	テューリンゲン州エルフルト

（出典）Bundesministerium für Bildung und Forschung, *InnoRegio-Reportage 2002*, S. 28-34.

チャー企業の経営者となる者も現われ，それが地方経済の成長の芽となる事例がみられるようになった。建築技術，農業，水利，運輸・バス，発電技術（火力発電，ソーラー技術など），新素材，高精密機器，デジタル技術などの新しい分野も登場し，また，医療・医薬，工作機械など，すでに先行していた分野での研究・開発と若手専門研究者や経営者の育成が行われた。

2006年には，「フォーマット ForMaT」（Forschung für Markt im Team；市場に関する集団研究）という，新しい視角からの研究が奨励された。それまでの試みが，自然科学系の研究・開発そのものに傾斜していたのに対して，「フォーマット」では，これまでの研究成果が製品化・商品化可能かどうかを，試験，評価，選別することに重きが置かれた。それに向けて，自然科学系の研究者に，社会科学系の研究者を加えてチームを作り，「産」に重点を置いた産学官連携が図られるようになったのである。

2008年に開始された「新連邦州における先端研究とイノヴェーション」ならびに「先端クラスターコンペティション」は，これまで以上に「市場化」や「国際競争」

第5章 東部ドイツ　233

を意識した地域振興策となった。前者は，大学やその他の研究機関との長期的協力関係を強化し個別研究テーマの深化をめざし，競争力のある研究の立地空間を作りだそうとするものであった。具体的には，国際的な評価の高い基礎研究と市場への参入力の高い応用研究を生み出すクラスターの創造が求められた。補助金を獲得するためには，その戦略的方向性が明確であることが重視された。遺伝子技術，細胞の分子メカニズムの研究（ベルリン），プラズマ医療科学（グライフスヴァルト），二酸化炭素地中貯留プロジェクト（ポツダム），水資源管理（ライプツィッヒ），光学分野とマイクロエレクトロニクスを結合した新技術の開発（イェーナ），組み込みシステム "Embedded System"（マクデブルク）などが第1期の奨励期間に採択され，第2期には，ポスト石油時代の新技術（フライベルク），個別化医療（別名オーダーメイド医療：グライフスヴァルト），地球流体力学と体積盆地との関係（石油，ガス資源：ケムニッツ），未来のエネルギー（ロストック）高エネルギー効率（省エネ）のセンサー・ネットワーク社会を目指したナノテクノロジーの利用（ケムニッツ），フォトニック結晶とフォトニックバンド構造の研究（イェーナ），自然災害，異常気象などに関する研究（ポツダム），プロテインのバイオテクノロジーへの応用（ハレ）に関するクラスターやネットワークの形成が奨励された。

　後者の「先端クラスターコンペティション」においては，競争的な資金配分によって，公的な補助に埋没しがちな研究・開発を活性化しようとする連邦政府の目論見と，研究・開発水準の引き上げという意図が見え隠れする。連邦全体で15の先端クラスターが連邦財政の補助を受けているが，3つの地域振興のためのクラスターが東部ドイツに存在している。ザクセン州のケムニッツ，フライベルク，ドレスデンに展開するマイクロエレクトロニクス・クラスター「クール・シリコン」，東部ドイツの中央部に展開する太陽光発電クラスター「ソーラー・ヴァレー」，そしてザクセン＝アンハルト州とザクセン州にまたがって形成された「バイオ・エコノミー」クラスターがそれである。これらは，2017年まで連邦政府によって資金面で支援されることになっている（Bundesministerium für Wirtschaft und Energie, *Jahresbericht 2015*：40）。

　2008年の「中小企業のイノヴェーションのための集中プログラム」では，改めて中小企業間ならびに中小企業と研究機関間の協力関係の創出が強調された。既存または新規の中小企業の育成を図り，それを地域内のネットワーク形成に段階的に結びつけようとする計画が示された。それぞれのクラスターが目指すプロジェクトに，横の「連携」や「協業」が必要であることが認識されたのだといえよう。この集中プログラムでは，そうした「協業」を支援するコンサルティング・サービスに対しても助成

がなされた。

2012年には，「2020」（Zwanzig20）と命名された奨励策において「横のつながり」がさらに強調されることになった。過去10年以上の経験を踏まえて，「未来の研究・開発テーマ」や「未来の需要」を発見し，それらを特定地域の範囲内にとどまらず，地域を超えたクラスター間の協業によって実現することが重要であるという認識が示されたのである。

以上でみてきたように，東部ドイツのイノヴェーション奨励では，低迷する東部ドイツ経済の潜在的「強み」を地域単位で強化すべく，大学や研究所を含む公的研究・開発機関とイノヴェーションに積極的な中小企業との結合や，それらのネットワーク化，クラスター形成が図られている。それは，①投資先として魅力のある地域を創出する，②既存の中小企業の長所を活かした振興策を実現する，③西部諸州への若者，専門労働者，エンジニア等の流出による人口減少を食い止める，といった諸課題とも結びついた東部ドイツ版の成長戦略の核であった。

2014年の『年次報告』でも，「知に根ざした工業構造」（wissensbasierte Industriestruktur）は，「公的な研究・開発インフラの新設・拡大を通じたイノヴェーション」を要請している，という認識が一貫して強調されている。この政策が，東部ドイツの国際競争力や所得水準の引き上げ，さらには州・自治体の財政力の増大を目標としていることはいうまでもない。

上記のイノヴェーション施策を含め，東部ドイツの研究・開発の実施主体は，東西間で見解の相違がある。2012年の統計データによれば，ベルリンを含む東部ドイツのGDP の2.56％が研究・開発費に投じられていたが，そのうち1.02％は民間資金から，1.54％は公的資金から調達されていた。西部ドイツでは，2.19％が民間資金，0.83％が公的資金という割合であった。東部において，民間資金の割合が低い原因としては，独自の研究・開発部門を設置できるほどの資金力のある大企業が少ないことが挙げられている（Bundesministerium für Wirtschaft und Energie, Jahresbericht 2014：27，2016：7-8）。この問題は，短期で解決できるものでないことはいうまでもない。むしろ，それゆえに連邦政府（教育研究省および経済・エネルギー省）が提供する競争的資金の獲得に向けて，東部ドイツの州や自治体の産学官が，クラスターやネットワークを形成し，切磋琢磨することが，西部ドイツとの競争のみならず国際的な競争環境に対応するための近道であるように思われる。

最後に，論点整理を行い，本章を終えることにしたい。

第5章　東部ドイツ　235

東部ドイツ復興の第1期（1990～1996年）から第2期（1997～2000年）の特色は，①東西間の生産性格差の是正に向けてショック療法的な所有制度改革（民営化）と技術革新が急がれたこと，②投資活動においてインフラ整備が最重点課題とされたこと，③財政トランスファーを通じた東部諸州の財政健全化と生活水準の平準化が目標とされたこと，④それらの結果，1人当たり国民所得，労働生産性，資本ストックが西部ドイツの約70％の水準に到達したことである。10年間で東西間の平準化を達成する，といった統一前の野心的な政治公約は果たされなかったものの，市場経済化はハイスピードで進行した。そして，目に見える形で，都市部の街並みや住居，オフィスビル，道路・港湾，通信網，工場施設，商業施設が近代化されていった。その反面で，経済構造の再編過程で職を失い，失業保険や生活保護を受けざるを得なくなった人々が急増し，それが連邦や州財政を圧迫するようになった。また，東部ドイツ再建を優先する公的支援の内容や効果への疑問が生まれ始めた。

　第2期末～第3期（2001～2008年）にかけて実施されたシュレーダー政権の改革は，ドイツ全体にとって，とりわけ東部ドイツにとって第2のショック療法的な意味をもち，大量失業や人口流出が深刻化した。また，経済性最優先の考え方が政労使の意思決定に強い影響力をもつようになった。「福祉国家」の見直しともいえる大改革は，東部ドイツ経済とも無縁ではなく，むしろ州・自治体，企業，個人の次元で「独立採算」あるいは「自助自立」が要請されはじめたようにみえる。「連帯協定Ⅱ」に象徴される財政支援や，投資奨励のための諸施策は，「連帯協定Ⅰ」での反省を踏まえて導入された「選択と集中」，「成果に関する報告義務」，「時限支援」という制約を課されながら，東部ドイツ経済の再建に向けて継続することが決定された。

　この「上からの支援」の見直しの動きと並んで，すでに1990年代末から，もう1つの支援の流れ＝ボトムアップ型支援が模索されていた。当初，ドイツの国際競争力の低下を尻目に連邦政府が先端技術の研究・開発競争の遅れを取り戻すために，地方の人的・物的資源や知的資源を基礎に形成されたクラスターやネットワーク組織を「上から」ピンポイントで支援するというものであった。しかし，徐々に「上から」ではなく，地方に潜在する「強み」の推進力を，州・自治体政府，中小企業，大学・研究機関との協力関係から生み出そうとする機運が醸成された。そこには，先端技術の研究開発から製品化，輸出までの一貫したプロセスに「地方」のクラスターやネットワークを関与させることで，相対的に経済力の弱い地域に秘められた活力と可能性を掘り起こそうとする狙いが見え隠れする。例えば『年次報告』の2015年版は，従来のように「東部」と「西部」の平準化という視点からのアプローチではなく，「東部」の

なかにある地域間の経済格差に着目し，その是正の道を探ろうとしている（Bundes-
ministerium für Wirtschaft und Energie, 2015a：28-34）。そこで鍵となるのは，第1に，
州単位だけでなく，州を構成する複数の都市やその周辺の郡を単位に格差の実態を把
握することである。『年次報告』は，各地域（都市あるいは郡単位）間の1人当たり
GDPを基準に「弱小地域」を確定している。第2は，そうした「弱小地域」ならび
に経済力のある大都市の成長を有機的に結びつけようとしていることである。「弱小
地域」に限定して新しい成長の核を埋め込むだけでなく，当該地域と別の地域あるい
は都市とのネットワークを構築することにも，東部ドイツ再建の可能性を見出そうと
している。

　本章第4節で見てきたように，東部ドイツおいて，産業クラスターとネットワーク
が，連邦政府が提供する競争的資金の獲得に向けて，様々な先端技術の研究・開発と
製品化に取り組んでいる姿が浮き彫りになった。こうした取り組みは，2000年以降の
労働報酬の相対的低さ，単位労働コストの低下（特に製造業）の克服策，経済的「弱
小地域」への支援，さらには東部ドイツの国際競争力の引き上げに連動しているもの
と思われる（前掲表5-2参照）。

　現状では，「国際競争力」は東部ドイツの再生によってではなく，まさに賃金水準
などの「東西格差」を利用しながら引き上げられる可能性もある。リーマン・ショッ
ク以降，ドイツ経済には好転の兆しは見えるものの，東西ドイツの平準化は，統一か
ら25年以上経った今も模索の段階にある。そのことが市民の心情や社会的行動に与え
る影響をも含め，今後の東部ドイツ経済の行方について観察と分析を続けたい。

注

⑴　『ドイツ統一の到達状況に関する年次報告』（*Jahresbericht der Bundesregierung zum
　　Stand der Deutschen Einheit*；以下『年次報告』）の2009年版以降，東西ドイツの住民1人
　　当たりGDPの比較を基準（西部ドイツ＝100）に，3つの時期区分（第1期：1991～1996
　　年，第2期：1997～2000年，第3期：2001年～）がなされてきた。本章は，それを大筋で踏
　　襲しつつも，景気動向を摑み，その原因やその後の変化を考察するために，国内総生産の動
　　向や，政治動向，財政支援の節目なども基準に含めて，4つに時期区分した（Bundesminis-
　　terium für Verkehr, Bau und Stadtentwicklung 2009）。

⑵　1963年から連邦政府の委託を受けてドイツ経済諮問委員会（der Sachverständigtenrat；
　　通称「五賢人委員会」）が発表してきた『年次答申』（*Jahresgutachten des Sachverständig-
　　tenrates zur Begutachtung der gesamtwirtschaftlichen Entwicklung*）は，1990年の東西統
　　一を機に旧東ドイツ（東部ドイツ）の経済再編と成長に関する分析を組み込んだ。1996年の

『年次答申1996/97』において,「再建プロセスに明らかな鈍化がみられる」と評価されて以後は,東部ドイツ関連の紙幅が縮小された。それを代替するものとして,1997年からは連邦政府の委託で『年次報告』(注(1)参照)が編纂され,東部ドイツ関連の政策や現状分析がなされている。

(3) 加藤浩平氏は,統一後10年間で「人々の暮らしは豊かになったものの,生産のレベルは低く,この溝を埋めるための財政負担が重くのしかかっている。また,投資の優遇を受けて,資本ストックが増えたものの,生産性は低位にとどまっている」と指摘している(加藤浩平 2003:158)。「資本が効率的に投資されていない」まま,西部からの財政支援が行われ続けることには無理があったといえるだろう。

(4) この動きは,「大企業寄りの保守・リベラルからは『不徹底な改革』と批判され,左派からは『社会的国家の破壊』として攻撃を受けた(田中素香 2007:252-253)。

(5) 2004年5月キプロス,チェコ,スロヴァキア,バルト三国,ハンガリー,マルタ,ポーランド,スロヴェニア加盟,2007年1月ブルガリア,ルーマニア加盟。この2000年代の変化は,1990年代後半における中東欧諸国(EU加盟申請)への貿易と投資の拡大,NIEs・ASEAN諸国などのアジア中心国との貿易の増大,BRICsへの直接投資の拡大などによって準備されていた(諫山 2003:253-272)。

(6) 統一後の東部ドイツの化学企業の事例を扱った石塚史樹氏の論文が,貿易構造の変化を知るうえで参考になる(石塚 2005:1-27)。

(7) 使途を拘束されない交付金には,ドイツ統一基金(1991年から1995年),売上税補充割当金,州間財政調整金,連邦補充交付金(特別需要連邦補充交付金を含む)などがある(霜田 2008:79)。

(8) 加藤榮一氏ならびに藤澤利治氏によれば,すでに1991〜1999年においても非生産的目的に消費されていた事実が紹介されている(加藤榮一 2003:199-203ならびに藤澤 2003:325)。

(9) この連邦財政からの補助とならんで,EUの構造基金からの支援もまた,東部ドイツの市場経済への移行期における諸問題の解決に向けて利用された。2000年〜2006年までの支援により,東部ドイツでは約9万1,000件の新規職場と25万3,000人の雇用が生み出されたといわれている。また,10万7,000件の教育・再教育の場所が新規に設けられたり,老朽施設の改修が施されたりした(Bundesministerium des Innern 2010:71)。2007〜2013年には,補助総額(東西の財政弱小諸州)は255億ユーロに及びその約67%に相当する165億ユーロは東部ドイツに投入されることになった(Bundesministerium des Innern 2011:39)。2014〜2020年には,補助総額275億ユーロで,東部ドイツ向けは約130億ユーロの補助が予定されている(Bundesministerium des Innern 2014:62)。

(10) 1990年代前半のドイツ統一(東部ドイツ再建)のための資金調達と,増大する公債発行によって膨らんだ財政赤字,債券市場改革による公債の消化との関連について,詳しくは,飯野由美子氏の考察が参考になる(飯野 2003:125-128)。

⑾　2000年代初頭までの統一ドイツにおける労働政策や労働協約システムの転換については，田中洋子（2003：79-115），大重（2007：1-47）などを参照。なお，そこで示唆される「フレクシキュリティー」論（柔軟化と生活保障の合成），「労働の未来」論（フルタイムの正規労働関係の相対化）や，そこから派生した多就業社会論，市民労働論などが，企業側が要請する「柔軟化」（パートタイム，軽微雇用＝短時間パート，有期契約，派遣労働，外見自営などの非典型就業の拡大）の発想とどのような形でせめぎ合うのか，それとも国際競争力を優先するために，前者の発想は後退していくのか。そこには，新しいシステムを標榜しているようにみえるドイツを分析するための興味深い視点が含まれているように思われる。

参考文献

Bundesministerium des Innern（2010）*Jahresbericht der Bundesregierung zum Stand der Deutschen Einheit 2010.*

Bundesministerium des Innern（2011）*Jahresbericht der Bundesregierung zum Stand der Deutschen Einheit 2011.*

Bundesministerium für Bildung und Forschung（2002）*InnoRegio-Reportage 2002.*

Bundesministerium für Bildung und Forschung（2012）*Evaluation des Förderprogramms InnoProfile Zwischenergebnisse für 32 Initiativen der ersten und zweiten InnoProfile-Förderrunde.*

Bundesministerium für Verkehr, Bau und Stadtentwicklung（2009）*Jahresbericht der Bundesregierung zum Stand der Deutschen Einheit 2009.*

Bundesministerium für Wirtschaft und Energie（2014）*Jahresbericht der Bundesregierung zum Stand der Deutschen Einheit 2014.*

Bundesministerium für Wirtschaft und Energie（2015a）*Jahresbericht der Bundesregierung zum Stand der Deutschen Einheit 2015.*

Bundesministerium für Wirtschaft und Energie（2015b）*Wirtschaftsdaten Neue Bundesländer 2015.*

Bundesministerium für Wirtschaft und Energie（2016a）*Jahresbericht der Bundesregierung zum Stand der Deutschen Einheit 2016.*

Bundesministerium für Wirtschaft und Energie（2016b）*Wirtschaftsdaten Neue Bundesländer 2016.*

Bundesministerium für Wirtschaft und Technologie（2012）*Wirtschaftsdaten Neue Bundesländer 2012.*

F. Gebhardt（1994）*Wirtschaftsatlas : Neue Bundsländer,* Gotha.

J. Ragniz（2003）Wie hoch sind die Transferleistungen für die neuen Länder, in: Insitut für Wirtschaftsforschung Halle, *IWH-Pressemitteilung,* 21.

RKW Rationalisierungs-und Innovationszentrum der Deutschen Wirtschaft e. V.（2013）

NEMO-Netzwerke heute Die Entwicklung ausgewählter Netzwerke zehn Jahre nach dem Start des Förderprogramms Netzwerkmanagement-Ost (NEMO).

Sachverständigenrat zur Begutachtung der gesamtwirtschaftlichen Entwicklung (1990/91) *Erfolge im Ausland-Herausforderungen im Inland, Jahresgutachten 1990/91.*

Sachverständigenrat zur Begutachtung der gesamtwirtschaftlichen Entwicklung (2004/05) *Erfolge im Ausland-Herausforderungen im Inland (2004/05) Jahresgutachten2004/05 : Textteil.*

W. Seibel (2005) *Verwaltete Illusion : Die Privatisierung der DDR-Wirtschaft durch die Treuhandanstalt und ihre Nachfolger* 1990-2000, Frankfurt am Main.

Statistische Ämter des Bundes und der Länder (2014) *Erwerbstätige in den Ländern der Bundesrepublik Deutschland 1991 bis 2013 (Reihe 1, Band 1),* Wiesbaden.

Verordnung über die Antragung und die Gewährung von Investitionszulagen für Anlageinvestitionen vom 4. Juli 1990, *Gesetzblatt der DDR,* Teil I.

飯野由美子（2003）「金融——競争・再編下の金融市場」戸原四郎・加藤榮一・工藤章編『ドイツ経済——統一後の10年』有斐閣。

石塚史樹（2005）「1990年代における旧東ドイツ地域の管理職員の雇用条件——化学工業の事例」『西南学院大学経済学論集』第40巻第1号。

諫山正（2003）「対外関係——国際収支・貿易構造・対外投資」戸原四郎・加藤榮一・工藤章編『ドイツ経済——統一後の10年』有斐閣。

大重光太郎（2007）「ドイツにおける非典型就業の制度的枠組みと実態」『ドイツ学研究』（獨協大学）58号。

加藤榮一（2003）「財政システム——統一の負担とグローバル化の圧力」戸原四郎・加藤榮一・工藤章編『ドイツ経済——統一後の10年』有斐閣。

加藤浩平（2003）「統一後10年の旧東ドイツ」『社会科学年報』（専修大学社会科学研究所）第37号。

加藤浩平（2013）「ドイツ統一と東ドイツ経済の変容」『専修経済学論集』第48巻第2号。

鹿取克章（2010）『神のマントが翻るとき——東西ドイツ統一と冷戦構造の崩壊』ランダムハウスジャパン。

工藤章（1992）「企業と労働」戸原四郎・加藤榮一編『現代のドイツ経済——統一への経済過程』有斐閣。

工藤章（2003）「産業と企業——『サービス社会』化の進展と大型合併ブーム」戸原四郎・加藤榮一・工藤章編『ドイツ経済——統一後の10年』有斐閣。

近藤潤三（2010）『東ドイツ（DDR）の実像——独裁と抵抗』木鐸社。

近藤潤三（2013）『ドイツ移民問題の現代史』木鐸社。

佐々木昇（2011）「ドイツ統一20年後の旧東ドイツ経済」『福岡大学商學論叢』第56巻第2号。

霜田博史（2004）「ドイツ統一後における垂直的財政調整の展開」『經濟論叢』（京都大学）第174巻第3号。

霜田博史（2008）「統一後の東ドイツ地域からみたドイツ連邦財政調整制度の意義」『高知論叢』（社会科学），第91号。

白川欽哉（2001）「東ドイツ経済の崩壊と東西統一後の市場経済化」林昭・門脇延行・酒井正三郎編『体制転換と企業・経営』ミネルヴァ書房。

白川欽哉（2017）『東ドイツ工業管理史論』北海道大学出版会。

田中素香（2007）『拡大するユーロ経済圏——その強さとひずみを検討する』日本経済新聞出版社。

田中洋子（2003）「労働——雇用・労働システムの構造転換」戸原四郎・加藤榮一・工藤章編『ドイツ経済——統一後の10年』有斐閣。

西田慎・近藤正基編（2014）『現代ドイツ政治』ミネルヴァ書房。

藤澤利治（1992）「統一ドイツの経済現況」戸原四郎・加藤榮一編『現代のドイツ経済——統一への経済過程』有斐閣。

藤澤利治（2003）「旧東ドイツ経済——体制転換から統合へ」戸原四郎・加藤榮一・工藤章編『ドイツ経済——統一後の10年』有斐閣。

古内博行（2012）「最新ドイツ経済の真実——歴史的不況その後」千葉大学『経済研究』第27巻第2・3号。

＊参考文献一覧の簡略化のため，図表に用いた文献・ウェブサイトについては，それぞれの「出典」欄を参照されたい。

第6章
対外関係
—— EUの中のドイツ／EUと世界経済 ——

藤澤利治

　ドイツは1990年の統一以降，対外経済関係でもいくつかの課題に対応を迫られてきた。ここでは，東西冷戦の終焉とドイツ統一，EUの市場統合そして単一通貨ユーロの導入を経験する中で，貿易や資本取引に生じた影響に，ドイツがどのように対応してきたかについて論じていくことにする。まず，その際の分析視角を以下で簡単に論じておこう。

　一国の国内経済の動向は，当然対外経済関係にも反映される。ドイツのようにもともと貿易依存度の高い国では，国際的に景気が順調に推移する時期には輸出が伸びて貿易収支の黒字幅が大きくなり，その結果自国通貨の為替レートも上昇する。そして為替レートの増価が進むと，ドイツからの輸出が相手国では割高になるため抑制され，輸入はドイツ側では割安になるため増加し，貿易収支黒字幅が調整されることになる。

　しかし，近年のドイツにおいては，景気が順調に推移しているなかで貿易収支が継続して大幅な黒字を重ねているため，経常収支の不均衡問題あるいはマクロ経済の不均衡問題として多方面から問題視されている。具体的には，ドイツの経常収支黒字額は対GDP比で2012年以降6％を超え，2015年と2016年にはそれぞれ8.6％，8.3％と大幅な黒字となっていて（数値はBundesministerium der Finanzen（März 2017：16）を参照），IMFやアメリカ，さらにはEUからもその巨額の黒字が問題視されている。それは，1980年代に深刻な日米貿易摩擦を引き起こした日本の経常収支黒字問題を彷彿させる。[1]このような対外不均衡として問題視されるような事態が，統一後四半世紀を経たドイツになぜ生じているのか，注目できる。

　ここではドイツの対外経済関係を，統一後からこの経常収支黒字問題の発生にいたるプロセスに焦点を当てて検討していく。その際ヨーロッパにおける東西冷戦終結以降，すなわち1990年代以降急速に進んだ旧社会主義諸国の市場経済への移行を受けて，これらいわゆる改革諸国とドイツとの間の経済関係の構築がドイツからの資本輸出によって進展し，その結果ドイツとの経済関係が強化拡大されていること，そして1999年からの単一通貨ユーロの導入とドイツの対外経済との関係にも注目して論じていく。

243

1　ドイツの貿易の構造と推移

国際収支の概観

　まず，ドイツの国際収支の構造と特徴を簡単に見ておこう。表6-1を見ると，1995年と2000年に経常収支が赤字であること，2005年の黒字は2015年には2.5倍もの額に急増していることが分かる。そして，1995年と2000年の資本収支は経常収支とは逆に流入超過になったが，2005年からは資本輸出額（在外債権額）が増加し，その超過額は2005年と2015年の間に2.4倍に増加している。表に示してないが，経常収支は2001年から黒字に戻り，それに対応して資本収支も2001年以降輸出超過に転じているためである。なお，表6-1に注記したように，2014年から国際収支の集計方法が変わり，新方式では資本収支は在外債権の超過をプラス，債務超過をマイナスで表示し，旧来の表示とは逆の符号になっている点は注意を要する。ここでは2000年から新方式に従って表示している。

　次に，ドイツの場合，通常，財の貿易収支が大幅な輸出超過となる一方，サービス収支は主要項目の旅行収支がドイツ側の大幅な支払い超過になる等で，逆に入超となる。そして外国との投資関係から生じる収益の受払いを内容とする第1次所得収支は，従来は支払い超過であったが2004年に受取り超過に転じ，その額も2004年の168.6億ユーロからピークの2011年には682.4億ユーロに急増し，2015年には573.7億ユーロになっている。他方，外国への送金や国際機関への支払い等を内容とする第2次所得収支は支払い超過で，その額は2015年にはほぼ400億ユーロに達している。経常収支全体としては，財の輸出超過と第1次所得収支の受取り超過で黒字となる。第1次所得収支の黒字化を別にすれば，これが旧西ドイツ時代を含めたドイツの経常収支の一般的傾向である。

　このような傾向は，しかし1995年と2000年に現れているように1990年代のほぼ10年間は例外で，ドイツ統一に伴って内需が急拡大したために財の輸出が減少し，一方で輸入が増えて貿易収支の黒字額が急減したため，経常収支が長期にわたって赤字を記録した[2]。その後2000年代に入ると，財の貿易で輸出が伸びはじめ，その額は2005～2015年までの10年間に1.6倍に増加し，貿易収支黒字額も1.7倍に増加した。サービスの貿易は輸入が順調に伸びたものの輸出もそれを上回って伸び，そのため赤字が急速に減少している。さらに大きな変化は，前述のように第1次所得収支が赤字から黒字に転換し，その黒字額は2005～2015年までの10年間に2.7倍に増加していることであ

244

表6‐1　ドイツの国際収支表の主要項目の推移

(単位：10億 DM, 10億ユーロ)

	1995年[注1]	2000年	2005年	2010年	2015年
財の貿易[注2]	＋85.3	＋64.1	＋157.0	＋161.1	＋261.2
輸　　出	749.5	562.2	739.9	918.3	1179.2
輸　　入	664.2	498.1	582.9	757.2	918.0
サービスの貿易	－64.0	－58.4	－40.6	－27.0	－18.6
輸　　出	117.5	90.3	128.4	171.7	246.2
輸　　入	181.5	148.7	169.0	198.8	264.8
第1次所得収支	－4.0	－12.7	＋20.9	＋50.7	＋57.4
第2次所得収支	－55.4	－29.9	－31.6	－39.9	－40.0
経常収支	－42.4	－37.0	＋105.7	＋144.9	＋260.0
資本移転等収支	－3.8	＋5.1	－2.3	＋1.2	－1.0
直接投資収支	－38.7	－153.3	＋21.8	＋45.2	＋54.1
証券投資収支	＋48.8	＋152.4	＋29.9	＋112.8	＋196.9
通貨準備増減	－10.4	－5.8	－2.2	＋1.6	－2.2
資本収支	＋50.1	－42.5	＋96.4	＋92.8	＋234.6
その他取引の収支	－3.9	－10.7	－7.0	－53.4	－24.7

(注)　2014年から国際収支表の表示が改定されている。大きな変更点は，資本収支がこれまでの「資本流出」とい
　　　う考え方から「外国資産の増加」という考え方に変え，表示も資本収支の輸出超過をマイナス（－）の符号から
　　　プラス（＋）の符号にしている。そしてこの表示方法を2000年までさかのぼって集計しているため，ここではそ
　　　れに従って2000年度以降は新表示に従い，それ以前は従来の表示にしている。詳しくは Deutsche Bundesbank
　　　(Juni 2014) を参照。
(注1)　1995年はドイツマルク（DM）。それ以外はユーロ。
(注2)　ここでは Warenhandel の数値を使用しているため，表6‐2とは一致しない。
(出典)　Deutsche Bundesbank (Juni 2004：6-7)；(Januar 2016a：6-7)；(April 2017：6-7) から作成。

る。これは，ドイツの在外投資の収益が着実に増加していることを示している。

　このような経常収支の黒字は，当然資本収支の輸出超過につながり，ドイツの外国
での資産や債権を増加させる。そのため，経常収支の黒字が増加した2005～2015年ま
での10年間に，資本輸出黒字額も同じく増加している。それは主に直接投資と証券投
資等の投資形態をとって行われているが，ユーロ導入に伴って，為替変動リスクのな
くなったユーロ圏での資本取引の増加が影響している。表には示してないが，ドイツ
の在外資産は1999年には対ユーロ圏のシェアが39％，在外負債では36.5％であったが，
2007年末にはそれぞれ50％と51.5％を占めるほどに増加している（数値は Deutsche
Bundesbank (Oktober 2008：25) を参照)。

増加する貿易

　次に，近年のドイツの貿易の推移を図6‐1で見てみよう。ドイツ統一直後の1991
～2016年までの間に，輸出額が3,404億ユーロから1兆2,069億ユーロに3.5倍，輸入

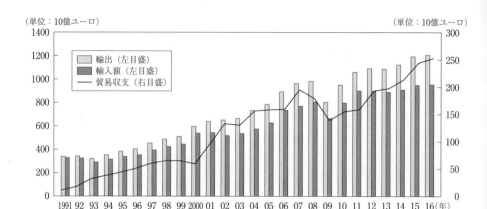

図6-1 ドイツの貿易収支の動向
(注) 1999年以前のドイツマルクについては1ユーロ＝1.95583ドイツマルクで換算している。以下同じ。
(出典) Deutsche Bundesbank Dezember 2002：14, Juni 2004：6, Mai 2017：14〜15から作成。

額は3,292億ユーロから9,548億ユーロに2.9倍，さらに貿易収支黒字額はこの期間継続して黒字を記録し，112億ユーロから2,520億ユーロに実に22.5倍に増加している（数値は図6-1の出典から）。

　しかし，この増加傾向は一直線に続いたのではない。統一後旧東ドイツ地域の再建復興に伴って内需拡大が続いた1990年代には，輸出が減少あるいは伸び悩む一方で輸入が増加したため，貿易収支の出超は維持できたもののその額が伸びなかったことから，経常収支は赤字に陥った。その後，2000年代に入ると復調し，特に2001年から輸出も輸入も急速に増加しはじめ貿易収支は再び黒字額を増加させ，経常収支も黒字に転じた。それが2008年秋以降のリーマン・ショックで大きく落ち込んだものの，しかし早くも2010年にはこの世界経済危機から急速に回復し，輸出も輸入も再び増加し，2012年には貿易収支黒字額はリーマン・ショック前のピークを記録した2007年の水準に回復する。しかも，それ以降も年々黒字額を積み増しして，リーマン・ショックのすぐ後に生じたユーロ危機下でもドイツの輸出は好調に伸び，ドイツ経済を支えたのである。

　ここで，貿易の経済全体に占めるウェイトを示す指標として，GDPに対する輸出額と輸入額の比率である輸出依存度と輸入依存度を1991年以降について見てみよう。ドイツの輸出依存度と輸入依存度は，1991年のそれぞれ22.2％と21.5％から，統一に伴う内需拡大の影響を受けた1990年代前半は両者とも多少低下し，20％を下回っていた。それが1990年代後半から上昇に転じ，輸出依存度は2002年に，輸入依存度は2006

年に30％を超え，さらに輸出依存度は2011年以降40％を上回っている（数値はBundes-ministerium der Finanzen（Januar 2017：143）を参照）。これらの依存度は，確かにEUやユーロ圏の平均値とほぼ同じである。しかし，日本の15％前後やアメリカの10％弱と比較するときわめて高い値であることが分かる（European Commission（2017：9）を参照）。

この輸出依存度と輸入依存度を合計したものがその国の経済の開放度と見なされる。これがドイツでは1991年に43.6％であったが，その後1993年には36.0％まで低下した後上昇に転じ，1996年に40.3％と40％を超え，2000年には55.5％と50％を，2005年には63.6％と60％を，翌2006年には70.3％と70％を超えている。その後リーマン・ショックで世界貿易が急収縮した2009年に61.8％へ急落するが，2010年以降再び70％を超え，2011年に84.7％に達した後85％前後を維持している（数値はBundesministerium der Finanzen（Januar 2017：143）から）。もちろん，ドイツ以上に貿易依存度の高い国はあるが，しかしそれらは通常経済規模の小さい国で，ドイツほどの経済大国では例が少ない。この点は日本の40％弱，アメリカの30％前後と比べると，ドイツが格段に高くなっていることからも分かる（European Commission（2017：9）を参照）。

以上のように，ドイツ経済がいかに貿易に依存度を高め，外国経済との関係を急速に緊密化しているか分かる。同時に，このように貿易依存度を高めることは，ドイツ経済において貿易関連の産業や企業のウェイトを高め，生産や雇用等の面で輸出入に依存する度合いを高めていることを意味する。このような貿易への依存の高まりは，一般に世界経済のグローバル化の影響と言われているが，ドイツの場合，東西冷戦の終結した1990年代から東欧諸国やロシアそして中国等の市場経済へ転換を進めたいわゆる改革諸国との本格的な経済取引関係を構築し拡大したこと，そしてフランスやイタリア，イギリスといったEUの大国でも貿易依存度がドイツに近い水準になっていることから明らかなように，EUの市場統合の深化の効果が考えられるが，これらの点は後に見る。

貿易の商品構成

次に貿易の商品構成であるが，表6-2は2000～2015年までの15年間の貿易の商品構成を見たものである[3]。これによると，いくつかの例外を除くと，この間の構成には大きな変化はほとんど見られない。輸出の中心は投資財で，輸出全体の約半分近くを占める。これに中間財が30％前後，非耐久消費財が11％強から14％強に増加し，耐久消費財が3％前後で続く。このうち投資財は主に企業の設備投資に使用されるいわゆる資本財であり，輸入国で設備投資にあてられるため，相手国の景気動向の影響を受

第6章　対外関係　247

表6-2　ドイツの貿易の主要商品グループ別構成

（単位：10億ユーロ，％）

	輸　出				輸　入			
	2000年	2005年	2010年	2015年	2000年	2005年	2010年	2015年
総額(注1)	597.4	786.3	952.0	1193.6	538.3	628.1	797.1	949.2
農産物	0.9	0.8	0.9	0.9	3.1	2.8	3.1	3.3
中間財	32.8	30.6	32.2	29.5	30.7	29.1	31.0	29.7
投資財	45.7	46.0	43.5	45.8	30.9	31.1	29.5	31.1
耐久消費財	3.8	3.8	2.7	2.9	5.1	4.9	3.7	4.4
非耐久消費財	11.3	12.4	13.8	14.4	15.0	15.9	15.7	16.7
エネルギー資源	1.4	2.1	1.9	2.1	8.8	11.5	11.5	9.2
その他	4.1	4.3	4.9	4.4	6.4	4.7	5.5	5.6

（注1）　ここでは Spezialhandel の金額を利用しているため，表6-1の数値とは一致しない。
（出典）　*Statistishces Jahrbuch* 2003：289-290, 2006：466, 2012：420, 2017：428から作成。

けやすい。中間財については後に見る。

　これに対して輸入では，中間財と投資財がほぼ30％を占めているのが目を引く。これに非耐久消費財が16％前後で，さらにエネルギー資源が9％弱から11％強のウェイトで続く。エネルギー資源は石炭・コークス類と原油・天然ガスとであるが，2015年にウェイトを落としている点については後に見ることにしよう。

　このように，輸出においても輸入においてもそれぞれ30％前後のウェイトを占める中間財が目を引く。ここには，様々な「仕掛品」つまり完成品にいたる前の，完成途中にある半製品が属している。このウェイトが大きいことは，輸出の場合は完成途上の中間財を国外の自社工場や子会社，そして関連企業等の取引先企業において完成させるために輸出するものが多いこと，また輸入の場合では，国外の自社工場や子会社そして関連企業等の取引先企業において途中まで製造された半製品を輸入し，それをドイツ国内の工場で仕上げ完成させて，国内外の市場に出荷するものが多いことを意味している。これは経済のグローバル化に伴う生産工程の国際的ネットワーク化を反映するもので，産業内や企業内で，工程間での技術的に垂直的な分業が行われ，その結果この中間財の取引の増加につながっている。しかも通常は，外国の子会社や関連企業で生産されたまだ付加価値の低い中間財を輸入してこれにドイツ国内で加工や仕上げを施して高付加価値化するため，ドイツの輸出額が統計上実態よりも大きく把握される傾向がある。そのため，この中間財の輸入の比率が高いことは輸出総額を増嵩させる効果をもつといえる（Statistisches Bundesamt（2017a：9）を参照）。

　このような国際的な生産工程のネットワーク化によって，ドイツから輸出される商品には外国で生産された中間財を多く含み，付加価値ベースで見ると，2010年にはド

248

表6-3　ドイツの輸出の製品別構成

（単位：％）

順　位	製品類	2015年	2014年	2013年	2011年	2010年	2005年
1	自動車・同部品	18.9	18.1	17.4	17.4	16.9	19.6
2	機　　械	14.1	14.8	15.0	15.2	14.9	14.5
3	化学製品	9.0	9.6	9.7	9.5	9.7	13.3
4	情報・電子・光学機器	8.1	7.9	7.8	8.0	8.7	3.0⑬
5	電気機械	6.0	6.1	6.1	6.2	6.3	5.1
6	薬品類	5.9	5.5	5.3	4.8⑦	5.3	―
7	その他の車両	4.8	4.4⑧	4.5⑧	3.9⑨	4.2⑧	3.4⑨
8	金属	4.2	4.5⑦	4.8⑦	5.7⑥	5.2⑦	5.4④
9	食品・飼料	4.1	4.4⑨	4.4	4.0⑧	4.0	3.8⑧
10	ゴム・プラスチック	3.5	3.6	3.6	3.5	3.6	3.4
上位5位までの合計		56.1	56.5	56.0	56.3	56.5	57.9
上位10位までの合計		78.6	78.9	78.6	78.2	78.8	77.7

（注1）　順位は2015年の多い順位。
（注2）　丸付き数字は2015年の順位と違っている場合の当該年次の順位を表す。
（注3）　2005年については産業分類が異なるため，差が大きくなっている。なお，2005年の6位は通信機器・ラジオ・テレビとその部品で，7位は医療機器・計測機器・光学機器である。
　　　　　また，2005年では薬品類が項目として分類されていないため，空欄にしてある。
（出典）　*Statistisches Jahrbuch* 2007：466, 2012：418, 2015：418, 2016：420から作成。

イツの製造業における付加価値生産のうち国外で生産された部分が43％（Statistisches Bundesamt 2015：9），2012年には同じく41％に達していると指摘されている。つまりドイツからの輸出品の付加価値の40％を超える部分が国外から中間財として輸入され，それが完成品に仕上げられ，それゆえ高付加価値化されて輸出されているのである（Statistisches Bundesamt（2017：9）を参照）。

　さらに別の試算によると，今日の輸出品には様々なサービス労働が商品の中に含まれているが，それを勘案して，ドイツの輸出全体に占める外国で生産され輸入された商品とサービスの付加価値部分の比率を見ると，1995～1999年の18％から2000～2004年22％，2005～2009年26％，2010～2011年には27％に，この15年ほどの間に10％ポイント近く増加しているとする分析もある（以上は Deutsche Bundesbank（Oktober 2014：39-40）を参照）。これによるとグローバルなバリュー・チェーン（Wertschöpfungskette）の中で，ドイツの商品輸出の25％上回る付加価値部分が外国から輸入された中間財によるのである。

　次に，小分類での商品構成を見てみよう。ここでの分類には，その製品・部品の完成品ばかりでなく中間財も一括りにされている点に注意しておこう。まず輸出品目は，表6-3から分かるように，2010～2015年までの5年間を見ると，輸出額の大きい上位10品目には順位の入れ替えがいくつかあるものの，品目類は変動していない。しか

第❻章　対外関係　249

表6-4　ドイツの輸入の製品別構成

(単位：%)

順 位	製品類	2015年	2014年	2013年	2011年	2010年	2005年
1	情報・電子・光学機器	10.7	9.9	9.4②	10.0	11.6	4.9⑦
2	自動車・同部品	10.3	9.6	9.0③	9.0③	8.8③	10.6
3	化学製品	8.0	8.2④	8.0④	7.9④	8.0④	11.7①
4	機械	7.7	7.8⑤	7.5⑤	7.8⑤	7.7⑤	7.2
5	原油・天然ガス	6.4	8.4③	10.6①	9.1②	9.0②	8.4③
6	金属	5.5	5.6	5.9	6.8	6.4	6.3
7	電気機械	5.5	5.3	5.0	4.7	4.8⑧	4.3⑩
8	薬品類	4.9	4.5⑨	4.2⑨	4.3	4.7⑨	—
9	食品・飼料	4.5	4.6⑧	4.5⑧	4.2	4.3⑩	4.9⑧
10	その他の車両	4.0	4.0	4.1	4.0	5.1⑦	4.4⑨
上位5位までの合計		43.1	43.9	44.5	43.8	45.1	44.5
上位10位までの合計		67.5	67.9	68.2	67.8	70.4	69.3

（注）　前表の（注1）と（注2）は同じ。（注3）2005年の5位は通信機器・ラジオ・テレビとその部品。薬品類は前表と同じ。
（出典）　*Statistisches Jahrbuch* 2007：466, 2012：419, 2015：419, 2016：421から作成。

もこれら10品目で2015年には全体の78.6％を占め，上位5品目で56.1％に達しているが，そのシェアもほとんど変わりがない。最大の輸出商品は自動車およびその部品で，以下機械，化学製品，情報・電子・光学機器，電気機械が主たる輸出品で，これら5種は順位もシェアもほとんど変わらない。なお，表には2005年の数値も加えてあるが，産業分類の方法が異なるため直接には比較できないが，その点を勘案しても「情報・電子・光学機器」が急速に地位を上昇させている点が目を引くほかは，ほぼ同じ傾向が見て取れる。

　他方，表6-4で輸入品について上位10品目を見ると，原油・天然ガス以外は大きな変動はない。しかもこれら10品目の全輸入に占めるシェアは70％前後，上位5品目では45％前後で推移している。これを輸出と比較してみるとそれぞれ10％ポイントほど低くなるが，これは輸入の方が輸出よりも貿易対象品目が分散していることを示している。

　さらに，輸出の上位10品目と輸入の上位10品目を比べると驚くべきことに，両方に共通していない品目は輸出のゴム・プラスチック，輸入の原油・天然ガスの2つで，他の9品目は順位こそ違うが，輸出と輸入とで共通しているのである。これは，ドイツの貿易が産業分類上では国際的に水平的な分業を前提にして行われていることを示している。例えばドイツは高級車をはじめ自動車とその部品を最も多く輸出するが，他面では上位2番目に自動車とその部品を輸入しているのである。また，情報処理機器・電子機器・光学機器では最多の輸入品となっているが，他方で輸出品では第4番

表6-5 原油と天然ガスの輸入価格の動向
（年間平均価格，2010年＝100）

	2000〜2004年平均	2005〜2009年平均	2010年	2011年	2012年	2013年	2014年	2015年	2016年
原　　油	44.6	84.2	100.0	132.0	147.6	139.3	126.9	81.6	66.3
天然ガス	54.4	97.3	100.0	124.7	132.1	122.3	105.4	90.7	76.1

（注）　原油は OPEC 諸国産原油の価格。
（出典）　Statistisches Bundesamt（2017b：17-18）から作成。

目の多さである。この商品グループは，ほぼドイツ側の輸入超過になっていて，2015年においても入超額は50億ユーロになる。ドイツ産業の中では競争力の弱い産業といえる。これに対して自動車産業の同年の出超額は1,284億ユーロに達する。

　また，輸入品の中では原油・天然ガスの変動が目立つ。2015年は6.4％で5位であるが，表に示してない年も含めると，順に2014年は8.4％で3位，2013年は10.6％で第1位，2012年も10.8％で第1位，2011年9.1％で第2位，2010年9.0％で第2位となる。つまり，例年9〜10％前後のシェアを占める原油・天然ガスの輸入が，2014年から減少し2015年には6.4％にまでシェアを低下させているのである。これはもちろん国際市場での原油価格の低下が原因である。立ち入って見ておこう。

　ドイツの輸入総額に占める原油と天然ガスのシェアは，前述のようにほぼ10％前後になっていた。両者の輸入価格は表6-5から明らかなように大きく変動している。表には示してないが，原油価格は2008年をピークにして上昇した後2009年には急落し，その後2010年まで比較的低位に安定していた。しかし，2010年後半から上昇基調に転じ，輸入価格は両者とも2012年にピークを迎え，その後は下落に転じ，特に2014年以降急落している。2016年にはピークの2012年に比して原油が55.1％，天然ガスが42.4％も下落しているのである。

　そのため，ドイツの輸入総額に占めるエネルギーのウェイトはこの価格下落によって大幅に低下している。2010年から原油も天然ガスも輸入価格が上昇し，表6-4には示していないがピークの2012年には輸入全体のシェアの10.8％を占めるまでになるが，その後は，世界的な原油需要の減少に伴う供給過剰傾向とアメリカのシェールオイルとシェールガスの供給本格化に伴って価格が低下しだし，そのため輸入全体に占める原油と天然ガスのシェアも低下し，15年には6.4％，さらに2016年には4.8％にまで下落している。輸入金額で見ると2012年の976.8億ユーロから2015年の611.3億ユーロ，そして2016年には462.6億ユーロへと，この間実に52.6％の減少となっている。

　これは当然ドイツの輸入総額の抑制に作用している。2012年の輸入総額は9,059.3億ユーロであったが，2015年には9,492.5億ユーロ，2016年には9,546.4億ユーロでこ

第⑥章　対外関係　251

表6-6　ドイツの貿易相手国（輸出）

(単位：%)

順　位	国・地域	2015年	2013年	2011年	2009年	2007年	2005年
1	アメリカ	9.5	8.2②	7.0②	6.8②	7.6②	8.8②
2	フランス	8.6	9.1①	9.6①	10.1①	9.5①	10.1①
3	イギリス	7.5	6.6③	6.2④	6.6③	7.2③	7.7③
4	オランダ	6.6	6.5④	6.5③	6.6④	6.5⑤	6.2⑤
5	中国	6.0	6.1⑤	6.1⑤	4.6⑧	3.1⑪	2.7⑪
6	イタリア	4.9	4.9⑦	5.8⑥	6.3⑤	6.7④	6.8④
7	オーストリア	4.9	5.2⑥	5.4⑦	5.7⑥	5.9⑥	5.5⑦
8	ポーランド	4.4	3.9⑨	4.1⑩	3.9⑪	3.7⑩	2.8⑩
9	スイス	4.1	4.3⑧	4.5⑧	4.4⑨	3.8⑨	3.8⑨
10	ベルギー	3.5	3.9⑩	4.4⑨	5.2⑦	5.3⑦	5.5⑥
上位5カ国の計		38.2	36.5	35.4	36.4	37.5	39.6
上位10カ国の計		60.0	58.7	59.6	53.6	59.3	59.8
E U		58.0	56.8	59.4	62.3	64.6	63.4
ユーロ圏		36.4	37.2	40.0	42.8	43.8	43.2

(注)　2005年の8位はスペイン，12位はロシア。
　　　2007年の8位はスペイン，12位と13位はロシアとチェコ。
　　　2009年の10位はスペイン，12位と13位はチェコとロシア。
　　　2011年の11〜13位まではスペイン，チェコ，ロシア。
　　　2013年の11〜13位はロシア，スペイン，チェコ。
　　　2015年の11位と12位はスペインとチェコ。

(出典)　*Statistisches Jahrbuch* 2007：466, 2012：415, 2015：415, 2016：417から作成。

の間5.4％の伸びとなるが，同期間の輸出額は10.2％の伸びを記録している（以上の数値はStatistisches Bundesamt（2014：417, 2017：427）から）。このように見れば，原油と天然ガスの価格の長期低落がドイツの貿易収支の黒字要因の1つであることが確認できる。

貿易相手国の構成

　次にドイツの貿易相手国についてみておこう。表6-6と表6-7によれば，2015年には輸出入ともにEU加盟国が58％前後を占め，圧倒的である。市場統合を進めてきたEUの成果といえるだろう。ただし，近年はドイツにとっては輸出も輸入もEU加盟国のシェアは漸減傾向にある。特に2008〜2009年の世界経済危機以降，ユーロ圏のシェアが低下を続けていることが目を引く。EU加盟国に代わってロシア（表6-6，表6-7の注を参照）やアメリカ，そして中国等のアジア諸国のウェイトが高まっている。このようにドイツは輸出市場をEU一辺倒ではなく，分散させている。これは各国・各地域における景気の繁閑から生じる需要の増減を相互に相殺させるため，ドイツの輸出産業・企業の業績の安定につながる要因でもある。

表6-7　ドイツの貿易相手国（輸入）

（単位：％）

順　位	国・地域	2015年	2013年	2011年	2009年	2007年	2005年
1	中国	9.7	8.4②	8.8②	8.5①	7.3③	6.5④
2	オランダ	9.3	10.0①	9.1①	8.4	8.0	8.3
3	フランス	7.1	7.1	7.3	8.0	8.2①	8.5①
4	アメリカ	6.3	5.5	5.4	5.9	6.0	6.7③
5	イタリア	5.2	5.3	5.3	5.6	5.8	5.8⑥
6	ポーランド	4.7	4.0⑪	3.6⑫	3.3⑫	3.1⑬	2.7⑫
7	スイス	4.5	4.3⑨	4.1⑩	4.2⑦	3.9⑨	3.6⑨
8	チェコ	4.1	3.7⑫	3.6⑪	3.6⑪	3.4⑪	2.8⑪
9	イギリス	4.0	4.4⑦	5.0⑥	4.9⑥	5.5⑥	6.2⑤
10	オーストリア	3.9	4.1	4.1⑨	4.1⑨	4.2⑧	4.1⑧
上位5カ国の計		37.6	36.3	35.9	36.4	35.3	36.2
上位10カ国の計		58.8	56.8	56.3	56.5	55.4	55.2
Ｅ　Ｕ		57.4	57.2	56.1	57.2	58.4	58.4
ユーロ圏		37.7	38.6	37.7	38.9	40.0	39.2

（注）　2005年の7位がベルギー，10位がロシア。
　　　　2007年の7位がベルギー，10位ロシア，12位は日本。
　　　　2009年の8位がベルギー，10位はロシア。
　　　　2011年の7位がロシア，8位はベルギー。
　　　　2013年の6位はロシア，8位はベルギー。
　　　　2015年の11位と12位はベルギーとロシア。
（出典）　*Statistisches Jahrbuch* 2007：466, 2012：416, 2015：416, 2016：418から作成。

　この輸出国のシェアの順位を見ると，上位5カ国で全輸出額の38％前後を占め，上位10カ国で60％前後になり，輸出国が一定程度集中していることが分かる。また，近年の傾向として，中国とポーランドのシェアが増加している。特に中国はシェアで2倍になっているし，ポーランドも2倍近い増加になっている。また，スペインに典型的に見ることができるが，EU加盟国のうち旧来のメンバーがシェアを落としている。スペインは2005年の8位から11位に地位を落としているし，イタリアやベルギーもシェアを落としている。それに代わってポーランドがシェアを伸ばしている。とはいえ，フランス，オランダ，イギリス，イタリア，オーストリア等のEU諸国が取引相手として継続的に重要な位置を占めている。

　EU以外では，輸出入ともアメリカやスイス，そして2000年代に入って中国のウェイトが急速に高まっていることが分かる。なお，10位以下ではチェコとロシアが続いている。ただし2015年にはロシアは，2014年からのウクライナ紛争に伴う経済制裁と原油価格の下落に伴う国内経済の不況との影響で，リストの12位を下回っている。

　表6-7の輸入についてもほぼ同じことがいえる。上位5カ国で全輸入額の37％前

第❻章　対外関係　**253**

後を占め，上位10カ国で58％前後を占める。輸出よりも上位国への集中度が数％ポイント低いが，それは原材料や燃料，さらに部品・中間財等の調達のために輸入国のリストが広がるからであろう。さらに，中国のシェアの急上昇，ポーランドそしてチェコもシェアを伸ばしている。これに代わって，フランスやイギリスといった旧来の貿易相手国がここでもウェイトを落としている。

　貿易収支残高を見ると，EUが輸出超過でその額は15年には1,492億ユーロ（輸出超過総額2,443億ユーロの61.1％），ユーロ圏が774億ユーロ（同31.7％）になる。アメリカとは巨額の輸出超過で535億ユーロ（同21.9％）に対し，中国とでは輸入超過（206億ユーロ）である。また，アメリカ以外の輸出超過国はイギリス（506億ユーロで20.7％），フランス（359億ユーロで14.7％），オーストリア（210億ユーロで8.6％）等で，また中国以外の輸入超過国はノルウェー（81億ユーロ），オランダ（87億ユーロ），ロシア（84億ユーロ），アイルランド（50億ユーロ）等である（数値はDeutsche Bundesbank（Mai 2017：18〜19）を参照）。

　ドイツの貿易は基本的には先進工業国としての特徴を示し，原材料を輸入しそれを加工して輸出する加工貿易国であるといってよいが，それは旧来の単純な垂直的国際分業に基づくものではない。試みに輸出国と輸入国の上位10カ国を比較してみると，それぞれのリストに入っている10カ国中9カ国が，順位の高低があるものの，共通になっている。これは，これらの国の輸入品と輸出品がかなり似た商品構成になっていることを示している。つまり同等かそれに近い発展水準の工業国間で貿易の大半を行っている姿が見える。なお，輸出国のリストのうちで輸入国のリストに入っていないのは10位のベルギーのみで，同じく輸入国のリストでは8位のチェコのみである。ただしチェコは輸出国では12位に入っている（表6‐6の注参照）。

　これを，前述のように，中間財の貿易が大きなウェイトを占めていることを念頭に置いて考えると，生産工程の国際的ネットワーク化に伴い，産業内や企業内で国境を跨いだ生産工程における技術レベルでの垂直的国際分業が著しく進展している生産過程の編成に対応して，このような貿易の地理的構成を示しているといってよい。それは，特にドイツの周辺で生産基地となっている中東欧諸国との関係において考えられる。輸出国ではポーランド，チェコそしてハンガリー等であり，輸入国も当然同じポーランド，チェコ，ハンガリー等が指摘できる。

　このように見ると，ドイツの貿易相手国の特徴の1つは，1990年代に入って，東西冷戦終結とともに市場経済に移行した国々との経済取引の構築と拡大である。中でも東欧諸国とロシア，そして中国との貿易拡大が2000年代に入ると急拡大していること

が注目できる。

　ここで，ドイツ連邦銀行（Deutsche Bundesbank）の分析に基づいて東欧諸国との関係について見てみよう。エストニア，ラトビア，リトアニア，ポーランド，チェコ，スロバキア，ハンガリー，ルーマニア，スロベニアの当時 EU 加盟を目指していた 9 カ国の貿易について，2000年の商品構成をみると次のようになる。まず輸出では中間財が53％，消費財23％，投資財19％，エネルギー・原料 5 ％の順になる。ここで注目できるのは中間財で，全輸出の半分を超えている。この中間財の輸出が多いことは，これらの諸国が半製品や仕掛品を輸出して，技術水準が高く，工業の発展度の高い国で完成品に仕上げる国際的な工程間分業に組み入れられている姿を示している。そして消費財と投資財が20％前後を占めていることは，各国とも自国内で製造業が徐々に輸出力を高めてきていることを示している。

　次に輸入を見ると，ここでも中間財が54％で全輸入の半分以上を占めている。続いて投資財が20％を占めているが，これは各国とも投資によって経済再建と復興に力を入れている結果であろう。そして消費財が15％，エネルギー・原料が11％となる。このうち，中間財のウェイトが高いことは，主要工業国から各種の半製品や仕掛品を輸入して自国内で仕上げ，完成品や部品を国内市場で販売するか，国外市場に再輸出する国際分業に組み込まれて生産していることをここでも示している。

　また，これらの国の輸出相手国を見ると，EU 諸国が67％で，うちドイツだけで31％を占めている。その他の工業国が 6 ％，これら 9 カ国相互への輸出が14％，ロシアを含むその他のヨーロッパの経済改革国が10％，その他の途上国が 4 ％となる。このように，これらの市場経済への移行を進める東欧諸国は，貿易相手国を80年代末までのソ連・東欧諸国から EU 諸国に移し，特にドイツへの比重が大きくなっていて，なかでもポーランドが全輸出の34％，同じくチェコが39％，ハンガリーが36％をドイツに輸出している（以上は Deutsche Bundesubank Dezember 2002：54-55を参照）。後述するように，この趨勢はその後も続き，しかも業種が車両工業部門や化学工業に集中していくのである。

　次に，ドイツの貿易相手国にとってドイツが重要なパートナーとなっている点も確認しておこう。ドイツの輸出先国にとっての，2008年のドイツの地位を見てみよう。アメリカにとっては全輸入国に占めるドイツの地位は 5 位，ベルギーにとっては 2 位，中国にとっては 6 位，ロシアでは 2 位になるが，それ以外のフランス，オランダ，イギリス，イタリア，オーストリア，スペイン，ポーランド，スイス，チェコ，スウェーデン，ハンガリーにとってはドイツが 1 位になる。逆にドイツの輸入市場としての

地位は，同じく2008年に，アメリカの全輸出国に占めるドイツは5位，中国でも5位，スペインでは2位，ロシアでは3位となるが，それ以外の上記の国はすべて1位となっている。このように，貿易相手国にとってのドイツは，輸入先国としても輸出市場としても重要なパートナーであることは間違いない（数値は Statistisches Bundesamt (2010：10) から）。

2　資本輸出──直接投資の動向

　上述の経常収支の黒字は，当然ドイツからの資本輸出の増加につながる。ここでは貿易との関係を見るため，直接投資が注目されねばならない。ここでの直接投資とは直接的に資本持ち分あるいは議決権の10％以上，ないしは直接的間接的に資本持ち分あるいは議決権の合計50％以上がドイツの投資者に属する限り，この国外の企業に対する金融関係が直接投資にあたるとしている。また，ここでいう間接的とは，自己の子会社の資本参加会社が保有する資本持ち分と議決権を指している。

　表6-8を見ると，1990年代はドイツから外国へ直接投資が大きく伸びた時期であることが分かる。1995年には1990年に比して70％も増加し，さらに2000年には1995年に比して196％と，実に3倍近い投資残高に急増している。このような直接投資の増加は，経常収支の赤字の時期でのことであり，証券投資他の資本輸入でバランスされている。そして，この1990年代の伸びは EU の域内市場統合の完成に伴う投資拡大と，さらに1990年代末に実行されたドイツの自動車メーカーのダイムラー・ベンツ社とアメリカの自動車メーカーのクライスラー社の大型合併が大きく影響している。それは2000年の自動車工業での投資の伸び，さらにすぐ下で見る同年のアメリカへの投資の伸びからも見て取れる。具体的な金額を見ると，ドイツの対米自動車工業への直接投資額は，1996年の35億ドイツマルクから2000年の704億ユーロ（1,377億ドイツマルク）に，実に40倍に増加している（Deutsche Bundesbank Mai 2001：34, Mai 2004：34）。

　2000年以降も，総額で見ると2000年代前半に伸び悩んでいるものの，後半には順調に増加していてリーマン・ショックの影響はさほど見られない。2010〜2015年を見ると多少伸び悩みがみられ，ユーロ危機の影響を感じさせる。このような直接投資の動向は，表には示してないが，投資残高を対名目 GDP 比で見ると1995年には12.7％であったものが，2000年に38.6％，2005年35％，2010年44.5％，2015年には47.5％と，1990〜2000年代に急増し，ドイツ経済に占める意義を高めていることがわかる。

　次にこの直接投資の投資先の産業部門を見てみると，次のようになる。まず製造業

256

表 6 - 8　　ドイツの直接投資残高の産業別構成比

（単位：10億 DM, 10億ユーロ，％）

	総　額	製造業	化学工業	機械工業	電機工業	自動車工業	金融業	サービス業
1995年	384.8 （ 69.9）	42.9	*15.0*	*4.7*	*6.8*	*7.6*	15.5	32.2
2000年	582.3 （196.0）	37.8	*7.9*	*2.8*	*3.4*	*16.8*	20.2	36.0
2005年	786.2 （ 35.0）	28.9	*5.2*	*1.8*	*3.1*	*12.9*	17.6	48.4
2010年	1109.9 （ 41.2）	25.5	*4.2*	*2.8*	*2.7*	*11.0*	15.8	50.4
2015年	1439.3 （ 29.7）	29.5	*4.6*	*3.0*	*3.7*	*12.8*	45.1	16.5

（注）　1995年の総額の単位は10億ドイツマルクで，それ以外は10億ユーロ。また，総額の（ ）内は5年前に対す
　　　る伸び率を示している。2000年についてはユーロをドイツマルクに換算し1兆1,389億ドイツマルクとして計算
　　　している。なお，化学工業から自動車工業までは製造業の内訳で，イタリックで示している。
（出典）　Deutsche Bundesbank Juni1999：6, Mai 2004：6, April 2009：6, April 2015：6, April 2017：6 から作
　　　成。

のウェイトが1995年の43％弱から急減して2010年には25.5％にまでウェイトを落とし
た後，2015年には30％弱にまで回復している。特に化学工業の低下が目を引く一方で，
自動車工業が前述のように2000年に大きくウェイトを増している。非製造業では，金
融業とサービス業のウェイトがこの間に大きな変動を示しているが，この2つの産業
部門は，2014年からマネジメント機能をもたない資本参加会社をサービス産業部門か
ら金融部門に分類を移しているため，両部門を合計してみた方が良い。これによると，
製造業とは逆に，これら両部門は急伸し，1995年の48％弱から2005年と2010年には66
％台にまで上昇し，その後2015年には61.6％にまで低下しているが，ウェイトを高め
ていることが分かる。
　さらに表6-9で投資先を主要国別にみると，2000年代後半にはアメリカを除くと
ほとんど変化は見られない。さらに2010年代に入ると，もちろん2010年からのユーロ
危機の影響を受けて，EU とユーロ圏でそのウェイトを落としている。目につくのは
アメリカのシェアの動きで，前述の自動車工業での大型合併のために2000年には37％
弱のシェアを占めたが，その後2010年には22％強までシェアを低下させ，近年ようや
く24〜25％に回復しているが，これは EU とユーロ圏とはちょうど逆の動きとなって
いる。シェアが上昇しているのはロシア，そして特に中国である。中国は2000年の1
％から5％を上回るまでにシェアを高めている。ロシアもシェアを増してきたが，
2014年以降ウクライナ問題で経済制裁を受け近年では低下している。また2004年から
EU に加盟したポーランド，チェコ，そしてハンガリーも2000年代半ばにシェアを伸
ばしてきたが，近年ポーランドとハンガリーはシェアを落としている。
　ドイツの直接投資が投資先国の経済に対してどのような位置付けになるのか見よう
としたのが表6-10である。なお，直接投資の定義から，ここに示されている数値は

第6章　対外関係　257

表6-9　ドイツの直接投資残高の国別・地域別構成の推移

(単位：%)

年	E U	ユーロ圏	ポーランド	チェコ	ハンガリー	ロシア	中　国	アメリカ
1995	54.9	(一)	0.5	1.1	0.9	0.2	0.4	21.7
2000	41.5	30.6	1.4	1.3	1.2	0.3	1.0	36.6
2002	42.2	30.9	1.4	1.6	1.4	0.3	1.0	37.5
2004	53.1	33.7	1.5	1.9	1.8	0.6	1.2	33.6
2005	52.2	31.0	1.6	2.0	1.8	1.4	0.9	29.8
2006	55.1	30.8	1.9	2.3	1.9	1.4	1.6	25.5
2008	56.9	35.8	2.0	2.3	1.7	1.5	2.1	22.2
2010	54.2	35.0	2.2	2.2	1.6	1.5	2.7	22.4
2012	53.2	33.7	2.1	2.2	1.3	1.8	3.7	22.0
2014	51.1	32.2	2.1	2.2	1.2	1.2	4.8	24.7
2015	50.1	31.2	1.5	2.1	1.2	1.1	5.2	25.4

(出典)　Deutsche Bundesbank Juni 1999：16-26, Mai 2004：16-26, April 2009：12-24, April 2013：12-24, April 2015：12-24, April 2017：12-24から作成。

すべてがドイツ側企業の100％支配とは限らない点を考慮しておかねばならない。これによると，投資件数では1995～2015年までの20年間に2万3,369件から3万6,203件に55％も増加し，そのうちEU加盟国が合計51％を，さらにユーロ圏だけで31.7％を占める。貿易に占めるウェイトと比べると，EUとユーロ圏のウェイトは少し低く，同様に中国，ポーランドそしてチェコが低い。それに対して，アメリカのウェイトは貿易での比率を上回っている。また，傾向的にはロシアそして中国のウェイトが高まっているが，ポーランド，チェコ，ハンガリーの比率が2000年代前半に急上昇している。

　雇用についてみると，これらのドイツの直接投資によって投資先国全体の雇用は1995年の283万4,000人から2015年の701万6,000人に，この20年間に2.5倍に増加している。また，同年のドイツ国内の雇用数が4,298万8,000人であるから，この701万6,000人は国内の雇用数の16.3％に達する（ドイツ国内の雇用数についてはStatistisches Bundesamt 2016：348を参照）。さらに，ここでもEUとユーロ圏のウェイトは低下し，ポーランドやチェコ，そしてロシアと中国のウェイトが増加している。中国は全体の10％に達し，アメリカに近いウェイトになっているし，ポーランドとチェコは5％近いウェイトを占めている。これらの国では，もちろん低労働コストが工場移転に有利に作用している。

　さらに，これら投資先の現地企業の年間売上高は，1995年の1兆465億ドイツマルク（5,311億ユーロ）から2015年の2兆7,095億ユーロと，この20年間に5.1倍に増加している。これらの投資先国は新規市場としての開発も目指されていることが分かる。

表6-10 ドイツの直接投資の投資国での活動

(単位：件，千人，10億ユーロ（10億 DM），%)

	年	総 数	ＥＵ	ユーロ圏	ポーランド	チェコ	ハンガリー	ロシア	アメリカ	中国
投資件数	1995	23,369（100.0）	52.4	—	2.0	2.6	2.2	0.5	11.7	0.7
	2000	32,939（100.0）	46.4	35.9	4.1	3.6	2.8	0.7	12.0	1.8
	2005	24,188（100.0）	54.2	32.4	3.9	3.2	2.5	1.2	14.5	3.3
	2010	33,064（100.0）	53.2	32.5	3.7	2.9	2.2	1.7	12.7	4.4
	2015	36,203（100.0）	51.0	31.7	3.6	2.7	2.0	1.7	13.2	5.6
雇用数	1995	2,834（100.0）	52.4	—	2.0	2.6	2.2	0.5	11.7	0.7
	2000	4,440（100.0）	36.5	27.7	4.4	4.6	3.6	1.2	17.3	2.8
	2005	4,996（100.0）	48.0	25.1	4.6	4.7	2.9	2.0	16.4	4.7
	2010	6,117（100.0）	45.3	23.3	4.9	4.3	2.3	3.8	12.1	7.6
	2015	7,016（100.0）	44.6	21.6	4.8	4.5	2.6	3.8	11.9	10.0
年間売上高	1995	1,046.5（100.0）	53.2	—	0.7	1.0	0.8	0.2	21.4	0.5
	2000	1,292.4（100.0）	41.4	31.7	1.8	1.9	1.5	0.3	28.7	1.3
	2005	1,614.7（100.0）	48.5	29.4	2.5	2.7	1.8	1.1	26.3	1.9
	2010	2,085.9（100.0）	49.8	30.6	2.9	3.0	1.8	2.7	16.1	5.9
	2015	2,709.5（100.0）	45.7	26.5	2.6	2.7	1.6	2.2	19.6	9.7

（注1） EUとユーロ圏は該当の年次に加盟している国を合計している。それゆえ2005年以降のポーランド，チェコ，ハンガリーはEUの内数である。
（注2） 年間売上高の1995年の数値は10億 DM で，他は10億ユーロ。
（出典） Deutsche Bundesbank Juni 1999：16-26, Mai 2004：16-26, April 2009：12-24, April 2015：12-24, April 2017：12-24から作成。

これをドイツ国内での企業売上高に比較してみると，2015年に国内のそれは6兆3,932億ユーロになり，その42％強に達する（Statistisches Bundesamt 2017：516）。ここでもEUとユーロ圏のウェイトが低下傾向にあり，ポーランド，チェコ，ロシアそして中国のウェイトが増加している。

　このように見ると，ドイツからの直接投資は東欧諸国とロシアそして中国で伸びが急速であることがわかる。このうち中国について日本と比較してみると，件数では1997年にすでに中国が409件と日本の367件を上回り，雇用数でも同年に中国が7万9,000人と日本の4万3,000人を上回って逆転している。しかし，年間売上高で中国が日本を上回るのはもっと後で，2006年である。また直接投資総額（間接所有も含む）では2005年に中国が日本を上回っている。これらを考えると，ドイツの対中国投資は2000年代半ばに日本を上回ったとみてよい（Deutsche Bundesbank April 2009：22）。

　以上の分析から，ドイツの直接投資が投資相手先国と密接な分業関係を組み立て，それが貿易関係にも反映されていることが分かる。このようなドイツ企業の国外への活動拠点の移転は，この1990年代後半～2000年代半ばにかけて社会的に「産業の空洞化」として問題視されたが，それはこのような事態を受けてのことであった[4]。もちろ

んここでの数値が，直接投資の定義で見たように，すべてがドイツ側の投資行動に基づく結果ではないものの，しかしそれでもドイツからの工場の国外移転，さらに雇用の国外流出の結果を示すものであることは間違いない。

3　単一通貨ユーロの為替レート

　経常収支の不均衡は，理論的には為替レートの変動によって多かれ少なかれ調整されるはずである。しかしドイツの場合，1999年から単一通貨ユーロを導入しているため，自国の経済動向のみによって自国通貨の為替レートが決まっているわけではない。ユーロを導入している国は現時点で19カ国あり，それらの国の経済動向が必ずしも同方向に収斂しているわけではなく，一方には好景気の国があり，他方には不況の国が併存する事態がしばしば生じるが，その場合，金融政策を担当する欧州中央銀行（ECB）は困難に直面することになる。好況国に焦点をあてて景気引き締めの金融政策を採用すべきか，あるいは不況国に焦点を当てて景気刺激的な金融政策を実施すべきか，板挟みにあうためである。このように，ユーロ圏ではユーロの為替レートとユーロ導入各国の景気動向とが一致しにくくなり，経常収支の動向と為替レートの変動による調整機能が直接的に反応しにくくなっているのである。

　しかも，個々のユーロ導入国によって伝統的に経済政策のスタンスが異なるため，導入国間での協調が一段と難しくなる。例えば，ドイツの金融・経済政策のスタンスは，しばしばドイツ連邦銀行の言動に見られるように，他国に比してインフレ抑制を目指した金融引き締め指向が強い。そのため，ECB の緩和的な金融政策に対しては，傾向的に批判的である。これに対して2009年末からのユーロ危機以降，フランスやイタリアそしてスペイン等からの景気刺激的な金融緩和政策の要請が強まり，ECB はこれに応えざるをえなくなり，それも前例のないほどのきわめて長期に及ぶ超金融緩和政策に大きく舵をとっている。こうなると，ECB の金融緩和政策によってユーロが他の通貨に対してユーロ安基調になるため，為替レート面からのドイツの経常収支への調整力が作用しにくくなる。この点を以下に見ておこう。

　ECB は1999年初めに政策金利を 2 ％でスタートさせたが，翌2000年に入ると引き締めに転じ，同年 9 月以降 3 ％台に引き上げた。その後，2001年秋以降緩和に転じ2002年末には 1 ％台へ引き下げたが，この緩和基調は2006年夏の 2 ％への引き締めまで続いた。そして同年末には景気の過熱を一層懸念して，引き締め基調も強められた。すなわち，2006年12月それまでの2.25％から2.5％に引き上げ，2007年 3 月には2.75

％，6月に3％，2008年7月に3.25％に引き上げた。同年10月にはいったん2.75％に下げた後，翌日に再び3.25％へ戻した。

　しかし，2008年9月にアメリカでのリーマン・ショック勃発による急激な経済危機の進展に対応して，同年11月2.75％，12月に2.0％，2009年1月には1.0％へと矢継ぎ早に政策金利を引き下げた。さらに同年3月には0.5％，4月以降は0.25％へ引き下げ，ギリシャに始まるユーロ圏での金融財政危機の勃発に伴い，2011年に入るまでこの低水準は維持された。その後ユーロ危機の鎮静化とともに2011年4月に0.5％，7月に0.75％まで引き上げられたが，しかしユーロ圏の危機の再燃に伴い11月に0.5％，12月に0.25％，翌2012年7月にはついに0％にまで引き下げられた。さらにこの0％金利は2014年6月マイナス0.1％，9月マイナス0.2％，2015年12月マイナス0.3％そして2016年3月にはマイナス0.4％にまで引き下げられ，その後も異例の超金融緩和状態が続いている（Deutsche Bundesbank（Mai 2017：43*）を参照）。

　このように，ECB の金利政策は2008年秋の金融危機以降多少のジグザグがあるものの継続的に金利引き下げが行われ，2009年春以降は1％を下回り，2012年夏からはゼロ金利，そして2014年夏からはマイナス金利が続いているのである。この ECB の超低金利政策は多少の齟齬や時間差があるものの為替レートをユーロ安に導き，ユーロは安値基調で推移している。表6-11で対米ドルレートと実質実効為替レートを見ると，この点は確認できる。1999年のユーロのスタート以来，ユーロは2001年まで対ドルでも実効為替レートでも安値基調になっていたが，2002年以降2009年までユーロ高が続いた。しかしその後2012年までユーロは下げた後，2014年まで多少戻したが，2015年から下げている。このようなユーロの為替レートの推移を輸出の動向と対比してみると，ドイツの輸出動向はユーロの変動と必ずしも一致しているとはいえない時期もあるが，しかしトレンドとしては，ユーロ安が輸出促進要因となっていることは間違いない。

　ここで，ドイツの価格競争力の動向を見ておこう。同表に示した価格競争力指標は，ドイツ連銀がドイツの貿易においてグローバルなバリュー・チェーンがますます重要性を増していることを考慮して，総販売額でデフレートした指標に基づいて策定しているものである（この点については Deutsche Bundesbank（Januar 2016：16）を参照）。これを見ると，ユーロ圏諸国に対しては，非ユーロ圏諸国に対してとは違って，きわめて安定した推移を示していることが分かる。これはもちろん，ユーロ圏内では共通通貨の導入によって為替要因からの影響がなくなったためである。これに対して非ユーロ圏に対しては，実効為替レートとほぼ同じ推移を示している。

第6章　対外関係　261

表6-11 ユーロ為替レートとドイツの価格競争力の推移 (単位:%, ドル)

	1999年	2000年	2001年	2002年	2003年	2004年	2005年	2006年	2007年
ドイツの輸出額対前年変化率	4.4	17.1	6.8	2.0	2.0	10.1	7.5	13.6	8.1
ユーロの対米ドル為替レート	1.0658	0.9236	0.8956	0.9456	1.1312	1.2439	1.2441	1.2556	1.3705
ユーロの実質実効為替レート	96.0	86.6	87.1	90.2	101.3	105.0	103.5	103.5	106.2
ドイツの価格競争力指標									
うち対ユーロ諸国(18カ国)	99.5	97.3	96.3	95.4	94.5	93.2	91.9	90.3	89.4
うち対非ユーロ諸国(8カ国)	95.8	85.1	85.9	88.5	97.6	100.0	99.0	98.4	102.4
うち対26カ国	98.2	92.9	92.9	93.5	97.1	98.5	98.5	98.6	100.9

	2008年	2009年	2010年	2011年	2012年	2013年	2014年	2015年	2016年
ドイツの輸出額対前年変化率	2.0	-18.4	18.5	11.5	3.0	-0.4	3.3	6.2	1.1
ユーロの対米ドル為替レート	1.4708	1.3948	1.3257	1.3920	1.2848	1.3281	1.3285	1.1095	1.1069
ユーロの実質実効為替レート	108.3	109.0	101.3	100.2	95.0	98.2	97.8	88.4	90.1
ドイツの価格競争力指標									
うち対ユーロ諸国(18カ国)	88.0	88.8	88.5	88.2	88.2	88.7	89.6	90.7	91.2
うち対非ユーロ諸国(8カ国)	105.4	104.6	98.2	97.6	92.6	98.4	98.9	90.6	91.8
うち対26カ国	102.2	101.8	98.8	98.2	95.9	98.3	98.5	94.7	95.2

(注1) 実質実効為替レートは消費者物価で調整し, オーストラリア, ブルガリア, 中国, デンマーク, 香港, 日本, カナダ, クロアチア, ノルウェー, ポーランド, ルーマニア, スウェーデン, スイス, シンガポール, 韓国, チェコ, ハンガリー, イギリスそしてアメリカの19カ国の通貨に対するもの。1999年第1四半期を100とした指数。対米ドル為替レートは年間平均値。

(注2) ドイツの価格競争力の3つの指標は, 総販売額でデフレートした指標値で, 数値が小さい方が競争力を強めていることを示す。いずれも1999年第1四半期を100とした指数。

(注3) ユーロ諸国には, 1999年のドイツを除く10カ国, 2001年からギリシャ, 2007年からスロベニア, 2008年からマルタとキプロス, 2009年からスロバキア, 2011年からエストニア, 2014年からラトビア, 2015年からリトアニアの計18カ国を含む。

(注4) 非ユーロ国には, デンマーク, 日本, カナダ, ノルウェー, スウェーデン, スイス, イギリスそしてアメリカの計8カ国を含む。

(出典) Deutsche Bundesbank (Mai 2017:82*) から作成。

さらに, ユーロ導入以降, ドイツはユーロ圏に対して2000年代半ばまで徐々に競争力を強化したが, 2008年頃からほぼ横ばい状態が続き, 2014年頃から競争力を弱めている。この動向は非ユーロ圏や実効為替レートの推移とほぼ逆の動きとなっている。ドイツの価格競争力は, このようにユーロ圏については安定的に強まり, それによってユーロ圏の輸出市場を確保し, 他方非ユーロ圏に対してはユーロの為替レートの変動の影響を受け, ユーロ安の時期には追い風を受けて輸出を伸ばし, 逆の場合には輸出に抑制的な影響を受けていると見てよい。

このように, 単一通貨を導入してユーロ圏に属する国は単一の為替レートになるため, それまでの関税障壁も非関税障壁もない単一市場がさらに通貨面でも為替変動リスクや両替手数料等のコストがなくなり, ユーロ圏の市場全体が自国市場に一体化することとなる。そのため, ドイツの場合人口ほぼ8,100万人, GDP額3兆1,327億ユ

ーロ（2016年の名目値）の自国市場を，障壁のないユーロ圏の19カ国で計3億4,100万人の人口（ドイツの4.2倍にあたる），10兆7,454億ユーロの名目GDP（2016年の数値で，ドイツの3.4倍にあたる）の大市場に拡大できているといってよい（数値はEuropean Central Bank（2016：8）から）。このように，ユーロ導入各国は相互に，巨大な市場を文字通り後背地として貿易や投資を行えるのである。

4　EUの是正勧告とドイツの対応

　上述のようなドイツの貿易収支不均衡に対して，EUも対応を迫られることになる。EUは，「マクロ経済不均衡の防止と是正に関する2011年の命令」（Regulation No 1176/2011）に従って「詳細な調査」（In-depth Review：IDR）を実施し，公表することになった。具体的には，2013年11月の『警告メカニズムレポート』（Alert Mechanism Report）においてドイツにマクロ経済上の不均衡が存在するかどうか，存在する場合どのように対応するか，詳細な調査を行うことを決定した。

　これに基づいて2014年に調査報告書『マクロ経済不均衡 ドイツ 2014年』（Macro-economic Imbalances Germany 2014）が公表され改善策が推奨されたが，その後も改善が進まないため，2016年と2017年にそれぞれ『カントリーレポート ドイツ 2016年』（Commission Staff Working Document. Country Report Germany 2016）と『カントリーレポート ドイツ 2017年』（Commission Staff Working Document. Country Report Germany 2017）が公表され，引き続き改善策が提唱されている。もちろんこのEUの警戒メカニズムに基づく調査報告は，ドイツだけを対象にしているものではない。むしろEU，特にユーロ圏諸国のマクロ経済不均衡を防止あるいは除去するための手続きメカニズムで，通常はドイツとは逆に経常収支赤字国が問題にされている。

　EUの基準では先行する3年間に，経常収支の不均衡が赤字の場合は対GDP比4％超，輸出超過（黒字）の場合は対GDP比6％以上になるとEUの不均衡是正手続きに入ることになっている。その際のEU側からの調査レポートが，『マクロ経済不均衡防止と是正に関する詳細な調査』（In-depth Review on the Prevention and Correction of Macroeconomic Imbalances）として公表される。ドイツは2012年以降連続して基準値の6％を超えているため，2015年からこの対象国になり，国別レポートが提出され是正勧告が出されている。

　その概要は以下のようになる。ドイツはマクロ経済の不均衡を是正するために，外需依存度を低下させ，内需拡大の促進を目指すべきである。特に公共支出の拡大が目

標になるが，具体的にはインフラストラクチャーへの投資，教育・研究開発への投資等を積極的に行うことが推奨されている（European Commission 2017：15-17 を参照）。

　このように，EU からの是正勧告が出されているものの，しかしその内容には迫力がない。それは，財政支出の拡大をドイツに迫ることについては，何よりもまず EU の安定・成長協定上問題があるからである。ドイツは単年度の収支でこそ同協定の財政赤字を対 GDP 比 3 ％以内に抑える義務を遵守できているが，しかし公的債務残高を対 GDP 比60％以内に維持する義務については70％前後とまだ遵守できていない。そのため，財政支出を大きく拡大することを EU 側も推奨できないのである。それゆえ，推奨策もドイツの立ち遅れが目立つインフラストラクチャー投資や教育・研究投資の増強等，ドイツ国内でも急がれている政策目標にとどめざるを得ないのである。

　さらに，個人消費の拡大を目指すことも，ドイツ国民の年齢構成からかなりの困難を伴うことになる。ドイツでは1960年代前半にベビーブームを迎えたが，この世代の年齢層は今日まだ現役世代にあり，老後に備えて貯蓄に励んでいる（Statistisches Bundesamt（2016：25）を参照）。このベビーブーム世代が現役を引退する2020年代後半まで，もうしばらくは貯蓄率が高いまま続くと考えられるため，個人消費の拡大にも限界がある。そして残りは民間企業の投資であるが，これは企業にとっての収益判断であるから，せいぜい投資誘導政策しかないのである。

　このように見ると，ドイツが内需拡大政策に大きく転換するのは困難であろう。1980年代半ばの日本の場合には，経常収支黒字額が GDP 比 4 ％を超えて，アメリカと厳しい貿易摩擦を引き起こしたが，その解決を求めるアメリカの主張もあって主要国は為替レートによる調整を進めることになった。日本では急速な円高に見舞われ，景気への悪影響を緩和させるために内需拡大に向かわざるを得なかった。その際に採用された金融緩和政策と財政拡大策がバブルを引き起こし，日本経済は大混乱に落ち込んでいくプロセスをたどった。ドイツの場合，すでにみたように為替レートによる調整はきわめて限定的であるため，内需拡大政策頼みになるが，この日本の事例を踏まえれば，そう容易に内需拡大政策に舵を切らないであろう。何よりもインフレを警戒し，財政政策を大きく転換させることはないと思われる。またユーロの為替レートがドイツの貿易収支に大きな影響を及ぼすほど上昇することも，他のユーロ圏諸国の景気動向からみてしばらくはないと考えられる。

　以上を簡単にまとめておこう。ドイツ経済は，統一直後から1990年代末までは旧東ドイツ地域の復興需要に伴う内需の拡大により輸出が伸び悩む一方で輸入が急増した

264

ため，貿易収支は赤字にはならなかったものの黒字幅が急減し，経常収支は赤字に陥った。この統一に伴う輸出停滞と輸入増も1990年代半ばまでには落ち着きを取り戻し，1990年代末には貿易収支黒字が再び拡大し始めた。そして1990年代末のユーロ導入後には，ドイツの貿易は輸出入とも速いテンポで拡大しだし，貿易収支黒字額も一段と増加した。また，輸出入を合計した貿易額の経済全体（GDP）に占めるウェイトは，1990年代の40％台から2000年代初めには50％台へ，2000年代の中頃には60％台を超え，2010年代には85％前後になっている。

　このようなドイツにおける貿易の増加は，1993年からのEU域内の市場統合の完成，旧ソ連・東欧諸国や中国の市場経済への移行に伴って生じた。さらに，1999年からの単一通貨ユーロの導入によるユーロ圏の創設と拡大も影響している。しかし，ドイツの貿易はユーロ圏だけに依存して拡大しているわけではない。むしろ非ユーロ圏の国々との貿易の方が伸びている。その最も目立つ例は中国で，中国との貿易は輸出も輸入も2000年前後から急速に増加している。またアメリカは景気の順調な時期には，ドイツのアメリカへの輸出が増加する傾向にある。

　同時に，このような経済環境の変動に対応して直接投資が盛んに行われたが，それによって投資先国の産業構造と密接に関連する仕掛品や部品の生産の国際的分業のネットワークが形成された。このグローバルないわゆるバリュー・チェーンの編成が，ドイツの貿易に大きな影響を及ぼしていることも指摘できる。ドイツ産業は周辺諸国の産業と生産工程内で技術的な国際分業を編成しているため，仕掛品や半製品等の中間財の相互間での取引が増加している。つまり，すでに半製品として組み立てられた仕掛品を国外から輸入し，それをドイツ国内で仕上げ，完成品にして輸出する産業内あるいは工場間での分業がドイツの直接投資によって組み立てられているのである。

　ドイツの産業・企業は，それを1990年代初めからの旧社会主義圏を含めた経済のグローバル化やEUの市場統合の深化の中で生産過程の国際的分業を進めることによって，グローバルな生産ネットワークの形成として実現してきた。これらの分業とネットワークを前提にして組み立てられた貿易は簡単に修正できないし，今後も維持され，さらにEUの市場統合の成果として堅持され続けるだろう。ドイツの現在の貿易構造は，そう簡単に転換できないのである。

　このように，ドイツ経済の貿易依存度の高まりは，当然ドイツ産業・企業の貿易に関連する度合いを強め，生産活動も雇用も貿易を前提に編成されていることを意味している。しかも近年は，この貿易が景気変動に直接的にさほど影響を受けず拡大を続けていることが，ドイツ経済の安定した好調さにつながっている。それは，ユーロの

導入後は為替レートによる貿易収支の調整が迅速に行われにくくなっていて，ドイツ国内の経済動向に即応しないECBの金融緩和政策に規定されたユーロの為替レートによる輸出促進効果にも基づいている。このほかにも2014年以降続いている原油価格の低位安定により，ドイツの輸入総額はその分低く抑えられ，貿易収支の黒字増の要因となっている点も指摘できる。

　このように考えると，ドイツの貿易収支・経常収支の黒字増大の解消は，EUが提言するような財政支出拡大による内需刺激政策への転換によって達成することには困難が伴う。それは，ドイツの経常収支黒字額が対GDP比で8％を超えていること，それを内需依存経済に転換させて4〜5％水準に低下させることが，いかに困難なことであるかを考えれば明瞭であろう。個人消費の拡大であれ，財政支出拡大であれ，それぞれに制約条件があるため，ドイツの対外不均衡問題の調整には今しばらく時間がかかり，国外からの批判に耐えなければならないであろう。

注

(1)　1980年代半ばに，日本の大幅な経常収支黒字がアメリカやヨーロッパから問題視された。特に日本の主たる貿易相手国のアメリカが巨額の輸入超過であったため，アメリカはそれを直接的に日本の輸出超過と関連付け，日本に強硬に改善を求めた。その際注目すべきは，当時の日本の経常収支黒字額は当時最高を記録した1986年度でさえ対名目GDP比で4.4％であったことである（経済企画庁編 1994：参考資料60を参照）。近年のドイツの経常収支黒字は，日本のそれを大幅に上回るものなのである。

(2)　統一ドイツの1990年代の対外経済関係については，ここでは紙幅の関係から概観するにとどめざるを得なかった。詳細は戸原・加藤・工藤編 2003：第6章（諫山正稿）を参照。

(3)　この商品グループの分類はEUの統一基準「主要工業品グループ」（Main Industrial Groupings）に準拠したものであるが，表現が分かりにくい。まず中間財（Vorleistungs-güter，英語ではintermideate goods）は半製品で完成途上の商品類である。投資財（Investitionsgüter，英語ではCapital goods）は企業の投資財が主であるが，家計でも利用される耐久消費財に当たる製品も含む。たとえば自動車とその部品やコンピュータがここに含められているが，これらは企業でも家計でも利用されるため，投資財という分類では企業の投資財のみと誤解を生むかもしれない。また非耐久消費財（Verbrauchsgüter，英語ではConsumer nondurables）は文字通りであるが，耐久消費財（Gebrauchsgüter，英語ではConsumer durables）には前述の自動車やコンピュータ等が含まれていない（詳しくはCommission Regulation（EC）No 1165/98（European Union 2007に所収）を参照）。

(4)　このようなドイツ企業の国外投資の増加を受けて，当然「産業の空洞化」懸念が当時盛んに指摘された。その中でもジン（Hans-Werner Sinn）の「バザール（市場）経済（Bazar-

Ökonomie）」論は注目された。その主張は，ドイツ国内の労賃や社会保障費等の高コスト
が国外への工場移転を増加させ，それによって生産過程の国際的分業化が進展し，それがド
イツ国内の生産を縮小させるため，ドイツ国内経済を，単に周辺国の工場から輸入品を仕入
れ，それを簡単に加工・梱包して出荷・販売する「バザール経済」に過ぎなくしている，と
いうものである。しかし，これはかなり表面的な理解であって，ドイツ企業の旺盛な直接投
資によって，根底では生産工程内に国境を跨いだ企業間分業が編成されていることの意味を
もっと深くとらえるべきであろう。Sinn 2005を，さらにこの「バザール経済」論に対する
Fratzscher 2014：51-52と Leaman 2009：184-186のコメントも参照。

⑸　EU ではこの「命令 Regulation」が最上位の法規で，加盟各国にそのまま法的拘束力をも
って適用される。「命令」の次位に「指令」（Directive）があるが，指令の場合は加盟国が
各自で国内法にして施行する。
　　この命令1176/2011はユーロ危機に苦悩する EU が，その対策として，マクロ経済上の不
均衡を早期に検出し，防止・処置するための方針を策定したものである。検討範囲はマクロ
経済指標のすべてにおよび，加盟各国のマクロ経済の状況をチェックすることになっている。

参考文献

Bundesministerium der Finanzen（Januar 2017, März 2017）*Monatsbericht des BMF*, Berlin.

Bundesministerium für Wirtschaft und Energie（Juni 2016）*Fakten zum deutschen Außenhandel*, Berlin.

Deutsche Bundesbank（April 2009, April 2013, April 2015, April 2017）*Bestandserhebung über Direktinvestitionen*, Frankfurt am Main.

Deutsche Bundesbank（Juni 1999, Mai 2001, Mai 2004）*Kapitalverflechtung mit dem Ausland*, Frankfurt am Main.

Deutsche Bundesbank（Dezember 2002）Zur außenwirtschaftlichen Entwicklung der mittel- und osteuropäischen Beitrittsländer, in：*Monatsbericht*, Frankfurt am Main.

Deutsche Bundesbank（Oktober 2008）Das deutsche Auslandvermögen seit Beginn der Währungsunion：Entwicklung und Struktur, in：*Monatsbericht*, Frankfurt am Main.

Deutsche Bundesbank（März 2014）Die deutsche Zahlungsbilanz für das Jahr 2013, in：*Monatsbericht*, Frankfurt am Main.

Deutsche Bundesbank（Juni 2014）Änderungen in der Methodik und Systematik der Zahlungsbilanz und des Auslandvermögensstatus, in：*Monatsbericht*, Frankfurt am Main.

Deutsche Bundesbank（Oktober 2014）Die deutsche Wirtschaft in der internationalen Arbeitsteilung：ein Blick auf die Wertschöpfungsströme：*Monatsbericht*, Frankfurt am Main.

Deutsche Bundesbank (Januar 2016) Der Einfluss alternativer Indikatoren der preislichen Wettbewerbsfähigkeit auf den realen Güterexport, in: *Monatsbericht*, Frankfurt am Main.

Deutsche Bundesbank (Mai 2017) *Monatsbericht*, Frankfurt am Main.

Deutsche Bundesbank (Februar 2001, Juni 2004, Januar 2016a, April 2017, Mai 2017) *Zahlungsbilanzstatistik*, Frankfurt am Main.

European Central Bank (2016) *Economic Bulletin 7/2016*, Frankfurt am Main.

European Commission (2014) *Macroeconomic Imbalances. Germany 2014*, Occasional Papers 174, Brussels.

European Commission (2016) *Commission Staff Working Document. Country Report Germany 2016*, Brussels.

European Commission (2017) *Commission Staff Working Document. Country Report Germany 2017*, Brussels.

European Union (2007) *Official Journal of the European Union*, L155/3, Brussels.

M. Fratzscher (2014) *Die Deutschland-Illusion. Warum wir unsere Wirtschaft überschätzen und Europa brauchen*, München: Carl Hanser Verlag.

J. Leaman (2009) *The Political Economy of Germany under Chancellors Kohl and Schröder. Decline of German Model?* New York/Oxford: Berghahn Books.

H.-W. Sinn (2005) *Ist Deutschland noch zu retten?* Berlin: Ullstein Buchverlage GmbH.

Statistisches Bundesamt (2000, 2003, 2006, 2007, 2011, 2012, 2014, 2015, 2016, 2017) *Statistisches Jahrbuch für die Bundesrepublik Deutschland*, Wiesbaden.

Statistisches Bundesamt (2010) *Export, Import, Globalisierung. Deutscher Außenhandel und Welthandel, 1990 bis 2008*, Wiesbaden.

Statistisches Bundesamt (2012) *Export, Import, Globalisierung. Deutscher Außenhandel*, Wiesbaden.

Statistisches Bundesamt (2015) *Deutscher Außenhandel. Export und Import im Zeichen der Globalisierung. Ausgabe 2015*, Wiesbaden.

Statistisches Bundesamt (2017a) *Deutscher Außenhandel. Export und Import im Zeichen der Globalisierung. Ausgabe 2017*, Wiesbaden.

Statistisches Bundesamt (2017b) *Preis. Daten zur Energiepreisentwicklung — Lange Reihen von Januar 2000 bis April 2017*, Wiesbaden.

経済企画庁編 (1994)『経済白書 (平成6年度版)』大蔵省印刷局。

戸原四郎・加藤榮一・工藤章編 (2003)『ドイツ経済——統一後の10年』有斐閣。

補章 ❸
農　業
── CAP 新改革に揺れるドイツ農民──

古内博行

　1992年5月のマクシャリー農政改革以来 EU では共通農業政策（Common Agricul-tural Policy：以下 CAP）の歴史的な改革が矢継ぎ早に実施に移されている。マクシャリー農政改革は CAP 価格政策の基軸中の基軸である穀物価格政策を例に挙げれば，1970年代中葉以降の対症療法的改変の結果徐々に所得補償的価格政策の極限形態を迎えつつあったことに加えて，過剰問題の激化を受けた補助金つき輸出を大規模に増大させたことによるアメリカとの農産物貿易摩擦の深刻化を通じて，CAP 解体への風圧が一挙に強まったことの国内外の圧力をバネに CAP の抜本的な改革に踏み切るものであった。CAP はそれにより後戻りできない改革の領域に分け入り，現在に至って陰に陽に生産者農民に対し影を落としている。

1　CAP 改革の深まり

　2014年1月1日から6年にわたる CAP 新改革の過程が始まっている。そこで以下ではこれまでの連続的な農政改革を2014年新改革の前提として簡単に振り返っておこう。

　マクシャリー農政改革は保護の横綱格であった穀物・油糧種子・蛋白質作物，仔牛肉・牛肉部門を対象に行われたもので，高価格政策からの歴史的決別である。政策価格による所得補償的要素の除去に基づく従来の所得補償的価格政策からの歴史的撤退であった。高価格政策の結果が需給両面からの過剰問題の激化で CAP 予算の激増につながってきた。また，1970年代に国際市場への依存度を深めたアメリカ農業のシェアを補助金つき輸出で蚕食する貿易摩擦を生み出し，工業製品で日本の輸出攻勢を受ける EU とアメリカが農産物で鋭く対峙する独特の対立構図が深まっていた。マクシャリー農政改革は国際的な風圧をテコに国内改革を断行する歴史的内容となった。

　それはもちろん農民所得の大幅縮小に帰着するから，所得激変緩和措置を随伴せずにはおかない。直接支払いが交付される所以である。間接所得補償から直接所得補償

への転換がなされる。この場合，直接支払いの交付はコンディショナリティ（特定条件充足）を前提とする。セット・アサイド措置（休耕）の実施条件がそれであり，減反政策は義務化するわけである。1980年代末からパイロット的に実施されていたセット・アサイド措置は経過的性格ながらも本格化する。20ha以上の経営階層に焦点を絞るから条件良好地域からの生産の部分的排除にほかならない。いわば，適地適作原則を逸脱した供給削減策が目指される。

　価格政策の歴史的変革と減反政策の本格化は，その点で後ろ向きの休耕を超えて土地利用や畑作利用の効果的再編やそれと結びつく地域農業の確立対策を促さずにはおかない。価格政策の歴史的変革は農業の担い手問題如何という構造政策を不可欠にすると同時に，経過的措置と定められている減反政策を乗り越えて農家経営や地域農業の自立化の途を模索させるからである。となれば，包括的な農村対策がこの歴史的な農政改革から分泌されずにはいないことになる。これがマクシャリー農政改革の事後的に生み出したものであった。

　そうした要請に応えるのが1999年3月のアジェンダ2000農政改革であった。EUでは1996年のコーク会議を嚆矢として農村開発政策が農政の1つの支柱として遇される動きが活発化してくるが，アジェンダ2000農政改革で現実化する。ヨーロッパ農業モデルの理念像に照らして包括的な農村開発の振興がCAPの第2の柱に組み込まれ，農業の多面的な機能に立脚した地域農政の活性化が謳われるようになった。EUの場合にはこの多面的機能に関して食糧確保，景観維持，環境保全，文化継承，余暇空間機能の外部経済効果が前面に出されていた。これはWTO農業協定に取り入れられた非貿易的関心事項（non-trade concerns）の延長線上に展開されてきたものである。

　包括的な農村開発政策の振興を内容とする多面的機能論は端的にいって，「農村社会あっての農業」あるいは「農業あっての農村社会」という発想から出てきたもので，農村社会なり農業の有する市場の貨幣的評価になじまない派生的な外部経済効果を重視する。特に農業を営む中で自然に副産物として発生してくる外部経済効果は都市にはない伝統と文化をはらむ公共財で，自国農業の特性が維持されねばならないとの基本的見地に立つ。ヨーロッパ農業モデルが強調されることはすでに述べた通りであるが，その際に特徴的なのは公共性の枠組みを前提としていても，上述の多面的機能には営農活動の自由との距離が測られる身近な派生効果が想定されていることである。

　アジェンダ2000農政改革では政策価格の第2弾的引き下げといった価格政策の一段のスリム化が歴史的変革の積み上げと連動しており，構造政策の課題や地域農業の再生課題にもつながって非価格政策としての農村開発政策の振興に帰結した。価格政策

の変革が空間的誘導の農村対策を不可欠にした。両者はコインの表裏の関係にあり，CAP は価格政策と直接支払いを扱う第1の柱と第2の柱としての農村開発政策の2本柱構造になったのである。

　2003年6月のフィシュラー農政改革は直接支払いの生産からのデカップリングにより単一支払いスキーム（Single Payment Scheme：以下 SPS）を導入した。この改変で直接支払いは完全デカップリングに向けた固定支払いとなる。直接支払いはアジェンダ2000農政改革においても進展していた生産実績からの乖離を決定的にした。直接支払いはマクシャリー農政改革で顕著であった生産補助金的性格を喪失することになる。生産者農民に市場指向性の深まりを誘導するねらいが込められていた。生産の制約とコインの裏表ともいえる関係にある所得政策的要素が除去されれば，生産の自由化が導き出される。

　義務的セット・アサイド措置や牛乳クォータ制度の廃止が現実の日程にのぼってくる。そこで生産者農民は価格政策の歴史的変革に後押しされつつ，なお一段企業家的な潜在能力を発揮しなくてはならなくなる。競争的農業の振興が叫ばれる所以である。市場原理の活用を通じた新たな営農像の追求がそこにはある。市場の実勢に沿うかたちで生産活動を展開するには消費者が発する需要の中身を斟酌せねばならない。市場のシグナルが規定因となるのである。品目横断的な SPS の導入により CAP は「緑の政策」（WTO における是正実施の対象外）に入ることになる。EU は実際に SPS の「緑の政策」入りを WTO に通告しているが，過去の生産実績と無縁になることで，生産者農民による（市場動向の見通し把握と経営改善に関する）「機会の利益」が追求され，農業保護は決定的に後退することになる。

　ただし，SPS が土地利用とのカップリングを前提にしていることには注意しなければならない。義務的クロス・コンプライアンスがそれである。動植物の健康と福祉的配慮，環境要件の充足，食の安全など「適切な農業・環境条件」の維持が従来にも増して生産者農民を縛ることになる。ここには市場のシグナルに鋭敏に反応する生産者農民像が投影されているが，反面公共的制約が強く現れている。自由と公共の両義性が新たに横たわることになる。最後にもう1つだけ言及すれば，農村開発政策費捻出のために義務的モジュレーション（減額調整措置）が年間5,000ユーロ以上の直接支払いを受給する生産者農民に課せられる。直接支払い総額の5％が控除される想定である。直接支払いにまでずれ込んでいる所得分配の不公平性を均していくと同時に農業予算の賢明な支出に応える方策にほかならない。

　2008年11月の健康診断改革（Health Check reforms）は2003年フィシュラー農政改革

の検証の上にそこで積み残しされた宿題に乗り出した。価格政策に関して市場原理活用に基づく価格政策のスリム化を推し進めた。基本骨子は義務的セット・アサイド措置の廃止（2009年1月1日），パン用穀物への介入制限と飼料穀物介入ゼロ設定の介入政策の簡素化，牛乳クォータ制度の廃止（2015年3月31日）である。牛乳クォータ制度の廃止は2004年4月着手の酪農価格政策の歴史的改変（指標価格の廃止ならびに政策価格水準の大幅引き下げ）に続く措置であり，供給管理政策の撤廃と生産の自由化が意図されている。

SPSの簡素化にも切り込まれる。SPSではなお生産補助金的性格が部分的に存続するものとなっていたが，完全デカップリングに向けて整備する内容である。搾乳牛プレミアム，雌羊プレミアムだけを残すかたちで生産実績から離れて固定支払い化が実施に移される。また，SPSの地域モデル支払い方式への適応が開始され，直接支払いの平準化とともに固定支払いの内的充実が整う。[2]

農村開発政策の振興にも拍車がかけられる。義務的モジュレーションの強化がそれを示す。義務的モジュレーションの受給額別減額の累進性が強化され，農村開発政策費の内的充実に向けての一層の内部捻出が目指された。フィシュラー農政改革では5％であった控除率が平均で10％へと倍増する。このような財政資金の追加的捻出に対応すべく新たな挑戦課題として気候変動，再生可能エネルギー，水資源の管理，生物多様性，酪農再構築，イノベーションの6つが加わる。酪農再構築は酪農政策の歴史的変革を受けたものであるからやや特殊な措置であるが，イノベーションは5つの課題すべてに貫く挑戦で，中身としては前4つを中心にした多面的機能の新たな拡充である。地球的な規模での誰もが否定できない今日的課題に多面的機能を設定して国際的な農業戦略を展開する意図が込められている。

2　CAP 新改革の歩み

2014年1月1日にCAP新改革が始まった。2020年までの長丁場である。その準備は漸次進められていた。すでに欧州委員会はCAPの未来を描くために2009年に農業政策展望ブリーフスを公表していた（これらは2011年1月に改めてリファインされ，包括版にまとめられた）。2010年4月からはそれらをたたき台とし，かつまた広範囲におよぶ討議が開始された。2010年11月20日には将来のCAPにとっての選択肢を輪郭づけ，関係諸機関や利害関係者との討議を開始するべく「2020年に向けたCAP――将来の食糧，自然資源および地域的挑戦に対処する」と題する政策文書（Communication）

を欧州理事会，欧州議会，欧州経済社会評議会，地域委員会に提示した。政策文書による改革青写真に続き2011年10月12日に一連の立法提案を発表する。基本方向は後でも詳しく立ち入るように，競争的かつ持続可能な農業と活力ある農村地域を創ることにあった。

　2013年6月26日に欧州委員会，欧州議会，欧州理事会の間においてCAP改革の政治的合意に達し，2014年CAP新改革の内容が定まった。2013年12月16日には農相理事会においてCAP改革の基本原則と2014年の経過規則が正式に採択された。これらの規則は11月19日に欧州議会において承認されていた。12月20日には4つの基本原則と経過規則が公式文書で公表された。今回の改革への動きにおいて欧州議会の果たした役割は大きい。それはCAP改革の帰趨に欧州議会が共同決定力（co-decision power）を有することになったからである。CAP新改革への円滑な歩みはこの点を考慮に入れて理解されるべきである。ともあれ，健康診断改革直後からの新改革への途ならしは順当な運びであったといえよう。

　健康診断改革以来CAP改革は価格政策，直接支払い，農村開発政策の3面にわたって展開される手順となっている。これはアジェンダ2000農政改革のCAP 2本柱構造を踏まえるものであるが，これら3面を網羅して国際農業戦略を睨むといった反面，農業財政的には第1の柱である価格政策，直接支払いの支出を極力抑えていくと同時に農村開発政策の包括的振興をさらに一段高めて促していこうとする2面からの要請が働いているからである。多面的機能パラダイムを強調しながら，そのパラダイムが文字通り「緑の政策」入りを確固たるものとし，合わせて賢明な支出により裏づけられていることを内外に周知徹底する意味合いがここにはある。とすれば，CAP新改革の中身は以上の背景を考慮に入れながら，3面にわたる改革の断面図を切り取り，その上で全体像を提示するものでなければならないであろう。

　価格政策はこれまで進捗していたスリム化にさらに踏み込んで市場セーフティ・ネット機能が前面に出される。農産物の場合には市場原理一辺倒は適合的でなく，最小限の価格変動防止機能は不可欠である。その意味で価格政策は例外的な市場の攪乱や近年発生した酪農価格の大幅下落のような価格危機に発動される内容となる。今回の価格政策の改変の新味は食糧供給連鎖における付加価値の生産者農民の取り分の増大である。川上分野での生産者農民の交渉力の強化を背景に価格政策の簡素化の下で生産者農民の所得を増大させようとする。酪農部門が特にその対象になっている。健康診断改革で酪農再構築が農村開発政策の課題になっていたことからすると，そうした基本認識を受け継いだものといえよう。

補章3　農　　業　　273

直接支払いについては基本的にデカップルされたものとして基礎的な所得支持が謳われている。基礎的な所得支持が公共財の提供とリンクするというのが今回の改革の趣旨である。この場合,「基礎的」(basic) というのがキー・ワードである。それは最低限の支持という内容であり,その上で農業の多面的機能に根差す支払いを行うコンディショナリティにほかならない。とりわけ気候変動と環境維持には直接支払い総額の30％が充当される直接支払いの「グリーン化」が義務づけられる。SPS の進化形態が目指されていることは明らかである。義務的クロス・コンプライアンスによる「適切な農業・環境条件」のなお一層の充実が絞り込みのなかで推進されるが,直接支払いの内容限定と要件化が脇からそれを支えることになっている。

農村開発政策に関しては,多くの農村地域の活力と潜在能力が40歳以下の青年農業者を惹きつける競争的でダイナミックな農業部門の存在と密接に結びついているとした上で,水,大気,生物多様性,土壌といった自然資源が枢要になっているから,農業部門のグリーン成長——エコノミックでもあると同時にエコロジカルでもある——が展開されねばならないとする。そこから気候変動,環境,革新がかつて以上に「主導的なテーマ」(guiding themes) になるとの見地を導き出す。農村開発政策がこれらのテーマに対処しながら,均衡のとれた地域的発展に資するものとなり,そのことに即して「活動的な農民」(active farmer: aktiver Landwirt) といった新たに期待される営農像が披瀝される。

今回の CAP 新改革では簡素化(simplification) が基本理念となっている。価格政策にしても,直接支払いにしても,活動的な農民の価格・所得不確実性を下支えする内容である。CAP 予算が EU 予算の36％へとこれまでの4割強から割合を低下させつつ,絶対額としては現状維持が保たれるのはそれに起因する。その点に呼応するように,多面的で総合的な農村開発政策が地域活性化を睨んで振興される。欧州2020成長戦略の基本骨格——すなわち,賢く,持続可能な,そしてまた包括的な成長(smart, sustainable and inclusive growth)——に貢献するための経済的,社会的,環境・気候関連的,技術的挑戦に応える方向が CAP 新改革に貫かれる中で,普遍性を有する農村開発政策は CAP の制度的骨髄に格上げされようとしているのである。

3 CAP 新改革とドイツ農民

CAP 新改革は用意周到だったせいか,ドイツ農民が特段異を唱えることはない。内心では「もっとひどい内容になることだってあり得たのではないか」という意見を

吐露する農民もいれば，CAP の 2 本柱構造が維持されることや青年農業者が焦点を浴びることに安堵を示す農民もいる。CAP 新改革への思いは複雑であるが，より立ち入って検討してみると，やはり緊張に満ちた揺らぎは隠しようもない。それらを以下では説明しよう。

「活動的な農民」の営農像

今回の新改革では「絞り込み」（targeting）が重要視され，この語彙が頻繁に用いられている。その中で「活動的な農民」の営農像はそれを如実に反映するものである。新改革に向けた欧州委員会の政策文書においてこの営農像の明確な定義はなかった。また，立法提案においても農相理事会で合意された新改革規則においても確固とした定義づけはないように思われる。しかし「活動的な農民」を突き詰めていくと，フィシュラー農政改革の SPS で「農家の企業家的な潜在能力」，「機会の利益」，「市場の要請」の 3 つが据えられていたことに行きあたる。

SPS は直接支払いを固定支払いとすることで生産実績から無縁となる内容であった。「市場の要請」に示される市場のシグナルに鋭敏に反応し，そのことを通じて「機会の利益」をわがものとしながら，「企業家的な潜在能力」をフルに発揮する生産者農民の想定があった。SPS は市場指向性を強烈に誘導するものである。義務的セット・アサイド措置などの直接的供給管理政策の制約はそうした市場指向性の追求のなかでは無用の長物となる。生産の自由化がその帰着点になる。2009年 1 月 1 日に生産の制約をなしてきた義務的セット・アサイド措置が廃止されるのもこの流れに沿っている。

市場原理の活用の余地はその後健康診断改革を経た価格政策のスリム化の中で深まっている。今回の新改革では事態はさらに突き進んで，価格政策は市場セーフティ・ネット機能に基づく最小限の価格変動防止機能に純化しようとしている。加えて，直接支払いも基礎的な所得支持といった最低限の下支えに転じる。価格政策，直接支払いいずれも簡素化が改変の目玉になり，この面から財政支援が抑えられることになる。とすれば，生産者農民は経営自立に向けて需要のアンテナを正確に張り巡らすとともに効率性を追求して所得確保に努めなければならない。競争的かつ持続可能な農業の維持・発展が強調される所以である。

そうした農業にまつわる現代的な要請に応えるのが「活動的な農民」の営農像だといってよい。生産者農民が主体的に価格政策や直接支払いの連続的な変革に取り組むことで変身する意味合いをもたされている。営農意欲溢れる青年農業者の育成に直接

補章 **3** 農 業 275

支払い総額の2％が充当される新規措置は活力ある農村地域の活性化に向けて基幹的な専業経営者が必須だとの構造政策の一環である。これらから導き出される営農主体は健康診断改革では直接支払い受給の資格を有する「生粋農民」（genuine farmer）と形容されていた。

「活動的な農民」とは，CAP改革の連続的展開の中でその改革に適合的な先進的農民のことなのである。2014年新改革においてそれまでの改革を乗り越える新たな地平に立つ改変からの深まる市場指向性に機動的に対処する専業農民が想定されているといってよい。価格政策，直接支払いの制度的刷新に応えうる生産者農民のなかの生産者農民という営農像がそこにはある。

ドイツ農業において専業的経営（Haupterwerbsbetrieb）といわれる階層は所得の50％以上を農業労働から取得している家族経営を指す。このような専業経営はドイツ農業の全経営階層の40％を占める。60％は副（兼）業経営（Nebenerwerbsbetrieb）なのである。「活動的な農民」の営農像とドイツ農業で定義されている専業的経営が重なるとは必ずしもいえない。そこで想定されているのは全体的な市場指向の強まりに能動的に反応する農民層である。いずれにしても，農業の担い手として「生粋農民」とも形容され，合わせて競争力を有するような専業農民が中軸に据えられている。となると，零細面積で高度に職業特化した兼業農民が「活動的な農民」の範疇からはじかれる可能性が高くなる。兼業農民はこの点で心穏やかではないだろう。

問題はそれだけにとどまらない。この選別性濃厚な営農像は確かに競争的農業に資する一方，それだけで活力ある農村地域づくりを果たせるかといった疑念を生じさせる。農村地域を先進地域に変えることは農村開発政策の一大眼目であるが，「活動的な農民」だけでそのような農村地域を創れるものではないであろう。農村開発政策はより多角的かつ多様な経営階層を担い手としているのである。とすれば，農村開発政策の走るべき方向と一致しなくなる点も出てくる。またその営農像から導かれる追加的な支出増が経営にいかなる影響を及ぼすかはなお不分明である。具体的に詰める段になると，留意しなければならない問題が浮上してこざるを得ない。抽象的理念にはとどまり得ない論点が横たわっているのである。

さらにいえば，構造政策の新たなスケール・アップとして価格政策や直接支払いの変化に呼応する改革適合的な農民像が強調されれば，現時点で基幹的となっている100ha以上の経営階層になおさら焦点が当てられることになるので，兼業農民を中心として不安感が吐露されるのは当然である。かつて筆者が2000年代前半にドイツ穀物農業を分析した際に分解の基軸として増加を示していた経営階層は50ha以上の経営

階層であった。それからおよそ10年余を経た今，50～100ha の経営階層は減少に転じている。それとは対照的に増えているのは100ha 以上の経営階層である。となれば，構造政策の要としていよいよ100ha 以上の経営階層に重点が置かれることにならざるを得ない。この意味でも「活動的な農民」の営農像が投げかける波紋は大きく，農民の混迷もまた深いといわねばならないであろう。

直接支払いのグリーン化について

今回の改革において上に説明した事項に加えて別の眼目となっているのは，直接支払い総額の30％が気候変動・環境保護措置に充当される仕組みにある。気候変動も環境保護も健康診断改革において新たな挑戦として追加された課題である。直接支払いと連動して固有の公共財提供に直結するものであり，健康診断改革からさらに一歩踏み込んでの内容強化が図られる。直接支払いのグリーン化にほかならないが，これはむろん直接支払いの時代適合性を国際的に打ち出す戦略を背景に宿している。つまり，WTO 適合的な改革を前面に出して「緑の政策」入りをより強固なものにしようとするねらいである。農民はこれにより環境利害にかなった土地利用に最小限経営耕地の７％を組み込むことを義務づけられる。

農家は常緑地の開墾禁止やエコロジカルな焦点圏域の設定といった縛りを受けるだけでなく，休閑地，テラス，景観要因，バッファストリップ（緩衝緑地帯），林地をも包含してグリーン化の対象を設定されるようになる。特に常緑地の開墾禁止には欧州委員会の政策焦点が当てられている。ドイツ農民連盟（Deutscher Bauernverband）は以上のような経営制約を義務的セット・アサイド措置の復活または再導入と看做している。このドイツ農民連盟による義務的セット・アサイド措置の復活という形容は，筆者には言い得て妙の表現であると同時にドイツ農民連盟の新たな困惑を示してあまりあると思われる。この点に関する限り健康診断改革からの反転は唐突でさえあったからである。

義務的セット・アサイド措置というのはこれまでに言及したように，休耕政策としての土地利用の制約である。直接支払いはそのことを前提にすれば適地適作生産からの撤退に対する見返りという側面をもつが，他方で現に作付けされていることへの補助金としての性格を帯びている。先に生産補助金と指摘したのは以上の脈絡においてである。2003年フィシュラー農政改革の一大眼目である SPS は生産実績からデカップリングして固定的な支払いに転化するものであった。したがって，生産補助金的性格は消失する。それは裏返せば休耕政策の意味合いもなくなることに等しい。生産の

自由化がSPSから導かれる当然の論理である。

　ところが，SPSは生産からのデカップリングであるのとは裏腹に，土地利用とのカップリングをもうひとつの前提にしていた。義務的クロス・コンプライアンスに基づく「適切な農業・環境条件」の遵守がそれである。土地利用とのカップリングを重視すれば，そこから経営への制約が課せられる可能性を秘めていたのである。その可能性が気候変動・環境保護との関連において逆に切り開かれたのが今回の直接支払いのグリーン化であったといってよい。ボンド・スキーム構想（直接支払いの証券化による直接支払いの廃止）のように生産と土地からの二重のデカップリングがなされるとすれば，生産の自由化は不動の路線となるが，SPSの場合には自らが導き出す生産の自由化が反転する余地を本来的に内包していたのである。それが健康診断改革で取り込まれた新たな挑戦課題と融合した時現実のものになったと考えることができる。ドイツ農民連盟の困惑はこの意味では自然なのである。

　さらにまた，重要な地域的な土地特定的環境促進措置，例えばバイエルン文化景観プログラムや契約自然保護措置は協力的な農民による自発的な性格ということで，はじき出されることになる。農民の自発性は生かされないのである。ここまで議論を進めてくると，直接支払いのグリーン化の問題点が理解できることになる。義務的セット・アサイド措置の廃止は価格政策の簡素化を受けて生産の自由化へと回帰するものであったが，その復活というのはグリーン化による営農の私的空間の公共空間への変換とそれによる私的空間の蚕食を意味する。

　筆者はすでに健康診断改革を分析するにあたって公然たる経営介入に帰結する私的空間と公共空間のこの衝突を，欧州委員会がさほど深刻に受け止めないように見えるものの，重大な問題だと指摘してきたが，やはりドイツ農民にはこの相反関係が由々しき事態と映るのであろう。農民が復活の方針に沿わなかった場合における当局の制裁措置如何に対する不安感もある。これらの意味からいってドイツ農民の困惑は相当根深いといえよう。

義務的クロス・コンプライアンス問題について

　CAP新改革において義務的クロス・コンプライアンスの要件は18から13へと絞り込まれるが，それは内容簡略化ではなく変換的充実である。要件を集約することでより内容を重点化するねらいがある。この変換的充実はクロス・コンプライアンスの脱官僚化として歓迎される向きがある。上で18要件から13要件の絞り込みと指摘したが，「適切な農業・環境条件」に向けた農地利用の規則は15から8に引き下げられる。そ

のなかで汚泥，ホルモン，MKS（メートル・キログラム・秒）単位系，動物疫病克服の各指針が適用除外とされる一方，新たに内容強化されるのは水資源環境や植物の保護適用指針に関わる事項である。また湿地や炭素を多く含有する土地の耕地化禁止が唱えられている。

先に変換的充実と表現したのはこのような健康診断改革に取り込まれ，健康診断改革後にも引き続き取り組むべき課題だと設定されている事項に絞り込みが行われているからである。変換的充実が農民にとり柔軟な対応として積極的に評価される反面，農民はそれにより経営支出が増大することを懸念している。至極もっともな反応である。健康診断改革の新たな挑戦課題とも重なるような要件を遵守しようとすれば，間違いなく経営支出増を余儀なくされる。ドイツ農民のこの問題に関する最大の関心事はここにある。その点で欧州委員会は詰めがなお甘く，経営支出増にどう応えていくかで農民の疑念は高まっている。

結局は直接支払いにより賄われるから，これはこれで直接支払いの実質削減に帰着する。直接支払いにまつわる基礎的支持への転換で現状事実上の凍結となるから，この点でも営農上の厳しさが増す関係上農民の懸念は広く深い。特に農民は予想される支出増には敏感だ。財政縮減の圧力を受けて確実に見込まれる経営支出増への具体的な対応を欧州委員会が取れないとすれば，農民が不満を募らせるのは無理のないことといわねばならない。

義務的モジュレーション問題について

今回の改革構想では義務的モジュレーションの比率は累進性を飛躍的に高めるはずであった。欧州委員会の政策文書においても立法提案においてもその比率は健康診断改革における比率とは比べものにならない異次元の高さに達することが想定されていた。これが一筋縄ではいかない問題であることは明瞭であった。健康診断改革における構想時の13％でさえドイツ，フランス，イタリアの猛烈な反対で10％に抑えられた。フィシュラー農政改革では5％であったから10％でも画期的であったが，今回の構想では上限の年間30万ユーロの受給農家に対して100％の減額率である。その他の受給農家に対しても厳しい比率が設定されていたから後は推して知るべしである[4]。これで争点にならないはずはなかった。

当然この減額比率に東部諸州の大規模農家は自らへの不当な攻撃だとして強く反発した。義務的モジュレーションとはそもそも直接支払いの経営規模別受給の不均衡を是正するためのものである。経営規模が大きいほど受給額が大きく，これだと高価格

補章 **33** 農　業　279

政策時代以来連綿と続く所得補償の公平性という問題に対処することにはならないという認識があった。したがって，今回の劇的な減額比率の引き上げはドイツでは西部・南部の小規模農民に歓迎される反面，東部の大規模経営者から強烈な抵抗を招くものであった。この点でドイツ農民連盟はやや不明瞭な立場に立った。伝統的に圧倒的な家族農経営層を支持母体とするかぎり減額比率の引き上げに同調してもおかしくない。しかし実際にはそうではなかった。

ドイツ農民連盟はどちらにつくわけではなく，終始 ha あたりの受給額が保持されるべきだとしながら，一貫して経営規模別減額に反対してきた。これは健康診断改革においても同じであったろうと推測される。これまで減額対象となってきた20ha 以上の中堅，大規模階層の意向に応えたとも考えられる。すでに指摘したように，現在では家族農の増加は100ha 以上に移っているから，こうした分解の変容に配慮したとも勘案される。その結果，改革合意では先の異次元の減額比率は姿を消した。よほど抵抗の圧力が強かったのであろう。その代表格であるドイツ農民連盟の反対が功を奏した格好だ。一大争点だったことがうかがえる。

この内容後退は所得分配の公平性という長年の宿題に背を向けるもので，それとの間に齟齬をきたさざるを得ない。改革のなかにみられた大きな後戻りである。このつけは決して小さくない。確かに構造政策の行方には合致しようが，極力農村開発政策費を農業内部から上積みしようとするねらいとは逆行し，農村開発政策費に占める割合が改革期間あたりで3～4％と微々たるものであるとはいえ，その費用捻出に何らかの支障も出てくるであろうし，何よりも農村開発政策を振興する姿勢が問われる政策争点である。

今回の CAP 新改革は2014～2020年の枠組みで財政縮減圧力と国際農業戦略の展開の2つに促迫されている。財政縮減圧力とは，EU 予算に占める地域開発予算の割合が新規 EU 加盟国増の中で地場産業を中心とした新規加盟国の経済発展を支えるために増加せざるを得ないことから，CAP 予算をこれまで以上に抑える要請にほかならない。国際農業戦略の展開とは，現在10年余を経過するなかで妥結がきわめて難航しているドーハ開発アジェンダの暗礁乗り上げのなかでも忘れない WTO での交渉ポジションの強化に向けて，磐石な基盤を構築することを意味している。両者はともに EU 農業の明日の行方を左右する要因である。

今回推し進められる価格政策と直接支払いの簡素化は，たとえ財政支出に関しては現状凍結であるにしても，前者の要請に応えるものである。また，国際農業戦略の展開にも沿う。その存在を国際的に主張したとしても，是正対象とならないからである。

直接支払いのグリーン化は社会協同的な公共財の提供と連動しており，農業のグリーン成長といった国際的な動きにも合致する。とはいえ，事はすんなりとは運ばない。アジェンダ2000農政改革以降農村開発政策の振興がCAPの新たな柱となったが，そこでの多面的機能論には変形した農業保護に向けてのアリバイ作りを行ったと受けとめられるような国際的な非難がつきまとわずには済まないからである。そのため農村開発政策の振興に批判の余地を与えない政策的装備が必須とされた。

　そこで，農村地域づくりでは気候変動への対処，再生可能エネルギーの開拓，環境保護の実践，水資源の確保，生物多様性の維持といった新たな挑戦課題を取り込むような普遍性を帯びる営農の公共空間の拡延を不可避的に随伴せざるを得なくなる。以上はすべて今日地球的規模での取り組みを迫られている課題群だからである。これらの課題群に積極的に応える意味では異議申し立てが国際的に巻き起こる可能性はほとんどない。健康診断改革はそれらの課題群を内部に取り込む重要な里程標であった。その結果，農民は営農における私的空間と公共空間の狭間で激しく揺れ動くことになる。ドイツ農民の危惧はすべてそこに根差している。賢明な支出とWTOにおける「緑の政策」へのさらに堅固な将来展望がこうした事態を生み出した。必然的だからこそ，農民の苦悩を解消するハードルはきわめて高い。[5]

注
(1)　年間受給5,000ユーロの生産者農民は平均20haの経営層に該当する。モジュレーションは公平な所得分配という観点から問われてきた価格政策以来の弊害是正措置でもある。
(2)　「緑の政策」入りを確固とし，農業交渉力を事前的に高めるねらいがここにはある。
(3)　Fietz（2012：19, 24）.
(4)　その他の減額率は，①15万ユーロ以上，20万ユーロ未満20％，②20万ユーロ以上，25万ユーロ未満45％，③25万ユーロ以上，30万ユーロ未満70％であった。
(5)　ただし，新多面的機能のなかで再生可能エネルギー生産事業は農民が経営多角化を通じて新たな所得源としうる領域で，CAP改革にも適合する経営展開に資する方途となっている。例えばバイエルン州を対象として大型家族農が戸別協業や協同事業形態でバイオガス発電に積極的に関わっている点を明らかにした最近の研究に村田（2016：106-140）がある。

参考文献

C. Daugbjerg & A. Swinbank（2010）Ideational Change in the WTO and its Impact on EU Agricultural Institutions and the CAP, in: G. Skogstad & A. Verdun（eds.）, *The Common Agricultural Policy. Policy Dynamics in a Changing Context,* London and

New York: Routledge.

R. Fietz (2012) Die GAP-Reform 2012 aus dem Blickwinkel der betroffenen Landwirte in Deutschland, in: J. Martinetz (Hrsg.) *Die Gemeinsame Agrarpolitik vor neuen Herausforderungen*, Baden-Baden: Nomos Verlag.

P. Nilok (Hrsg.) (2010) *Die deutsche Landwirtschaft. Förderung im Rahmen der Gemeinsamen Agrarpolitik der EU*, U. S. A, U. K, Germany: Fastbook Publishing.

古内博行（2003）「農業──EU 共通農業政策下の穀物農業」戸原四郎・加藤榮一・工藤章編『ドイツ経済──統一後の10年』有斐閣。

古内博行（2006）『EU 穀物価格政策の経済分析』農林統計協会。

古内博行（2010a）『ボンド・スキーム構想と CAP 改革の健康診断（Health Check）』千葉大学経済研究叢書 7，千葉大学法経学部経済学科。

古内博行（2010b）「CAP 改革再考──農政パラダイムシフトの視点から」『千葉大学経済研究』第26巻第 4 号。

古内博行（2012）「「CAP の未来」をめぐる議論──農業政策展望ブリーフスを中心に」『千葉大学経済研究』第27巻第 1 号。

古内博行（2013）「欧州委員会の政策文書と立法提案にみる2014年 CAP 新改革構想」『千葉大学経済研究』第28巻第 2 号。

古内博行（2014）「CAP 新改革に揺れるドイツ農民」『農村と都市をむすぶ』No. 751。

村田武（2016）『現代ドイツの家族農業経営』筑波書房。

補章 4

対日通商政策
——ドイツ・EU・東アジア——

工藤　章

　本章の課題はドイツ統一から今日までの日本に対するドイツの通商政策の大筋を明らかにすることである。

　ところで，ドイツの通商政策といっても，ドイツが EU（European Union；欧州連合ないし欧州同盟）の一員である限り——EU 加盟国は2013年には28カ国であった——，それは EU の通商政策に包摂されている。EU 加盟諸国は，EU の前身である欧州経済共同体（European Economic Community：EEC）および欧州共同体（European Community：EC）の時代から，その通商政策の権限を段階的に EEC/EC，そして EU に委譲してきた。EEC/EC，そして EU が加盟諸国に代わって対外通商政策を担ってきたのである[1]。ただし，EU に権限を委譲しているといっても，加盟各国は EU の諸機関——特に閣僚理事会[2]——においてそれぞれの利害を主張する。EU の諸機関は各国の利害を調整し，コンセンサスを形成しながら EU の通商政策を策定し，実行しているのである。したがって，EU の通商政策の形成過程あるいは実施過程に，各国の通商政策——あるいは方針——が多かれ少なかれ反映されているのである。さらに，EU の通商政策といえどもすべてをカヴァーしているわけではないし，特に通商政策に関連しながらもそれには含まれない政策分野——科学技術政策や文化政策など——が拡がっている。そこに，加盟各国の通商政策の余地が残されている。

　したがって，EU（およびその前身）に権限を委譲した後も，加盟諸国それぞれの通商政策は依然として観察の対象となりうるのである。ただし，そうした観察のためにも，EU の通商政策をまず観察しなければならないのは当然である。本章でも，まずは EU の対日通商政策に目を向け，その上でドイツの対日通商政策を見ることにする。

　いま１つ，あらかじめ指摘しておきたいのは，ドイツの対日通商政策を明らかにするためには，ドイツ，さらには EU の東アジア地域に対する通商政策にも目を向けなければならないという点である。それは，後に改めて触れるように，ドイツおよび EU が冷戦終結の直後から成長地域としての東アジアに注目するようになり，通商政

283

策においても東アジアを重視するようになったからである。日本は東アジアの中に位置づけられ，対日通商政策は対東アジア通商政策の一環とされるようになったのである[3]。

以上の点に留意し，以下では，ドイツ統一からの四半世紀を2001年の中国の世界貿易機関（WTO）加盟をメルクマールとして二分した上で，EU の対日・対東アジア通商政策，次いでドイツの対日・対東アジア通商政策の順で見ていくことにする。ドイツと日本の経済関係の実態，すなわち貿易，ライセンシング，直接投資については必要なかぎりで言及するにとどめる。

1　対日通商政策から対東アジア通商政策への展開
——1989〜2001年

EU の対日・対東アジア通商政策

対　日　通　商　政　策　の　変　容
——日本・EC 共同宣言から規制改革対話へ　1989年11月，ベルリンの壁が崩れ，1989年12月，マルタで米ソ会談が開かれ，その共同声明で冷戦の終結が宣言された。翌1990年10月には東西両ドイツの統一が現実のものとなった。更にその翌年の1991年 7 月18日，ハーグを訪れた海部俊樹首相と，EC（European Community；欧州共同体）の首脳である EC 理事会議長国オランダのルベルス（Ruud Lubbers）首相および EC 委員会のドロール（Jacques Delors）委員長との間で，日本・EC 共同宣言（Joint Declaration on Relations between the European Community and its Member States and Japan）が発表された。ハーグ共同宣言と呼ばれることになるこの文書の骨子は，①自由・民主主義・人権・自由貿易などの，双方が共有する基本的価値の確認，②政治・経済分野における双方に共通する目的の確認，③政治・経済・科学・文化などの各分野での対話の活発化および協力・パートナーシップの強化であった。首脳会談では，その他にも今後年 1 回首脳会議を定期的に開催することでも合意した。

ハーグ共同宣言は日欧が共有する基本的な価値および目的を確認するとともに，政治・経済をはじめとするさまざまな分野での協力関係の強化を目指し，そのための対話の基本的な枠組みを設定するものであった。それは日本・EC 関係を律する，いわば憲法的な文書である。このような文書が1991年 7 月という時点で発せられた背景には，いうまでもなく冷戦の終結という現実があった。共同宣言を生んだ直接の契機として重要なのは，アメリカと EC が1990年11月に発した米・EC 共同宣言（Transatlantic Declaration on EC-US relations）である。これをモデルとして日本・EC 間にも同様

284

の宣言を作成しようという動きが日本の外務省にあり，その提案が宣言に直接結びついたのである（Keck 2013a：113-115）。

　日本と EC の双方の主要な動機は，国際秩序の新たな展開を前にして，両者の関係をそれに適合させようというものであった。EC が共通通商政策を発足させるにあたって日本をその最初の対象としたため，1970年から翌年にかけて日本・EC 貿易協定締結交渉がもたれたが，それ以降，1980年代末に至るまでの，つまり冷戦体制のもとでの日本・EC 関係は，経済関係の突出によって特徴づけられた。貿易の不均衡の常態化という現実があり，それをめぐって「貿易摩擦」と呼ばれる通商対立が頻発したのである（工藤 2011：300-306）。敢えていえば，政治関係は，対立にせよ協調にせよ，無きに等しかった。その関係は，双方の対米関係の緊密さを前提にし，政治関係抜きで維持しうるような関係であった。共同宣言はそのような歴史に終止符を打とうとするものであったといってよい。

　事実，共同宣言が発出された直後の1991年 7 月31日には，日本・EC 間での最大の通商対立の要因であった日本製自動車の対 EC 輸出について，暫定的な解決が実現した。すなわち，EC 委員会と通商産業省の代表者が書簡を交換し，1991〜1999年の期間の日本製乗用車の対 EC 輸出に関する規制について合意したのである。その内容は今日に至るまで公表されていないが，最近になって発表された EU 側の当事者の手になる論考によれば，EC/EU 側は一部の加盟国が実施してきた輸入数量制限を撤廃し，日本側は通商産業省による輸出監視（モニタリング）を実施するというものであった（Kendall 2013：229；阿部 2013：168-169）。この合意は，1985年に開始された，1993年初頭に単一市場を実現しようとする EC のプロジェクトと関連している。単一市場実現の暁には国別の数量制限の撤廃が不可避となる。そこで，それに代わる統一的な規制措置を EC 側が望んだ。そして日本はこれに応じたのである。

　ただし，日本と EC の意思が通商対立から政治・経済協力へという点で統一されていたわけではない。事実，ハーグの首脳会談で実際に最も問題となったのは経済問題であった。また，共同宣言の案文作成の過程でも，EC 側が「利益の均衡」という「結果における平等」を示唆する文言を入れることを主張したのに対し，「機会における平等」を主張する日本側はこれに難色を示し，結局「衡平なアクセス」という文言に落ちついたといわれる。辞書の説明では，「衡平」とは平衡とか平均という意味であるが，言葉をめぐる折衝そのものが，はしなくも共同宣言の理念と日本・EC 関係の現実のあいだのギャップを浮き彫りにしている。

　共同宣言以後，それが目指した政治協力は，さしあたりささやかな成果を生むにと

どまったといってよいであろう。EC/EU の APEC（アジア太平洋経済協力），朝鮮半島エネルギー開発機構（KEDO）への参加，他方での日本の欧州安全保障協力機構（OSCE）への参加，NATO（北大西洋条約機構）との高級事務レベル協議などがその数少ない成果である（Keck 2013a：116-118；Wright 2013：164-166）。

　通商対立から経済協調への転換も，日本製自動車をめぐる暫定的解決を除けば，すぐには進まなかった。貿易不均衡は依然として続いていたからである。変化が現れたのは1990年代半ばのことである。

　1993年初め，1980年代半ばから追求されてきた欧州単一市場が完成した。さらに，1993年11月のマーストリヒト条約の発効により，EC（欧州共同体）は EU（欧州連合ないし欧州同盟）へと進化した。また，1995年にはオーストリア，スウェーデン，フィンランドの EU 加盟による EU の第4次拡大があった。この間，共同宣言発表以前から，EC/EU は対日政策の検討を進めていた。そのテンポは共同宣言によって加速された。その成果のひとつが，1992年5月の EC 委員会の政策文書（Communication）「一貫したグローバルなアプローチ」（A Consistent and Global Approach: A Review of the Community's Relations with Japan）であった（Keck 2013a：112-113）。さらに，検討の集大成として1995年3月に作成されたのが，欧州委員会の政策文書「欧州と日本——次なるステップ」（Europe and Japan: The Next Step）である。これは同年5月，EU の閣僚理事会によって採択された。これは共同宣言を踏まえ，EU の対日関係の現状を総括するとともに，EU の対日外交政策全般にわたって基本方針を示したものであるが，その経済・通商政策に関わる部分の骨子は次の通りである。第1に，双方は安定的・多角的な経済システムとグローバルな安全保障の維持に基本的な関心を共有している。第2に，域内および国際的な変化により，EU が対日関係を発展させる機会が与えられている。第3に，EU の対日政策はその対アジア戦略のなかで形成される。第4に，引き続き市場開放に圧力をかけるとともに，対話と協力を強化する。このような経済関係における「対話と協力」の重視と見合って，この文書は，対日政治関係に進展が見られないことに失望感を表明しながらも，政治対話の深化の必要を強調している（Keck 2013a：119-122）。

　事実，日本・EU の経済関係は，通商対立の発生とその一時的な解決というパターンの繰り返しから，相互対立を緩和するための制度化へと移行した。そのなかで特に重要なのは規制改革対話（Regulatory Reform Dialogue）である。これは双方がそれぞれに規制改革を推進し，それを通じて貿易，投資の双方向的な拡大を促進しようというものである。その発端は1993年の日本側の規制緩和推進計画の策定であり，翌年に

政府首脳間で開始についての合意ができ，1994年11月に最初の会合がもたれた。日本側は1995年3月，規制緩和推進計画を閣議決定したが，欧州委員会はこれを評価しつつ，さらなる施策を要望し，1997年11月には要望リストを提出した。日本側も翌1998年11月，要望リストを提出した。このように，規制改革対話は，年1回ないし2回の局長級会合を東京ないしブラッセルでもち，また分野別の専門家会合も開きながら，双方が相手側に対して規制改革に関する要望リストを提出しあい——次々に改定リストが出された——，それに基づき議論するというものである。その成果について，少なくともEU側は必ずしも肯定的に評価してはいないが，2000年以降今日に至るまで，日本・EU通商関係の最も重要な制度的枠組みとして機能することになる（Keck 2013b：139-140；Wright 2013：158-160）。

さらに，1995年5月以降，相互承認協定（Mutual Recognition Agreement）を目指す交渉が開始された。この相互承認協定とは，電気通信機器，電気製品，化学品，医薬品という4つの分野での輸出入の際の製品検査について相互の認証基準を認めあおうというものである。これによって，輸出入の際に輸入国においてとられるべき一定の手続きを輸出国で実施することが可能になる。そのための枠組みをつくるのが協定の趣旨であり，貿易に携わる企業の負担を軽減することを通じて，貿易の拡大を目指そうというわけである（Wright 2013：160-164，166-167）。

制度化は政府間ベースだけではなく，経済団体間でもさまざまな形で進展した。そのなかで最も注目すべきは，日・EUビジネス・ダイアログ・ラウンドテーブル（EU-Japan Business Dialogue Round Table：EJBDRT）であろう。これは日本・EU間の民間対話の既存の2つの枠組みが1999年に合体して設立されたものであり，日本・EU間で唯一の公式のビジネス対話の枠組みとなっている。日欧の大企業のCEOクラスだけではなく，双方の関係閣僚や欧州委員会のメンバーも参加して毎年開催されている。その共同提言は日本・EU首脳会談に提出され，それが首脳会談の成果に反映されている。

こうして，1990年代後半になると，通商対立はほぼ鎮静し，規制改革対話などの制度化が進行した。日欧間では1970年代初頭に貿易協定の締結を目指した交渉が失敗に終わった後，貿易協定がないままに過ぎたが，協調の制度化は貿易協定が存在しないことの代償であったといいうる。このような通商関係の安定は，EUの官僚たちによっても，「対立から非対立への移行」（moving from confrontation to non-controversy）あるいは「比較的に静かな時期」（a relatively quiescent time）と形容されている（Keck 2013b：133；Wright 2013：155）。

このような関係の変化は，1991年の日本製自動車の対欧輸出に関する暫定的解決およびEUの側の方針転換によるところが大きい。そしてその転換の背景には，世界的な貿易・投資構造や通貨状勢の変化があり，日本・EU関係にあっても，双方向的な直接投資の活発化，それにもよる貿易自体の変化，企業内国際分業の進展などとなって現れた（Waldenberger 2013：20-21；Wright 2013：156-157）。特に，EUの通商戦略的な関心が日本から東アジア全域へ拡がり，さらに中国へと傾斜していったことが大きかった。そこで次にこの点を見よう。

EU東アジア通商政策の
形成と中国への傾斜
　ヨーロッパでベルリンの壁が崩壊した1989年，東アジアでは6月，（第2次）天安門事件が発生した。これに対してECはただちに経済制裁を含む制裁措置をとった。だが，ECは中国との通商拡大を重視し，しだいに制裁解除へ動き出す。このような経済関係を重視するECの姿勢は，中国以外のアジア諸国との関係においても顕著であった。ECはインドネシアの東ティモール独立問題，ミャンマーの軍事政権独裁などに敏感であり続けながらも，アジア地域の経済成長への期待から，アジア地域との経済関係の強化を目指しはじめた。

　1993年11月のマーストリヒト条約の発効によって，ECはEUへと変貌するとともに，通貨統合を本格化させるなど，統合への歩みを加速させた。そのなかで，EUはその対外経済政策の見直しを進めた。対アジア政策については，1994年7月，欧州委員会が「新たなアジア戦略に向けて」（Towards a New Asia Strategy）と題する政策文書を発表した。そこでは，アジアをひとつの地域として一括し，実態における地域統合の進展に着目しながら，経済成長の実態を概観している。そして，2000年までの世界経済の成長の半ばが東・東南アジアの成長に負うとの世界銀行の予測に沿いながら，改めて世界の成長地域としてのアジアの興隆とそれによる世界の経済力バランスの劇的な変化に注目している。その上でアジア重視と同地域でのヨーロッパの経済的プレゼンスの増大を目標とし，そのための方針を打ち出している。「戦略」を標榜するにしてはいささか粗い議論だが，むしろ今後の戦略策定のための一素材を提供したものと見るべきであろうか。資料としても内容自体は特に注目すべきものはないが，それでもアジア関連の「戦略」文書としては初めてのものであった。

　こうして，EUはようやく対アジア通商政策の形成へ第一歩を踏み出した。前に見た1995年の対日政策文書も，この対アジア戦略文書を踏まえた上で，対日政策を対アジア戦略の中に位置づけようとしたのである。

　このようなEUの動きの背後には，ヨーロッパ諸国政府およびヨーロッパ企業（EC/EU企業）の「世界の成長センター」としてのアジア——特に東アジア——への

関心の高まりがあった。しかも，それまで東アジアにおける EU のプレゼンスは明らかにアメリカ，日本よりも小さかった。他面で，EU と東アジア諸国との間では，アメリカや日本とは異なって，直接的な安全保障上の対立あるいは懸案はほとんど存在せず（Schmidt und Heilmann 2012：150），したがって経済関係の緊密化を目指す政策的余地が大きかった。戦略文書の発表から 2 年後，1997年アジア通貨経済危機が勃発し，EU のアジア重視の姿勢はややぐらついたものの，EU はアジア戦略の具体化，共通通商政策の策定を続けることになる。

　1980年代までの EC の対東アジア関係では，日本を別とすれば，ASEAN（東南アジア諸国連合）が重視された。ASEAN は設立以来政治的な統合を重視していたため，EC の ASEAN との経済関係は比較的希薄であったものの，EC は同じ地域化組織である ASEAN を「対話パートナー」として重視し，伝統的に緊密な関係を築きあげていた。1990年代に入ってからも，EU の ASEAN 重視は鮮明であり，ASEAN＋3（日中韓）や ASEAN＋3 の共通通貨構想，あるいは AMF 構想などに積極的に関与し続けた。

　また，1996年以降，アジア欧州会合（ASEM）が開催されるようになった。この会議には，アジア側からは ASEAN 加盟国，日本，韓国，中国などが，ヨーロッパ側からは EU および EU 加盟諸国が参加し，安全保障，経済協力，貿易・投資，環境，科学技術交流などの幅広い分野での議題が取り上げられ，その後隔年開催されている。この ASEM 設立は，欧州委員会の「新たなアジア戦略に向けて」に着目したシンガポール政府が主導し，ASEAN 諸国による EU への働きかけの結果であるといわれているから，EU・ASEAN 関係の延長上にあると見ることもできる。

　さらに，EU は ASEAN 諸国以外に，韓国，台湾や中国をそれまで以上に重視するようになる。その中では，何といっても中国重視が明白である（Heilmann 2007：584）。

　EC が中国と国交を樹立したのは，日中あるいは独中の国交回復からやや遅れ，1975年であった。その後1978年には貿易協定が結ばれ，また1979年以降，EC・中国貿易合同委員会が開催された。さらに，1985年には新貿易経済協力協定が調印され，1988年には EC 代表部事務所が北京に開設された。

　このように，アメリカや日本にやや遅れながらも順調に発展した通商関係は，1989年 6 月の（第 2 次）天安門事件によって一頓挫をきたした。EC はマドリードでの EC 理事会において中国政府の行為を糾弾する「中国に対する宣言」を発し，経済制裁を含む制裁措置をとった。それは，第 1 に，中国における人権を適切な国際フォーラムで取り上げ，中国における裁判に出席し，監獄を訪問する独立したオブザーバーの入

国を認めることを要請する，第2に，加盟国による軍事協力を停止し，中国への武器輸出を禁止する，第3に，閣僚およびハイレベルでの接触を停止する，第4に，ECと加盟国による新規協力プロジェクトを延期する，第5に，文化・科学・技術協力を削減する，第6に，中国人留学生に対する加盟国における滞在ビザを延長する，というものであった。

だが，中国との通商拡大を重視するECは，比較的穏和な対中政策をとる日本を意識しながら，しだいに制裁解除へ動き出す。1990年10月には閣僚理事会が接触停止解除を決定し，1991年4月以降，閣僚レベルの相互訪問が再開された。1991年10月にはEC・中国合同委員会が再開された。1993年以降，EU・中国間の活発な首脳陣の相互訪問や大型ミッションの派遣，合弁事業などの大型プロジェクトの成約が相次いだ。1994年6月には新たな政治対話が開始された。

相互の貿易は急速に拡大し，2000年には，EUは中国の貿易相手として日本およびアメリカに次ぎ第3位の地位に上り，中国の貿易総額の15％を占めた。他方，EUの貿易総額における中国の比率はほぼ5％であった。この間，EUの対中貿易収支は赤字が続いたから，欧州委員会はその原因として中国市場へのアクセスの制限，中国の輸出ダンピングを挙げ，改善を要求した。またアンチダンピング措置に訴えた。このほか，EUの対中直接投資も，投資制限や知的財産権などの障害にもかかわらず，1990年代後半，アメリカおよび日本に伍して増大した。

EUは対中戦略の形成へも動き始めた。1995年7月，欧州委員会は1994年の政策文書「新たなアジア戦略に向けて」を踏まえ，対中国関係に関する最初の政策文書「中国・ヨーロッパ関係に関する長期政策」（A Long Term Policy for China-Europe Relations）を発表した。これは10月に閣僚理事会が採択するところとなった。この文書は，最初の政策文書ということもあり，現状認識を含め浩瀚なものである。それはまず中国の台頭とその世界的・地域的な含意，そしてヨーロッパにとっての中国の重要性に注意を喚起する。その上で，EUの中国政策を再構築する必要を強調する。政治関係では中国の国際社会への編入が目標とされる。経済・貿易関係では，中国の急成長とその特殊な経済体制に注目した上で，中国のWTO加盟を積極的に支持するとの方針を打ち出し，それとの関連で中国の社会経済的な改革を促進するとしている。最後に，それらの目標に向け，対話方式の活用を含め，さまざまな「協力戦略」を実行に移すとしている。

その3年後，1998年3月，欧州委員会は新たな政策文書「中国との包括的パートナーシップの構築」（Building a Comprehensive Partnership with China）を作成した。こ

の文書は，まず1995年以降の3年間の変化として，中国が一方で市場改革・世界経済
への統合を推進するとともに，他方では大国として政治的な発言および関与を強めて
きたこと，さらに1997年のアジア金融危機が中国にも影響を及ぼしたことを挙げ，こ
れらの変化を踏まえ，対中国長期政策としての1995年文書をアップデイトするもので
ある。そして新たな包括的なEU・中国パートナーシップが目指すものとして次の5
点を挙げている。第1に，中国をいっそう国際社会に編入すること，第2に，法の支
配と人権の尊重を基盤とする開かれた社会への中国の移行を支援すること，第3に，
世界貿易体制への一層の編入および経済社会改革の支援を通じて，中国を世界経済に
さらに統合すること，第4に，EUから中国への公的・私的投資をさらに促進するこ
と，第5に，中国におけるEUのプロフィールを高めることであった。

　この間，1998年には最初の首脳会談が開催され，その後も定期的に開催されている
（以上，田中友義 2001：第9章をも参照）。

ドイツの対日・対東アジア通商政策

**ドイツ通商
政策の余地**　関税同盟の完成後，ECが共通通商政策を開始するようになると，主権
国家としてのドイツの通商権限——さらにそれを含む広範な対外経済政
策の権限——は，その他の加盟国の場合と同様，ECに委譲された。その結果，ドイ
ツが独自の通商政策を遂行しうる余地は狭まった。だが，冒頭で触れたように，加盟
各国の通商政策が完全にECのそれに吸収されてしまったわけではない。ECが加盟
各国によって構成される限り，各国の利害ないし主張はECの政策に反映されるので
ある。すなわち，各国はEC内部の意思形成・コンセンサス形成への関与を通じてさ
まざまに主張し，影響力を行使する。具体的には，1つは，ECの通商政策を担う
EC委員会が交渉を開始するにあたって，そのつど閣僚理事会から全権を付与される
必要があった。通商政策の場合，権限を有する閣僚理事会は各国の外相によって構成
される理事会である。各国の外相は当然ながら自国の通商利害を主張する。しかも，
その全権には例えば譲歩の上限が明記されることもあった。いま1つは，交渉の結果
は閣僚理事会ないしは通商政策を担当するその下部組織において承認される必要があ
ったが，そこでも各国にはあらためてその意見を表明する機会が与えられたのである。
さらに，ECの共通通商政策もすべての側面を完全に覆い尽くしうるものではなく，
そのすきまをついての独自の通商権限の行使は可能である。また，科学技術政策や文
化政策などの名目での，事実上の通商政策の遂行も可能であった。

　このような事態は，EU設立以後にも同様に見られた。1995年の世界貿易機関

（WTO）創設に際して，EU加盟諸国と並んでEU自身も加盟したが，そのことにより，EU諸国に代わってEUが通商政策を行うというあり方が鮮明にされた。共通通商政策の幅は拡げられ，言い換えれば通商政策の主体としての欧州委員会の立場が強められてきた。その分，加盟国の通商権限は狭まったと見てよい。各国の影響力行使の余地は狭まったと考えられるのである。だがそれでも，各国による影響力行使の可能性はなくなっていない。ドイツの場合も例外ではなかった。

　ところで，戦後西ドイツ・統一ドイツの通商政策には，自由貿易主義という長い伝統あるいは遺産がある。1950年代初頭，西ドイツのガット加盟を控えて経済相エアハルト（Ludwig Erhard）は一方的な自由化措置を実施した。EECの設立に際しては，彼はフランスにおける保護主義的傾向に警告を発した。1970年代，ガット東京ラウンドの成功のため，首相シュミット（Helmut Schmidt）はG7において積極的に動き回った。さらに1980年代，ECの南への拡大（ギリシア，スペイン，ポルトガル）に際して，西ドイツはイギリス，オランダ，デンマーク，後にスウェーデンに働きかけて非公式の自由貿易陣営の構築を主導し，南への傾斜に対して均衡を回復しようとした，などなど，その例には事欠かない。もちろん，石炭，鉄鋼，造船，繊維，衣料などの構造不況産業および農業については，長年にわたって手厚い保護を施してきた。ただし，1990年代に入ると，それらの保護もしだいに意義を失っていた。もちろん農業は最大の例外であった（Falke 2005：254-258；Falke 2011：306）。

　ドイツ統一とヨーロッパ統合の進展という1990年代の国際環境の中で，ドイツはフランスとの関係を重視した。その一環として，ガット・ウルグアイ・ラウンドにおいて，ドイツはラウンドの柱の1つであった農業での自由化よりもフランスとの関係を優先し，農業保護に傾いた。その結果，ドイツの自由貿易の主張，したがってまたEU内の自由貿易陣営は弱体化した。さらに単一通貨ユーロの導入により，ドイツは他の加盟国と同様，通貨政策という手段を喪失した。強い通貨ドイツ・マルクを有していたドイツにとって，その喪失の影響は特に大きかった（Falke 2005：262-265, Falke 2011：306-307）。それがドイツの通商政策に与えた影響は明らかではないが，自由貿易主義が強いマルクと結びついていたとすれば，ユーロの導入は自由貿易主義を弱める方向に作用したかもしれない。いずれにせよ，ガット／WTO体制におけるドイツには，建前としての自由貿易主義と本音としての保護主義が見て取れたのである（Rode 2007：627-628）。

対　日　通　商　政　策
——EUの通商政策との関連における

自由貿易を標榜するドイツの通商政策という通念は，戦後の日独の通商関係を精査してみると，

一部修正しておかなければならない。まず，戦後初期の管理貿易から自由化へ移行する過程で，西ドイツは日本のガット加盟に対して自国産業保護，特に繊維産業の保護という観点から——イギリスやフランスなどとは異なって，ガット35条を援用して対日セーフガードを設定するという差別的手段に訴えることはなかったものの——頑強に抵抗した。また，1960年に日独間に自由貿易を基調とする貿易協定が締結された際にも，西ドイツは日本からの繊維製品，陶磁器などの輸入に対してセーフガードを求め，ガット脱退をも辞さない程の強い態度で臨んだ（工藤 2014a：103-120）。

さらにまた，ECが共通通商政策を発足させ，1970年から翌年にかけて日本・EC貿易協定締結交渉がもたれたが，その際も西ドイツの自由貿易主義は限界に突き当った。EC側が共通セーフガードの導入を求め，日本側がこれを拒否したため，交渉は何等の成果を挙げられぬままに終了したのだが，西ドイツはこの交渉で自由貿易を掲げながらも共通セーフガードには反対せず，結局はフランスを旗手とする保護貿易派に押されることになったのである（工藤 2014b）。

このように，対日関係で見る限り，ドイツの自由貿易の主張には，通念が想定するよりも狭い限界があった。自由貿易主義という建前の裏には，不況産業および農業の保護の徹底という例外が，いわば原則として貫かれていたのである。

その後，西ドイツは通商政策の主体としての地位をますますECに譲るようになり，その結果として，日独通商関係はしだいに日本・EC通商関係に包摂されるようになった。それでも，ドイツ通商政策の余地がなくなったわけではない。対日関係も例外ではない。日独通商関係は日本と他のEC加盟国との間のそれと同様，日欧のそれに解消されたわけではない。事実，日本・EC貿易協定は未締結であるため——他のEC加盟国の場合も同様であった——，日独貿易協定が延長されることになったのである。

さて，日独の経済関係の実態を見ると，1990年代，両国間の貿易は停滞気味であった。それでも，ドイツにとって日本は，両国にとって貿易相手国として図抜けた存在であるアメリカに次ぐ，ヨーロッパ域外での最も重要な貿易相手であり，アジアでは2002年までは最大の貿易相手であった。他方，ドイツはヨーロッパでは日本にとって最大の輸出市場，最も重要な輸入相手であった。ただし，各々の貿易総額に占める相手国のシェアは大きくない。2001年，ドイツにとって日本は，ドイツの輸入では第7位，輸出では第12位，逆にドイツは日本の輸入で第9位，輸出で第6位にとどまっていた。

1990年代，ドイツは対日貿易で恒常的な輸入超過を記録した。これは日本・EU間

の通商対立の一角を形成した。品目別内訳では，ドイツの最重要輸出品は自動車・同部品，化学製品，機械であり，日本からの輸入品で最も重要なものは情報技術・放送TV機器・電子部品，自動車・同部品，情報処理機器，一般機械である。この構成は工業国間に典型的な水平的な貿易関係であり，数十年にわたりほとんど変わることがなかった。直接投資では，日本の対独投資が活発化し，ドイツの対日投資もようやく本格化の兆しを見せ始めた（Leonhardt und Maull : 595-596；八林 2006）。

1990年代にはまた，ドイツの対日通商政策の EC/EU の対日通商政策への包摂が進んだ。日本・EC/EU の通商対立のなかで，ドイツは EC/EU 内での自由貿易派であったものの，その声は直接には日本・EC/EU 通商関係に反映されなかった。それでも一定の動きはあった。1991年の日本・EC 共同宣言から 5 年後の1996年 5 月，通商対立が沈静化しはじめた時期に，日独外相定期協議において「日独パートナーシップのための行動計画」（Agenda für die deutsch-japanische Partnerschaft）が合意された（その後1997年10月に改訂された）。もっとも，同種の合意は英仏などと日本の間でも交わされていた。さらに，1996年以降は二国間首脳会談が定期化され，外相定期協議，事務次官協議なども開催された。これも日仏間などでも見られた。

これらの政府間協議と並んで，民間ベースでのフォーラムや対話も盛んになった。「日独フォーラム」，「両国の各界有識者による民間レベルのフォーラム」などの設置が1992年 4 月の日独首脳会談において合意され，1993年以降毎年開催されるようになった。1994年以降，「ハイテク及び環境技術に関する日独協力評議会」などがこれに加わった。さまざまな分野での協定や制度も増えた。1997年には環境保護協力協定，2000年には社会保障協定が結ばれ，またワーキング・ホリデー制度が発足した。

対日輸出キャンペーンは EU 加盟国ごとに取り組まれたが，ドイツもこの活動に積極的であった。1995年——後述するアジア太平洋委員会（APA）が設立された後であるが——，ドイツ工業連盟の会長ヘンケル（Olaf Henkel）の発案により，対日輸出促進プログラム「ジャパン・イニシアティブ」（Japan-Initiative）が発足した。これは，ジェトロなどの支援を得て，ドイツ企業，特に中堅企業（Mittelstand）に情報を伝えたり，協力パートナーを紹介したりすることにより，その対日進出を支援する枠組みである。

こうして，通商政策権限とともに通商対立という課題をも EC/EU に委譲したドイツの対日通商関係は，政策担当者によって，基本的には安定的で良好であると評価されるようになった。政治関係にも格別の懸案がないこととあいまって，冷戦終結後の10年間の日独関係は安定的に推移したのである。

**東アジアへの経済的関心
と東アジア戦略の形成**　冷戦期にあっては，西ドイツの外交における東アジアの優先順位は低く，対アジア外交は概ねアメリカ追随を旨としていた。それでも，1970年代前半以降，経済面からのアジア接近が進み，当初は特にASEAN諸国への，次いで中国への関心が高まった。1989年の天安門事件を受けてEC/EUは対中制裁措置をとり，その後しだいにそれを緩和していったが，ドイツはその緩和への動きに歩調を合わせ，あるいは先取りする形でアジアへの経済的接近を進めた。

　1993年10月，コール（Helmut Kohl）政権はアジア政策に関する文書「連邦政府のアジア・コンセプト」（Asien-Konzept der Bundesregierung）を公表した（Presse- und Informationsamt der Bundesregierung 1994）。そこでは，アジア・太平洋地域におけるドイツのプレゼンスが日本およびアメリカに比べて劣ることが改めて認識され，ドイツの経済的コミットメントの強化が望まれるとされた。そして対アジア政策の重点として，経済，科学技術協力，環境，開発政策に関する協力，教育・科学・文化協力が挙げられ，外交政策および安全保障政策における課題が列挙されている。注目すべきは，経済に力点が置かれ，それとの関連で特に中国との関係が重視されていることである（Heberer und Senz 2011：676；山口 2011：37；Schmidt und Heilmann 2012：155）。

　このような文書があらためて公表された背景要因のひとつとして，当時東西統一を達成したばかりのドイツが置かれた経済状況がある。統一後，一時の統一ブームを経て景気が下降する中で，東ドイツ経済の復興という困難な課題に直面していたコール政権としては，成長地域アジアへの進出を官民一体となって——「ドイツ株式会社」として——進めようという動機が生まれたのは自然である。そしてアジア・太平洋地域では中国が他のどこよりも魅力的に映ったのもまた当然であった。

　政府文書「アジア・コンセプト」の公表と相前後して，1993年9月には，ドイツ工業連盟，ドイツ商工会議所（DIHK），そして東アジア貿易に携わる商社の組織である東アジア協会（OAV）の呼び掛けによって，アジア太平洋委員会（Asia-Pazifik-Ausschuss der Deutschen Wirtschaft：APA）が設立された。これにはその後1999年になって，全国卸売・対外貿易連盟（BGA）および全国銀行連盟（Bankenverband）も参加した。その前身はドイツ産業アジア太平洋会議であり，これは1996年に第1回会合を開いた後，隔年開催されていた。それが常設機関化され，強化されたわけである。アジア太平洋委員会は連邦政府との密接な協力関係のもとに，情報収集・交換，あるいはビジネス・チャンス提供の「ターンテーブル」機能を果たしている。

　西ドイツの東アジアへの関心は，冷戦期にはASEAN諸国から始まり，韓国，台

湾，そしてとりわけ中国に向かった。政府文書「アジア・コンセプト」にも明記され
た中国重視の姿勢は，すでに明瞭になっていた。東西ドイツの相互承認という課題を
達成した西ドイツは，1972年10月に中国との間で国交を樹立した。その後はECの対
中通商関係の拡大を主導し，またその恩恵を享受した。1980年代半ばには投資保護協
定が締結され，上海でフォルクスワーゲン（Volkswagen）が現地生産を開始するなど，
直接投資が拡大していった（Heilmann 2007：583）。

　対中通商関係は天安門事件後のECによる経済制裁の解除を経て，順調に展開して
いたが，1996年6月，連邦議会でチベットにおける人権状況の改善を求める決議が採
択され，それに中国が反発し，政治的緊張が高まったため，一時危機に瀕した。しか
し関係は間もなく修復された。1998年9月の総選挙の結果，コール政権から社会民主
党（SPD）と緑の党（Bündnis 90/Die Grünen）の連立（赤緑連立）のシュレーダー（Ger-
hard Schröder）政権に交替すると，ドイツの対アジア外交における「経済の優位」方
針，そして中国重視の傾向はさらに強まった。シュレーダー政権は，前政権と同様，
あるいはそれ以上に，チベット問題，人権問題などの政治的争点の深刻化の回避に意
を用いた。そのため，対話方式を採用し，対立を未然に防ぎ，あるいは緩和しようと
した。1999年から始まった人権対話，2000年からの法治国家対話などがそれである
（Heilmann 2007：585-587；山口 2011：42-46）。

　こうした外交努力もあって，1990年代を通じて独中間貿易は拡大し，2000年にはド
イツは中国の貿易総額の5％以上を占め，中国にとってヨーロッパ最大の貿易パート
ナーとなり，世界でも第6位にランクされるようになった（Heilmann 2007：583）。

2　対東アジア通商政策の一環としての対日通商政策
——2001～2014年

ドイツおよびEUの通商政策の変容

　ドイツはアメリカと並ぶ貿易大国——「輸出世界チャンピオン」（Exportweltmeis-
ter）——として，世界的な自由貿易体制の維持に強い関心を持ち続けてきた。実際，
1990年代に入ると，構造不況産業への保護はしだいに意義を失っていった。ただし，
ヨーロッパ統合優先の方針から，フランスとの同盟関係を重視する傾向も強まり，農
業保護主義は強まった。ところが，2000年代に入ると，自由貿易を指向する通商政策
に変化が見られるようになった。その国内的要因としては，1998年のシュレーダー政
権の登場が挙げられる。同政権では開発援助，環境，消費者保護，農業などを担当す
る省が社会民主党——特に左派——あるいは緑の党のメンバーによって占められた。

また非政府組織（NGOs）が台頭して政策決定過程に深く関与する傾向が強まった。反グローバリズム的言説の盛行を背景にした新たな政策は，結果的に自由貿易の主張を弱め，保護主義を強化する方向に作用した（Falke 2005：265-268；Falke 2011：308-309）。

　自由貿易を標榜してきたドイツの通商政策の弱体化を指摘する国際政治学者のファルケは（Falke 2011：312-314），EU通商政策の形成におけるドイツの影響力低下の要因として，次の5点を指摘している。第1に，ドイツによるヨーロッパ統合の追求，第2に，「フレンチ・コネクション」への配慮の必要，第3に，経済省の地位の低下，第4に，マーストリヒト条約による独立的通貨政策（通商政策への独自の梃子）の喪失，第5に，ドイツにおける反グローバル化的社会勢力の圧力，以上である（Falke 2005：268）。

　ドイツの通商政策のこのような変化に随伴するように，2000年代前半，ヨーロッパ次元でも変化が見られるようになった。それはEU通商政策のなかに新たなテーマを持ち出すことによって，通商政策手段を豊かにしようとする動きである。新たなテーマとは，特に，これまでのような市場参入関連のテーマ（関税・数量制限の撤廃，関税訴訟，アンチダンピング，アンチ補助金訴訟）に代わる，さまざまな分野での包括的・多角的な規制の導入（Regelsetzung）である。例えば，「通商と環境保護」「通商と社会的規格」（Sozialstandards），さらには「通商と競争政策」「通商と投資」「通商と公共調達」といったテーマである。これらはそれまでは国内でのテーマであったが，EU次元でも取り上げられるようになったのである。その背景としては，1つにはガット/WTOの諸ラウンドがあり，いま1つにはグローバル化やグローバル・カヴァナンスに関する言説，さらにはNGOsの台頭が挙げられる。

　ただし，EUのこのような変化は，国際場裡にあってはアメリカ，オーストラリア，カナダなどの抵抗にあって頓挫を余儀なくされた。その結果，EUはふたたび市場参入というテーマに回帰せねばならなかった。その際，EUがとった路線は，WTOドーハ・ラウンドの行き詰まりという背景の下，主要貿易相手国と自由貿易協定（FTA）を締結するというものであった。それが2006年10月に策定された新たな通商戦略「グローバル・ヨーロッパ——国際競争への対応」（Global Europe: Competing in the World）の趣旨であった。[4] その後，2010年11月にはその改訂版「貿易・成長・世界情勢—— EU2020戦略の中核としての通商政策」（Trade, Growth and World Affairs: Trade policy as a core component of the EU's 2020 strategy）が打ち出されている。これは2010年3月，欧州委員会の政策文書「ヨーロッパ2020——知的，持続可能，包

摂的な成長のための戦略」（Europe 2020: A strategy for smart, sustainable and inclusive growth）が出され，6月，これが欧州理事会で承認されたことを受けたものである。

こうして，EU もまた自由貿易協定を追求する世界的潮流に入っていった。その分，EU の通商政策の裁量の余地（Spielraum）は狭まった。特に中国やインドに対する影響力が弱まった（Falke 2011：309-312）。

この間，ドイツでは2005年末のキリスト教民主同盟／キリスト教社会同盟（CDU/CSU）と社会民主党の大連立によるメルケル（Angela Merkel）政権が誕生すると，赤緑政権下での政策は多かれ少なかれ転換された。EU が2006年の新通商戦略および2010年のその改訂版により自由貿易協定の締結へと舵を切ると，ドイツもこのような EU の方針に同調していくことになる（Falke 2011：314-318）。もっとも，それによって EU 内でのドイツの影響力が回復することにはならなかった。

他方，2009年12月に発効したリスボン条約によって，EU の通商政策を担う理事会とその下部組織に変更が生じた。まず，EU の通商政策を担うのは総務・対外関係理事会（General Affairs and External Relations Council：GAERC）とされた。この理事会がその下部に置かれた通商政策の専門委員会——リスボン条約の発効以降は通商政策を担当する各国の官僚からなる通商政策委員会（Trade Policy Committee）——の検討を踏まえて方針を決定する。このように，EU の諸機関は各国の利害を調整し，コンセンサスを形成しながら EU の通商政策を策定し，実行しているのである（Waldenberger 2013：4-5）。

そればかりではなく，通商権限の分布に変化が生じた。すなわち，通商政策に関する欧州議会の権限が拡充された。欧州議会はこれまでは公聴会を開く権限を有するのみであったが，直接の共同決定権ではないにしても，影響力を行使する権限（Mitwirkungsrechte）をもつことになった。たんに情報を得る権限のみならず，条約などの締結に際して同意を与える権限をも得たのである。またこれによって，EU の通商政策は透明性を増すと同時に，産業・企業の主張をこれまで以上に受け入れやすくなった（Falke 2011：301；Waldenberger 2013：4-5）。

このようにリスボン条約によって EU の通商政策権限が再定義されると，ドイツ独自の通商政策の余地はさらに狭まった。ドイツの影響力行使は他の諸国の場合と同様，EU 内部の意思形成・コンセンサス形成の過程を通じて間接的になされるが，そのような経路を通じての影響力行使の余地は狭まったと考えられるのである。

EU の対東アジア通商政策の拡充と対日通商政策の変容

対東アジア通商政策の拡充と中国への傾斜　2001年12月，中国の WTO 加盟が実現した。中国は通商，サービス，投資，知的財産権などに関する WTO のルールに従うことを約束した。1986年 7 月に中国がガット正式加盟を申請して以来，天安門事件による中断をはさむ長い交渉の結果であった。EU は中国の加盟を促す役割を果たしたが（中逵 2011：277-278，291-292），加盟の実現は1990年代における EU の対東アジア政策の帰結であるとともに，2000年代の政策展開の始点ともなった。中国にはレア・アース輸出の禁止など，WTO のルールに抵触すると見られる行動はあったものの，中国の WTO 加盟後，EU の対中貿易，それ以上に対中直接投資が促進されることになった。

この間，EU 自体，経済通貨同盟の発足を経て1999年の単一通貨ユーロの導入を果たし，また2004年には東欧諸国など10カ国の加盟により第 5 次の拡大を実現するなど，大きな転機を迎えていた。中国の WTO 加盟が目前に迫った2001年 9 月，欧州委員会は「ヨーロッパとアジア——強化されたパートナーシップのための戦略的枠組み」（Europe and Asia: A Strategic Framework for Enhanced Partnerships）と題する政策文書を発表した。この文書は1994年の「新たなアジア戦略に向けて」に代わるものであり，次の 6 点を目標として掲げている。第 1 に，アジア地域への広汎な関与を通じて，同地域と世界の平和・安全保障に貢献する，第 2 に，同地域との貿易・投資の流れをさらに発展させる，第 3 に，アジア地域の貧困国の発展を促進する，第 4 に，人権の保護，民主主義の普及，グッド・ガヴァナンス，法の支配に貢献する，第 5 に，アジア諸国との間にグローバルなパートナーシップ・同盟を構築する，第 6 に，相互的な関心が高まるよう支援する。この文書も，1994年文書と同様，あるいはそれ以上に，現状分析を含む浩瀚なものである。

その後，欧州委員会が発表したアジア戦略関係文書は，圧倒的に中国関係のものが多い。中国以外では，すぐ後で触れる2001年の対日文書と2003年 7 月の「東南アジアとの新たなパートナーシップ」（A new partnership for South East Asia）が目立つ程度である。

中国に関係する文書としては，2001年 5 月，政策文書「EU の対中国戦略」（EU Strategy towards China: Implementation of the 1998 Communication and Future Steps for a more Effective EU Policy）が出された。この文書は，これまでの1995年と1998年の 2 つの政策文書が長期政策を提示したものであったのに対し，その妥当性を前提とし，1998年から 3 年間の EU，中国——特にその WTO 加盟——，および EU・中国関係

補章 4　対日通商政策　**299**

の変化を踏まえた上で，短期・中期の行動計画を提案したものである。それから2年後の2003年9月には，この行動計画をアップデイトした政策文書「成熟するパートナーシップ」（A Maturing Partnership: Shared Interests and Challenges in EU-China Relations）が作成され，10月に閣僚理事会により承認されている。

　2003年，対中武器輸出禁止を解除する動きがあった。この禁輸措置は，天安門事件への対応としての制裁措置のなかで唯一残されていたものである。これについてフランス政府がEU首脳会議で再検討を提案し，ドイツ政府もこれに同調したために，EUとしても禁輸解除に傾いた。しかし，アメリカや日本が東アジアの軍事バランスを崩しかねないとして強く反対し，EU内部でも人権問題，反国家分裂法の制定などを理由としてイギリス，スウェーデンなどが時期尚早論を唱えた。そのためEUとしての合意は成立せず，結局禁輸解除は見送られた（田中友義 2009：201）。

　EUは2006年10月に新たな通商戦略「グローバル・ヨーロッパ」を策定したが，これと同時に，欧州委員会はさらに新たな政策文書「EU-中国──より密接なパートナー，より大きな責任」（EU-China: Closer Partners, Growing Responsibilities）を作成した。これは2003年の短期・中期の政策に関する提案をアップデイトしたものである。EUはこの間，10年足らずの間に，中国を「包括的パートナー」から「成熟したパートナー」へ，さらに「より密接なパートナー」へと格上げしてきたわけである。この新たな政策文書では，特に対中武器輸出禁止の解除問題が注目される。この問題について，EUは引き続き撤廃を目指すが，そのためにはEUと中国の双方においてさらに努力が必要であるとして，武器輸出の増大の抑制，中国における人権状況の改善，軍事支出の透明性の引上げなど，撤廃が承認される環境作りの必要性を指摘している。

　EUのこのような方針を受けた中国側のイニシアティヴにより，2008年4月にハイレベル経済通商対話が設置された。これは貿易不均衡の是正を主眼とする閣僚レベル会合であって，年1度の頻度で定期的に開催されるようになった（田中晋 2011：240-242）。また，2010年11月に2006年の新通商戦略を改訂した新文書が出されたのを受け，2013年11月，EUの首脳が訪中しての首脳会談の際に「EU・中国2020　協力のための戦略的アジェンダ」（EU-China 2020 Strategic Agenda for Cooperation）が合意された。さらに，投資協定締結交渉の開始でも合意が成った。その趣旨は，それまでEU加盟国が中国との間で個別に結んでいた二国間協定をEUとして統合することであった。

　この間，中国は2008年の北京オリンピック，2010年の上海万国博覧会を成功させ，2009年にはドイツを抜いて世界第1の輸出大国となり──ドイツは「輸出世界チャン

ピオン」の座を明け渡し，Export(vize)weltmeister となった——，2010年には GDP で日本を抜いて世界第2の経済大国になった。

2010年，EU27カ国にとって，中国はアメリカに次いで重要な貿易相手国であった。対中輸出は EU の輸出総額の8.4％を占めており，中国からの輸入は輸入総額の19％を占めて最大の輸入先であった。他方，中国にとって EU は輸出では20％，輸入では12％を占め，アメリカ，日本を押さえて最も重要な貿易相手であった（Schmidt und Heilmann 2012：146）。直接投資でも，2010年には EU は各国の対中国投資の6.2％を占めて第3位にランクされた（Schmidt und Heilmann 2012：146-148）。貿易収支では，EU27カ国すべてが対中国で赤字となっており，最大はオランダ，次いでイギリス，イタリア，フランス，ドイツの順であった。そのため，EU 側はこれを不均衡としてその是正を要求し，中国側の市場参入制限，輸出補助金，知的財産保護の不徹底，許認可の不透明性などを批判している。他面，中国企業が競争者として台頭し，EU 諸国の企業にとっても脅威となりつつある（Schmidt und Heilmann 2012：148-149）。

中国の対 EU 政策も EU に無視し得ない影響を及ぼしつつある。中国はヨーロッパ各国政府の公債を購入し，ヨーロッパ周辺国企業への投資，ヨーロッパ公共調達への参加を図るなどの手段により，EU 加盟諸国を互いに競わせる戦略をとっている。また通貨政策面でも，2010年の首脳会議で EU 側の人民元切上げ要請を拒否するなど，EU にとって中国はプレゼンスを増しつつある（Reiterer 2013：297）。

対日通商政策の変容　1999年末，1991年7月の日本製乗用車の対欧輸出に関する合意が失効した。EU 側の当事者は，合意の核心である日本側によるモニタリングが期待通り機能したと認めた。それにより輸出抑制という目標が果たされ，しかもヨーロッパの自動車企業が蘇生し，ルノーによる日産の取得という望外の成果まで得られたと高く評価した（Kendall 2013：236-237）。10年近くの間実施されたこの規制は，通商対立の解消という点において，他のどの合意あるいは制度よりも，またほぼ同時に採択された日本・EC 共同宣言（ハーグ共同宣言）と比べても，はるかに実効があった。

自動車合意が失効した翌2000年7月，日本・EU 定期首脳協議において，21世紀の最初の10年を「日欧協力の10年」（A Decade of Japan-Europe Cooperation）とすることが合意された。それを踏まえ，2001年12月の定期首脳協議で「共通の未来の構築——日・EU 協力のための行動計画」（Shaping Our Common Future: An Action Plan for EU -Japan Cooperation）について合意された。行動計画の重点目標は，第1に，平和と安全の促進（国連改革，核不拡散，人権，朝鮮半島など），第2に，すべての人のためにグ

ローバル化の活力を生かしての経済・貿易関係の強化（双方向の貿易・投資パートナーシップ，情報・通信技術協力，WTO，開発・貧困など），第3に，地球規模の課題および社会的課題への挑戦（高齢化社会・雇用，環境，教育，テロリズムなど），第4に，人々の交流と文化交流の促進（学術・青少年・地域間交流など）であった。この「行動計画」の契機は，2000年12月の日本外務省のEC宛て書簡であった（Rothacher 2013：173-174）。この日本側のイニシアティヴはかつての日本・EC共同宣言を想起させる。

　この間，1994年に始まった規制改革対話は継続された。1999年10月にはEU側が改定リストを提出したのに続き，11月には日本側も改定リストを提出した。2002年2月，日本側は再改定リストを提出した。2002年11月の「日本側（優先）提案及びコメント」は次のような12分野34項目に及ぶ。全般（会社組織，雇用，日・EU間の規制前協力，滞在，労働許可制度の改善），①分野横断的規制（商法・競争，雇用，貿易・関税，情報・知的財産），②業種別規制（法律サービス，電気通信，金融サービス，自動車），③環境・食品安全関連規制（環境），④在留邦人に関する規制（運転免許，滞在・労働許可，社会保障），（別添）税制。

　他方，2002年11月に出されたEU側のリストは次のような内容であった。法律サービス：外国法事務弁護士と日本の弁護士のパートナーシップの自由化等を要望する。対外直接投資の促進：投資家の参入にあたり，便利な統一的窓口の設置を要望する。M&A：外国の企業が日本の企業を合併・買収する際に必要な手続きの整備を要望する。ジャーナリズム：外務省記者証の他の公的機関での認容，記者クラブの廃止を要望する。

　1995年5月に開始された相互承認協定に向けての協議にも進展があり，1999年6月，協定内容で合意し，2001年4月，協定が調印され，2002年初頭に発効した。これは日本・EU間で初めての本格的な協定である。EUはすでにそれ以前にカナダ，アメリカ，オーストラリアなどと同種の協定を締結していたが，日本にとっては初めてのものである。双方の当事者は「日欧協力の10年」の開始と「日・EU協力のための行動計画」の着実な実施を象徴するものと評価した。

　その他の協定締結や対話・フォーラムという形でも，対立を緩和し，協調を促進するための制度化が進展した。協定では，2003年8月，競争法執行当局間の協力強化を規定する独占禁止協力協定が発効したのをはじめ，税関相互支援協定，科学技術協力協定，日本・ユーラトム（EURATOM）間の協力の拡大・強化を目指す原子力平和利用協定などが結ばれた。分野別対話・協議・フォーラムは2000年前後には25を数えた。2000年代に入ると，専門的・技術的なものはしだいに減少し，2000年から3年間に開

催されたのは，前述した規制改革対話のほか，自動車安全・環境政策対話，郵政定期協議，産業政策・産業協力ダイアローグ，競争当局間意見交換，財務金融ハイレベル協議，WTO 協議，ビジネス・ダイアローグ・ラウンドテーブル会合，テロ協議，消費者団体対話，シンクタンク円卓会議，東アジアに関する戦略的対話であった（大平2007：210-212）。

日本・EU 経済関係の実態では，貿易は1990年代に続き停滞気味に推移したが，貿易収支の不均衡が拡大することもなかった。EU の対中国貿易収支の赤字幅が巨額にのぼったこともあり，EU の対日赤字はさほど問題にされなくなり，日本・EU 通商関係も平穏であった（Rothacher 2013：171-172）。また，日本企業のヨーロッパでの現地生産が増加した反面，ヨーロッパ企業の対日投資も増加しはじめたことも，通商関係の安定に寄与した。長く対日交渉に携わってきたヴェテランの EU 官僚は，「失われた10年」を経た日本は EU にとっての脅威ではなくなったと記している（Rothacher 2013：174）。もっとも，対日直接投資に関して，EU はそれを阻害する障壁に関する新たな批判を開始した（Rothacher 2013：177-178）。

それ以外の分野では通貨金融関係があるが，リーマン・ショック後の2011年，日本政府が EFSF（欧州金融安定ファシリティー）債30億ユーロを購入し，さらに購入の用意があると声明したことが記憶に新しい程度であり，内実に乏しい。

2011年は10年前に開始された「協力のための行動計画」が期限を迎えた。更新・延長も議論されたが，結局期限満了となった（Keck 2013a：123）。

ところで，EU 外交のキーワードとされてきたのは「戦略的パートナーシップ」である。この言葉が最初に公式に用いられたのは2003年の欧州安全保障戦略（European Security Strategy：ESS）においてであり，EU と「目標および価値を共有するすべての国」が対象とされた。そのときは，日本，中国，インド，カナダなどが戦略的パートナーシップの相手とされた。その後ブラジル，南アフリカ，メキシコなどもそのリストに加えられた（Reiterer 2013：302；Rothacher 2013：176-177）。

日本との関係では，対中武器輸出禁止の撤廃問題が浮上した際，撤廃に反対する日本との間で東アジアの安全保障に関する「戦略的対話」が行われた。そこでは「戦略的パートナーシップ」という言葉に一定の実体があったといえよう。だが，日本側からは日本が「目標および価値を共有する」国として中国と同じカテゴリーに入れられることへの不満が強かった。そのため，2010年の日本・EU 首脳協議の総括文書ではこの言葉は用いられなかった。またその後，同年9月に開かれた欧州理事会の総括文書でも，「戦略的パートナーシップ」の項では日本に言及されることがなかった（Reiterer 2013：303-304)。この事実は，経済を重視する EU の東アジア外交の中で，日本が必ずしも安定的に位置づけられていないことを示唆している。

　そのなかで，EU と日本は2013年4月，自由貿易協定（FTA）ないしは経済連携協定（EPA）交渉のテーブルにつくことになった。これは EU 側の働きかけがようやく実った結果であった。その際，EU・韓国自由貿易協定の締結が日本を動かす一要因となった。EU は韓国との自由貿易協定締結交渉を2007年5月に開始していたが，2010年10月に協定が調印され，2011年7月から暫定的に適用されはじめたのである。交渉の議題は，物品・サービス貿易，投資，知的財産権，非関税障壁，政府調達など，多岐にわたっている（田中晋 2011：235-239)。

ドイツの対中通商政策と対日通商政策

EU・中国通商関係の核としての独中通商関係　2001年の WTO 加盟を契機に，中国の対外貿易は飛躍的に拡大したが，対中貿易もその例外ではなかった。2002年，独中間貿易の総額は日独間のそれを凌駕するに至った。ドイツにとって，日本に替わって中国がアジアにおける最大の貿易相手国となったのである。ただしこの時点では，ドイツ貿易にとっての中国の比重は，輸出では2.2％（第12位)，輸入では4.0％（第8位）にとどまっていた。他方，貿易収支では，1990年代にはドイツの大幅輸入超過であったのが，中国の輸入増加に伴ってその幅が縮小している。「世界の工場」から「世界の市場」への中国の転換は，ドイツとの関係では早くも現れていたのである（Heilmann 2007：583)。

　2002年5月，シュレーダー政権下のドイツ外務省は「21世紀初頭におけるドイツ外交政策の課題——東アジア」（Aufgaben der deutschen Außenpolitik: Ostasien am Beginn des 21. Jahrhunderts）と題する文書を公表した。この文書は，コール政権時の1993年の政府文書とは異なって，外務省の文書であるとともに，アジア・太平洋地域ではなく東アジアを対象とするものである。ここでは東アジアとは「日本，韓国，北朝鮮，モンゴル，中国（香港，マカオ，台湾を含む)」とされており，対東アジア政策の課題として，次の4点が挙げられている。第1に，利害対立（特に南北朝鮮，中国・台湾，南シナ海の領土問題）の平和的解決，第2に，人権・民主主義・法の支配の確立（中国，北朝鮮）と経済的・政治的改革プロセスの促進（中国，モンゴル，北朝鮮)，第3に，グローバルな問題を共同で解決するための二国間・EU の枠組みにおける協議・協力の枠組みの構築，第4に，ドイツの経済的利益の確保・促進（商品・サービス市場の開放，法的安全・投資保護，対内投資の促進)。ただし，この文書の核心は対中国政策

の課題の明確化であった。経済関係の強化にとどまらず，安全保障，人権，開発援助がこれまで以上に重視されており，政治経済的な意義を飛躍的に増大させつつある中国を「国際社会」（Staatengemeinschaft）に統合することが課題とされていた（山口 2011：37-39；Schmidt und Heilmann 2012：155）。

　実際，フィッシャー（Joschka Fischer）外相はしばしば人権問題などについて中国を批判し，シュレーダー首相との間に軋轢を生んだ。ただし，シュレーダー政権自体の対中政策は引き続き経済を優先するものであったといってよい。その一例は，EUによる対中武器輸出禁止の解除問題に際して，ドイツがフランスに同調し，解除に積極的であったという事実である。

　2004年5月，温家宝中国首相が訪独した際，両首相は独中関係が「グローバルな責任を負う戦略的パートナーシップ」（Strategische Partnerschaft in globaler Verantwortung）関係にあると合意した（Schmidt und Heilmann 2012：155）。他のEU加盟国は「包括的戦略パートナーシップ」であるのに対し，ドイツのみが「EUとの包括的戦略パートナーシップ関係の枠組み内でグローバルな責任を負うパートナーシップ」とされたことは，中国がドイツをEU加盟国の中で特に重視していることを示唆していた（諸橋 2010：37；国立国会図書館調査及び立法考査局アジア研究会 2010：45；Schmidt und Heilmann 2012：154-155）。

　2005年9月の総選挙の結果，シュレーダー政権からキリスト教民主同盟／キリスト教社会同盟と社会民主党の大連立によるメルケル政権に交替した。社会民主党が政権に残ったこともあり，その対東アジア通商政策，特に対中通商政策は前政権の方針を大綱では引き継いだ（Yi 2013：273-274）。だが，新たな動きもあった。特に，2007年9月，訪独したダライ・ラマをメルケル首相が首相官邸に招いて会談したことに中国が反発し，独中関係は悪化した。その後2008年6月の外相会談で対立はようやく緩和され，10月にはメルケル首相が訪中して人権対話が再開された。さらに2009年1月には，温家宝首相が訪独している。このような関係改善のなかで，ドイツ側は台湾問題に関して「一つの中国」原則を明示的に認めるという譲歩をしたといわれる（Heberer und Senz 2011：680-681）。

　独中関係の改善が図られた頃，ドイツ経済はリーマン・ショックの影響を受けて急激な景気後退を経験した後，景気は急速に回復した。その際，EU圏・ユーロ圏外では特に中国やロシアへの輸出が急増した。対中輸出が急速な景気回復の一因となったことについて，ドイツ工業連盟（BDI）はそのホームページで「金融・経済危機からのドイツの急速な回復は，とりわけ中国からの引き続き旺盛な需要に負っている」と，

率直に評価している（http://www.bdi.eu/China.htm）。

2009年9月の総選挙の結果，引き続きメルケルが政権を担当することになったが，第2次メルケル政権は自由党（FDP）との小連立に基づいていた。そのため，政権の対中国政策には若干の変化が見られた。2009年，政府は対中公的開発援助を削減した。経済協力開発省の援助は停止し，環境省の援助のみ継続することにしたのである（Schmidt und Heilmann 2012：161-162）。それでも前政権からの連続性は強かったと見てよい。シュレーダー政権期に採用された対話方式は，第1次メルケル政権を経て第2次メルケル政権でも踏襲された（Heberer und Senz 2011：673-675）。1999年からの人権対話，2000年以降の法治国家対話以外にも，2005年以来の独中対話，2006年以降の外務省間戦略対話が継続された。そのほか，安全保障協力が推進された（Heberer und Senz 2011：676-678；Schmidt und Heilmann 2012：156-157）。

2010年の首脳会議では，両国の首相および閣僚による政府間定期協議（Regierungskonsultationen）を毎年開催することで合意され，翌2011年6月，ベルリンで第1回の政府間協議が開催された。ドイツ側からは14名の閣僚が参加した。2012年8月には北京で第2回協議がもたれ，その後も毎年開催されている（Schmidt und Heilmann 2012：156）。このような制度化により，首脳の相互訪問は引き続き頻繁である。

このようなドイツの対中通商政策の推移を背景に，2000年代の独中経済関係は急速に発展した。2000～2010年にかけて，ドイツの対中国貿易総額は4倍に，対中輸出は5倍に，中国からの輸入は4倍になった。2009年，ドイツにとって中国はオランダを抜き最大の輸入先となった。輸出先としても中国の比重は格段に高まった。2007～2009年にかけて，ドイツの対中国輸出は例外的に増加した。そのため，輸出先としての中国の地位は2007年の11位から2009年の8位へ，さらに2010年の7位へと上昇した。分野別内訳では特に機械，自動車，化学品の輸出が急増した。2010年には対中輸出額はドイツの総輸出額のほぼ6％を占めている（Schmidt und Heilmann 2012：157-158）。

貿易だけではなく直接投資においても，対中関係の発展は目覚ましかった。ドイツの対中直接投資は，1998年までは緩慢な伸びにとどまっていたが，それ以降は急増した。中国のWTO加盟が実現した2001年には，ドイツはヨーロッパ最大の対中投資国となっていた。ただし，香港，台湾，日本，アメリカにはなお水をあけられていた（Heilmann 2007：583）。2010年，ドイツの対中直接投資額はイギリス，フランス，オランダに次ぎヨーロッパで第4位である（Schmidt und Heilmann 2012：160）。

このような実績をもたらしたひとつの要因がドイツの対中通商政策であったことは

いうまでもないが，ドイツの公的開発援助はいまひとつの要因であった。ドイツの対中開発援助は1980年代初めに開始されたが，まもなく中国はドイツの開発援助の最大の対象国になった。重点分野は環境・資源保護，貧困，インフラストラクチャー，職業教育，民間経済振興などであった。それは中国の人権問題との関連でたえず論争の対象となったし，前述のように，第2次メルケル政権は一部停止を実施している。それでも，環境保護という名目で開発援助は継続されているのである（Heilmann 2007：583，584-585）。科学技術協力，さらに文化交流もまた，むろんそれ自体の目的に向かって遂行されるものの，独中間の経済関係の発展に資する要因であった。実際，そのような意図は隠されていない（Heilmann 2007：588-589；山口 2011：47-48）。科学・技術交流，文化交流はいまなお必ずしも EU で統一されておらず，各国それぞれの活動の余地が大きい（Heilmann 2007：584-585）。それだけに，各国それぞれの経済利害と結びつきやすいのである。

　政府の梃子入れは，首相ないし外相の訪中に常に多数の経済関係者が同行する現象にも見て取ることができる。経済関係者では特に大企業の最高経営者が目立つ。フォルクスワーゲン，ダイムラー，ジーメンス，ティッセン・クルップ，バイエル，BASF などの最高経営者は，現地でさまざまなプロジェクトにつき交渉し，成約し，調印する。経営者たちは閣僚並みか，それ以上の待遇を受けるともいわれる（Heilmann 2007：583）。このような経営者の行動は，たんに実務的な必要によるわけではなく，「ドイツ株式会社」の熱意をアピールする狙いもあった。中国側の歓待もそれを理解した上でのことであろう。

　ともあれ，ドイツの対中政策は輸出の促進とドイツの権益の保護に重点が置かれていた。ここに，例えば中国専門家ハイルマンが「経済関係の優位」（Primat der Wirtschaftsbeziehungen）と特徴づける独中関係，特にドイツ側の対中政策の特徴が端的に現れているといってよい（Heilmann 2007：583）。

　このような「経済関係の優位」路線は，「歴史的な負の遺産」（historische Hypotheken）が比較的少なかったことによっても支えられた（Heilmann 2007：580）。たしかに，ドイツの中国に対する関係は比較的友好的であった。もちろん不平等条約の締結，租借という名目での植民地取得，そして義和団事件の際の軍事的暴虐などの「負の遺産」はあるものの，それらは概ね第1次世界大戦以前のものである。そのため，ドイツ帝国主義の記憶は他の列強のそれに比して淡い。第2次世界大戦後の東アジア国際政治関係にあって，ドイツの立場は日本に比してはむろんのこと，アメリカ，イギリス，フランスに比べても安定的である。ドイツの対中経済関係は政治的な問題（人権

問題，チベット問題など）によって阻害されることが比較的少なかった。領土問題を含む安全保障上の問題は皆無であったといってよい。こうしたことが「経済関係の優位」路線を貫きやすくしたのである。対中通商関係において，ドイツは日本の対極にあるといってよい。

だが，政治的な懸案は，ドイツ側がそれを軽視しない限り，たしかに存在する。また，ドイツといえども，他のEU諸国と同様，東アジアにおける安全保障問題にまったく無縁ではあり得ない。また，対中輸出への過度の依存を懸念する声も挙がっている。二国間関係の緊張，東アジア国際関係の緊迫，あるいは中国国内情勢の変化を想定しての懸念である（Schmidt und Heilmann 2012：159）。さらに，経済面にかぎっても，市場アクセスの制限，中国企業による不公正な競争，技術ノウハウの移転の強制などにつき，ドイツ企業の不満や訴えは減少していない（Schmidt und Heilmann 2012：160-161）。

対日通商関係
──平穏な推移
長い間通商対立の継起的発生を経験してきた日本・EU通商関係が，1990年代半ば以降，しだいに平穏になり，争点を解決するための制度（規制改革対話の進展や相互承認協定の締結など）が定着するようになると，日独の通商関係もいっそう平穏になるのは当然である。加えて，ドイツ自身の通商的な関心と努力が日本から東アジアに拡大し，さらに中国に集中するようになったのだから，その分，日本に対する態度も和らぎ，日独通商関係が相対化されるのは自然の流れであろう。

2000年7月，日本・EU間で「日欧協力の10年」が合意されると，同年10月の日独定期外相協議において，一方ではこれを踏まえ，他方では1997年10月の「日独パートナーシップのための行動計画」を基礎とし，「21世紀における日独関係 7つの協力の柱」（Japan und Deutschland im 21. Jahrhundert. Sieben Säulen der Kooperation）での合意が成った。それは次の7つの柱からなっている。①国際社会の平和と安定のための貢献，②グローバル化の活力を生かした経済・貿易関係の強化，③地球規模の問題および社会的課題解決のための貢献，④地域情勢の安定のための貢献，⑤信頼に満ちた日独政治関係の更なる構築，⑥（二国間）経済関係の促進，⑦相互理解と文化関係の推進。

政治・経済・社会・文化全般に及ぶ内容のうち，本章に密接に関わるものは，「②グローバル化の活力を生かした経済・貿易関係の強化（世界経済の安定した成長のための協力，多角的貿易体制の強化のための協力，アジア地域と欧州地域との経済関係強化のための協力，貧困の克服と途上国援助に関する協力）」および「⑥（二国間）経済関係の促進

（貿易および投資の強化，社会問題に関する対話，科学技術関係協力，日独ハイテク環境技術評議会）」である。合意のタイミング，またその内容から見て，EU の対日通商政策への同調が顕著である。ちなみにこの頃，日本とイギリスやフランスなどとの間でも同種の文書が交わされている。

　経済関係の実態を一瞥しておこう。商品構成には大きな変化はなかった。日本の主要輸出品目は乗用車，コンピューター・同部品であり，主要な輸入品目は乗用車，自動車部品，医薬品，集積回路であった。引き続き，双方はそれぞれにとって重要な貿易相手であった。ドイツは日本にとって欧州最大の貿易相手国であり，また日本はドイツにとって中国に次ぐアジア最大の貿易相手国であった。ただし，各々の貿易総額に占める相手国のシェアが低いことも変わらなかった。貿易収支では引き続き日本の黒字であった。

　ライセンシングは2000年代に入っても，ドイツから日本へは引き続き活発であり，それと並んで日本からドイツへも開始され，双方向的となった。産業協力，科学技術協力とも関連して拡大したのである。直接投資の面でも，引き続き日本からドイツへの投資が続く一方，ドイツから日本への投資が開始され（なお小規模であったものの），双方向的となった。貿易，ライセンシングに比して，直接投資の伸びは著しい。製造業での分野別構成では，日本からの投資では特に電機・電子，化学が，ドイツからの投資では化学，機械，商業・金融その他サービスの分野が目立った。

　このような，EU 最大の経済大国と GDP で世界第 3 位の経済大国との間の経済関係は，特に目立った波乱もなく，平穏に推移してきた。

　ドイツと日本はこのような二国間関係にあったばかりではなく，種々の多国間枠組みにおいても関係を築いた。何よりもまず，ガット /WTO という通商分野，あるいは IMF や世界銀行などの通貨金融分野など，国際機関における協働が挙げられる。ただし，それらの機関での日独の密接な協力関係は目立たない。OECD あるいは G7・G8 などの先進国協力機構での関係もある。ただし，OECD の拡大，あるいは G20 の発足などによって，日独間の紐帯は相対化されている。このような多国間枠組みでのドイツと日本の活動は，いずれも軍事的に制限された経済大国として，アメリカとの緊密な関係を前提にしてなされている。その反面，ドイツが日本を緊密なパートナーとして認識する場面は例外的であったといえよう。

　2013年秋の総選挙の結果，第 3 次メルケル政権はまたも社会民主党との大連立政権として発足することになったが，2014年 1 月に公表された連立協定「ドイツの未来を設計する」（Deutschlands Zukunft gestalten）の対アジア外交政策の項が目を惹いた。

そこでは，従来は中国・日本の順であったのが，日本が先に挙げられ，しかも日本が基本的価値を共有する国とされたからである。「経済関係の優位」，中国に傾斜した東アジア外交の修正かと観測された。ただし，それ以降のドイツ外交に特に日本重視の兆候は見られないようである。

　こうして，2000年代以降のドイツの対日通商政策は，EUのそれに同調し，また対中国に関心を傾斜させたために，比較的温和なものであった。

　本章では，東西統一以降四半世紀のドイツの対日通商政策を検討した。その際，それをEUの対東アジア通商政策というパースペクティヴのなかで位置づけることを試みた。

　EUと日本は，ともに成熟した経済を有しており，一方で経済の成熟に伴うさまざまな共通の課題を抱えながら，他方では新興経済に押されている。特に日本は1990年代に入ってから長期の停滞基調の下にある。その限りにおいて，1990年代半ば頃までEUが日本に抱いていた警戒感は薄れてきた。加えて，EUの対東アジア外交における経済重視，それにともなう中国重視の姿勢はますますはっきりしてきた。対日通商関係は対中通商政策の系となっているということができるかもしれない。それでも，EUは日本の市場開放が相変わらず進まないことに苛立ちを隠さない。規制改革対話はいまなお進行中である。他方で，日本はEUの中国への傾斜あるいは「北京シフト」に不満を募らせている。

　そのなかで，前述のように，EUと日本は自由貿易協定（FTA）ないしは経済連携協定（EPA）の交渉を開始した。

　EUは他方で，アメリカとの間でも自由貿易協定ないし経済連携協定と同種の，新たな枠組みの構築を狙い始めた。2013年2月，EUとアメリカとは環大西洋貿易投資連携協定（TTIP）締結を目指すことで合意したのである。これは，それに先行して交渉が開始された環太平洋パートナーシップ協定（TPP）の米欧版といってよい。2013年6月には交渉の開始が宣言され，7月には早くも第1回会合が開催された。その背景要因としては，WTOドーハ・ラウンドの停滞と並んで，中国の台頭が挙げられている。協定が目標とするのは，市場開放，非関税障壁・国内規制の撤廃，グローバル通商体制に合致した規制の導入という3つの分野での包括的な統合であり，これまでの自由貿易協定の枠を超えたものである（Falke 2014：432-433, 435-443）。

　ドイツはEUの対東アジア外交に同調し，さらに経済重視の立場からの中国への傾斜という点ではEUをむしろ主導してきた。EUの対東アジア外交における経済重視，

したがってまた中国重視の姿勢は，まさにドイツ外交のそれと重なっている。そのドイツは TTIP 交渉にも積極的であり，EU を主導しているといってよい。すでに2006年9月，メルケル首相は環大西洋自由貿易協定の締結を提案していた（Falke 2011：315）。この提案が TTIP に直結したわけではないにせよ，TTIP 交渉へのドイツの強い意欲の背景を示唆している。他面，TPP の場合と同様，交渉が秘密裏に行われていることもあって，ドイツ国内での批判は強い。その際，野党や人権・環境団体などの反対のほか，大連立を組む社会民主党内部からも批判が出ている。またアメリカの大統領選挙，そして次期政権の政策によっても左右されようとしている。こうして，TTIP 交渉自体，今後の展開は不透明であるが，その展開が EU とドイツの対日通商政策に大きく影響することは間違いない。

TTIP 交渉は TPP 交渉と同じく，「中国包囲網」の形成を目指していると見ることができるかもしれない。特にアメリカが中国の台頭を強く意識していることはたしかである。他方，中国は2014年11月にユーラシア経済圏構想「一帯一路」を提唱した。これが TTIP・TPP への対抗構想と見られるのは自然である。2015年4月に発足したアジア・インフラストラクチャー投資銀行（AIIB）は，この構想を金融面から具体化するものとされているが，この中国主導の国際金融機関に EU 主要国が雪崩を打って参加したことは，今後の EU の対東アジア・対中国通商政策の行方を示唆しているように思われる。

注

⑴ 1967年，EEC は他の2つの機関とともに EC を構成することになった。以下，実際には EEC とすべきところでも，誤りにならないかぎりで EC と記すことにする。

⑵ 以下，簡便のため閣僚理事会で通すことにする。

⑶ 本章では，東アジアという言葉で東北アジアおよび東南アジアを想定している。ただし，ドイツ政府や EU の文書では，そのときどきにおいて東アジアの外延が異なっている。

⑷ この路線転換を，明田（2015：184-186）は「ネオリベラリズムへの重心のシフト」，さらに「ネオリベラル規範の再台頭」と特徴づけている。

参考文献

A. Falke（2005）German Trade Policy: An Oxymoron? in: D. Kelly and W. Grant（eds.）*The Politics of International Trade in the Twenty-first Century : Actors, Issues, and Regional Dynamics,* Hound mills, Basingstoke: Palgrave Macmillan.

A. Falke（2011）Einflussverlust: Der Export（vize）weltmeister im Welthandelssystem des

21. Jahrhunderts, in: Jäger, Hose, Oppermann.

A. Falke (2014) Pooling Economic Power? Die Transatlantische Handels-und Investitions-partnerschaft (TTIP) als Gegengewicht zum Ausstieg neuer Wirtschaftsmächte und die Zukunft amerikanischer Weltführungspolitik, in: S. Hagemann, W. Tönnesmann, J. Wilzewski (Hrsg.) *Weltmacht vor neuen Herausforderungen : Die Außenpolitik der USA in der Ära Obama,* Trier: wvt.

T. Heberer und A. Senz (2011) Die deutsche Chinapolitik, in: Jäger, Hose, Oppermann.

S. Heilmann (2007) Volksrepublik China, in: Schmidt, Hellmann, Wolf.

T. Jäger, A. Hose, K. Oppermann (Hrsg.) (2011) *Deutsche Außenpolitik,* 2. Auflage, Wiesbaden: VS Verlag für Sozialwissenschaften.

J. Keck (2013a) 1990-1995: the politics of cooperation, in: Keck, Vanoverbeke and Waldenberger.

J. Keck (2013b) 1990-1995: trade and economics from confrontation to conversation, in: Keck, Vanoverbeke and Waldenberger.

J. Keck, D. Vanoverbeke and F. Waldenberger (eds.) (2013) *EU-Japan Relations, 1970-2012 : From confrontation to global partnership,* London and New York: Routledge.

C. Kendall (2013) The Elements of Consensus: liberalising EC-Japan passenger car trade in the 1990s, in: Keck, Vanoverbeke and Waldenberger.

N. R. Leonhardt und H. W. Maull (2007) Japan, in: Schmidt, Hellmann, Wolf.

Presse- und Informationsamt der Bundesregierung (1994) Asien-Konzept der Bundes-regierung, in: *Europa-Archiv,* Folge 6, 1994.

M. Reiterer (2013) The EU-Japan relationship in dynamic Asia, in: Keck, Vanoverbeke and Waldenberger.

R. Rode (2007) Deutsche Außenwirtschaftspolitik, in: Schmidt, Hellmann, Wolf.

A. Rothacher (2013) 2000-2010: shaping a common future in the decade of Japan-Europe cooperation-rhetoric and policies, in: Keck, Vanoverbeke and Waldenberger.

D. Schmidt und S. Heilmann (2012) *Außenpolitik und Außenwirtschaft der Volksrepublik China,* Wiesbaden: VS Verlag für Sozialwissenschaften.

S. Schmidt, G. Hellmann und R. Wolf (Hrsg.) (2007) *Handbuch zur deutsche Außenpoli-tik,* Wiesbaden: VS Verlag für Sozialwissenschaften.

F. Waldenberger (2013) Introduction: Europe and Japan from the Common Market to the European Union, in: Keck, Vanoverbeke and Waldenberger.

R. Wright (2013) 1996-2000: consolidating a mature relationship, in: Keck, Vanoverbeke and Waldenberger.

Yi G. (2013) *Chinapolitik der Bundesrepublik Deutschland von 1998 bis 2009,* Hamburg: Verlag Dr. Kovač.

明田ゆかり（2015）「グローバリゼーションを管理せよ――規範を志向する EU の通商政策」臼井陽一郎編『EU の規範政治――グローバルヨーロッパの理想と現実』ナカニシヤ出版。

阿部武司・通商産業政策史編纂委員会編（2013）『通商産業政策史 1990-2000 第 2 巻 通商・貿易政策』経済産業調査会。

大平和之（2007）「日本＝EU 通商・経済関係――摩擦から対話・協力そして未来志向の協力へ」植田隆子編『EU スタディーズ』勁草書房。

工藤章（2011）『日独経済関係史序説』桜井書店。

工藤章（2014a）「経済関係 協調と対立 1945-1970年」工藤章・田嶋信雄編『戦後日独関係史』東京大学出版会。

工藤章（2014b）「日本・EEC 貿易協定締結交渉と西ドイツの立場――限定的自由貿易主義の限界 1970-1971年」工藤章・田嶋信雄編『戦後日独関係史』東京大学出版会。

国立国会図書館調査及び立法考査局アジア研究会（2010）『諸外国と中国 政治，経済，社会・文化関係』国立国会図書館調査及び立法考査局。

田中晋（2011）「EU・アジア関係」久保広正・田中友義編『現代ヨーロッパ経済論』ミネルヴァ書房。

田中友義（2001）『EU の経済統合』中央経済社。

田中友義（2009）『EU 経済論――統合・深化・拡大』中央経済社。

中逵啓示（2011）『中国 WTO 加盟の政治経済学――米中時代の幕開け』早稲田大学出版部。

諸橋邦彦（2010）「ドイツ」国立国会図書館調査及び立法考査局アジア研究会『諸外国と中国 政治，経済，社会・文化関係』国立国会図書館調査及び立法考査局。

八林秀一（2006）「対独関係から見た日本の貿易構造」「ドイツから見た独日経済関係の展望」渡辺尚，今久保幸生，ヘルベルト・ハックス，ヲルフガンク・クレナー編『孤立と統合――日独戦後史の分岐点』京都大学出版会。

山口和人（2011）『ドイツの対中国外交戦略』国立国会図書館調査及び立法考査局。

＊本章で触れたドイツ政府，EU，日本政府の文書は，Asien-Konzept der Bundesregierung を除き，以下のホームページで見ることができる。本文中では煩雑さを避けるため明記しなかった。

ドイツ外務省（http://www.auswaertiges-amt.de/）。

EU 対外経済行動省（http://eeas.europa.eu/）。

日本外務省（http://www.mofa.go.jp/）。

第7章
政　治
——ベルリン共和国の変容と連続性——

近藤潤三

　本章で跡付けるのは，統一から四半世紀になるドイツの政治面での歩みである。

　東西ドイツの統一は，一国的に見てきわめて重大な出来事だった。しかし，それと前後して冷戦が終わり，ヨーロッパ統合に加速がついたように，その意義は単に一国にとどまらず，世界史的な意義を有していることを見落としてはならない。冷戦の終結に伴い，戦後と呼ばれる時代が終わってポスト戦後の時代が始まったが，ドイツの場合，戦後の終わりが他国以上に明確に刻印されたのは，分断の解消が加わっているためである。

　統一後，西ドイツ時代の40年以上にわたり暫定首都だったボンからベルリンに首都機能が移された。そのため統一ドイツはベルリン共和国とも呼ばれる。統一以降のその歩みには，様々な側面で重要な政治的変化が見出せる。東西各々のドイツは高福祉の国として知られたが，その面では統一後の経済停滞を背景にした福祉国家の縮小と自由主義モデル化が第1の変化として指摘できる。第2は，統一の完成である。国家的な統一は，それを担うべき国民の統一を意味するわけではなく，生活レベルにとどまらず意識面での融合が果たされなくてはならないが，その意味での統一問題が外形的統一の後に大きな課題として浮上してきている。第3の変化は，少子・高齢化の人口問題とグローバルな人材獲得競争の圧力を受けて進められた移民国への転換である。それに伴いドイツ人の枠が拡大されて土着ではないドイツ人が増大しつつあり，今日では「移民の背景を有する人々」が総人口の2割近くに達している。第4の変化は，ヨーロッパ統合の拡大と深化を背景にしたヨーロッパを主導する大国への上昇と，侵略戦争の反省を踏まえて外交面で課していた自制を緩め，自己主張を辞さない「普通の国」への変貌である。これらの変化は国民政党と呼ばれる二大政党を中心にして進められてきたが，二大政党への支持率が低下し，国民投票を求める声が高まっていることが示すように，代表制の下で政党を主軸にして動く政党国家のあり方が問題視されるようになっている。その面ではドイツの政治的安定を支えてきた政党国家的デモクラシーが試練にさらされているのも第5の変化として見過ごせない。

315

以下ではベルリン共和国の歩みを振り返りつつ、これら5つの変化に光を当てることにしたい。まず第1節では出発点となるドイツ統一の過程を概観する。次に第2節と第3節では第1の変化を中心にしてベルリン共和国の足跡をたどる。それに続いて第4節で第2の、第5節で第3の変化というように5つの変化を順次取り上げ、それぞれを説明することにしよう。

1　ドイツ統一の政治過程

冷戦終結とベルリンの壁崩壊

　第2次世界大戦後、ドイツは東西に分断された。この分裂はナチス・ドイツが犯した罪悪に対する懲罰として理解されやすい。米英仏ソの4つの占領国がドイツを罰するために分断したというわけである。道義的な観点からはこの見方は納得しやすいとしても、事実関係に照らすと正しいとはいえない。ドイツを占領した戦勝国は戦争が終結した時点で分割占領を予定していたが、それは決して恒久的な分断を意味していなかったからである。ドイツが分断の悲運に見舞われたのは、懲罰の意図に発するのではなく、戦争終結後に顕在化した米ソの対立、すなわちヨーロッパを中心にグローバルな冷戦構造が形成された結果だった。1946年のギリシャ危機、1947年のトルーマン・ドクトリンとヨーロッパ復興のためのマーシャル・プラン、1948年の東欧諸国の共産主義化など一連の動きの中でドイツを占領した米英とソ連との対立が深まり、ドイツの東西を東西陣営に組み込む形で分断に至ったのである。

　冷戦構造の形成がドイツ分断の主因だとすると、その消滅が分断の解消につながったのは当然だった。2つのドイツの出現から40年が経過した1989年に東欧諸国で民主化の波が高まり、相次いで共産主義体制が崩壊した。ソ連は経済的にはコメコン（正式名称は経済相互援助会議。1991年6月解散）、軍事的にはワルシャワ条約機構（1991年7月解散）によって東欧諸国を束ね、その盟主として君臨してきたが、1985年3月にソ連共産党書記長に就任したゴルバチョフがソ連国内でペレストロイカを開始し、外交面で新思考外交を展開するに及んで、東欧諸国に対するソ連の統制力は急速に低下した。これを受けて形式的には多党制をとってはいても事実上の共産党独裁体制を敷いてきた東欧諸国で1989年に連鎖的に革命が発生した。先頭を切ったのはポーランドだった。この年の2月にポーランドで自主労組「連帯」を中心にした在野の団体と実質的な共産党で独裁政党でもある統一労働者党の間で円卓会議が設置された。6月に行われた総選挙では「連帯」が勝利し、共産党主導ではない政権が成立したのである。

同様の変動はハンガリーでも生じ，民主化と市場経済化に向けて歩みはじめた。ハンガリーの改革派政権が同年5月にオーストリアとの国境の鉄条網を撤去し，鉄のカーテンに裂け目を作ったのは，その途上の出来事だった。

　東欧諸国で始動したこうした転換に東ドイツの政権は柔軟に対応することができなかった。それどころか，社会主義統一党（SED）の独裁下に置かれ，シュタージの略称で知られる秘密警察の監視網が張り巡らされた東ドイツでは，5月の地方選挙で従来通り選挙結果の改ざんが行われたのである。この選挙では東ドイツでも成長してきた市民運動団体のメンバーが開票を見守っていたので不正が発覚し，激しい抗議を浴びた。また6月には北京の天安門広場で民主化を求める人々を中国政府が戦車を投入して弾圧したが，この措置に東ドイツ政権が支持を表明したことは，東ドイツ市民の憤激を招いた。こうしてポーランドなどと比べた東ドイツ政権の頑迷さが際立ち，失望や怒りを強めたのである。

　一方，経済面では社会主義のもとで計画経済システムをとる東ドイツは，東欧圏で社会主義の優等生と呼ばれてきた。けれども，何事につけ比較された西ドイツに比べると実績は低く，実際には消費財が慢性的に不足して欠乏社会といわれた。その東ドイツ経済は1980年代になると停滞色を深め，後半には危機的な様相さえ呈するようになった。生活水準を引き上げるために食品などに多額の補助が支出されて不合理な経済運営が行われた結果，国家財政が急速に悪化したからである。産業設備が老朽化したまま更新されなかったことがそれを端的に表している。そうした苦境を打開するため東ドイツ政権は西ドイツから借款を仰いだが，見返りとして東西間の人的交流の制限を緩めた結果，西ドイツの繁栄を自分の目で確かめた市民が増大した。これにより日常生活の窮屈さに対する不満が膨らんだのである。

　東ドイツの政権が民主化に背を向け，経済危機も打開できないなかで出現したのが東ドイツ市民の大量脱出である。それには前例があった。東ドイツから西ドイツへの脱出は東ドイツの建国以降，高い水準で続いたのである。これを止めたのが，1961年8月のベルリンの壁の建設だった。それまでに西ドイツに逃れた東ドイツ市民の数は300万人を上回った。これに比べるとベルリンの壁建設以後その人数は一気に減少したが，1989年に再び勢いを増した。この年の夏休みを利用して旅行が認められていたハンガリーなどにある西ドイツ大使館に多数の東ドイツ市民が西ドイツ行きを求めて逃げ込んだのである。関係国の協議の末，これらの人々は最終的に西ドイツに受け入れられたが，この出来事は東ドイツの威信を大きく失墜させた。

　東ドイツ市民の大量脱出は国内に充満する不満の広がりを示していたが，その不満

第**7**章　政　　治　317

は別の形でも表現された。東ドイツの改革を要求する運動の高まりである。1980年代になると，全体主義ともいわれる東ドイツでも人権，平和，環境の問題などに取り組む市民運動団体が教会の内外に形成された。東ドイツでは「社会主義の中の教会」という妥協のもとに教会に限られた自由が残されていたが，それが体制批判の拠りどころになったのである。よく知られているのは，東ベルリンの教会に設けられた「環境文庫」であり，妨害を受けながらも大気汚染などが深刻だった東ドイツの環境破壊に取り組んだ。

　そうした地道な運動は1989年夏から一気に広がりを増した。例えばライプツィヒのニコライ教会では毎週月曜の平和の祈りの後に参加者が市中に出て，体制への静かな抗議デモを行った。大量脱出の波が盛り上がる中で「月曜デモ」と名付けられたその行動は回を追うごとに規模が膨らみ，10月上旬には７万人が参加する巨大な運動に発展したのである。一方，９月になると「新フォーラム」などの団体が設立され，集会やデモを組織して体制批判の運動をリードするようになった。ただ東ドイツを見捨てる脱出とは違い，これらの運動は社会主義をまるごと否定するのではなく，改革を求めていた点に注意する必要がある。

　急速に高まる圧力に屈する形で東ドイツの最高指導者はホーネッカー（Erich Honecker）からクレンツ（Egon Krenz）に交代した。しかしこれでは改革要求をかわせず，11月４日には100万人近い市民が東ベルリンのアレクサンダー広場に集まって民主化を訴えた。東ドイツ指導部は急いで対応策を協議したが，その中には西ドイツ行きを制限してきた旅行法の改正が含まれていた。11月９日の夜，その改正案を説明した担当者は旅行の制限緩和が即時に発効すると誤って発表した。そのため半信半疑の多数の市民がベルリンの壁に集まり，混乱の中で大挙して西ベルリンになだれ込んだ。この結果，多年にわたりドイツ分断の象徴になってきたベルリンの壁は，流血を見ないであっけなく崩れた。東西ドイツ間の厳重に管理された内部国境とともに，西ベルリン市民を取り囲む形を取りながら実は東ドイツ市民を閉じ込めてきた壁は，崩壊までに警備兵の発砲などで136人といわれる死者を出した末に消滅したのである。

ドイツ統一の国内的局面

　ベルリンの壁の崩壊により社会主義統一党の威信が失墜する中で，東ドイツの舵取りを委ねられたのは，同党改革派の新首相モドロウ（Hans Modrow）だった。12月初旬に社会主義統一党政治局の全員が退陣する一方，モドロウの呼びかけで同党と市民団体の代表からなる円卓会議が設置され，改革の方針を協議することになった。けれ

ども，民主化を意味する「我々が人民だ（Wir sind das Volk!）」からドイツ統一を表す「我々はひとつの民族だ（Wir sind ein Volk!）」にデモの合言葉が変わったように，情勢は急速に変化していた。それに応じて11月28日に西ドイツから首相のコール（Helmut Kohl）が少数の側近と練り上げたのが，「ドイツとヨーロッパの分断を克服するための10項目プログラム」だった。これによってコールは西ドイツの悲願とされた東西統一に向けて主導権を握ろうとしたのである。

　こうしてベルリンの壁崩壊後の中心テーマは，東ドイツの民主化から東西ドイツの統一に移行した。このため円卓会議の主要な課題も人民議会選挙の準備におかれることになった。東ドイツには形だけの選挙はあったものの民意を問う自由な選挙は行われなかったので，初めての民主的な選挙で東ドイツの将来が決定されることになったのである。

　当初5月に予定された人民議会選挙は情勢の急激な変化のために前倒しされ，1990年3月18日に実施された。選挙戦には西ドイツ側の政党が大規模に介入し，それらの代理戦の観を呈した。選挙の結果，早期統一を掲げるキリスト教民主同盟（CDU）などからなる「ドイツのための同盟」が48％を獲得して大勝した。一方，優勢と見られた社会民主党（SPD）は漸進的統一を唱えたため22％と振るわず，平和革命を先導した市民団体の連合体である同盟90は僅か3％で惨敗した。また激動の渦中で社会主義統一党が変身した民主社会党（PDS）も16％の得票率に終わり，独裁政党として君臨した面影は完全に失われた。

　人民議会選挙の結果，基本法146条による時間のかかる対等合併という方式は否定された。西ドイツへの東ドイツの迅速な加入という基本法23条の方式で決着したのである。これに基づいて東ドイツには「ドイツのための同盟」を中心にした連立政権が形成され，CDUに所属するデメジエール（Lothar de Maizière）が首相の座に就いた。この政権が始動すると，西ドイツ政府は直ちに通貨・経済・社会同盟の構築に関する交渉に乗り出し，1990年5月18日に結ばれた国家条約は7月1日に発効した。これに基づいて西ドイツのドイツ・マルクが東ドイツでも正式な通貨となり，年金や賃金はそれまでの東ドイツ・マルクと1対1の比率でドイツ・マルクに切り替えられた。また，西ドイツの土台をなす社会的市場経済の原則が導入され，併せて統一のコストを賄うためにドイツ統一基金が設けられた。

　続いて東西ドイツ政府間で統一条約に関する交渉が始まった。デメジエール政権内部では経済危機への対応をめぐって対立が深まり，SPDが連立から離脱したが，8月23日に人民議会が，10月3日に東ドイツが西ドイツに加入する形で統一することを

第**7**章　政　　治　319

決定し，8月31日に両政府間で統一条約が調印された。統一条約により東西ドイツの統一が果たされ，基本法は前文などの改正をした上で東ドイツにも適用されることになった。統一ドイツの首都はベルリンと定められ，ボンは西ドイツの長い暫定首都の役割を終えた。人工妊娠中絶に対する刑事罰の扱いのように条約作成までに決着のつかなかった若干の問題は統一後に持ち越されたが，その他の点では西ドイツの法制度が東に拡大され，東西は一体化したのである。

ドイツ統一の国際的局面

こうして1990年10月3日に新たな首都ベルリンで統一式典が挙行された。無論，統一は東西ドイツ政府の協議だけで実現したわけではない。ドイツ統一には依然として一定の権限を留保している戦勝4カ国の同意が不可欠だった。また北大西洋条約機構（NATO），全欧安保協力会議（CSCE）などでの了解の取り付けも重要だった。そのための手順としてコール首相は2プラス4方式を提起した。戦勝4カ国主導で東西ドイツを加えた4プラス2方式ではなく，両ドイツ政府が先に協議し，これに4カ国が同意を与えることでドイツの主導権を確保しようとしたのである。

この方式は1990年2月に承認され，統一に向けて動き出した。ドイツ統一への重要なステップになったのは，1990年7月に開かれたコール首相，ゲンシャー外相（Hans -Dietrich Genscher）とゴルバチョフ・ソ連共産党書記長との首脳会談である。アメリカのブッシュ大統領はじめ，イギリスのサッチャー首相，フランスのミッテラン大統領は警戒心を抱きながらもドイツ国民の自由な選択を尊重することを表明していたので，統一への関門になったのはソ連だった。そのソ連では，ゴルバチョフがペレストロイカを推し進め，東欧諸国の民主的変革にも介入しなかった。このソ連の不介入こそ，東ドイツで一党独裁の崩壊が可能になった重要な条件だった。しかし，ドイツが統一し，中央ヨーロッパに大国が出現することはNATOと対峙してきたソ連にとっては，安全保障面で重大な脅威になりかねなかった。統一はワルシャワ条約機構の一員である東ドイツの消滅とNATOの東への拡大を意味したからである。それゆえに統一の鍵はゴルバチョフが握っていたのである。

ゴルバチョフは会談以前には統一の条件としてドイツの中立化を望んでいた。これが無理と判明すると，新たに条件とされたのは，ドイツが核・生物・化学兵器を保有しないこと，兵力を削減すること，ソ連軍が撤収するまでNATOの軍事組織を東ドイツに拡大しないことであった。これらの条件は，ソ連から見れば重大な譲歩であり，そうした譲歩を引き出したのは，コール，ゲンシャー外交の大きな成功だった。もち

ろん，見返りとして巨額の経済援助が約束されたのは容易に推察できる。事実，ソ連に手渡されたのは，無利息の政府保証融資80億マルクを中心に総計で数百億マルクに上った。

コール首相の訪ソ直後に開かれた2プラス4会議には，オブザーバーとしてポーランドが参加した。それは，多年にわたる懸案になっていたドイツとの国境問題に決着をつけるためだった。現行のオーダー・ナイセ線はナチス・ドイツ崩壊を契機に再生したポーランドの国土が西方移動して引き直されたものだった。西ドイツは1970年のワルシャワ条約でそれを国境として認めていたものの，平和条約で最終的に決定するものとしていた。そのため，会議の場で統一ドイツとポーランドが国境条約を締結し，現状を固定化することが決められたのであった。これを受けて国際面でもドイツ統一が承認され，10月3日の統一によって戦勝4カ国はなお留保していた権利をすべて放棄し，ドイツは完全に主権を回復したのである。

こうして予想を上回るスピードでドイツ統一は進行した。しかし，その過程に西ドイツ国民が登場する機会はなく，統一をめぐる意思表示が欠けていた。その意味で，統一の実現に伴い，事後的に統一の是非を問うべく，戦後初めて全ドイツ規模の選挙を行うことが必要になった。12月2日に実施された連邦議会選挙は，予想通り「統一宰相」コールを擁するCDU/CSUの勝利に終わった（得票率43.8%）。これにより統一は追認された。けれども，東ドイツ地域での高い得票率にもかかわらず，CDU/CSUが圧勝には程遠く，全体では前回よりも得票率を減らしたことは，統一への支持が西ドイツで必ずしも広範に存在するわけではないことを示していた。一方，統一に慎重なラフォンテーヌ（Oskar Lafontaine）を首相候補に立てたSPDは歴史的な大敗を喫した（33.5%）。そのなかで躍進したのは自由民主党（FDP）であり（11%），東の出身で統一に大きく貢献したゲンシャー外相の人気に支えられた。この選挙に限り，特例として東西それぞれでいわゆる5%条項が適用され，これによって東の市民グループを糾合した同盟90が議席を得たが，統一に冷淡だった緑の党は5%の壁に阻まれて議席を失った（3.8%）。また東の独裁政党を継ぐ民主社会党は生き残りが難しいと見られたが，特例に助けられて議席を得た（2.4%）。こうして戦後初めての全ドイツの選挙により1983年以来の4党システムは5党に増えたのである。

2 産業立地問題の浮上と政権交代

深刻化する失業問題

ドイツ統一後，東ドイツ地域のインフラ整備などの必要から統一特需が生じた。しかし，それは短期的なブームに終わった。その後，ドイツ経済は急速に後退局面に入り，1990年代半ば以降の回復にもかかわらず，全体として低成長が基調となった。実質GDP成長率で見ると，1983〜1989年までの西ドイツの年平均は2.4％だったのに対し，1993〜1998年までのドイツ全体の年平均は1.2％であり，半減した形になっている。こうした状態はその後も続き，そのために21世紀を迎えるころからドイツは「ヨーロッパの病人」とすら呼ばれるようになった。またこのことは，廃墟から出発し，戦後の復興をへて経済大国に上り詰めていった右肩上がりの長い時代が終わったことも告げていた。

とりわけ統一から間もない1992〜1993年にかけてドイツはマイナス成長にさえ転じた。多くの国民が強いマルクに象徴されるドイツ経済の繁栄に自信を深め，加えて統一の喜びに浸っていただけに，この落ち込みの衝撃は大きかった。主要先進国の中での経済大国ドイツの特色は，産業全体における製造業の比重が大きいことや，その製品輸出を中心とした貿易の比率が大きいことにあったが，不況の主因は貿易相手国の景気後退よりも，ドイツ産業の国際競争力の低下にあると捉えられた。こうして官民一体となって「産業立地ドイツの確保」というスローガンが叫ばれるようになったが，国民心理のレベルでそれを支えていたのは，これまでの繁栄のもとで享受してきた豊かさを失うまいとする姿勢だった。この姿勢は既得権を守り，改革に否定的なところに特徴があり，イデオロギー的な保守主義と区別して生活保守主義と呼ぶことができる。

経済の低迷を端的に表したのは失業率の上昇だった。1992年からは倒産件数が増大するとともに，主要企業で軒並み大規模な人員整理が始まった。主軸である西ドイツ地域の失業率を見ると，1990年に7.2％だったのが，1993年の7.3％を経て95年に8.3％となり，1997年の9.8％をピークに10％近いレベルで推移したのである。また全国の失業者数も1992年の300万人程度から，1996年以降は400万人のラインを前後する状態になった。失業率の上昇につれ，雇用不安が拡大するとともに，低成長が一時的ではないという見方から，自分の将来について現在以上の生活水準は期待できないという意識が広がった。同時に，社会扶助の受給者増加で自治体財政が圧迫され，貧富の

322

格差が広がって社会が分極化する傾向が浮かび上がった。それまでは社会全体が豊かになる中で社会的底辺層も引き上げられるという「エレベーターの喩え」が受け入れられていたが，格差とともに貧困が可視化したのである。

　国際競争力の低下という「産業立地」ドイツの弱体化は，普通の市民の目には何よりも深刻な失業問題として顕在化した。産業立地問題は1990年代末にはグローバル化の問題と等置されるようになるが，ドイツの場合，これに EU 統合に伴うヨーロッパ化のレベルが重なっている点に注意が必要であろう。ともあれ，1996年初頭にコール政権は2000年までに失業者を半減させるという目標を立て，「雇用と立地確保のための同盟」の名の下に政労使の代表が集まる場を設け，そこで三者協議を重ねた。重要な問題が生じた場合の協議機関や，特定領域の問題について恒常的に審議する機関など主要な利害関係者が一堂に会して交渉し解決策を探る方式は広くコーポラティズムと呼ばれ，大陸ヨーロッパではしばしばみられる。この同盟もその１つであり，多方面から期待が集まった。というのは，産別労組によるストがあったものの，国際的にも強力とされる労働組合が全体的に見て物価上昇率程度の賃上げで妥協する穏健な姿勢をとったからである。その背景には，賃上げや労働条件の改善よりも雇用確保を優先しなければならないという厳しい状況が存在していたのである。

産業立地ドイツの再構築に向かって

　産業立地の再構築をめぐり多岐にわたる論点がクローズアップされたが，とりわけ焦点に押し出されたのは，各種の社会保険料など賃金付帯費用と呼ばれるコストの高さだった。年金，雇用などの社会保険料は労使折半となっているので生産コストが高くなり，ドイツ産業の競争力が押し下げられているとされたのである。そこから，ドイツ特有の協約自治と共同決定を主要な枠組みにして国民生活の一定の水準と安定を確保しようとするドイツ型福祉国家すなわち「社会国家」の見直しが急務とされた。それまでは右肩上がりの経済発展を前提とし，労使間で合意を形成する協調システムの下で産業平和が保たれてきた。強力な労働組合は決して労使協調を否定せず，むしろ経済成長を支えたのである。1970年代後半にシュミット政権は西ドイツの経済的成功の鍵として「モデル・ドイツ」という標語を掲げたが，国際競争の激化を受けて高い生活水準と安定した暮らしの土台となった労働側の既得権は維持が困難になり，「モデル・ドイツ」は大きく揺らぐようになった。失業率の上昇に伴い，「社会国家の解体か改造か」という形で議論が展開され，現状維持が選択肢としては消滅していたことがその揺らぎを物語っている。もちろん，本当に争われたのは，激化する国際競

争に応じて何をどこまで市場の論理に委ねるかという点であり，福祉国家の選択的縮小と効率化だった。一方，1995年に社会保険の第4の柱として新設され，「ケアの社会化」に踏み出した介護保険の負担が加わり，国民負担率は上昇の一途をたどった。そのため，英米などと違ってドイツでは福祉国家の役割を肯定する国民が多数を占めていたものの，高福祉・高負担の福祉国家を重荷と感じる階層が拡大したのである。

　福祉国家の改革に関しては，上述した「雇用と立地確保のための同盟」の場で協議された。最初の争点とされたのは，賃金継続支払いと呼ばれる病気休業の賃金保障の見直しである。これに続き，解雇保護の緩和，女性に対する老齢年金の支給開始年齢の引き上げ，長期療養などの医療給付の縮減など労働側の既得権に関わる多数の論点について論議された。しかし労使の合意は得られず，改革は進まなかった。それには労働組合と連携する最大野党 SPD で左派のラフォンテーヌが党首になり，コール政権を苦境に追い込むためにとった妨害戦術が影響していた。ドイツ語協会は1997年の「年の言葉」として「改革の停滞」を選んだが，そこには同年後半に450万人に達した失業問題の深刻さと国民の失望感が反映されていた。

　産業立地をめぐる議論では，企業に対する課税が他の先進国に比べて重いことも問題になった。重い法人税が事業の拡大や外国企業の投資を阻害し，企業の逃避による産業空洞化に拍車をかけているとの認識から，産業立地の再構築には税制改革も不可欠だとされた。こうした政策は「投資と雇用のための行動計画」に盛り込まれ，1997年には営業税の改革などが実現したが，賃金税や付加価値税を含む包括的な税制改革は与野党の対立で挫折した。

　さらに労働市場の硬直性が産業立地を弱めているとの見方に立ち，市場の活力を引き出すために規制緩和による柔軟化や官業の民営化が推進され，同時に「スリムな国家」への改革が着手されたのも重要である。規制緩和については，日曜・祝日労働禁止の緩和，強制的閉店時間の延長，解雇保護法の適用除外事業所の範囲の拡大，民間職業紹介事業の解禁などが挙げられる。一方，民営化では，ドイツ連邦鉄道が1994年からドイツ鉄道株式会社に変わり，郵便事業と通信事業でも1998年にドイツ郵便株式会社，ドイツ郵便銀行などが誕生した。これに伴い，100年以上にわたって政府の一角を占めてきた連邦郵便・通信省が廃止された。

　しかしながら，全体的に見ると，深刻な失業問題を伴う低成長を克服し，産業立地を立て直すという公約した課題をコール政権は解決できなかった。その原因は，既得権による束縛のほかに，後述する東ドイツの経済再建のために巨額の支援が必要とされ，低成長による税収の伸び悩みと相俟って財政赤字が拡大したことにある。連邦の

累積財政赤字は1990年には5,420億マルクだったが，1995年に7,540億マルク，1999年に1兆3,850億マルクに膨張したのである。これに対し，コール政権が推進したEU共通通貨の導入には財政赤字の厳しい抑制が条件とされていたので，産業立地の強化は財政再建と並行して進めねばならず，財政支出の大幅削減以外に道はなかった。既得権の削除や切り下げを軸とするこの政策が利害対立を激化させたのは当然であり，厳しい財政規律を課されて選択肢が狭められていたために，コール首相は統一宰相という栄光に輝きながらも苦しい政権運営を強いられたのである。

コール政権からシュレーダー政権へ

経済の右肩上がりが自明視され，サービス社会や情報社会への発展が基調となっていた統一以前の時期には，国民の関心は環境問題や男女同権など「新しい政治」に一括されるテーマに向けられるようになった。1980年代に緑の党が躍進し，環境省が新設されたのがそれを証明している。けれども，上述したような経済情勢を背景にして，統一以降，国民の主たる関心は失業の克服に向けられるようになった。そして選挙の際にも重心は経済運営での業績の評価に置かれるようになった。また，社会の高学歴化や情報化を基盤にして個人主義化が進んだことにより政党の固定的支持層の融解が顕著になり，選挙のたびに投票する政党を変更する有権者が増大して政党支持も流動化した。そうした変化の中で「政治倦厭」が顕在化したのは，主要政党が国民の期待に応えられないと感じられたことに主因がある。州レベルの選挙で極右政党が躍進したのも，極右に対する共感が拡大したというよりは，既成政党に対する幻滅感が抗議投票の広がる土壌になったからだった。

ドイツ統一の1990年に続き，1994年の連邦議会選挙もコール首相は乗り切った。連邦議会選挙のほかに大統領選挙，欧州議会選挙など多くの選挙が重なったため，1994年は「スーパー選挙年」と呼ばれたが，景気がやや持ち直したことと最大野党SPDで党首が辞任に追い込まれるスキャンダルが生じたことに助けられてコールは辛うじて勝利を収めたのである。

この選挙では，東ドイツ地域の同盟90と合同した緑の党が連邦議会への復帰を果たした。原理派と現実派の党内闘争が繰り返された緑の党では，1991年の分裂で前者の多くが離党したのを受け，議席獲得を重視する現実路線を明確にした結果，自由民主党を上回る得票率で第3党の座を占めた。一方，前回の1990年には5％条項の適用に関する特例で救われた民主社会党は，社会主義を標榜しながらも実質的には東の地域政党という性格を強め，5％には届かなかったものの小選挙区での議席獲得を基礎に

第**7**章 政　治　325

連邦議会に踏みとどまった。

　民主社会党の存続が不確実なため不安定なこの5党制は，1998年の連邦議会選挙で
も変わらなかったが，しかし重大な転換が伴った。1982年以来のコール長期政権に終
止符が打たれ，SPDと同盟90／緑の党の連立によるシュレーダー政権が誕生したの
である。選挙での与党の敗北と野党の勝利による完全な形の政権交代は西ドイツ建国
以降初めてであった。過去の政権交代はいずれも連立の組み換えという形で起こった
からである。また世代交代が生じたのも見逃せない。首相と外相に就任したSPDの
シュレーダー（Gerhard Schroeder）と緑の党のフィッシャー（Joschka Fischer）は戦後
の豊かな社会で成長した戦後世代に属したが，他方で，1930年生まれのコールのよう
に戦前世代が中心になったそれまでの政治家が引退したのである。戦争を身をもって
経験した世代が表舞台から退場したことが，外交政策への姿勢に変化をもたらすのは
当然であろう。さらに1998年の選挙では宣伝合戦が大々的に展開されて，選挙戦のア
メリカ化が注目された。政策的争点よりも政治指導者のシンボル化が顕著になり，安
定を約束するコールか，それとも若いシュレーダーによる刷新かという形で争点が人
格化されたのである。こうした状況では，「改革の停滞」のイメージを拭えず，2000
年までの失業者半減の公約達成が絶望視されていたコールが不利になるのは避けられ
なかった。

　一方，SPDは党首のラフォンテーヌと首相候補のシュレーダーが二頭制を組み，
前者が「公正」，後者が「刷新」をシンボル化する形で選挙戦に臨んだ。その際，イ
ギリスで前年に保守党を破ったブレアの率いる労働党の「ニュー・レーバー」を模し
て「新しい中道」というキャッチ・フレーズが掲げられたが，その内容は明確とはい
えなかった。そのことは「公正」が伝統的なSPD支持層向け，「刷新」が新たに取り
込むべき新中間層向けだった点に表れている。それでもコール長期政権に対する飽き
と，産業立地の再構築という経済政策での成果の乏しさは，有権者をCDU/CSUか
ら離反させ，SPDを大差での勝利に導いたのである。

3　ハルツ改革からメルケル政権へ

シュレーダー政権の改革政策

　首相になったシュレーダーはラフォンテーヌを財務相に就けるとともに，副首相格
で緑の党のフィッシャーを外相に起用した。同党の国政レベルの政権入りは初めてだ
が，統治責任を引き受けるところまで到達したのは現実派であるフィッシャーの指導

力に負うところが大きい。

　シュレーダー政権は発足すると労働組合によって強く批判されたコール政権の労働側に厳しい政策を元に戻すことに着手した。その結果，削減された賃金継続支払いや緩和された解雇制限が旧に復した。しかし間もなく権力闘争が表面化し，敗れたラフォンテーヌが引退してシュレーダーが SPD 党首の座についた。二頭制を解消した彼が真っ先に取り組んだのは急務になった雇用対策であり，そのために政労使のトップ・リーダーの協議機関として「雇用・職業教育・競争力のための同盟」を設置した。これは一般に「雇用のための同盟」と略称され，コーポラティズムの伝統を引いていたが，コールが失敗した「雇用と立地確保のための同盟」よりも組織化されていた点に特徴があった。その場では若年失業者と長期失業者を考慮した職業訓練，賃金付帯費用の削減を狙いとする社会保障改革，パートタイム労働やワークシェアリングの拡充に向けた規制緩和と税制改革，東の経済再建策などが協議された。

　このような協調システムを背景にしてシュレーダーは税制改革法をはじめとして，年金改革法，経営組織法の改正などを成立させた。税制改革法は法人税と個人所得税の大幅減税を盛り込んだものである。また年金改革法は，少子・高齢化に合わせ，公的年金制度を維持しつつ，国庫助成による新たな企業年金と個人年金の枠組みを導入するものであり，これらはいずれもコール政権が試みて挫折したものだった。けれども他方では，年金，医療など社会保険の4分野すべてで財源不足が深刻化し，保険料率の引き上げや給付水準の引き下げなどの措置が避けられなくなったのも見逃せない。

　環境政策の面でも前進が見られた。気候変動枠組み条約に基づき1997年の京都議定書で温室効果ガス排出量の数値目標が定められたのを受け，シュレーダー政権は1999年に環境税を導入した。4月から電力税の導入と鉱油税の増税が実施され，引き続き税率の引き上げと課税対象の拡大が行われる一方，その増収分は負担感の強い年金保険料の引き下げに充てられた。また原子力発電についても進展が見られ，電力業界との交渉の結果，2000年に脱原発協定が締結された。その要点は国内に19基ある原発を稼動32年で全廃することにあり，2011年に起こった東日本大震災に伴う福島原発事故を受けて同年6月にメルケル（Angela Merkel）政権が脱原発を決定する伏線になった。また協定を契機に代替エネルギー開発に重点が移り，風力，水力，太陽光，バイオマスなど再生可能エネルギーへの関心が一段と高まった。

　男女同権化政策でも新たな展開が見られた。2001年に政府が企業団体と結んだ「民間経済における男女の機会均等の促進のための協定」に基づき，職業訓練，採用，昇進で女性の比率を引き上げることが決められ，ポジティブ・アクションが強められた

のである。また関連して生涯パートナーシップ法が施行され，同性の婚姻が一定の範囲で公認されたことも注目に値する。それまで同性のカップルは社会的な差別の対象だったが，同法により医療保険に一体で加入し，遺産を相続するなどの権利が認められたのである。

ハルツ改革の政治過程とメルケル政権の成立

シュレーダー政権にとって最大の課題になったのは雇用問題だった。コール政権末期と同様にシュレーダー政権も失業者を減らすのに成功しなかったので，2002年の連邦議会選挙で連立与党は窮地に立たされたが，後述するイラク戦争反対や東部地域の洪水への迅速な対応に助けられて僅差ながらも勝利した。そのため選挙が終わるとシュレーダーは雇用対策に本腰を入れるようになる。その際，彼が活用したのは，州首相時代から関係の深かったフォルクスワーゲン社労務担当重役ハルツ（Peter Hartz）を長とする通称ハルツ委員会だった。この委員会が労働市場政策全般についての改革案を用意し，コール政権下で進まなかった福祉国家改革の動力になったのである（「補章2　ハルツ改革と労働組合」参照）。

ハルツ委員会の報告書では広範囲にわたる改革が掲げられていたが，その要点は，職業訓練や非正規雇用などの拡大と給付の縮減の2点にあった。これによりシュレーダー政権下の福祉国家改革は「貧しい人々」に基盤を置く伝統的な社会民主主義路線から離れて「新しい中道」の色合いを濃くし，福祉国家の自由主義モデルの方向に傾斜していく。ハルツ改革では「支援と要求」というスローガンが掲げられたが，それは従来のように公的に提供される給付やサービスという国家の側からの生存配慮と市民の自主的なイニシアティブとの新たな均衡を目指すものだった。個人はサービスなどを受け取るだけでなく，その前提として自己責任と自助努力を強く求められることになったのである。

ハルツ改革は4つの法律のパッケージから成る。またそれらは翌2003年3月により包括的な改革プログラム「アジェンダ2010」に組み込まれた。そのなかで最も重要といえるのは第Ⅳ法である。その重点は2つある。失業保険の縮減と，失業扶助と社会扶助の統合である。

まず前者については，2003年12月に失業保険改革が行われ，最長64カ月だった給付期間が36カ月へと大幅に短縮され，給付水準が低下した。また早期退職者に対する優遇措置が縮小され，45歳からの失業保険の長期給付が廃止されて55歳以上の失業者に限定された。

次に後者に関しては，従来の失業手当が失業手当Ⅰと名称変更して残される一方，新たに失業手当Ⅱが設けられた。これはそれまでの失業扶助と社会扶助の一部を統合したものだが，主眼は給付水準を社会扶助レベルに大きく押し下げる点にあった。社会扶助は稼働能力のない人々を主たる対象とする生活保護に相当する制度であり，失業扶助の廃止によって失業者の多くが最低限度の生活に落ち込む危険が生じたのである。実際，ある試算では，東ドイツ地域の4人家族で両親が失業中，20歳の長女が重度障害者，17歳の長男が就学中のケースで見ると，両親の失業手当Ⅱで合わせて622ユーロ，長女の基礎保障で276ユーロ，長男の社会手当で276ユーロとなり，合計で月額1,174ユーロが給付されるにすぎなかった。こうした数字に照らせば，失業扶助の廃止は，どんな職業でも失業よりはましだという心理に失業者を駆り立てるものだったといえる。要するに，これらの改革によって失業者は自助努力という形をとって求職活動に追い立てられることになったのである。

　その他のハルツ法にも触れておくと，例えば第Ⅲ法では連邦雇用庁の役割と組織を見直して連邦雇用エージェンシーに改組し，職業紹介業務の民間への開放が決められた。同時に，失業保険の給付要件が厳格化され，失業者は職業再訓練などの義務を果たさないと給付の減額もしくは打ち切りというペナルティを科されることになった。さらに一連の改革で失業者を就労させる「1ユーロ・ジョブ」や起業を促す「私・会社」などが制度化され，社会保険料のかからない「ミニ・ジョブ」などの非正規雇用が拡大された。これらの制度にも失業者の就労を推進する「ワーク・ファースト」の考え方が貫かれている。

　個人のイニシアティブと自己責任を重視し，「要求」に力点を置いて「支援」を縮小するハルツ改革という名の福祉国家改革は，新自由主義的な論理に重心を置き，保守主義モデルの代表例とされたドイツ福祉国家を自由主義モデルの方向にシフトさせるものだった。そうしたモデルのシフトが可能になったのは，産業立地ドイツの再構築が政治の中心テーマになり，主要政党が足並みを揃えたからである。シュレーダー率いるSPDでは福祉国家拡充の推進力となった党内勢力が弱体化するとともに，効率化を目指すモダナイザーと呼ばれるグループが台頭し，CDU/CSUでも市場原理を重んじる経済派が社会政策志向の強い社会委員会派を制するようになった。福祉国家に関しては政党をまたいでその拡充を志向したグループが存在したが，経済の低迷が続くなかで主導的勢力が入れ替わったのである。

　無論，このような重大な改革に抵抗し，反対運動に立ち上がる人々が存在していた。後述するように，失業率は東ドイツ地域で高かったので，反対運動も同地域が中心に

なった。2004年に毎週月曜に抗議デモに市民が集まるようになり，その規模は急速に膨らんで西ドイツ地域にも波及した。この過程で注目すべきは次の2点である。1つは長く「貧しい人々」の味方と見做されてきたSPDがいまや貧困に直面した人々からの反対の標的になったことである。もう1つは，反対運動に東ドイツの地域政党色を濃くしていた民主社会党が加わったことである。その結果，政治地図が大きく変わり，福祉国家をめぐる対抗軸は一方に国民政党であるCDU/CSUとSPDが位置し，これに全国レベルで民主社会党が対峙する新たな構図が作り出された。こうした政治的配置の再編成という面でもハルツ改革は重要な意義を有したのである。

　経済大国ドイツの産業立地が衰弱し，「ヨーロッパの病人」とさえ呼ばれたことを考えれば，何らかの抜本的改革が必要とされていたのは間違いない。その意味では，ハルツ改革を含む「アジェンダ2010」の政治がこの難題を先送りせず，正面から取り組んだことは評価されるべきであろう。しかし，既得権を崩す改革の内容に加え，強引な進め方が大きな反発を引き起こすのは避けられなかった。ハルツ改革の過程でSPDの支持率は急下降し，政権の存続すら危ぶまれるようになったのである。事実，SPDでは2004年に小分裂が起こり，脱党した左派グループは福祉国家擁護の立場から「労働と社会的公正のための選挙オルタナティブ（WASG）」という新組織を立ち上げ，本来の社会民主主義だと自称したのである。

　このようにして2006年に予定される連邦議会選挙に向けた情勢が厳しくなると，シュレーダーは選挙を前倒しする奇策に打って出た。そのため連邦議会選挙は2005年9月に実施されたが，その過程で「選挙オルタナティブ」は民主社会党と選挙協力した。そしてこの協力は2007年の合体で左翼党の創設につながった。他方，改革過程で批判の矢面に立たされたSPDばかりでなく，非公式の連立を組んで側面から改革を支えたCDU/CSUも苦しい選挙戦を強いられた。特に後者では金持ち優遇と見られかねない税制改革を掲げるなど選挙戦術の失策が加わったため，得票は予想されたほどには伸びず，選挙結果は前者34.2％，後者35.2％でほぼ同列になり，どちらも前回よりも3％以上得票率を減らした。その結果，僅差で敗れたシュレーダーはCDU党首メルケルに首相の座を明け渡したが，同時にCDU/CSUはSPDと公式の連立を組むことになった。メルケル政権が「敗者の大連立」と呼ばれるのは，このような事情によるのである。

メルケル政権の主要政策

　メルケル政権の特徴として指摘できるのは，シュレーダー政権での改革政策を大筋

330

で継承したことである。そのことは SPD と連立を組んだ結果というよりは，CDU/CSU 自体が政権戦略からシュレーダー改革に野党として対立するポーズを取りつつ，実質的な同意を与えていたことの延長上にある。メルケルの師匠格であるコールは産業立地の再構築に成功しなかったが，それだけにハルツ改革は受け継ぐべき成果と見做されたのである。

　同時に見逃せないのは，メルケル政権になってハルツ改革の効果が現れたことである。ドイツ経済は低迷から脱して復調し，「ヨーロッパの病人」という汚名を返上することができた。経済成長率は2006年から翌年にかけて 3 ％を超え，ドイツ統一以降の最高値になったし，失業率も2005年の11.2％から2007年には8.8％まで低下したからである。その意味ではシュレーダーが強行したハルツ改革はメルケル政権にとっての重荷を軽減し，政策展開の前提を用意したといってよい。無論，それにはミニ・ジョブや派遣労働などの非正規雇用の増大や貧富の格差拡大など新たな問題が伴った。また政治面ではシュレーダーが SPD を「新しい中道」路線に引き寄せた結果，政治地図での位置が変わり，党内に深刻な亀裂が生まれたことや，2 つの国民政党が手を結ぶ大連立が野党不在に近い状態を招くので異例であることなどにも注意する必要がある。メルケルは2009年の連邦議会選挙で SPD が大敗したために自由民主党と連立を組んで第 2 次政権を作り，2013年にはその自由民主党が 5 ％条項のハードルを越えられずに議席を失った結果，再度 SPD との大連立に戻ったが，3 次に及ぶ政権期間を通して堅実な政治手法と実務的な手腕で高い国民的な支持を維持している。

　連邦議会での巨大与党に支えられてメルケル政権は始動するとすぐに国民に負担を強いる増税問題に取り組んだ。グローバル競争の下で産業立地を強化するには法人税などの軽減が不可欠とされ，高止まりした財政赤字を補塡する意味でも付加価値税の引き上げが必要になったのである。選挙の過程でも増税は掲げられていたが，新たな税率は19％であり，2007年から実施された。この引き上げ幅は与党 2 党の公約を上回るものだったので，国民を驚かせた。

　その経緯には巨大与党の意思が押し通しやすくなった実情が看取できるが，多年の懸案に大連立で決着をつけようとする動きは連邦制改革にも現れた。ドイツは連邦制の国として知られるが，統一以後に州の意見を集約する連邦参議院と連邦議会で多数派が異なることが多くなり，ねじれが常態化するようになった。その結果，両院の議決を必要とする同意法と呼ばれる法案がストップし，政治的決定の停滞が問題化した。連邦制の改革がテーマになったのはそのためであり，両院の協議の場となった合同調査会で調整が続けられた末，2 度にわたる改革で連邦と州の立法権限の配分を見直し，

第 7 章　政　　治　331

同意法を全体の4割程度に削減することで合意が成立した。もちろん，それには代償が支払われ，財政面での州の自立化が促進されたほか，環境や教育などの領域で州の権限が拡大されることになった。

　このような新たな政策と並行して，福祉国家改革については福祉縮減を基調とするシュレーダー改革を継承し，それを補完する政策が見られた。第1次メルケル政権での代表例になるのは年金改革である。連立協定には年金支給開始年齢を65歳から67歳に引き上げることが明記されていた。しかしこれには抵抗が強かったため懐柔策が練られた。その1つが高齢労働者の雇用を促進する政策であり，もう1つが65歳からでも割引なしで支給できる例外規定を設けたことである。これによって2008年年金改革が実現された。続く第2次政権では医療保険改革が注目に値する。このときに連立を組んだのは自由民主党だった。経済的自由主義路線に立つ同党は国庫負担と使用者負担の削減を目指し，一律保険料制度を唱えた。これに対して野党になったSPDのみならずCDU/CSUの有力政治家が反撃し，結果的に一定の譲歩をした上で使用者側の保険料負担を引き上げることで決着した。これらの例から浮かび上がるのは，自由主義モデルの方向に福祉国家改革を進めながらも，行き過ぎにブレーキをかけるというメルケル政権の原則にこだわらない姿勢である。

　福祉の領域で目立つのは家族政策の新たな展開である。第1次政権で家族相に起用されたフォン・デア・ライエンは保守的な男性稼得者モデルからの脱却を目指し，家族政策の現代化を推し進めた。これには野党よりもCDU/CSU内部からの抵抗が強かったが，メルケルの後押しを受けて両親手当と育児支援法が実現した。前者は所得制限を緩和して育児手当を取得しやすくするとともに，両親が育児することを容易にするものだった。また後者によって2013年までに保育施設が3倍に増設されることになり，女性の就労が促進されることになった。一方，第2次政権では保育手当の導入や家族介護時間法が定められた。これらにはケアの社会化に逆行する面があるが，家族政策重視というメルケル政権の流れにあるのは間違いない。

　さらに環境政策では原発問題で大きな変化が見られた。第2次政権でメルケルは一旦は既述のシュレーダー政権の脱原発から離れ，2010年に原発の稼動期間を計画より平均して12年延長する方針を決定していた。原発はクリーンなエネルギーであり，しかも安定供給が期待できるという理由からである。ところが日本で2011年3月に大震災に伴う原発事故が起こるとドイツ国内で一気に不安が高まりを見せた。それを踏まえてメルケルは迅速に対応し，直後に設置した倫理委員会に諮った上で2022年までに原発を全廃する決定をするとともに，再生可能エネルギーの比率の引上げや送電網の

332

整備に重心をシフトしたのである。メルケルのこの転進には選挙への思惑が働いていたが，物理学者として原発の危険を強く意識していたのも間違いない。

　以上で述べた政策過程から次の点が読みとれる。主導権を発揮した脱原発路線への回帰を除けば，メルケルはシュレーダーのように改革の先頭に立つのではなく，政策分野に精通した政治家を巧みに利用しつつ重要場面で調整に乗り出すタイプの政治家だということである。大きなビジョンを掲げることなく彼女が今日まで3次にわたって政権を率い，ヨーロッパを代表する指導者と見做されているのは，高邁な理想を掲げたり，目立つパフォーマンスを演じているからではなく，イデオロギーや原則に執着しない姿勢と合意を重視して問題を手堅く処理する実務的手腕によるところが大きい。

4　東ドイツ地域の経済再建と心の壁

難航する経済再建

　統一以後，産業立地の再構築とそのための福祉国家改革という課題のほかにもドイツは内政面で大きな難問に直面した。その1つが東ドイツ地域の経済再建である。東の経済の詳細に関しては第5章に譲り，ここでは政策面に光を当てよう。

　統一当時，コール首相は数年のうちに東の経済は復興し，花開く地になるとバラ色の夢を振りまいた。しかし，東ドイツ経済の実勢はデータが秘匿されていたために社会主義統一党指導部以外には誰にも分からず，現実は予想以上に荒廃していた。そしてこのことが再建を困難にし，失望や幻滅が広がる結果になった。

　まず東では産業インフラの不備が目立った。高速道路をはじめ道路は整備されておらず，通信網もきわめて不十分だった。また粗悪な褐炭が広範に使用されていたために大気汚染がひどく，工場からは未処理のまま廃棄物や廃水が放出されていたので，河川の水質や土壌の汚染も深刻だった。これらと並んで重大だったのは，東ドイツでは世界10位の工業国と自負したのに反して実際には技術革新が軽視されたため，産業のレベルが押しなべて低く，西との競争力がほとんどなかったことである。東では戦前からの老朽化した産業設備が稼動しているケースも少なくなかったのである。これに加え，コール政権が東西のマルクを1対1で交換する方針を決め，東ドイツ・マルクを実勢より過大評価した結果，東の多数の企業が高賃金に圧迫されて破綻に追い込まれることになったのも見落とせない。

　こうした中で社会主義の中央指令型計画経済システムから市場経済システムへの転

第**7**章　政　治　333

換が強行された。その中心は国営企業の民営化である。信託公社による国営企業の売却は種々の障害のために難航した。産業インフラの不備，生産性に比べて著しく高い賃金と並んで障害になったのは，所有権や債務などの複雑な問題が残されていたことである。というのは，東ドイツでは社会主義建設のために土地や工場などの強制収用が行われたので，統一後に返還請求が噴出し，本来の所有権の確定が必要とされたからである。こうした事情から東で企業を買収して操業するよりは，賃金が安く市場としても有望な東欧圏に進出する動きが現れたのは当然だった。これにより，東ドイツ時代には雇用が守られていたのに反して，統一後の東ドイツ地域では大量の失業者が生じる結果になったのである。

　統一当初，東の経済再建を楽観視していたコール政権は「増税なき統一」を約束したが，すぐに撤回に追い込まれた。湾岸戦争の戦費分担の影響が加わり，1991年には東のための連帯賦課税が導入されたのである。また通貨・経済・社会同盟の時点で設けられた「ドイツ統一基金」による財政支援は終了時の1994年までに5,700億マルクに達し，連邦，州などの共同事業「東の躍進」によっても集中的な投資が実施された。これらに加え，年金や失業などの社会保険財政からも巨額の財政移転が行われ，東の高齢者や失業者の生計を支えた。無論，その大きな負担が，西ドイツが誇った福祉国家の財政基盤を弱体化する原因になり，産業立地への重圧となったのは指摘するまでもない。とはいえ，歴代政権は東西ドイツの経済的落差を縮めるために東への支援策を継続している。1995年には連帯税が新設されたほか，「ドイツ統一基金」に続く10年間の「連帯協定」が結ばれ，期限が切れる2005年には「連帯協定Ⅱ」が新たに取り決められた。これらを通して毎年800億ユーロが東に注がれ，ベルリンの壁崩壊20年になる2009年までに総額で1兆3,000億ユーロが東につぎ込まれたという試算もある。

東西ドイツの心の壁・オスタルギー

　東の経済再建は難航し，経済格差は容易に埋まらなかったが，それを背景にして同地域の市民の間で西に対する不信感が強まった。統一を西による東の植民地化だとする見方や，東ドイツ時代を懐かしむ傾向さえ現れているのはその証左である。そうした心情は統一後しばらくのあいだは「心の壁」と呼ばれたが，その後，郷愁を指すノスタルギーと東を意味するオストを合成してオスタルギーと命名されるようになった。例えば統一から10年が経過した2000年の調査では東ドイツ時代の評価が問われたが，「東ドイツではいわれるほどに何もかもひどかったわけではない」と思うかという設問について，「完全に賛成」または「どちらかといえば賛成」という答えが東の市民

334

では60％に上るのに，西では21％しかないという結果になり，ギャップの大きさが際立った。しかしこれと並んで注目されるのは，ベルリンの壁崩壊から20年が経過した2009年になっても大きな変化が見られない点である。同年の調査によれば，東ドイツには「主に良い面」と「悪い面よりも良い面が多かった」を合わせると，東ドイツ地域では肯定的な見方が57％に達するのに対し，西ドイツ地域では18％にとどまり，他方，「主に悪い面」と「良い面よりも悪い面が多かった」との合計もそれぞれ40％と78％になった。もっとも，東ドイツ地域の人々では東ドイツに肯定的な傾向が強いとしても，その復活までも望んでいるわけではない。2009年のある調査では，「社会主義統一党支配の平和的克服を東ドイツ市民は誇らしく思うことができますか」という設問に東の85％がその通りと答えているし，同年の別の調査でも，「今日から見て再統一は正しかったと思いますか」という問いに91％の圧倒的多数が「正しかった」と応じているのである。

　ところで，東西地域の市民間の不信と反目が問題視され，「心の壁」が語られるようになったのは，統一から間もない1993年頃からである。当初は経済状態の改善に伴って解消する過渡的な問題として軽く考える傾向が強かった。しかし，各種の調査で東の市民が「二級市民」という劣等感を抱いており，その根底に社会主義の下で育まれた価値観・社会観があることが明らかになるにつれて，重要問題としてクローズアップされることになった。法制度や経済システムなどの外的統一は達成されたものの，それを実質化すべき内的統一が果たされていないことが「心の壁」によって可視化されたのである。

　この問題にはさまざまな角度からアプローチがなされている。中でも重要なのは，次の2つであろう。1つは，工業社会と脱工業社会の相違に着目するものである。それによれば，東ドイツは工業社会であり，そこでは集団としての活動が社会の基本的な型になっていたので，社会規範の中心は集団的規律化に置かれた。これに対し，西ドイツは脱工業社会に達していたために，個人の自主的な行動や自己責任が重視され，個人主義化が進行していた。その結果，2つの社会の間では社会規範の衝突が避けられなかったというのである。

　もう1つは体制の相違を重視するものである。西の社会で重んじられるのは自由であるが，東ドイツでは安全が最優先される価値であり，生活に見通し，計画性，確実性を与えるものに関心が向けられた。例えば西で人権といえば言論の自由のような自由権的基本権が思い浮かべられるが，東では労働権や住宅権のような生活保障に関する権利が考えられた。しかも安全は個人が自己の責任と努力によって確保すべきもの

第7章　政　　治　　335

ではなく，公的に提供されるのが当然視され，国家に依存するメンタリティが作り出された。この点で，市場経済と競争原理の下で個人の自由がリスクや自己責任と不可分であることが自明な西の社会とは異なる価値観・メンタリティが東の社会に存在したというのである。

このような心の壁が強固になり，やがてオスタルギーが浸透したことについては，さらに2つの事情に考慮を払う必要がある。1つは統一の非対称性である。統一が西ドイツへの東ドイツの加入という形で実現したことは，破産した東に対する西の勝利という優越感をもたらした。そして勝利した西は何も変える必要はなく，変わるべきは東の社会と市民であるという姿勢が広範に形成された。この非対称性が東の人々の間に屈辱感を生み出し，心の壁を高くしたのである。

もう1つは近代化ショックである。東の市民は統一によって新しい自由を享受したが，同時に統一に伴う生活の激変は大きな不安をもたらした。しかし彼らには新たな生活環境に徐々に習熟していく時間的余裕は与えられなかった。その意味で統一の名でハード・ランディングが強行されたのであり，そのショックが自己防衛の心理的機制を強めたのである。

物理的な壁が消滅した後に出現した心の壁やオスタルギーについては，以上のように様々な要因による説明が可能である。また，どの説明を重視するかによって今後の見通しも違ってくる。いずれにせよ，統一当時に同じ民族であれば瞬く間に一体化すると期待されたのに反して，多年にわたって異なる体制の下に暮らした人々が融合するのは，長い時間を要する困難な課題であることが今では明らかになっている。その意味では四半世紀が過ぎても統一は未完だといえるが，他面，東西間の差異が薄まる傾向にあることが近年の調査で確認されているのも見落とすことはできない。2015年の現在では大統領は J. ガウク（Joachim Gauck）が務め，メルケルが首相の任にあるが，両者とも東ドイツの出身であることはやはり注目されるべきであろう。2人とも一種の幸運に助けられてその座に就いたが，そうしたチャンスが今では存在するといえるからである。

5　外国人問題と移民国への転換

外国人問題の多面性

次に外国人問題に目を向けよう。

第2次世界大戦終結後のドイツは分断国家になっただけでなく，領土が縮小した。

その狭小化した国土に，喪失した東部領土出身者など総計で1,200万人に達する膨大な数の人々を受け入れた。さらにベルリンの壁が作られる1961年までに東ドイツから西ドイツに270万人以上の市民が逃亡した。これらの大規模な移動が西ドイツ経済の高度成長を労働力として支えたが，東ドイツからの流入がベルリンの壁によって途絶えた1961年以降，西ドイツでは外国人労働者の導入が本格化した。トルコなどと協定を結び，政府の主導で多数の労働者を募集して受け入れたのである。これと同様に大量の労働力が流失した東ドイツでは男女同権の名目で女性の就労が促進されるとともに，社会主義国の国際的連帯を掲げて外国人労働者が受け入れられた。けれども，その規模は西ドイツに比べるときわめて小さかっただけでなく，処遇も劣悪であり，事実上温存されたといえる民族差別は統一後に頻発した排外暴力の温床になった。

　西ドイツに到着した外国人は，ガストアルバイターという呼称が示すように，一時的な滞在者であって数年の就労後に帰国するものとされていた。それは導入の基礎となった協定にローテーション原則が定められていたからである。しかし，受け入れ企業の利害でローテーション原則が空洞化する一方，オイル・ショックが起こった1973年に新規の募集が停止されたのを契機に，多くの外国人労働者が帰国を先延ばしし，故国から家族を呼び寄せた。そのため，外国人に占める女性や子供の比率が増大し，続いて高齢などの事情で現役から引退する人々も増加した。その結果，一時的に就労するはずの外国人労働者は定住化傾向を強めるとともに，多面的な生活問題を抱える移民に変貌するようになったのである。

　定住化した外国人は，1990年の西ドイツで総人口の8.4％を占めるまでになり，ドイツ生まれの第2，第3世代も増えている。最大の集団はトルコ人であり，ユーゴスラヴィア人，イタリア人がこれに続いた。滞在の長期化につれて社会的に分化する傾向が見られるものの，彼らの多くは不熟練労働者であり，低所得層が大きな部分を占めている。特にトルコ人のケースでは，文化的背景が異なるために学校教育や地域社会で様々な問題が生まれている。例えば大都市では生活上の便宜のために同郷人が特定地区に集住して異国の観を呈するようになっている。そこではドイツ語を使わずに生活できるので，ドイツ語能力が伸びないという問題が深刻になっている。ドイツ語能力が不十分だと学校教育の修了が容易ではなく，安定した職場に就職することも難しい。外国人労働者の失業率がドイツ人の2倍近くに達しているのはその結果の1つである。

　これらの外国人に加え，統一前後から別のタイプの外国人がドイツに流入するようになった。1つはアオスジードラーと呼ばれる集団であり，もう1つは庇護申請者で

第7章 政　治　337

ある。

アオスジードラーというのは，1991年に解体した旧ソ連・東欧各国に散在している
ドイツ移民の子孫であり，故郷でドイツ系であることを理由に圧迫を受けているため
に，祖先の出身国であるドイツに帰還する人々の総称である。したがって，本来は彼
らは外国人であるが，ドイツに受け入れられると血統を根拠にして簡単にドイツ国籍
を取得できる仕組みが存在したのである。年間流入数は東欧諸国で変革が起こった
1989年に38万人，翌1990年に40万人に上り，1990年を境に主たる出身国がポーランド
から旧ソ連に移った。ポーランドは単一民族国家を自称し，少数民族の存在を否定し
ていたので，ドイツ系住民はドイツ語使用の権利などを認められずに暮らさねばなら
なかった。他方，ソ連では彼らは第2次世界大戦期に敵国であるドイツの協力者の嫌
疑でシベリアや中央アジアに強制移住させられて収容所に閉じ込められ，戦後も部分
的に権利が回復されただけで差別を受けていた。こうした理由からアオスジードラー
については受け入れに反対する声は大きくならなかった。

これに対し，大量の庇護申請者の流入は深刻な政治的対立を引き起こした。基本法
に定められた庇護権は，多数の亡命者を出したナチズムの苦い経験に基づくものだっ
たが，これを拠りどころにして政治的迫害を理由にドイツで亡命を求める庇護申請者
が冷戦終結に伴って激増した。1988年に10万3,000人だったその数は1990年に19万
3,000人，1992年には43万8,000人に達したのである。一旦ドイツに入国すると彼らに
は審査結果が出るまでの数年間は公費負担で滞在が許された。しかし，その財政負担
に加え，応急の収容施設での近隣住民とのトラブルや，審査結果で庇護権を認められ
るのは10％未満と少なく，大半が貧困から逃れたい経済難民と判定されたために，受
け入れに対する一般市民の態度が冷ややかになるのは避けられなかった。こうして庇
護権改正が大きな政治的争点になったのである。

排外暴力・右翼政党と基本法改正

ところで，庇護申請者を含む外国人問題が重大化した要因はほかにもあった。難民
として一括された庇護申請者の収容施設に対する襲撃事件が頻発し，攻撃対象がドイ
ツに定住しているトルコ人家族にまで瞬く間に拡大したのである。

最初に火の手が上がったのは東ドイツ地域の小都市であり，1991年9月に難民収容
施設への大規模な襲撃事件が起こった。しかし，この事件が驚愕を引き起こしたのは，
襲撃そのものよりそれに拍手喝采を送る住民の姿だった。これを契機に各地で外国人
に対する暴力事件が急増し，1992年11月にはメルンで，翌1993年5月にはゾーリンゲ

ンでトルコ人家族の住宅が放火され，死者が出る惨事になった。こうした事件を受けて外国人敵視に反対する動きも高まった。難民収容施設を近隣に住むボランティアが見回り，ローソクを手にした多数の市民が各地で静かな抗議デモを行ったのである。その後，凶悪な事件は減少したものの，2000年には外国人を標的にした爆発事件がデュッセルドルフで発生し，「ナチ地下組織（NSU）」と称する数人の極右グループが2000〜2006年までに9人の外国人を殺害した事件が2012年に明るみに出て衝撃を与えた。また2001年のアメリカでの同時多発テロ以降，イスラム系住民の存在を問題視する風潮が強まり，様々な紛争が起こるようになった。例えばドイツでもイスラム女性教師のスカーフ着用が問題になり，各地でイスラムの礼拝施設であるモスクの建設をめぐって周辺住民との対立が目立つようになっている。さらに2010年に移民問題を巡る大論争が巻き起こったが，その渦中でヴルフ（Christian Wulff）大統領がドイツをイスラムも含む宗教的に「多色の共和国」と明言し，その意義を国民に説いたことも見落とせない。

　統一以降にドイツ国内で高まった外国人敵視の風潮のもう1つの表れは，極右政党やネオナチ団体の存在である。特に従来は泡沫政党だった共和党（REP）とドイツ民族同盟（DVU）が1990年代に州レベルで度々議会進出に成功した。また世紀が変わってからはドイツ国家民主党（NPD）が勢力を拡大し，東ドイツ地域を中心に州議会で議席を占めるようになった。もっとも，極右政党は党員も基礎票も少なく，議席獲得は既成政党に対する抗議票が流れ込んだ結果と見られており，そうした集票構造にも他の政党との相違がある。

　それはともあれ，排外暴力の増大や極右政党の進出は，外国人排斥感情が国民の間に広がっている証左と見られ，人権尊重と民主主義の未熟を印象づけた。ドイツはナチスの過去を克服して統一を果たしたのに，諸外国から再び不信の眼差しを注がれるようになったのである。そうした事態に迫られて浮上したのが，襲撃事件の引き金になった庇護申請者の流入を規制するために基本法を改正するという問題だった。庇護権条項はドイツの良心と目されていたので，その見直しは激しい反対を巻き起こした。しかし，1992年末にいたって与野党間で改正が合意され，「安全な出身国」から来る者や「安全な第三国」を経由してきた者は受け入れないとする規制が1993年7月から適用された。これを境にそれまで大量だった庇護申請者の流入数は急速に減少し，基本法改正と抱き合わせで与野党が合意したアオスジードラーに関する規制も実施されたので，その数も減るようになった。こうして規制の効果が現れるのに伴い，排外暴力事件も幾分低調になったのである。また基本法改正の是非をめぐって激しかった論

戦も，1996年5月に連邦憲法裁判所が改正を合憲とする判決を出したことで沈静して
いった。

移民国への転換

　ところで，西ドイツでは政府は「ドイツは移民国ではない」という立場を長く堅持
してきた。けれども，外国人の滞在が長期化して事実上の移民になってからは，彼ら
を社会に統合するため，外国人特別代表部や外国人審議会を設置するなど自治体レベ
ルで多様な試みが行われた。また論壇では多文化社会の是非をめぐって活発な議論が
展開された。1990年に外国人法の大幅改正が行われ，非移民国の公式的立場を崩さな
いまま移民国の方向に一歩を踏み出したのは，そうした背景からだった。改正外国人
法では主眼は，定住している外国人労働者とその家族の統合を促進するために法的地
位を改善することに置かれた。一定の要件を満たした場合の安定した滞在資格の取得
が外国人の権利として明確化され，帰化に関しても要件が緩和されたのである。こう
した外国人法改正が外国人に関する法制度改革の第1弾だとすると，上述した基本法
の庇護権条項改正は，庇護申請者やアオスジードラーの秩序ある受け入れの方向に舵
を切った点で第2弾として位置づけられる。

　第3弾として続いたのは，1998年に誕生したシュレーダー政権下で実施された国籍
法の改正である。連立与党のSPDと緑の党は多文化社会に前向きであり，血統主義
を土台とした国籍法の抜本改正を目指した。けれども，野党になったCDU・CSUな
どは国籍法改正の必要は認めたものの，小幅にとどめることを求めたため，妥協が図
られた。その結果，ドイツで出生した外国人の子供についてはドイツ国籍が自動的に
与えられ，成人した段階で一つの国籍を選択させる選択制が導入されることになった。
一方，定住化した外国人に関しては，帰化手続きの条件である滞在期間が15年から8
年に短縮されるなど帰化が容易になった。とりわけ前者では条件つきながら出生地主
義と多重国籍が認められた意義は大きい。この改革によって国籍の枠が緩和され，土
着ではない新たなタイプのドイツ人が増大しやすくなったのである。

　このような改正国籍法は2000年から施行されたが，続けてシュレーダー政権はより
大きな一歩を踏み出した。2000年に技術者を外国から招致するグリーン・カード制を
スタートさせるとともに，移民委員会を設けたのである。

　翌2001年に移民委員会が提言書を提出し，政府が移民法を準備すると，激しい対立
が生じた。改正国籍法はドイツで出生もしくは定住している外国人にドイツ人になる
道を開くものだったが，移民法はドイツでの定住を前提にして門戸を開くものだった

340

からである。そのため制定のプロセスは二転三転したが，2004年になって成立に至った。与野党が妥協に応じた背景には，ドイツ産業を支えるべき技術者の不足が深刻化し，経済界から強い要望が出されていたこと，先進国共通の少子・高齢化がドイツでは著しく，社会保障制度の持続可能性に対する懸念が高まっていたことが背景にあった。かりに移民法を流産させれば政治的責任がのしかかるため，妥協点を模索せざるを得なかったのである。

このようにして誕生した移民法の特徴は，労働移民の導入だけでなく，庇護申請者，アオスジードラーについても方針を定め，移民を包括的に扱っていることにある。それまでのドイツではそれらの集団は別個の存在と見做されていたから，国籍や来歴の相違にかかわらず国外から来る人々という大きな括りで移民を捉える視点が確立された意義は大きい。2006年に連邦統計庁が人口統計で外国人と内国人という区別をやめ，「移民の背景を有する人々」というカテゴリーを使い始めたのも，これと同一線上にある。

移民法では，研究者，高度の技能を有する外国人，自営業者，大学生などに対して門戸が開放された。高度な専門技術者には最初から定住許可が与えられ，一定額以上の投資や雇用を生み出す自営業者にも事業が軌道に乗れば定住許可が出されることになったのである。ただ専門技能や年齢，語学力などを点数化するポイント制は，移民委員会が提言したにもかかわらず見送られた。さらに庇護申請者については，従来は政治的迫害に限り難民として認めてきたが，保護すべき難民の範囲が拡大され，宗教的な迫害についても庇護権が認められた。

これらと並ぶ注目点は，移民法に基づいて全国に統合コースが開設されたことである。定住を希望する者や新規に移住した人々にドイツ語習得を課すことにより，社会統合を促進する体制が組まれたのである。そこには福祉国家改革の骨子である「支援と要求」の論理が貫かれており，ドイツ語などの学習を要求している点に特色がある。その根底には，移民の社会統合にはホスト社会の努力だけでは足りず，移民自身の努力も必要とされるという認識が存在している。

このような移民法はメルケル政権でも継承されている。しかし，新たな一面が付け加わったのも見落とせない。移民の生徒が多い荒れた学校の問題が関心を集めた2006年，メルケル首相は移民の社会統合を進める目的で統合サミットを設置した。その主眼は従来もっぱら政策の客体だった移民を政策の主体として取り込む点にある。毎年開かれるサミットには，連邦と州の政府要人のほか，経済界や労働界の代表，教会関係者などが出席し，移民団体の代表が対等な立場で移民政策について協議する場とな

っている。無論，移民が多種多様な集団から成り立っている以上，移民代表になる人々がどこまで広く移民の利害を反映できるかについては疑問が残る。しかし，移民自身の声が政治に届く回路が開かれた事実は注目に値する。ドイツは外国人法改正から始まって統合サミットまで到達したのであり，移民国に相応した制度を整備することによって移民国への転換を続けている。

　無論，このプロセスは一直線に進んだのではなく，揺り返しがあったことも無視できない。ドイツ連邦銀行理事の要職にあったザラツィン（Thilo Sarrazin）が2010年に移民排撃を唱えた『自滅するドイツ』がベストセラーになり，大統領や首相をも巻き込んだ大論争に発展した。また2014年秋からドレスデンを起点にした「西欧のイスラム化に反対する愛国的ヨーロッパ人」通称ペギーダと称する抗議運動が高揚し，国内外に波及して大きな注目を浴びた。さらに2015年夏からシリアをはじめとする中東やアフリカからヨーロッパに来た難民が大量にドイツに流入し，ドイツが受け入れた難民は同年だけで110万人にも達した。これには当初は歓迎ムードが見られたものの，難民が中心になった騒動や近隣諸国で多くの犠牲者を生んだテロが発生するなかで不信感が強まり，州議会選挙で右翼政党の台頭を招くことになった。このようにして移民問題は主要な政治的テーマになってきているのである。

6　国際社会の中のドイツ

西ドイツ外交の基本路線とコール政権期の外交・安全保障政策

　ここまでは統一とともにポスト戦後を迎えたドイツ国内の動きを主要問題に即して眺めてきた。次に視線を国外に向け，外交政策を中心に国際社会の中のドイツについて考えよう。

　ヒトラーの第三帝国の崩壊後，1949年に建国された西ドイツには2つの重石があった。1つは戦争で周辺諸国に膨大な犠牲を強いただけでなく，ホロコーストで600万人に達するユダヤ人を虐殺したことによる道義的責任を負ったことである。もう1つは，冷戦のために東西に分断され，最前線で東西ドイツが対峙するという過酷な運命を背負ったことである。これらから導かれたのが，戦後西ドイツ外交を特徴づける3つの基本路線だった。

　第1は西側統合路線である。その土台になったのは，人種主義によって人間の尊厳を否定したナチスの反省だった。これに基づき西ドイツは人権と民主主義という西側の価値観を重視し，それを擁護する立場を明確にしたのである。

第2は多国間主義である。ヒトラーのドイツが国際社会で自己主張を繰り返して独り歩きした結果，甚大な惨禍を招いた反省に立ち，単独行動を排して他国との協調を重んじることが，ここでいう多国間主義である。西ドイツでは「自制の文化」が成熟したといわれるが，それは安全保障面では北大西洋条約機構（NATO），経済面ではヨーロッパ経済共同体（EEC）ないしヨーロッパ共同体（EC）の決定にしたがい，突出した行動を避けることに表れている。

　第3はシビリアン・パワーの重視である。超国家的権力の存在しない国際社会では紛争が絶えない。しかし，その解決手段として，軍事力行使に訴えるのではなく，可能な限り平和的手段を追求すること，そのために国際機関への主権の委譲や国際的相互依存の促進を図るのがシビリアン・パワー重視の立場である。

　それでは統一後のドイツ外交でこれら3つの基本路線は引き継がれているのだろうか。冷戦終結に伴い国際環境が激変し，統一によって分断の重石がなくなれば，それに応じて外交の指針が変わっても不思議ではない。また3つの基本路線がナチスの過去の反省を土台にしていたことに照らせば，ナチスの記憶の生々しさが薄らぐにつれて路線に揺らぎが生じるのは避けられない。こうした論点に留意し，国際貢献とヨーロッパ政策に重心を置いて，ポスト冷戦期の統一ドイツの外交政策を追跡しよう。

　ドイツ統一問題が終盤を迎えた1990年8月，突如イラク軍がクウェートに侵攻した。この湾岸危機は，翌年1月に米英を先頭とする多国籍軍によるイラク攻撃に発展した。こうして勃発した湾岸戦争にいかなる姿勢で臨むのか。ドイツは統一したばかりの時点で重大な試練に晒された。NATOの域外である湾岸に連邦軍を派兵することが許されるのか，国連への協力にはどこに限界が引かれるのかなど重大な問題が発生したのである。

　湾岸戦争に際し，コール政権はNATO加盟国であるトルコに戦闘機部隊を派遣したものの，基本法の制約を守って実戦には加わらなかった。そして戦争終結後に日本に次ぐ90億ドルを拠出して戦費を分担したのである。それにもかかわらずドイツには，人的な貢献をしない小切手外交という非難が同盟国から浴びせられた。これを踏まえてコール政権は国連の下の平和活動に連邦軍を参加させる方針に転じ，域外派兵を可能にする基本法の改正を目指すことになった。というのは，同盟国からの批判の底には，冷戦終結で統一という恩恵を享受したのに，国際平和の維持に軍事面で寄与しようとしないドイツは，大国としての責任から逃れようとしているという不信感が存在したからである。しかし，最大野党SPDの大勢は，国連決議がある場合でもNATO域外での連邦軍の武力行使に消極的だったため，国論は分裂した。

第**7**章　政　　治　343

時を経ずして問題は再燃した。ユーゴスラヴィアで多民族を束ねていた連邦国家が解体しはじめたからである。1991年6月にクロアチアとスロヴェニアがユーゴスラヴィア連邦からの独立を宣言し，離脱を認めないセルビアを主体とする連邦側が軍事介入して内戦状態に陥った。さらに翌年3月になるとボスニア＝ヘルツェゴヴィナも独立を宣言したので，軍事紛争は一段と拡大した。なかでもボスニア＝ヘルツェゴヴィナの紛争は長期化し，多数の犠牲者と難民が発生する危機的な事態になった。これに対し国連は1994年2月にセルビア人勢力に攻撃をやめなければNATOによる空爆を実施する方針を固め，NATOは創設以来初めての武力行使に踏み切った。空爆にはドイツは参加しなかったが，それより前からNATOによるアドリア海での物資輸送封鎖の監視活動などにドイツの部隊が加わっていた。

　そうした関与が対立を引き起こしたのは当然だった。注目されるのは，これに決着をつけたのが連邦憲法裁判所だった点である。連邦軍のNATO域外派遣に反対するSPDの議員は，アドリア海における軍事行動への連邦軍参加は基本法に違反するとして連邦憲法裁判所に提訴したが，1994年7月に下された判決は画期的な意義を有した。連邦議会の事前承認を条件とした上で，国連をはじめとする集団安全保障機構の枠内であればNATO域外であっても連邦軍の派兵を合憲とし，武力行使を伴う場合も含めて平和活動に参加できるとしたのである。この判決に基づいて従来の制約が大幅に緩められ，同盟国から批判された軍事面での国際貢献の消極性が払拭されることになった。1995年11月にボスニア＝ヘルツェゴヴィナ紛争の和平合意が成立すると，平和維持の任務でドイツは国連安保理決議に基づくボスニア平和履行軍（IFOR）に医療や輸送を中心に4,000人の兵員を送り込み，それに続くボスニア和平安定化軍（SFOR）にも3,000人の連邦軍部隊を派遣した。また連邦議会の派遣承認に際しては域外派遣に反対してきたSPDや緑の党のかなりの部分も賛成に回り，対立が緩んできたことが明白になったのである。

シュレーダー政権期の外交・安全保障政策の変容

　連邦軍派遣を主軸とするドイツの国際貢献は，1998年にコールからシュレーダーに政権が交代してからも継続した。けれども，他面で変化が現れたのも軽視できない。それは多国間主義を基本としてきた外交に自制よりは自己主張の面が表れたことである。同時にその一因として，政権交代に伴い，戦後生まれの世代が主導権を握ったことも見逃せない。

　発足時点でシュレーダー政権が直面したのはコソヴォ紛争だった。ユーゴスラヴィ

344

ア連邦が解体した後，セルビア主体の新ユーゴスラヴィア連邦が誕生したが，住民の大半がアルバニア系のコソヴォ自治州では分離独立運動が高まった。これに対して連邦側が大規模な迫害を繰り広げたので国際社会も座視できず，1999年3月に国連決議のないまま NATO は「人道的介入」を唱えて新ユーゴに対する空爆を敢行した。その決定を促したのは，「民族浄化」の美名でボスニアで起こった大量虐殺の記憶だった。この空爆にドイツ空軍も「アウシュヴィッツを繰り返すな」というスローガンの下に参加し，戦後初めて国外での武力行使に踏み切ったのである。新ユーゴが屈すると国連決議に基づいてコソヴォ平和維持軍（KFOR）が編成されたが，ドイツは8,500人もの大部隊をこれに投入し，平和構築の主要な役割を引き受けた。

コソヴォ紛争から間もない2001年9月11日にアメリカで同時多発テロが発生し，多数の市民が犠牲になった。これに対して NATO は条約第5条に定められた集団的自衛権を初めて発動し，10月に米英軍がテロ組織の根拠地とされたアフガニスタンへの攻撃を開始した。シュレーダー首相はアメリカに対して無制限の連帯を表明し，アメリカ主導の軍事行動に連邦軍を派遣するとともに，国連治安支援部隊（ISAF）にも各種の専門家を含む兵力を送り出した。遠隔の地への5,000人に上る派兵に逡巡する与党議員も多かったが，シュレーダーは圧力をかけて押し切った。戦後世代であるシュレーダー首相と緑の党のフィッシャー外相には1960年代後半のベトナム反戦運動の闘士という経歴があるが，ここまでは戦後西ドイツ外交の基調である親米の立場を継承したといえる。

しかしながら，アフガンからイラクに戦争の舞台が移ると，彼らは姿勢を変えた。2002年にアメリカはイラクが大量破壊兵器を保有しているという理由で軍事攻撃を準備し，同盟国にも参加を要請した。当時，ドイツでは連邦議会選挙が目前に迫っていたが，雇用政策の失敗で連立与党は劣勢だと見られた。また他方では，ブッシュ政権の単独行動主義への反感を下地にしてイラク戦争に懐疑的な見方が世論の主流になっていた。同年8月にシュレーダーが仮に国連決議があってもドイツはイラク戦争に加わらないと表明したのは，そうした選挙情勢と切り離しては考えにくい。しかし，与党の起死回生の一策だとしても，アメリカを公然と批判しただけでなく，ドイツ自身が決める「ドイツの道」を行くと唱えたのは重要な意味をもっていた。親米の外交的伝統や「自制の文化」から逸脱し，多国間主義よりは自国の立場優先への傾斜が見出されるからである。シュレーダーはイラク戦争不参加の効果で辛うじて政権を維持できたが，対米関係が悪化したのは大きな代償だった。しかもイラク戦争反対にフランス，ロシアを誘い込んだのは，独仏枢軸の重視やロシアへの接近というシュレーダー

第**7**章 政　治　345

政権の新たな方向を窺わせる出来事でもあった。要するに，シュレーダー政権下では
それまで自明だった対米協調に希薄化の兆しが現れ，自己主張する大国という一面が
公然化したといえる。これに加え，アメリカの従順なジュニア・パートナーから「ノ
ーといえるドイツ」に変わろうとした背景には，冷戦期にタブーとされた連邦軍の活
動の拡大によって軍事面でも国際貢献する大国という自己認識が強まり，ナチスの罪
悪に縛られ分断という懲罰を受けた「特殊な国」から，他の大国と同等に自主的に行
動できる「普通の国」になったという国民意識の変化があったのも見逃せない。

メルケル政権の外交・安全保障政策

　2005年に大連立政権がスタートすると，メルケル首相はワシントンを訪れてアメリ
カとの同盟重視の立場を伝え，対米関係の修復に努めた。これと併せ，前政権の独仏
枢軸への傾斜や対ロ接近を見直し，バランスの回復も図った。このようなメルケル政
権の外交姿勢を視野に入れると，上述したシュレーダー政権期の変化は単なるエピソ
ードのように映るかもしれない。けれども，それには一時的な現象として片付けられ
ない重みがある。

　ドイツが議長国になった2007年の先進国サミットで，メルケルは地球温暖化対策で
自国産業を優先して規制を渋るアメリカを合意に導き，調整力を発揮した。さらに
EUの憲法条約が破綻しかけた時，蘇生のために尽力し，一定の成功に導いた。フラ
ンスのシラク大統領やイギリスのブレア首相が退陣した後のヨーロッパで外交面の力
量をみせたメルケルはリーダーとして存在感を強め，大国としてのドイツを国際社会
に印象づけた。

　その一方で，連邦軍を中心としたコール政権以来の国際貢献を継続した点で目新し
さが乏しく，外交政策の連続性が際立っている。事実，2008年の時点で見ると，従来
の政策の延長線上でアフガニスタンのISAFに3,700人，コソヴォのKFORに2,200
人，ボスニアのEUFORに120人，アフリカの角の海賊対策（OEF）に90人の連邦軍
を展開している。またEUが独自の安全保障政策を打ち出し，EU域外で平和活動を
進めるようになったが，その一環である2006年のコンゴでの活動にドイツは800人の
連邦軍を参加させた。これらはいずれも多国間主義に基づいている。その意味では新
しいといえるのは連邦軍改革である。冷戦が終わって脅威の構造が変化したのを受け
NATOは役割を変えつつあったが，それに対応してドイツでも，シュレーダー政権
期の2003年に定められた新防衛大綱で他国による侵略に対処する領域防衛から，地域
紛争や国際テロの抑止を主眼とする危機管理に安全保障政策の重心が移された。これ

346

に基づいてメルケル政権では，スリムで効率的な組織に向けた連邦軍改革が進められ，1956年の連邦軍創設以来存続した徴兵制が2011年に停止されたのである。

このように手堅い外交が続いただけに，第2次メルケル政権における出来事は特筆に値する。2011年に「アラブの春」と呼ばれる変革が起き，北アフリカ諸国で連鎖的に独裁体制が崩壊した。しかしリビアでは政権側が頑強で反体制派を苦境に立たせた。そうした状況でフランスのサルコジ大統領はリビア空爆を提起し，国連の場で米英が介入に同調したのである。けれども，その動きを予見できなかったメルケルは安全保障理事会でロシア，中国とともに棄権に回り，結果的に対米関係にも独仏枢軸にも亀裂が入り，西側統合や多国間主義の外交路線から逸脱したという印象を同盟国に与えた。そうした印象は2014年にアメリカ主導で始められた「イスラム国」空爆に英仏などが参加するなか，ドイツが地上での小幅な軍事協力にとどめたことでさらに強まった。一方，首相就任以来メルケルは，9.11テロ事件の関係者をアメリカが拘束し，収容施設で虐待した疑惑に関連してアメリカに苦言を呈した。また2013年にメルケルの携帯電話をアメリカの情報機関が盗聴していたことが発覚した事件では，ドイツ駐在のアメリカ外交官を追放する事態に発展した。このように対米関係ではドイツはもはや物言わぬ従順なパートナーではないし，多国間主義についても無条件ではなく，自主的な判断を踏まえたものに変わってきているのである。

ヨーロッパ政策の発展

次にヨーロッパ政策について考えよう。ここで焦点に据えるのはドイツとEUの関係だが，これについては第6章で詳述しているので，要点だけに絞りたい。

統一ドイツの歩みはヨーロッパ統合と並行している。後者を特徴づけているのは拡大と深化である。深化については，1992年にマーストリヒトで欧州連合（EU）条約が締結され，それに基づいて1999年に共通通貨ユーロがスタートしたのが代表例になる。また拡大に関しては，1995年のオーストリアなど3カ国に続いて2004年に中東欧の10カ国が加盟し，その後に3カ国が参加して2015年現在では28カ国に達した。その結果，スイスなどの僅かな国や，長く加盟を希望しているトルコを残してヨーロッパのほぼ全域をカバーするに至ったのである。

ドイツ統一時，大国として単独行動に傾くことへの懸念が周辺国に見られたが，それを顧慮してコールはヨーロッパの強化された枠組みにドイツを拘束することを表明した。この立場から独仏を主軸にして結束を強めるために産み出されたのがマーストリヒト条約だった。条約では1999年までの共通通貨の導入のほか，共通外交安全保障

第7章 政　治　347

政策，司法内務協力，欧州議会の権限強化など重要な事項が取り決められた。2つの世界大戦の結果，東西間に埋没したヨーロッパを復活させ，戦争を不可能にすることは，西側統合と並んでコールの政治的師匠アデナウアー以来の悲願だったが，コールは統一と併せ，これを大きく前進させたのである。とはいえ，同条約の画期的な内容のため各国での批准は難航した。デンマークの国民投票では否決され，フランスでも賛否が拮抗したのである。ドイツ国内でも繁栄のシンボルである強いマルクを放棄することへの抵抗が強く，条約の主役なのに批准は最後になった。

　一方，1990年代の地域紛争の多発を踏まえ，アメリカ主導のNATOへの依存から抜け出るため，EU自体の軍事的能力の強化が協議されるようになったが，シビリアン・パワーを重視する立場からドイツは新たなヨーロッパ構想を提起した。その代表例が2000年にフィッシャー外相が打ち出したヨーロッパ連邦のビジョンである。それは巨大化したEUをより一層民主主義化することに主眼をおき，EU市民の直接選挙による大統領や二院制の導入を謳う画期的なものだった。もちろん，各国の利害がせめぎ合う中では実現に至らなかったが，それを踏み台にしてEUには2001年に欧州憲法制定のための諮問会議が設置され，ドイツはこれを強力に後押しした。諮問会議の成果は2004年に欧州憲法条約として署名され，各国の批准に付された。しかし，マーストリヒト条約と同様に，2005年にフランスとオランダで行われた国民投票で否決され，一旦は挫折する結果になった。統合の深化の意義についての理解が行き渡らず，主権喪失の懸念が強かったからである。

　2005年に首相となったメルケルは憲法条約の再生に取り組んだ。2007年にドイツはフランスと提携して修正案を提示し，主権にこだわる加盟国に配慮して超国家的な色彩を薄めた上で同年にリスボン条約として調印された。同条約は批准手続きを経て2009年に発効し，新設されたEUの大統領と外相は統合ヨーロッパのシンボルにもなっている。こうした憲法条約の再生の過程では，ドイツのイニシアティブと独仏協調のほか，メルケルの柔軟な調整力が重要な要因になったのも見逃せない。

　ユーロ導入などを決めたマーストリヒト条約やEU憲法に相当するリスボン条約ではドイツのリーダーシップが不可欠だったが，そこではまだドイツの国益や自己主張は目立たなかった。しかし2009年末以降のユーロ危機では様相が変わった。

　2008年のリーマン・ショックを引き金とした世界的な景気の落ち込みはドイツも巻き込んだ。メルケル政権はこれに迅速に対処し，他の先進諸国に比べると打撃は大きくならなかった。けれども，景気回復が軌道に乗った矢先にユーロ危機に見舞われたのである。2010年初頭に財政粉飾で信用を失ったギリシャ国債が暴落し，引きずられ

てユーロが急速に下落したが，これへの EU の対処は出遅れた。フランスを筆頭に公的資金を速やかに投入すべきとする立場とドイツに代表される市場経済のモラルを重視する立場が対立したからである。メルケルが憂慮したのは，モラルハザードに陥った国々への支援が豊かな国の負担になり，EU への反感が高まることだった。彼女が厳格な財政規律を主張したのはそのためである。

　2010年春になるとスペインなどでも国債が急落したので，ユーロ圏諸国は緊急援助計画を策定し，ユーロ危機の拡大防止に取り組んだ。その中で最大の負担をしたのはドイツだった。これを踏まえ2012年には欧州安定メカニズムが創設されたが，その基金の4分の1以上をドイツが引き受け，最大の拠出国になった。同時に，この立場からドイツは財政規律の強化を訴え，それは加盟国の大半でルール化されることになったが，他面でドイツの頑強な姿勢はフランス，イタリアなどとの溝を深めている。

　このようにして今日では，EU でのドイツの主導権が強くなり，自己主張が前面に出てくるようになった。独仏協調を支柱にして統合が進められてきたヨーロッパで経済力の差を背景にフランスの影が小さくなり，ドイツの存在感が増しているのは，安全保障政策面での変化に照応している。たしかにドイツは統一以降も一貫して「ヨーロッパのドイツ」を標榜し，メルケルもそれを踏襲している。しかしその裏側では，分断の重石が外れて「普通の国」になったドイツは，政治面だけでなく経済面でも大国という地位を土台にして，国益優先でドイツの意に従う「ドイツのヨーロッパ」を目指していると映る行動も見せるようになっているのである。

7　政党政治の変容

国民政党の衰退

　統一後のドイツの政治的変化の最後の注目点として，政治のあり方そのものの変化にも目を向ける必要がある。ここでは政党政治の平面に限定して，ドイツの政治的安定の代名詞ともいえる政党国家的デモクラシーの問題を考えることにしよう。

　統一ドイツで首相の座にあったのは，コール（1982-1998），シュレーダー（1998-2005），メルケル（2005-）の3人であり，西ドイツの時期を含めて政権の安定が続いているように見える。また組み合わせが変わっても一貫して二大政党の1つを主軸とした連立政権である点でも連続性が濃厚であるように映る。しかし，実際には二大政党の連立である大連立が繰り返されているように，重要な変化が起こっていることを見逃すことはできない。なかでも注目されるのが，国民政党の衰退である。

ドイツの政党システムは19世紀の出発以来，階級と宗教によって仕切られた4つの社会道徳的ミリューに支えられてきたといわれる。保守，リベラル，社会主義，カトリックがそれである。しかし，20世紀の半ばまでにそれらが融解すると，西ドイツでは多様な社会層を包摂する2つの国民政党が形成された。CDU/CSUとSPDである。ドイツ統一のころまでは二大政党は多数の党員を擁し，選挙での得票率も高くて，ボン・デモクラシーの安定と成熟を担ってきた。けれども，第3次産業部門が拡大して産業構造が変わり，社会の情報化や高学歴化の進行につれて価値観や利害が多様化すると，それらの社会的基盤が流動化するのは避けられなかった。これに加え，ボン・デモクラシーの土台だった「モデル・ドイツ」のシステムが産業立地の衰弱に伴って動揺し，右肩上がりの時代が終焉を迎えた時，生活向上への従来通りの期待に政党は応えることができなくなった。経済が成長し，分配できるリソースが存在するかぎりで階層をまたいだ国民政党の基盤は安定していたのである。

　こうして統一以降にドイツ経済が長期的停滞の局面に入ると，国民政党に対する期待は不満に変わり，政党の統治能力に疑問符をつける声が高まった。それを示す兆候の1つが，「政治倦厭」と呼ばれる現象が広がったことである。これは政治，政党，政治家にウンザリ，飽き飽きしている心情や気分を指す言葉であり，頻発する政治スキャンダルによって強められると同時に，投票率の低下や党員数の減少などとして可視化した。例えば1990年の国民政党の党員数の合計は160万人を数えたが，20年後の2010年には116万人まで落ち込んだ。もう1つの表現になったのは，抗議投票の増大である。従来の国民政党の支持者が棄権に回るだけではなく，政治指導者に懲罰を加えるために他の急進的な政党に票を投じる傾向が出現したのである。統一から間もない時期の州議会選挙などで極右政党が票を集め，その後の連邦や州の選挙でも「自由な有権者」，海賊党，「ドイツのための選択肢」のような新生の政党が台風の目になったのは，その例証といえる。

　一方，国民政党の側では，経済の低迷や財政赤字のために新たな政策展開をする余裕がなくなっただけでなく，福祉国家の改造に示されるように，国民に痛みを強いる政策に取り組まねばならなくなった。そうした状況下では不人気な改革を先送りするか，ライバル政党に押し付ける傾向が生じ，政争が激化せざるを得なくなる。産業立地の再構築でコールが頓挫し，ハルツ改革でシュレーダーが深手を負ったのはその例であり，よく観察すれば両党の政策距離は外見よりも遥かに近くなっていたのである。そこには具体的な成果よりも政権の獲得や維持を優先し，必要な改革をつぶしたり妨げたりして省みない政党政治にありがちな問題が露呈していたのであり，それが有権

350

者を国民政党から離反させる原因にもなった。

政党システムの変容

　低迷する経済のもとで2つの国民政党の改革政策は近似せざるを得なかったが，他方で政策距離が縮まるほど幅広い国民の期待に応じるのは困難になった。その結果，国民政党から離れた有権者は小政党の支持に流れ，支持率は低下傾向をたどった。例えば連邦議会選挙での国民政党の合計得票率は1990年の77.3％から2009年の56.8％まで縮小したのである。その一方で，小政党の得票率が増大し，中規模化するという現象がみられるようになった。特に国民が大きな関心を寄せていた福祉国家改革の評価が問われた2005年の連邦議会選挙の際，非公式の大連立を組んで実質的に協力したCDU/CSU と SPD が敗北を喫し，改革に反対した民主社会党などが大きく得票率を伸ばしたのは，改革に伴う不安や反撥の広がりを表していただけではなく，国民政党が有権者の期待の受け皿としての役割を十分に果たせなくなったことを示していた。また福祉国家改革が争点としての重みを増し，主要な対立軸として定着した結果，民主社会党を継承する左翼党が政治地図で確固たる地位を占めるに至った。統一前まで四党制だった西ドイツの政党システムは，統一に伴い，民主社会党が加わって流動的な五党制になったが，ハルツ改革を境にして五党制が固まったのであり，多党化という点もドイツ統一後の主要な変化の1つといえる。

　こうした変化の影響を受け，連立を通例とするドイツでは連邦議会で安定多数を占める政権を二党で作るのが難しくなり，三党による連立が現実味を増している。2005年と2013年にはメルケルが率いる大連立政権が登場したが，それは2つの国民政党の政策距離が縮小したからだけではなく，三党連立の困難を回避する窮余の策という一面があった。ドイツではヴァイマル共和国やナチ時代の反省を踏まえて国民投票のような国政レベルでの直接民主主義の方式が制度的に封じられているため，政党には基本法で国家と社会をつなぐ重要な役割が与えられている。政党に対する国庫助成はそのための制度の代表例であり，ドイツが政党国家と呼ばれる理由でもある。しかし，政党の地位が強固であることは，政党が社会から遊離して政治エリートと一般の市民との距離が拡大する原因にもなり，政党不信と政治的決定への市民の直接参加の運動を広げる一因にもなった。また国民政党の衰退と政党システムの変化は，不安定な連立政権が登場する可能性を高めており，政党が与えられた役割を今後も十全に果たせるかどうかを不透明にしている。

　一方，メルケルがビジョンへの共感よりは実務的手腕で信頼を得ているように，国

民政党が衰退しつつある中では強い指導力を発揮するリーダーが登場する可能性は小さくなっている。それはグローバル化やヨーロッパ化による選択肢の制約や，大きな変革よりは当面の生活の安定を望む国民の心理にも照応している。同時に，価値観や利害が多様化し，格差が拡大している今日の社会では，国民政党を軸にして国民を政治的に統合することはますます難しい課題になってきている。多くの先進国では社会的排除が深刻な問題となり，それを背景にして政治的に排除されたと感じる人々が増大し，そのなかから民主主義に背を向け，排外主義に傾斜する傾向が現れている。この点はドイツも例外ではなく，ポピュリズムの可能性が指摘される根拠はそこにある。2013年に創設されたばかりの「ドイツのための選択肢（AfD）」という名称の新政党が次々に州議会に進出し，ユーロ危機と難民問題を土壌にして勢いを増している事実はそれを裏付けている。

　たしかにメルケル政権は，家族政策での男性稼得者モデルからの離脱や環境政策での脱原発のように，社会や価値観の変動に柔軟に対応し，中道色を強めて政治的ウィングを拡大している。けれども，その土台にはハルツ改革以降のドイツ経済の好調があり，経済に翳りが生じたり，あるいは中道路線のメルケルが表舞台から去る日が来た時，ドイツのデモクラシーを特徴づけてきた安定がこれまでどおり持続するか否かは予測が難しい。政党国家と呼ばれるドイツで国民政党の統合力が衰退していく先にどのようなタイプのデモクラシーが出現するのか，今後の展開が注目される所以である。

　本章ではベルリンの壁が消滅して戦後が終焉したドイツの政治に関し，変化の面を中心にその歩みを眺めてきた。福祉国家の縮小と自由主義モデル化，東西ドイツの間の格差と心の壁の問題，移民を受け入れてドイツ人の枠を拡大する移民国への転換，ヨーロッパを主導する大国への上昇と「普通の国」への変貌，国民政党の衰退と多党化がここで光を当てた変化である。

　東西分断の解消は冷戦終結のピークであり，ドイツ現代史の最大の出来事だった。これによりドイツは戦後に終止符を打ち，ポスト戦後の時代を迎えた。それにもかかわらず，統一が西ドイツの東への拡大として実現され，統一ドイツが西ドイツの延長と見られやすいために，統一を境にして起こった変化は軽視されがちなように思われる。たしかに憲法に当たる基本法がわずかな修正を加えただけで堅持され，それを土台とする政治運営についても，コール，シュレーダー，メルケルの3人をトップ・リーダーにして統一後の四半世紀を乗り切ってきたから，ボン共和国に続くベルリン共

和国のデモクラシーは安定している。また社会的市場経済と呼ばれる仕組みの下で築き上げられた繁栄は停滞期を乗り越えて回復され，日本に次ぐ巨大な GDP が示すように，世界でも指折りの豊かな社会が実現している。西ドイツ以来のこれらの特徴を重視する必要があるのは指摘するまでもない。これを連続性と呼ぶならば，本章で目を向けてきたのはむしろ変化の面である。安定しているように見えるデモクラシーは国民政党の衰退につれて変容し，直接参加を求める声が強まる一方，様々な抗議運動に直面している。また，国民生活の豊かさを支えた福祉国家の変化に伴い貧困と格差が可視化し，繁栄の裏側で社会的亀裂が深まっている。それら以上に変化を端的に物語るのは，国際社会でのドイツの役割であろう。ドイツから遠く離れたアフガニスタンやイラクで連邦軍が活動する姿は，自制を基調とした統一以前には想像すらできなかった。さらにヨーロッパでは国民国家の障壁が低くなり，EU の重みが増しているが，それに応じてドイツの影響力がますます強まりつつある。統一後に生じたこれらの変化は連続性の覆いの下で進行してきたが，いずれも重要な意味を有している。それらを見据えるなら，ドイツがこれからどんな方向に進んでいくかは目を離せないのである。

参考文献

M. Bienert, S. Creuzberger und K. Hübener und M. Oppermann (Hrsg.) (2013) *Die Berliner Republik,* Berlin: be.bra Wissenschaftlicher Verlag.

M. Görtemaker (2009) *Die Berliner Republik,* Berlin: be.bra Wissenschaftlicher Verlag.

E. Jesse (Hrsg.) (2012) *Eine normale Republik?* Baden-Baden: Nomos.

K.-R. Korte (2010) *Politik im vereinten Deutschland 1998-2010,* Erfurt: Landeszentrale für politische Bildung Thüringen.

M. G. Schmidt und R. Zohlnhöfer (Hrsg.) (2006) *Regieren in der Bundesrepublik Deutschland,* Wiesbaden: VS Verlag für Sozialwissenschaften.

小野一（2012）『現代ドイツ政党政治の変容』吉田書店。
近藤潤三（2004）『統一ドイツの政治的展開』木鐸社。
近藤潤三（2007）『移民国としてのドイツ』木鐸社。
近藤潤三（2011）『ドイツ・デモクラシーの焦点』木鐸社。
近藤正基（2009）『現代ドイツ福祉国家の政治経済学』ミネルヴァ書房。
近藤正基（2013）『ドイツ・キリスト教民主同盟の軌跡』ミネルヴァ書房。
高橋進（1999）『歴史としてのドイツ統一』岩波書店。
高橋進・石田徹編（2013）『ポピュリズム時代のデモクラシー』法律文化社。

中村登志哉（2006）『ドイツの安全保障政策』一芸社。

西田慎・近藤正基編（2014）『現代ドイツ政治』ミネルヴァ書房。

エールハルト・ノイベルト，山木一之訳（2010）『われらが革命』彩流社。

ゲアハルト・A・リッター，竹中亨監訳（2013）『ドイツ社会保障の危機』ミネルヴァ書房。

補章 5
脱 原 発
──エネルギー転換への挑戦──

藤澤利治

　2011年3月11日の東日本大震災とそれに伴う大津波が引き起こした東京電力福島第一原子力発電所の事故は，世界中を震撼させた。特に原子力発電に依存する度合いの高いヨーロッパのいくつかの国では原発に対する危機意識を強め，原発を抑制する対応がみられた。ドイツをはじめ，スイス，イタリアでは，素早く脱原発に舵を切った。このうち，スイスでは，連邦政府が2011年5月に国内の5基の原発を2034年までに順次閉鎖すると同時に原発の新設を禁止することを決定し，同年6月に連邦議会で，9月に上院でその承認を得た。[1]またイタリアは，すでにチェルノブイリ原発事故の翌1987年11月に国民投票で脱原発を決定していたが，福島原発事故直後の2011年6月に再び国民投票を行って原発新設を拒否したのである（脇坂 2012）。

　そしてドイツは，2011年6月に連邦議会の賛成を得て原子力発電からの撤退を決めた。ドイツの場合，すでに2000年に脱原発を決定し実施に移していたが，2010年秋にその方針を見直した矢先の再転換であった。ドイツについては，国内総生産（GDP）で世界第4位というその経済規模と工業発展度の高い経済構造からみて，原子力発電依存から2022年までに完全に脱却するという決定とその実行には，世界中から関心が寄せられている。それゆえ，ここでは，ドイツにおける脱原発の決断と実行のプロセス，脱原発実施にともなって直面している諸問題とそれへの対応策も検討していく。

　なお，ここでドイツにおける脱原発の道すじを簡単に触れておけば，それは「エネルギー転換」（Energiewende）と呼ばれているエネルギー政策の構想とその実行である。その内容は，まず原子力発電への依存からの脱却であり，同時に原子力に代わるエネルギー源の開発とその利用の拡大，そして地球温暖化ガス排出の削減である。これらを同時に実現する方法は，再生可能エネルギーの利用促進であり，またエネルギー消費の効率化による電力消費の削減であり，それゆえ節電実現のための様々な社会システムづくりが必要とされている。

1 脱原発の前史

まず，ドイツにおける原子力発電について第2次世界大戦後から2000年の脱原発にいたるまでの動きについて簡単に振り返っておこう。[2]

敗戦から原発導入まで

第2次世界大戦で敗戦したドイツは，原子力の研究開発を連合国の占領政策によってしばらくの間禁じられていた。1955年5月の国家主権の回復とともに，原子力開発のための研究も許可され，同年12月には連邦原子力問題省（Bundesministerium für Atomfragen）が設置され，初代担当大臣としてキリスト教社会同盟（CSU）のシュトラウス（Franz Josef Strauß）が就任した。[3] また，議会の激しい論争を経て第5法案まで修正されて，1959年に「核エネルギーの平和利用とそのリスク保護に関する法（Atomgesetz；通称原子力法）」が成立している。

この連邦政府の原子力政策を受け，当時西ドイツを代表する重化学工業部門の主要企業のジーメンス（Siemens），AEGテレフンケン（Allgemeine Elektlizität Gesellschaft — Telefunken），バーデン・アニリン・ソーダ工業（BASF），バイエル（Bayer），デグサ（Degussa），ヘキスト（Höchst），ブラウン・ボヴェリ（Brown Boveri）等が原子力エネルギーの研究開発に参入している。これらの企業はもちろん電気機械メーカーが中心であるが，電力不足を懸念する大口の電力需要産業である化学工業の大企業も加わっている。

しかし，西ドイツの本格的な原子力開発には大きな障害があった。西ドイツの原子力研究開発は同国の核兵器の開発と保有につながるとして，フランスをはじめとした近隣国に大きな懸念と抵抗があったからである。他方で，1952年にスタートした欧州石炭鉄鋼共同体（ECSC）の試みが成功し，石炭・鉄鋼以外の産業での共同体の創設と，さらに当時将来有望とみなされた原子力エネルギーの平和利用のための共同体の創設を目指す動力となった。前者が欧州経済共同体（EEC）の，後者が欧州原子力共同体（EAEC：ユーラトム（Euratom）とも呼ばれる）の創設につながった。両共同体は，ECSCに加盟する6カ国によって1957年に合意され，翌1958年にスタートしている。ベネルクス三国，フランスそしてイタリアの各国は，このユーラトムにおいて西ドイツとともに，国際的な管理下で西ドイツの核兵器開発を監視，抑止しながら，原子力の平和利用をヨーロッパで実現しようとしたといってよい（Radkau und Hahn 2013＝

2015：邦訳第2章）。

　このような機運を背景に，1957年には西ドイツでは研究用の原子炉の試作を開始した。1960年11月には実験用ではあったが西ドイツで初の原子炉が稼動した。そして翌1961年に西ドイツで最初の商業用原子力発電所の運転が始まった。1969年にはジーメンスとAEGの原子力部門とを合併して，共同子会社ウニオン発電工業KWU（Kraftwerk Union）が設立された。

　しかし，東西冷戦が激化する中で，軍事戦略的に重視された西ドイツへの核兵器配備に対して国民の反対運動が盛り上がり，原子力の平和利用も進まなかった。その背景には，西ドイツには豊富な石炭資源があり，原子力エネルギーへの依存を差し迫って必要としていなかったこともある。このような事情を激変させたのは，1970年代の2度にわたる石油危機であった。石油価格の急騰によって，西ドイツでも原子力発電への依存を深めていかざるを得なくなる。その方向を明確にしたのは，1974年に側近のスパイ疑惑で辞任に追い込まれたブラント（Willy Brandt）首相の後を継いだシュミット（Helmut Schmidt）政権[4]で，ブラント政権と同じく社会民主党（SPD）と自由民主党（FDP）の連立政権であった（Zängel 1989：328）。しかし，国内世論は反核であり，反原発の主張が強かった。

　このように石油危機以降，世論と対立しながらも西ドイツでの原発の建設と稼動がさかんになる。それは1989年まで継続する。原発建設企業のKWUは，原発業務で経営困難にあったAEGの共同所有する経営権すべてがジーメンスに譲渡され，1977年にジーメンスの完全子会社になった。なお，AEGはこの後1982年に経営破綻している。これによってジーメンスは西ドイツの独占企業として原発事業部門を拡大した（Radkau und Hahn 2013：369，410-411）。

チェルノブイリ原発事故と反原発

　石油危機で原発依存にのめり込み始めた1979年に，アメリカでスリーマイル島原発事故が発生し，これによってドイツでは反核・反原発の市民運動が活発化した。さらに1986年4月には，ウクライナでチェルノブイリ原発事故が勃発し，その放射能汚染が西ヨーロッパに広く拡散したため，西ドイツでも健康被害への懸念が一段と高まった。この事故を契機にして西ドイツに反原発運動がさらに広まっていく。こうした反対運動の影響が強まり，ドイツでは1989年を最後に原発の新規の建設と稼働はストップした。

　他方，ジーメンスの原子力部門は1989年以降フランスの原子力企業と共同していく

補章5　脱原発　357

ようになる。フランスの原発企業フラマトム社（Framatome）と，2001年には，2006年からアレバ（Areva）と改称される共同企業を設立して，その資本持ち分の34％を支配した。なお，ジーメンスはこのアレバとの資本関係を2009年に解消し，その直後にロシアの原子力企業ロスアトム社（Rosatom）と業務提携を目指したが，実現しなかった（Der Spiegel 38/2011：86-87）。

緑の党と環境保護運動の展開

　西ドイツの反核・反原発運動は，当初は廃棄物処分場を含めた原発関連施設の計画予定地や核兵器配備予定地を中心にした地域的な市民運動であったが，次第に運動の連携を図り一体化する方向を探っていく。1980年に緑の党（die Grünen）が結成され，同党は1983年にドイツ連邦議会選挙で5.6％の票を獲得して初めて議席を占めた。また1985年のヘッセン州議会選挙を受けて SPD 首班の赤緑連立州政府を形成し，緑の党からフィッシャー（Joschka Fischer）が州環境大臣に就任している。

　その後1998年の連邦議会選挙の結果，緑の党は SPD と連立政権を組閣し，緑の党からは連邦副首相兼外務大臣としてフィッシャー，環境大臣にトリッティン（Jürgen Trittin）が就任した。このように環境保護政党の加わった世界でもまれな連立政権が国政レベルで誕生し，緑の党が中央政府レベルで環境保護政策を担当することになった。しかし，脱原発を実際に担当し実現したのは連邦経済技術大臣のミュラー（Werner Müller）であった。彼は政治家ではなく民間から起用された閣僚で，首相のシュレーダー（Gerhard Schröder）とはシュレーダーのニーダーザクセン州首相時代から親交があり，シュレーダーの信任が厚かった。そして政党に所属しないミュラーが，強硬な，時には非現実的な主張を繰り広げる緑の党と電力業界の間に入って交渉を取りまとめた。ミュラーは，大臣辞任後ドイツの最大手の石炭会社ルール石炭会社（Ruhrkohle AG）の社長に就任している。[5]

EU の電力市場統合

　欧州共同体（EC）は1992年末に域内市場統合を完成させ，1993年にはマーストリヒト条約を発効させて欧州連合（EU）に再編される。さらに，その後1999年に通貨統合を実現する EU は，この時期に域内の電力産業の規制撤廃と電力市場の自由化を推進した。

　電力産業は本来自然独占の生じやすい産業部門であることから，加盟各国では通常電力会社に地域独占を認め，その代わり当該地域に電力を安定的に供給することを義

務づけていた。しかし，EU の市場統合が進むにつれ，電力市場も域内の統合を進め効率的な電力事業の実現が課題となり，段階を経て各国の電力市場の規制を撤廃し，電力市場の自由化による統合が目指されることになった。具体的には，1996年に EUの電力域内市場共通規則指令（Directive 96/92/EC of European Parliament and of the Council of 19 December 1996 concerning common rules for the internal market in electricity）が採択され，加盟各国は1999年 2 月までに国内措置を完了することを求められた。これに応じてドイツも1998年に電力法を改正し，電力市場の自由化がスタートした（熊谷 2005）。

　その概要をまとめれば，何よりも発電，送電，そして配電の各分野の分離が求められた。これらのうち，発電と配電の分野で企業が自由競争を行えるシステム作りが目指され，両分野への企業参入が促進された。同時に，加盟国間の送電線を相互に接続した。これによって国境をまたいだ電力の供給が実現され，消費者が自国外の発電会社からも電力の供給を受けることを可能にしたのである。

2　脱　原　発

2000年の脱原発決定

　1998年の連邦議会選挙の結果を受けて成立したドイツ社会民主党と緑の党によるシュレーダー赤緑連立政権は，両党間の連立協定に従って脱原発の実現に向かった。そしてついに，2000年に連邦政府は厳しい交渉の末に電力会社と脱原発交渉を成立させた。

　この脱原発の道すじを決めた協定が「2000年 6 月14日のドイツ連邦政府とエネルギー供給企業との間の協定」（Vereinbarung zwischen der Bundesregierung und den Energieversorgungsunternehmen vom 14. Juni 2000）である。この協定は，連邦政府側から首相府長官シュタインマイヤー（Frank-Walter Steinmeier），連邦環境省大臣官房長官バーケ（Rainer Baake），そして連邦経済省官房長官タッケ（Alfred Tacke）の 3 名が，電力会社からはフェーバ（VEBA AG），フィアーク（VIAG AG），エルヴェエー（RWE AG），そしてバーデン・ヴュルテンベルク・エネルギー会社（Energie Baden-Württemberg AG: EnBW）の大手電力会社 4 社の代表が参加した交渉によってまとめあげられ，翌2001年 6 月に署名された。そしてこの協定に基づいた改正原子力法は2002年 4 月に発効した。なお，シュタインマイヤーは，シュレーダー首相のニーダーザクセン州首相時代からの腹心であった。

補章 5　脱 原 発　359

この協定の概要は次のようになる。まず，核エネルギーに対する責任の負担能力に関するドイツ国内での論争を踏まえ，核エネルギーによる発電を秩序立てて終了させようとする連邦政府の決定を発電会社側も尊重すること，連邦政府と発電会社の両者は既存の原子力発電所の利用に期限を設けること，さらに現存の発電所とその廃棄物処理について妨害されない業務遂行が，高い安全性を維持し原子力法の要請を遵守しつつ残存利用期間の間保証されるべきこととした。しかもこの協定を実施するにあたり，両者間に補償請求が生じないことを前提とするとしている。その上で，政府と電力会社は包括的なエネルギー・プランに貢献し，環境を害することなく，ヨーロッパ市場においてドイツの産業立地上競争力のあるエネルギー供給を発展させることに協働する，そしてエネルギー産業においてできるだけ多くの雇用を確保するように貢献するとしている。

　具体的には，まず各原子力発電所について，2000年から運転終了までの期間に最大限どれだけの量を発電してよいか，残存発電量を計算し確定する。各原発は予定された，あるいは後述の原発間の残存発電量の移動によって変更される発電量を超えた時点で，運転の権利を終了する。また全原発について商業的運転開始から32年間を基準運転期間とし，この上限に基づいて2000年以降の残存運転期間が計算される。そしてこの期限を超えた原発から順次廃炉になる。最新の原発は1988年であるから，原則として2020年にはすべての原発が停止されることになる。

　しかしここには，発電会社の経営への配慮が施されている。それはまず，各発電所の1990〜1999年までの間で最も多かった5年間の年間発電量の平均が年間参考発電量として算出される。この参考発電量に対して，残存運転期間については，継続的な技術的最適化，個々の設備の供給増，そして自由化等によって変更される送電安定化への予備義務に基づいて，5.5％分増やされた年間発電量が想定される。そして，この5.5％高められた参考発電量に残存運転期間を乗じて残存発電量が算出されるとしている。つまり，残存発電量は二重に増量されているのである。

　さらに，発電会社は，発電量を他の発電所へ譲渡できる。例えば，効率性の低い発電所から効率性の高い発電所に，認可されている可能発電量を譲渡できるようにして，性能のいい発電所でより大量に発電できるようにしている。これによって，古い発電所から新しい発電所へ，小規模なそれから大規模なそれへ発電量を振り替えることができることになった。このように，発電会社に妥協がなされ，発電所の運転期間に柔軟な条件を設けたために，32年という最大利用期間は各発電会社の判断に従って延長可能となったのである（Rüdig 2000：67-68）。

また，懸案の中間処理場については，各発電会社はできるだけ早く発電所およびその周辺に設置すること，2005年7月以降は原子力発電所から出る核汚染物の廃棄処理は最終処分場に制限することにし，この時点までは再処理のための輸送が許されることで同意した。

　以上の内容の協定に基づいて，脱原発を進めるにあたっての総体的なエネルギー計画と方針をまとめたのが，2001年に連邦経済省から公表された『エネルギー報告「将来のエネルギー供給のための持続的なエネルギー政策」』（Energiebericht "Nachhaltige Energiepolitik für eine zukunftsfähige Energieversorgung"）である。ここでは脱原発に伴って考慮しなければならない再生可能エネルギーへの転換，石炭消費増の抑制目標等を，現状のデータを基に検討している。そして，脱原発による CO_2 排出増加を前提にして，2020年までに CO_2 排出量を1990年に比して16％削減する場合と，40％削減する場合を想定し，それぞれについて工業，暖房，発電，交通の各部門での CO_2 排出抑制目標を2つのシナリオにして示している。

　このように，ドイツは2000年から脱原発に着手した。原子力発電所の最大運転期間を原則32年とし，この期間に達した原発を順次停止し，原発依存をゼロにするとした。そして原発に代わって再生可能エネルギーの利用を進め CO_2 排出の抑制に努める，さらに電力消費の節約を進めることとした。この後2005年の連邦議会選挙で SPD が敗北して第二党になったため，赤緑連立政権に代わって，選挙に勝利したメルケル（Angela Merkel）の率いる第一党 CDU/CSU と SPD の大連立政権が成立したが，同政権はさしあたりこの脱原発方針を維持した。

第2次メルケル政権の原発利用期間の延長

　2009年の連邦議会選挙でも勝利したメルケルは連立を組み替え，親原発の FDP と保守中道連立政権を組んだため，この政権は2010年9月に脱原発のテンポを緩めるエネルギー計画を発表した。これが，同政権のブリューダレ（Rainer Brüderle；FDP 所属）が大臣を務める連邦経済技術省の『環境に配慮する，信頼でき支払い可能なエネルギー供給のためのエネルギー・コンセプト』（Energiekonzept für eine umweltschonende, zuverlässige und bezahlbare Energieversorgung）である。

　そこでの眼目は，各原子力発電所の稼動年数について赤緑政権が定めた期間を平均して12年間延長させるものであった。その一方では，電力消費量を，特に家屋の改修や交通部門の電力消費抑制等で，2008年に比して2020年までに10％以上を削減し，2050年までには25％削減するとしている。そして総電力供給量に占める再生可能エネ

ルギーの比率を2020年に35％，2030年までに50％，2040年までに65％，2050年には80％とする目標も定めた。このような再生可能エネルギーの利用拡大によって，温室効果ガスの排出を1990年に比して2020年には40％，2030年には55％，2040年には70％，2050年には80％から95％まで削減するとしている。このような構想を盛り込んだ原子力法改正案等を，連邦議会で承認を得て2010年12月に発効させた。

このメルケル政権の提案した原発運転期間の延長計画を見ていこう。まず，核エネルギーは将来実現する再生可能エネルギー社会への「橋渡し技術 Brückentechnologie」であるとする。そして21世紀最大の挑戦のひとつである再生可能エネルギーの利用が十分に展開されるまで，地球温暖化ガスの排出がなく一定の電力を安定的に供給できる原発に依存することを容認し，厳重に安全性を確保しながら原発の運転期間を2000年時点での決定を平均で12年間延長することを決定した。各原発は，1980年以前に建設されたものは8年間，1981年以降に建設されたものは14年間，平均で12年間延長するとした。さらにこの運転期間の延長で電力会社の手にする収益については，再生可能エネルギー分野とエネルギー効率化を強化するための財源として，核燃料税を2016年末まで徴税することにした。このようなシュレーダー政権の脱原発路線を緩和するメルケル政権に対してはもちろん世論の厳しい批判が出されたが，翌2011年3月11日の東日本大震災に伴う東京電力福島第一原発事故の勃発で，この方針は急遽再び逆転させられた。

このように見ると，メルケル政権は，本来は脱原発路線を維持していたが，2010年秋には原発の稼働年限を延長し，その間に再生可能エネルギーによる発電技術や蓄電技術を充実させようとしていたことが分かる。それゆえ，この時点でのメルケルにとっては，最終目標とすべきエネルギーは再生可能エネルギーであって，原子力発電は橋渡し技術という位置づけの現実的な政策見直しという性格のものであった。

福島原発事故と脱原発促進

「福島について，我々は，日本のようなハイテク国家においてさえも核エネルギーの危険性を確実には制御しえないということを認識せねばならない。」これはメルケル首相の2011年6月9日のドイツ連邦議会における施政方針演説の一節である。こう言明して，ドイツ政府は，原発運転期間の延長から脱原発促進に回帰したのである。

具体的には，福島原発事故直後にモラトリアム停止にされた7基と同事故以前から停止中のもう1基はそのまま運転停止とされ，その後は2015年末までに1基，2017年末までに1基，2019年末までに1基，2021年末までに3基，2022年末までに残りの3

基が停止される。こうして2022年末までには，ドイツは脱原発を完了するというものである。なお，このプランには，シュレーダー政権の脱原発プランに見られた個々の原発の運転可能期間についての配慮はなく，すべて個別の終了年を確定した点は注目に値する。次にこのような政策転換のプロセスについてみておこう。

倫理委員会の報告書　ドイツ政府は，福島原発事故を受けて，即刻「原子炉安全委員会」（Reaktor-Sicherheitskommission）にドイツ国内の全原発の安全性を点検させ，どの原発も危険性がないことをまず確認した。その上で，ドイツにおける原子力発電の将来の命運を任せるもう一つの委員会を2011年4～5月にかけて招集したが，それは原子力に関する専門家集団ではなく，政治家，宗教界，市民団体，学者等の顔ぶれで，この委員会に倫理面から原子力のリスクを検討させたのである。ドイツではこのような国民全体にかかわる問題で決断を迫られた時，倫理面から判断する委員会組織を設置し，そこでの判断を尊重する方法を取ることは意外ではない。むしろ，総体的に国民的合意を形成する方法としてしばしば用いられている。

今回の倫理委員会は「安全なエネルギー供給倫理委員会」（Ethik-Kommission Sichere Energieversorgung）で，その委員長の一人はCDU所属の政治家で，1990～1994年まで連邦環境大臣を務めたテップファー（Klaus Töpfer）であった。このテップファーの後任としてメルケルが1994～1998年まで連邦環境大臣に就任している。もう一人の委員長がドイツ研究振興協会代表で金属工学が専門の大学教授のクライナー（Matthias Kleiner）で，この2人の委員長のもとに委員が15名とかなり大きな編成であった。

同委員会の報告書が『ドイツのエネルギー転換——将来のための共同作業』（Deutschlands Energiewende—Ein Gemeinschaftswerk für die Zukunft）であり，その提言は，リスクのある原子力エネルギーの利用は後の世代に対して倫理的に問題があるとし，「ドイツ国内における原子力から生じるリスクを将来的になくしていくためには脱原発が必要であり，また推奨される。リスクのもっと小さな代替手段があるのだから，脱原発は可能である」（Ethik-Kommission Sichere Energieversorgung 2012：4，＝2013：21）というものであった。

このようにリスクのある原子力利用をやめ，原発を廃棄するだけではなく，同委員会によれば，リスクを抑制できる代替手段であり，しかもCO_2を排出しない再生可能エネルギーの利用を促進することが現世代の後の世代に対する責務である，としていることが注目できる。

連邦政府と連邦議会の承認　この倫理委員会の報告は連邦政府に受け入れられ，この報告に沿って脱原発の方針が政府内で確定する。まず，連邦政府は脱原発を再

補章5　脱原発　363

確認し，前年秋の原発稼働期限延長方針を撤回した。2011年6月に連邦政府から報告書『将来のエネルギーへの道——安全で，支払い可能で，環境にやさしい』（Der Weg zur Energie der Zukunft—sicher, bezahlbar und umweltfreundlich）が発表された。

その概要は以下のようになる。安定的な電力供給はドイツ経済の基礎であり，日々安定した電力を負担可能な価格で供給することが不可欠である。それを電力輸入に頼らずに，自給できることが重要である。しかも，地球環境を保全し，核汚染の脅威を回避しながら必要な電力供給を実現するために，ドイツ国民は将来の電力供給を再生可能エネルギーから獲得することを，社会的な基本的合意とする，としている。

前述のように，2010年秋に連邦政府は『エネルギー・コンセプト』において再生可能エネルギー時代への転換を決めたが，その際核エネルギー利用に，再生可能エネルギーが信頼に足る役割を引き受けることができるまで，つまり必要なエネルギー・インフラストラクチャーができるまでの橋渡し機能をもたせた。このコンセプトを基盤に，再生可能エネルギー発電を軸に脱原発を加速させる方針に切り替えたのである。そして，連邦経済相も脱原発に批判的なブリューダレから同じFDPのレスラー（Philipp Rösler）に交代した。

また，具体的数値目標もこの『エネルギー・コンセプト』とほぼ同じで，温室効果ガスの排出を1990年に比して2020年までに40％，2030年までに55％，2040年までに70％，2050年までに80〜95％を削減するとしている。第1次エネルギー消費量は2008年に比して2020年には20％，2050年には50％抑制するとし，総消費電力量に占める再生可能エネルギーの比率も，2011年の20.3％から2020年35％，2030年50％，2040年65％，そして2050年には80％以上に高めるとした。

以上の内容の原子力法改正法案は2011年6月30日連邦議会で圧倒的な賛成多数で可決され，実施に移された。

ジーメンスの　2011年9月，ジーメンス取締役社長のレッシャー（Peter Löscher）は
脱　原　発　ドイツの週刊誌『シュピーゲル』（Der Spiegel）のインタビューに次のように語って，同社の脱原発方針を公表した。

まず，福島の原子炉の爆発をどう受け止めたかという問いに，日本の友人たちはもちろん，「日本にいるジーメンス社社員の命運が重要であった」「ドイツ国民の大半がこの出来事から，福島は原子力の残余リスクを明確にしたと感じ取った。ドイツはこれにエネルギー転換で対応し始めた。このことはジーメンス社の我々にとっても事態を変えた」と答えている。

また，原子力という非常に儲けの多い業務から最終的に離脱するのかと問われ，

364

「我々は将来も伝統的な蒸気タービンのような部品を供給し続けるが，しかし原発だけでなくガス・石炭火力設備に利用される技術だけに制限する。原発の建設やその金融の全責任に，我々はもはやかかわらない。我々にとってこの章は閉じられた」とし，「ドイツの社会と政治における脱原発への明確な立場への対応として，そうする」と答えている。

次に，脱原発は政府に迫られた決定かという問いにきっぱりと否定した上で，「これは決して混乱したコースではない。2001年にすでにいわゆる高放射能技術から撤退し，フランスのパートナーの指導下にある独仏共同会社に核技術業務を移すことを決めていた。同じ頃，当時の赤緑政権が，まだ遠い道のりに見えたが脱原発路線を歩み始めていた」と答えている。そして原子力業務については，フランスのアレバ社との関係を2009年に断って，そのために6億4,800万ユーロもの違約金を支払っているという。その直後にはロシアの原発企業のロスアトム社との提携関係を模索したが，ジーメンス社が脱原発へ方針転換したことから，こちらも取りやめたという。

さらに，原子力エネルギーに未来があるかどうかは国家の政策が決めることで，企業は企業政策として原子力からの離脱を決めている。国が再生可能エネルギーの推進を決めているのだから，ジーメンスもこの分野で貢献していくつもりで，エネルギー転換の動力になる，とも語っている（*Der Spiegel* 38/2011：86-87）。

このように，ジーメンス社は2000年の赤緑政権の脱原発決定時から脱原発に傾斜し始め，2011年には連邦政府のエネルギー転換政策に対応して，同社の原発業務を完全に終了し，伝統的発電と再生可能エネルギー分野に転換しているのである。

福島原発事故後，原発事業から撤退した重電メーカーには，ジーメンスの他にアメリカのGEやスイスのABB等がある。これに対して，東芝や三菱重工，アメリカのウェスチングハウスやフランスのアレバ等は原発事業を継続したが，その後これが経営の重荷になり経営の立て直しに苦悩している。これとは対照的に，ジーメンスは脱原発後再生可能エネルギー部門で着実に業容を拡大している。

3　脱原発への取組の現状

以上のような経緯を経て，ドイツでは脱原発が再び進みだした。すでに10年前に脱原発が歩み出していたとはいえ，このような急転換によって一番懸念されたのは経済へのショックであり，国民生活への影響であった。特に電力不足による電力輸入急増と電力料金高騰が最も懸念された。脱原発からほぼ5年，この間ドイツの電力事情が

補章**5**　脱 原 発　365

表補 5 - 1　ドイツの電力事情の推移

（単位：10億 kWh，％）

	2010年	2011年	2012年	2013年	2014年	2015年	2016年
総発電量	632.4	608.9	629.8	633.6	626.7	646.9	648.4
外国との取引量合計	− 17.7	− 6.3	− 23.1	− 33.8	− 35.6	− 51.8	− 53.7
うちフランスとの取引量	14.3	20.2	12.4	10.6	13.9	10.7	5.6
国内消費量	614.7	602.6	606.7	599.8	591.1	595.1	594.7
電源別構成（対総発電量比）							
褐　炭	23.0	24.6	25.5	25.4	24.9	23.9	23.1
石　炭	18.5	18.5	18.5	19.2	18.9	18.2	17.2
原子力	22.2	17.7	15.8	15.4	15.5	14.2	13.1
天然ガス	14.1	13.6	12.1	10.7	9.8	9.6	12.4
石　油	1.4	1.1	1.2	1.1	0.9	1.0	0.9
再生可能エネルギー	16.6	20.3	22.8	24.1	25.8	29.0	29.0

（注）　外国との取引量合計の −（マイナス）は外国への販売超過を意味し，プラスの対フランスは購入超過を意味
　　　する。
（出典）　AG EB e. V. 2013：27-29, 2017：27-29から作成。

どのように推移したか見ておこう[7]。

発電と電力輸出入の動向

　まず表補 5 - 1 で，ドイツの発電量をみてみよう。ドイツの総発電量は，2011年に
は福島原発事故を受けて国内のすべての原発を点検し，さらに同事故直後に操業モラ
トリアムにおかれた 7 基と事故前から停止中の 1 基の合計 8 基をそのまま停止とした
ため，2010〜2011年には6,324億 kWh から6,089億 kWh に3.7％も減少した。その後
発電量は回復し，安定的に増加して2011〜2016年には6,484億 kWh で2011年比6.5％
の増加となっている。

　次に電力の外国との取引であるが，表中の外国との取引量合計がマイナスとなって
いる。これは国外への販売超過（輸出超過）を意味している。原発を停止した2011年
にはマイナス63億 kWh と2010年のマイナス177億 kWh から急減しているが，その後
は順調に増え，2016年にはマイナス537億 kWh と大幅な輸出超過となっている。こ
のようにドイツは取引総量で見れば電力輸出超過国である。確かに，脱原発によって
隣国フランスからの電力輸入超過が2010年の143億 kWh から2011年の202億 kWh に
41％も増加したが，2012年以降は2016年の56億 kWh にまで減少している。脱原発に
より隣国フランスの原発電力を大量に輸入することにならないか懸念されたが，2011
年を除けばそうはならなかった。脱原発をスタートさせて以降，フランスからの輸入
超過はむしろ順調に減少しているのである。なお，フランス以外では，表には示して

366

ないがデンマーク，チェコ，スウェーデンがドイツの電力輸入超過国であるが，その量はかなり少なく，しかもデンマークとチェコは近年ではドイツから輸入超過になっている（AGEB 2017：29）。

このように，脱原発に伴う電力不足そして電力の輸入急増は起こらなかった。何よりも重視された電力の供給不足回避は，2011年と2012年には発電量が減少し，それに伴って輸出量も急減したものの，とにかく達成できたのである。

さらに目を引くのは国内消費量の減少である。2010年の6,147億kWhから2011年に6,026億kWhへ2％減少した後，2012年には6,067億kWhに増加したが，その後は2016年の5,947億kWhへと，この間2％も減少している。このように消費量の削減を実現する一方で，ドイツの電力輸出は増加しているのである。

再生可能エネルギーの利用

同じ表補5-1でドイツの発電を電源別構成から見てみよう。まず，原子力発電のウェイトは2010年の22.2％から2016年の13.1％へと9.1％ポイントも減少し，脱原発の実施に伴って着実に低下している。また，褐炭と石炭は2010年の41.5％から2013年の44.6％まで増加した後2014年から低下し始め，2016年には40.3％となっている。このように褐炭と石炭への依存度を徐々に低下させてはいるものの，しかし特に褐炭は温暖化ガス排出量が多いため，その消費抑制が地球温暖化対策上大きな課題となっている。

脱原発の成否は，地球温暖化防止を堅持するとすれば再生可能エネルギーの利用にかかっている。そのため，再生可能エネルギーによる発電とその消費を優遇するための仕組みが必要になる。それが2000年の赤緑政権下で制定された再生可能エネルギー優遇法（Erneuerbare-Energien-Gesetz: EEG）である。

ドイツにおける再生可能エネルギー利用の発電は，そのウェイトを2010年の16.6％から2011年には20.3％に増加させ，2016年には29％へと，この間に12.4％ポイントも増加させている。これを，総発電量から輸出超過分を控除した国内電力消費量に占める比率でみるともう少し高いウェイトになり，2010年の16.8％から2016年の31.7％に増加している（AGEB 2017：28）。

次に表補5-2を見ると，ドイツでは，再生可能エネルギーの中でも風力のウェイトが高く，近年は洋上風力発電が加わり，2016年の発電量全体比で12.3％になる。次にバイオマスが7％を占め，太陽光エネルギーが5.9％と続く。

再生可能エネルギーに依存するには，技術的に解決すべきいくつかの困難な問題が

表補 5 - 2　再生可能エネルギーによる発電の内訳 (単位：%)

	2012年	2013年	2014年	2015年	2016年
風　力	7.3	7.9	8.6	13.3	12.3
バイオマス	5.8	6.8	7.0	6.8	7.0
太陽光	4.6	4.5	5.8	6.0	5.9
その他（水力他）	4.1	4.2	4.4	3.9	4.2
合　計	21.9	23.4	25.8	30.0	29.5

(注)　ここでの合計の比率は，表補 5 - 1 の再生可能エネルギー欄の総発電量比で
はなく，国内消費電力量に占める比率であるため，前表よりも多少大きくなっ
ている。
(出典)　AG EB e. V. 2013：27-29, 2017：27-29から作成。

ある。まず，発電量が自然条件に大きく左右されることである。太陽光発電や風力発
電の場合，季節や天候の状態によって発電量が大きく増減することである。特に国内
に大量の余剰電力が生じた際は発電を強制的に停止したり，あるいはコストを負担し
て隣国のオーストリアに引き取ってもらったりしている。これをクリアするには蓄電
池の高性能化が求められる。

　また再生可能エネルギーの賦存は，地理的自然的条件に大きく依存している。ドイ
ツで再生エネルギーの主力である風力発電は国内の北部で多く発電されているが，需
要は南部の工業地帯で大きいため，その送電網をいかに整備するかが大きな課題にな
る。このように，再生可能エネルギーによる電力の利用には，通常発電所と消費地の
間に大きなずれがあり，電力需要地に送電するための高圧線網の構築が不可欠になる。
そのため，高圧送電線の配置を健康上や安全性の観点から反対・拒否する地域住民の
理解をどう得るかも，課題になる。

　さらに，再生可能エネルギーは振興策のため今なお高コストになっているが，需要
側の企業の競争条件を悪化させないために一般消費者に負担を多く求めて調整してい
る。そのため小口消費者から不満が出されており，その解決も求められている。

電力価格の動向

　ドイツにおける電力市場の自由化は，前述のように EU での自由化推進のもとで，
1998年以降実施に移された。自由化スタート時は電力会社の新規参入が増加し，これ
によって電力価格も低下した。しかしその効果も一時的で，電力価格は再び上昇して
いる。この場合，再生可能エネルギーでの発電を奨励することを目的に，再生可能エ
ネルギーで発電した電気を電力会社に全量を固定価格で買い取らせる制度を設けたこ
とが影響している。しかも当初の買い取り価格が高く設定されたため，電力会社の売

表補5-3　ドイツの家庭向け電力関連データ

（単位：ct/kWh，%）

	2008年	2009年	2010年	2011年	2012年	2013年	2014年	2015年	2016年
家庭向け電力料金	21.39	22.75	23.42	25.45	26.06	29.24	29.53	29.11	29.80
EEG賦課金	1.12	1.13	2.05	3.49	3.59	5.28	6.24	6.17	6.35
同上の電力料金全体比	5.2	5.0	8.8	13.7	13.8	18.1	21.1	21.2	21.3
家庭のエコ電力消費率	4.5	5.3	7.9	10.9	14.4	16.7	17.4	19.8	–
家庭のエコ電力契約率	4.7	6.1	8.8	11.7	15.0	17.0	17.2	19.1	–

（注）　ここでの家庭向け顧客は年間3,500kWhの消費契約層である。
（出典）　Bundesnetzagentur（2016：222, 223, 231）から作成。

り渡し価格との間に大きな価格差が生じたが，それを小口消費者の料金にEEG賦課金として上乗せさせることになった。そのため，小口の一般消費者の電力料金が高騰し，その不満がときおり政治問題化した。

　ここで表補5-3で家庭向け電力料金の推移をみてみよう。なお，単位は1kWh当たりユーロセント（ct）である。2008年の21.39セントから順に2009年22.75，2010年23.42と緩やかに上昇してきたが，脱原発がスタートした2011年には25.45，2012年26.06，2013年29.24と急上昇した。その後2014年には29.53，2015年29.11，2016年には29.80セントとほぼ安定している。

　この2016年の価格29.80セントの内訳を見ると，発電コストが24.7％を占めるほか，EEG賦課金が21.3％，その他の賦課金が2.9％を占める。また，売上税が16％，電力税が6.9％で税負担合計が22.9％に達する。このほか送電料が20.5％，その他のコストが7.7％となる。このように，ドイツの小口の家庭電力料金は発電コストがわずか4分の1にしかならず，再生可能エネルギー発電に対する補助に充てる賦課金が21％強，税金が23％弱に達する（Bundesnetzagentur 2016：217）。

　このEEG賦課金についてもう少し見ておこう。再生可能エネルギー電力については，その奨励と普及を目的に，個々の発電事業者から電力を固定価格で買い取ることを法的に義務づけられたため，再生可能エネルギー電力の買取り量が増えると電力事業会社にとっては高価な電力部分が増加するため，そのままの価格で売却すると大口で購入する企業等にとっては高コスト電力になってしまう。そこで政府は，電力会社が企業向けにはコスト上昇を配慮して電力価格をできるだけ低価格で販売する一方，小口の家庭向け電力価格にその分を上乗せして採算をとることを可能にしてやらねばならなくなる。この上乗せ部分が賦課金として家庭の電力料金に上乗せされるのである。このため，再生可能エネルギー電力が増えれば増えるほど，賦課金が増加し，家庭の電力料金は高価格になる。

補章**5**　脱原発　369

表補5-4　EU各国の電力価格（2015年下半期）

（単位：セント kWh）

順位	非家庭向け[注1]		家庭向け[注2]	
1	イギリス	13.59	デンマーク	30.42
2	イタリア	12.83	ドイツ	29.46
3	キプロス	12.22	アイルランド	24.54
4	ドイツ	11.24	イタリア	24.28
5	マルタ	10.87	スペイン	23.70
6	スロバキア	10.17	ベルギー	23.52
7	ラトビア	9.69	ポルトガル	22.85
8	アイルランド	9.68	イギリス	21.83
9	EU平均	9.30	EU平均	21.05
10	ポルトガル	8.87	オーストリア	19.83

（注1）　年間消費量が20〜70ギガワット時で，払い戻される税・賦
　　　　課金等を含まない。
（注2）　年間消費量が2,500〜5,000kWhで，税，賦課金を含む。
（出典）　Bundesagentur 2016：237，239から作成。

　このEEG賦課金の推移を表補5-3で見てみよう。2010年には賦課金が1kWh当
たり2.05セント，電力価格に占めるそのウェイトが8.8%であったが，2011年3.49セ
ントと13.7%，2012年3.59セントと13.8%，2013年5.28セントと18.1%，2014年6.24
セントと21.1%にまで急上昇し，小口消費者から不満が高まった。そのため2014年に
EEGを改正し，再生可能エネルギー電力にも直接市場を通して売買できる経路を設
け，EEG賦課金を抑制する対応が取られた（渡邊 2014）。その後は2015年6.17セント
と21.2%，2016年6.35セントと21.3%と落ち着いてきている。

　このように再生可能エネルギー電力価格は小口需要者に割高に設定されているが，
しかしその普及は順調である。家庭電力消費総量と家庭電力契約総数に占めるエコ電
力（再生可能エネルギー電力）の消費量と契約数のシェアを表補5-3で見てみると，
次のようになる。2010年にそれぞれ7.9%と8.8%であったのが，2011年10.9%と11.7
%，2012年14.4%と15.0%と大きく伸び，その後も2015年の19.8%と19.1%まで順調
に伸びている。脱原発開始前の10年と比べると両者とも2倍を上回るウェイトになっ
ているのである。このように再生可能エネルギーによる発電は，一般消費者には高コ
ストになり，負担が大きくなっているものの，しかし家庭消費への浸透は順調で，ド
イツ国民の脱原発と再生可能エネルギーへの支持は強いと見てよいだろう。

　ではドイツの電力料金は他の欧州諸国と比べてどのくらい高いのか，表補5-4で
見てみよう。まず非家庭向け（企業向け）の電力料金では，2015年下半期の平均で，
ドイツは11.24セント kWhであり，EU 28カ国内で4番目の高価格国である。最高は

370

表補5‐5　電力消費量の動向 （単位：10億kWh，%）

	2010年（構成比）	2016年（構成比）	増減比
鉱工業	249.7（ 46.2）	246.7（ 47.0）	−1.2
家　計	141.7（ 26.2）	128.5（ 24.5）	−9.3
自営・商業・サービス業	137.1（ 25.4）	138.7（ 26.4）	1.7
交　通	12.1（ 2.2）	11.3（ 2.2）	−6.6
純電力消費量	540.6（100.0）	525.2（100.0）	−2.8

（出典）　AGEB 2016：Tabelle 13より作成。

13.57セントのイギリス，イタリアが12.83セントで第2位，キプロスが12.22セント
で第3位，これら3カ国がドイツを上回る。EU平均は9.30セントである。高電力価
格は企業にとって生産コスト面で競争上不利になることから，重大な問題になる。ド
イツばかりでなくイタリアでも，脱原発にはこの面から抵抗が生じた。またイギリス
ではこの高電力価格が原発増設の要因になっている。なお，ここでの非原発依存国は，
ドイツ以外ではイタリア，キプロス，マルタ，ラトビア，アイルランドそしてポルト
ガルである。

　次に家庭向け電力料金ではデンマークが30.42セントkWhで最高価格国，ドイツ
が29.46セントで第2位，EU平均は21.05セントとなり，ドイツの家庭電力料金の高
さは明らかである。また，デンマークはもともと原発に依存しないで風力等の再生可
能エネルギーによる発電を中心にしているし，前述のようにアイルランド，イタリア，
ポルトガルそしてオーストリアも原発に依存していない。このように見ると，非原発
依存国の電力価格は原発依存国に比して割高になっていることは間違いない。例えば
電力供給の80％近くを原発に依存する原発大国フランスは，非家庭向けが7.19セント
で19位，家庭向けでは16.75セントで15位になる。ドイツではそれぞれ11.24セントと
29.46セントであるから，フランスの1.6倍と1.8倍になりその差はきわめて大きいと
言わざるを得ない。

電力消費の抑制

　最後に国内電力消費量の動向を，脱原発前の2010年と2016年を比較して見ておこう。
表補5‐5によると，国内の純電力消費量の最大部門は鉱工業で，10年には全消費量
の46％強を占めている。続いて家計部門が26％強，自営業・商業・サービス業が25％
強，そして交通部門が2％強となる。この消費電力量が2016年までの間に，鉱工業で
1.2％の減少，家計部門で9.3％もの大幅な減少，交通部門も6.6％の減少となり，国
内の純電力消費量の合計は2.8％も削減されている。この純電力消費量は国内での純

補章5　脱原発　371

電力生産量から外国との電力取引分を加減し，さらに送電ロス分を除いている。

このように，脱原発後に電力消費の抑制が進んでおり，節電を目指すドイツ政府の方針に沿うもので，エネルギー転換の最終目標の１つを実現するものといってよい。

以上を簡単にまとめておこう。ドイツでは，脱原発はすでに2000年以降実行に移されている。確かに，2010年秋にはそのスピードを遅らせ，原発の運転期間を延長しようと試みたが，しかしそれから半年もたたない2011年３月の福島第一原発事故以降，脱原発のテンポを再び速め着実に実行している。各原発は計画通り廃炉を進め，原発による発電量の総発電量に占めるウェイトは2015年現在で15％を下回り，2022年にはゼロを目指す。他方，再生可能エネルギーのそれは30％前後に達している。そして石炭発電はなお40％のシェアを占めているが，この点では，温室効果ガスの排出を2020年には1990年に比して40％削減するという政府の目標の実現は，なお難しさを伴っている。

ドイツはこのように，原発に代わる再生可能エネルギーへの依存を高め，節電を含めてエネルギー転換を進めており，それに対応する社会的なシステムを構築しつつある。そして再生可能エネルギーの利用拡大のために，いくつかの時間のかかる困難な問題の解決に取り組んでいる。技術面では，発電量が自然条件に大きく依存するため，これをクリアするために蓄電池の高性能化を目指している。また，ドイツで主力の再生可能エネルギーの風力発電は北部ドイツで多く発電されるため，南ドイツの需要の多い工業地帯に送電しなければならないが，その送電網をいかに整備するか解決を求められている。さらに，再生可能エネルギー電力は割高になる制度設計になっているが，企業の競争条件を悪化させないために一般消費者に負担を求めることによって調整している。そのため小口消費者から不満が出されている。

さらに，脱原発の実現にはまだ課題が多い。廃炉の実行と核廃棄物最終処分が依然大きな課題であるし，その費用も莫大なものになる。ドイツはこれらの課題に国をあげて取り組んでいる。この大きな挑戦を，これからも産業企業，自治体や地域社会，市民運動等様々な分野で試みていこうとしている。国をあげての脱原発と CO_2 排出削減を同時に目指すエネルギー転換の実行，さらに省エネルギーの社会的推進を今後も注目すべきである。

注

(1) スイスでは，その後2016年11月，原子力発電所の運転可能期間の上限を45年に制限し，稼

働中の原発5基のうち3基を2017年中に停止することを求める国民投票が行われた。結果は，原発停止に対応する再生可能エネルギー発電の準備に不安があることから，この提案は否決された（*FAZ* 28. November 2016：19）。さらに2017年5月，原発の新設を禁じ，既存の原発については安全な運転が保証される限り運転するという政府案について国民投票が行われ，賛成多数で承認されている（*FAZ* 22. Mai 2017：15）。

(2) ドイツの戦後の原子力政策に関する文献として，紙幅の制約から個々に指摘していないが以下の文献を参考にしている。若尾・本田（2012）；Zängel（1989）；Illing（2012）；Radkau und Hahn（2013＝2015），山際・長谷川・小澤訳。

(3) この連邦原子力問題省は1957年に連邦原子力エネルギー・水利経済省に改組された後，連邦科学研究省，連邦研究技術省となり，チェルノブイリ原発事故後に現行の連邦環境・自然保護・原子炉安全省に改組されている（Zängel 1989：237）。同省はこのような改組によって環境問題の面から原子力を取り扱う省になり，原子力発電については連邦経済省が管轄することになっている。

(4) シュミットは1977年に「我々は核エネルギーを必要としている」と明言している。また，1982年にシュミットから政権を奪取するコール（Helmut Kohl）は，1978年に「核技術反対者は反動主義者である」と発言している。Zängel（1990：328）を参照。

(5) シュレーダー政権内で脱原発政策の立案と交渉をめぐって，トリッティン環境相の強硬な主張と電力会社を説得するための現実的な方針の間で厳しい対立があった。この間の緑の党と社会民主党の間での駆け引きについては，Rüdig（2000）を参照。

(6) この核燃料税は，しかし，2011年6月の脱原発促進への方針転換後も徴収されたため，電力各社はその返還を求めて訴訟を起こしている。

(7) ドイツ電力事情については，主に吉田（2015）；篠田・宮川（2016）を，また具体的なデータについては Bundesnetzagentur（2016）；AGEB（2016）を参照。

参考文献

AGEB（Arbeitsgemeinschaft Energiebilanzen e. V）（2017）*Energieverbrauch in Deutschland in Jahr 2016,* Berlin.

Bundesministerium für Wirtshaft und Energie（2001）*Energiebericht, "Nachhaltige Energiepolitik für eine zukunftsfähige Energieversorgung",* Kurzfassung, Berlin.

Bundesnetzagentur（/Bundeskartellamt）（2016）*Monitoringbericht 2016,* Bonn.

Bundesregierung（Hrsg.）（2001）*Vereinbarung zwischen der Bundesregierung und den Energieversorgungsunternehmen vom 14. Juni 2000,* Berlin.

Bundesregierung（Hrsg.）（2011）*Der Weg zur Energie der Zukunft — sicher, bezahlbar und umweltfreundlich,* Berlin.

Bundesmimisterium für Wirtshaft und Technologie（2010）*Energiekonzept für eine umweltschonende, zuverlässige und bezahlbare Energieversorgung,* Berlin.

F. Illing（2012）*Energiepolitik in Deutschland. Die energiepolitischen Maßnahmen der Bundesregierung 1949-2013*, Baden-Baden: Nomos.

Jörg Radtke und Henning Bettina（Hrsg.）（2013）*Die deutsche "Energiewende" nach Fukushima. Der wissenschaftliche Diskurs zwischen Atomausstieg und Wachstumsdebatte*, Marburg: Metropolis-Verlag.

Wolfgang Rüdig（2000）"Phasing Out Nuclear Energy in Germany", *German Politics*, Vol. 9(3) 43-80.

Zängel, Wolfgang（1989）*Deutschlands Strom. Die Politik der Elektrifizierung von 1866 bis heute*, Frankfurt a. M.: Campus Verlag.

FAZ（Frankfurter Allgemeine Zeitung）.

Der Spiegel, 38/2011.

Ethik-Kommission Sichere Energieversorgung（2012）*Deutschlands Energiewende-Ein Gemeinschaftswerk für die Zukunft*, Berlin（安全なエネルギー供給に関する倫理委員会（2013）『ドイツ脱原発倫理委員会報告——社会共同によるエネルギーシフトの道すじ』大月書店）.

J. Radkau und L. Hahn（2013）*Aufstieg und Fall der deutschen Atomwirtschaft*, München: Gesellschaft für ökologische Kommunikation mbH（山際光晶・長谷川純・小澤彩羽訳（2015）『原子力と人間の歴史——ドイツ原子力産業の興亡と自然エネルギー』築地書館）.

太田宏（2016）『主要国の環境とエネルギーをめぐる比較政治——持続可能社会への選択』東信堂。

熊谷徹（2005）『ドイツの教訓——変わりゆく自由化市場と原子力政策』（社）日本電気協会新聞部。

熊谷徹（2012）『脱原発を決めたドイツの挑戦——再生可能エネルギー大国への道』角川SSC新書。

篠田航一・宮川裕章（2016）『独仏「原発」二つの選択』筑摩書房。

吉田文和（2015）『ドイツの挑戦——エネルギー大転換の日独比較』日本評論社。

若尾祐司・本田宏（2012）『反核から脱原発へ——ドイツとヨーロッパ諸国の選択』昭和堂。

脇阪紀行（2012）『欧州のエネルギーシフト』岩波新書。

渡邊冨久子（2014）「ドイツにおける2014年再生可能エネルギー法の制定」国立国会図書館調査及び立法考査局『外国の立法』262。

あ と が き

　本書の出版にいたる経緯を簡単に述べておきたい。

　本書の執筆者はドイツ政治・経済の研究者であり，ドイツ経済文献研究会のメンバーでもある。この研究会はもともと1978年に東京大学社会科学研究所で故戸原四郎先生および故加藤榮一先生が組織したものであり，1992年と2003年にはその研究成果を，戸原四郎・加藤榮一編『現代のドイツ経済——統一への経済過程』（有斐閣），戸原四郎・加藤榮一・工藤章編『ドイツ経済——統一後の10年』（有斐閣）として世に問うた。しかし，2004年に戸原先生が，翌2005年には加藤先生が相次いで逝去され，研究会も自ずと休眠状態となった。

　藤澤が2004年に戸原先生を病床にお見舞いした際に，先生から「ドイツ経済もEU経済も動きがますます急ですから，僕のことなど待たずに，皆さんで引き続きどんどん研究を進めてください」と研究会の運営を託されたことが，その後研究会を再開する際の励みになった。藤澤が2008年にドイツでの在外研究を終えて帰国した後，われわれ両名が研究会を再組織し，2009年4月から年に3，4回のペースで研究会を再開した。その際，われわれの知人であるベテラン研究者，若手研究者に新たにメンバーに加わっていただいた。

　こうして再開した研究会であったが，回を重ねるうちに，ドイツ統一25周年を迎えるころに，統一から四半世紀の区切りで，研究会の成果をまとめてみようという構想が持ち上がった。ドイツ経済の現状を分析する研究書の性格をもたせるとともに，近年類書の出版が少ないことをも考慮して，一般書あるいは大学での教科書としても利用できる一書にするという企画にまとめた。その後，編別構成の確定などに手間取ったが，2014年12月に第15回目の研究会を開催して企画の趣旨やスケジュール，執筆方針などを確認し，メンバーは原稿執筆に専念することになった。

　だが，その後原稿が全部揃うには時間を要した。結局，最終稿をミネルヴァ書房編集部の堀川健太郎氏にお渡しするのは2017年末になってしまった。この間，すでに原稿を提出されていた執筆者には必要最低限の加筆をしてもらい，内容のアップデイトを図った。早く原稿を提出していただいた執筆者，特に締め切りをきちんと守っていただいた方には，多大のご迷惑をおかけすることになってしまった。これはひとえに

375

われわれ両名の非力と怠慢によるものであり，この場を借りて深くお詫びしたい。今日，日本の大学では研究環境がますます悪化しており，時間を割いて研究に集中する条件が整いにくくなっている。そのような環境のなかで，力のこもった論文を執筆していただいたことに心からお礼を申し上げたい。また，堀川氏は遅れに遅れた編集作業を辛抱強く見守って下さり，われわれが困難に逢着すると，そのつど的確な助言と温かい励ましをいただいた。刊行までの最終段階では杉田信啓氏にもお世話になった。記して厚くお礼を申し上げる。

　本年11月で，ベルリンの壁が崩壊してからちょうど30年目を迎える。この30年間は，ドイツとヨーロッパにとって，そして日本にとっても，激動の時代であった。この節目の年に，激動のドイツとヨーロッパを分析した本書の出版にどうにか漕ぎつけることができ，肩の荷を下ろしている。本書が1人でも多くの読者を得て，その知的関心にいくらかでも応えることができれば，望外の喜びである。

　　2019年2月25日

　　　　　　　　　　　　　　　　　　　　　編著者　　藤 澤 利 治

　　　　　　　　　　　　　　　　　　　　　　　　　　工 藤　　章

人名索引

あ 行

アーベルスハウザー，ヴェルナー　30, 120
アッカーマン，ヨーゼフ　96
アデナウアー，コンラート　12
ヴィーゼヒューゲル，クラウス　182
ウェーバー，アクセル　29
ヴェニング，ヴェルナー　104, 111-113
ヴルフ，クリスティアン　339
エアハルト，ルートヴィヒ　12, 292
エンゲレン＝ケーファー，ウルズラ　178-180, 184

か 行

海部俊樹　284
ガウク，ヨアヒム　336
ガッセ，ハインツ＝ペーター　176
クラインフェルト，クラウス　96
グリューネヴァルト，ヘルベルト　104, 115
クンケル＝ヴェーバー，イゾルデ　176
ゲンシャー，ハンス＝ディートリヒ　320
コール，ヘルムート　20, 171, 205, 206, 295, 319-321,
　　325, 343, 347, 350
ゴーン，カルロス　120
ゴルバチョフ，ミハイル　316, 320

さ 行

サニオ，ヨッヘン　29
シュタインブリュック，ペール　181
シュタインマイアー（シュタインマイヤー），フラ
　　ンク＝ヴァルター　28, 197, 359
シュトラウス，フランツ＝ヨーゼフ　356
シュトレンガー，ヨーゼフ　104, 115
シュナイダー，マンフレート　104
シュミット，ヘルムート　19, 292, 357
シュモルト，フーベルトゥス　181, 182
シュルツェ＝デーリッチュ，ヘルマン　83
シュレーダー，ゲアハルト　26, 171, 178, 180, 185,
　　187, 189, 199, 200, 205, 206, 219, 296, 305, 326,
　　328, 340, 344-346, 350, 358
シラー，カール　16

た 行

ゾンマー，ミヒァエル　176, 178, 180, 181, 184, 186,
　　-189, 191, 200

チャーチル，ウィンストン　9
ツヴィッケル，クラウス　180, 182
デッカース，マライン　104, 118
デメジエール，ロタール　319
デュイスベルク，カール　98
トリッティン，ユルゲン　358
ドロール，ジャック　284

な・は 行

ニクソン，リチャード　17
ハーバーラント，ウルリッヒ　104
バーンズ，ジェムズ　9
バイエル，オットー　124
バウマン，ヴェルナー　105
パッソウ，リヒァルト　110, 111, 116
ハルツ，ペーター　129, 179, 193, 194, 200
ハンゼン，クルト　104, 123
ハンゼン，ノルベルト　181
フィッシャー，ヨシュカ　305, 326, 345, 358
フォルカート，クラウス　193, 200
フォン・ピーラー，ハインリッヒ　96
ブジルスケ，フランク　180-182, 184, 193, 199
ブッターヴェッゲ，クリストフ　172, 183, 184, 189,
　　197
プッツハマー，ハインツ　178
フライベルク，コンラート　182
ブンテンバッハ，アンネリエ　198, 199
ヘンケル，オラフ　294
ホーネッカー，エーリッヒ　318

ま 行

マーシャル，ジョージ　10
ミッデルホッフ，トーマス　120
ミュラー，ヴェルナー　358
メーレンベルク，フランツ＝ヨーゼフ　181
メルケル，アンゲラ　89, 187, 205, 207, 298, 305, 306,

377

309, 327, 341, 348, 361
モドロウ，ハンス　318

ら　行

ライファイゼン，フリードリヒ＝ヴィルヘルム　83

ラフォンテーヌ，オスカー　185, 199, 321, 324, 326
ルベルス，ルード　284
レッシャー，ペーター　364
ローズベルト，フランクリン　8

事項索引

あ 行

アオスジードラー　338, 339
アジア欧州会合（ASEM）　289
アジア太平洋委員会（APA）　295
アジェンダ2000農政改革　270
アジェンダ2010　28, 129, 145, 179-184, 188, 193, 198, 205, 206, 223, 328, 330
新しい中道　326, 331
アルカンドー　120
アルフィナンツ　52
安全なエネルギー供給倫理委員会　363
安定・成長協定　2, 27, 264
イー・ゲー・ファルベン　98, 117, 121, 124
イギリスのEU離脱　2
1ユーロジョブ（労働）　138, 175, 179, 190, 199
一貫したグローバルなアプローチ　286
一般拘束力宣言　159
一般商法典　123
移民法　340, 341
飲食・食品労組 NGG　159
インターネットバンキング　53
インダストリー4.0（第4次産業革命）　33, 162, 225
ウニオン発電工業　357
上乗せ支給　163
上乗せ受給者　131
英米金融協定　10
英米統合地区　11
エコ電力の消費量と契約数　370
エネルギーコストの支配権　17
エネルギー転換　355
エネルギー報告「将来のエネルギー供給のための持続的なエネルギー政策」　361
円卓会議　318
欧州2020成長戦略　274
欧州安定メカニズム　349
欧州委員会　27, 286, 288
──政策文書「新たなアジア戦略にむけて」　288
──政策文書「EU-中国──より密接なパートナー，より大きな責任」　300

──政策文書「EUの対中国戦略」　299
──政策文書「成熟するパートナーシップ」　300
──政策文書「ヨーロッパとアジア──強化されたパートナーシップのための戦略的枠組み」　299
──政策文書「中国・ヨーロッパ関係に関する長期政策」　290
──政策文書「中国との包括的パートナーシップの構築」　290
欧州共同体（EC）　22
欧州原子力共同体（EAEC，ユーラトム）　356
欧州財務相理事会　27
欧州司法裁判所　27
欧州通貨制度（EMS）　21
欧州復興プログラム特別資産　213, 214, 218
オスタルギー　334
親時間　150
オランダ東インド会社（VOC）　117

か 行

改革の停滞　324, 326
外銀の攻勢　53
開放条項　145
価格競争力　261
化学産業労組　115
格差是正　142
隠された賠償　8
革新　26
核燃料税　362
貸付シェア　50
貸付の個人化・不動産化　56
ガストアルバイター　337
ガット・ウルグアイ・ラウンド　292
活動的な農民　274
家庭向け電力料金　369, 371
株式法　96
株主価値　100
「環境に配慮する，信頼でき支払い可能なエネルギー供給のためのエネルギー・コンセプト」　361
監査役会　103, 106, 108-118, 123

379

――問題　116
環大西洋貿易投資連携協定（TTIP）締結交渉　310
環太平洋パートナーシップ協定（TPP）　310
『カントリーレポート　ドイツ　2016年』　263
『カントリーレポート　ドイツ　2017年』　263
企業統治　94, 96, 98
企業別協約　145, 147
規制改革対話　286, 302
規制緩和　134, 136
規制の分散化　145
基礎的な所得支持　274
基礎保障　131, 163
北大西洋条約機構（NATO）　320
生粋農民　276
義務的クロス・コンプライアンス　271, 278
義務的モジュレーション（減額調整措置）　271, 279
逆転への勇気　180
旧ソ連・東欧諸国・中国の市場経済への移行　265
旧東ドイツ地域の再建復興　246
供給サイドの構造改革　19
競争禁止規定　100
協調行動　16
共通農業政策（CAP）　269
「共通の未来の構築――日・EU 協力のための行動
　　計画」　301
協同組合　82
　　――銀行　77, 78, 82
　　――法　83
　　――連合　83
共同決定　152
　　――法　109, 115
共同体銀行　78
共同輸出入庁（JEIA）　11
業務請負制　164
協約外職員　99, 100, 122
協約自治　142, 143, 148, 152, 159, 163, 185, 186, 191,
　　198-200
　　――強化法　159
協約制度　150
協約体制　142, 143, 148
協約適用免除　144
協約離脱　144
「協力のための行動計画」　303
極右政党　339
居住空間近代化プログラム　213, 214

キリスト教民主同盟（CDU）　171, 190, 319
銀行業務構造　47
銀行構造改革法　62
銀行顧客のモビリティ　55
銀行の収益状況　38
金銭的インセンティブ　93, 99
金属産業労働組合（IG メタル）　151, 176, 192-194
金融監督庁　65
金融危機　29, 93, 95, 96, 98
組合組織率　143
クラスター形成　207, 230-232, 234-236
グローバル・ユニバーサルバンク　40, 41
「グローバル・ヨーロッパ――国際競争への対応」
　　297
グローバルなシステム上重要な銀行（G-SIBs）　58
グローバルな生産ネットワーク　265
グローバルなバリュー・チェーン　249
経営者団体　143
『警告メカニズムレポート』　263
経済安定・成長促進法　3, 16
経済関係の優位　307
経済協力開発機構（OECD）　19
経済諮問委員会　16
経常収支の不均衡　3, 243, 263
経済成長の弱さ　18
経済連携協定（EPA）　304
警察労働組合　182
継続教育　151
契約解除通告期間　113
契約階梯　105
契約年金　100
「月曜デモ」　184-186, 199, 318
健康診断改革　271
原子力の平和利用　356
原子力法　356
原子炉安全委員会　363
建設・農業・環境産業労働組合　182
建設的不信任動議　19
現地企業の年間売上高　258
原油と天然ガス　251
公債の新規発行抑制政策　3
鉱山・化学・エネルギー労働組合　181
構造政策　270, 276
公的開発援助　307
公的資金　93

ゴー・アンド・ゴー政策 15
コーポラティズム 323, 327
コール預金 53
国際収支の構造 244
国際的な工程間分業 255
国籍法改正 340
国民政党の衰退 349-352
国連治安支援部隊 345
心の壁 334
個人住宅貸付（ローン） 52, 56
個人消費の拡大 264
コソヴォ紛争 344
コソヴォ平和維持軍 345
国家債務問題 33
固定価格買い取り 369
コベストロ社 118, 119
コメコン 209
　　──体制 23
雇用の奇跡 148, 150
雇用のための同盟 150, 327
コンビ賃金 131

さ　行

サービス産業 153, 157
　　──労働組合 Ver. di 159, 176, 192, 193, 198
サービス収支 244
再生可能エネルギー優遇法（EEG） 367
再生可能エネルギー利用の発電 367-369
財政支出の拡大 264
財政調整制度 215
財政トランスファー 206, 216, 236
最低賃金 159, 163
　　──制度 147
　　──法 159
財の貿易収支 244
サブプライムローン 95
左翼党 197, 199, 330, 351
産業の空洞化 259, 266
産業別協約 142, 147, 148
産業立地魅力性 31
産業立地問題 323
産業立地論争 25
残存運転期間 360
残存発電量 360
ジーメンス 96, 108, 147, 356-358

──の脱原発 364, 365
支援と要請（要求） 175, 177, 328
事業ポートフォリオ 106, 119
　　──・マネジメント 108
自己勘定証券投資 60
自己勘定取引 40
資産運用 107, 108
資産総額シェア 47
資産担保証券（ABS） 42
資産担保短期証券 29
市場セーフティ・ネット機能 273
システムリスク 59
自制の文化 343, 345
持続可能性 86, 89
自治体債券 44, 70
失業者数 189
失業手当 174
　　──Ⅰ 174
　　──Ⅱ 163, 173, 174, 194, 197
失業扶助 174
失業保険 130
失業問題 129
失業率 129, 173
実効為替レート 261
自動車工業での大型合併 257
指導的職員 112
　　──代表委員会 118
シビリアン・パワー 343, 348
資本市場振興法 41
社会国家 164, 171, 193, 323
社会主義統一党 198, 317
社会的市場経済 120
社会扶助 130, 174
「ジャパン・イニシアティブ」 294
従業員代表委員会 115, 142, 146, 154
　　──法 111
柔軟な労働市場 206
自由貿易協定（FTA） 297
自由貿易主義 293, 297
自由民主党（FDP） 175, 190, 195, 331
シュトゥットガルト演説 9
需要創出の構造改革 19
需要不足 21, 24
生涯パートナーシップ法 328
商品飢饉 23

事項索引　381

職業別組合 144
ショック療法 208, 236
所得激変緩和措置 269
『将来のエネルギーへの道──安全で，支払可能で，
　　環境にやさしい』 364
新規企業（自分会社） 138
新興国需要 207, 220
信託公社 208
人的資源管理 94, 98, 109, 114, 115, 121, 124
人民議会選挙 319
推定失業率 173, 189
推定組織率 198
スターリン主義 22
ストップ・ゴー政策 14
ストラクチャード・ファイナンス 43
ストレスチェック（EBA） 58, 59
ストレステスト（FRB） 58
ストレステスト（IMF） 59
スミソニアン固定相場制 17
スリーマイル島原発事故 357
生活条件の同等性 225
正規労働関係 134
制裁 193
政策文書「欧州と日本──次なるステップ」 286
生産工程の国際的ネットワーク化 248
政治倦厭 325, 350
政党国家的デモクラシー 315, 349
製品絞り込みの独歩戦略 30
世界金融危機 38
世界貿易機関（WTO） 291
赤緑連立政権 26, 359
石油危機 357
石油輸出国機構（OPEC） 17
積極的労働市場政策 223, 224
セット・アサイド措置（休耕） 270
セルフサービス根性 98
善管注意義務 121
全従業員代表委員会 151
選択労働時間制 139
戦略的パートナーシップ 303, 305
操業短縮 150
総合給付方式 100
相互承認協定 287, 302
総体的誘導政策 16

た 行

第 1 次所得収支の黒字化 244
第 2 次メルケル政権の原発利用期間の延長 361
耐久消費財 247
大銀行の資産総額のシェア 47
大銀行の収益状況 38, 42
大銀行の証券化商品 44
大銀行の対企業・個人貸付シェア 51
大銀行の投資銀行業務 41
大統領選挙 197
対中武器輸出禁止 300
第 2 次所得収支 244
ダイムラー・クライスラー 148
太陽光発電 368
大量難民 223
多岐的高品質生産 95
多国間主義 343, 345, 346
脱原発 332
　　──協定 327
　　──決定（2000年） 359
多面的機能パラダイム 273
単一経済単位原則 7
単一市場 262
単一支払いスキーム 271
単一通貨ユーロ 260, 265, 292
単位労働コスト 203, 211, 212
単独フロート制 17
「地域経済構造改善のための共同プログラム」 213,
　　214, 216, 218
チェルノブイリ 357
中間財 248
「中国に対する宣言」 289
中国の WTO 加盟 299
調整インフレ政策 17
直接支払い 269
直接投資 256
貯蓄銀行 38, 78
賃金ダンピング 137
通貨・経済・社会同盟 207, 208, 213
通貨改革 11
通商権限 291
低賃金協約 157, 159, 163
低賃金セクター 134, 160
抵当銀行 52

抵当債券　44, 70
定年前パートタイム制度　151
テクノロジー・ギャップ・クライシス　19
「鉄のカーテン」演説　9
デリバティブズ　46
天安門事件　288, 289, 296
天文学的なインフレ　11
電力消費の抑制　372
電力の外国との取引　366
ドイチェ・バンク　81, 96
　——とコメルツバンクの合併案　61
　——の株価急落　58
　——のスキャンダル　61
　——の組織再編　63
　——のリスク　58
ドイチェ・ライヒスバーン　210
『ドイツのエネルギー転換——将来のための共同作
　　業』363
ドイツ・フォルクスバンク・ライファイゼンバンク
　　連盟（BVR）84
ドイツ型資本主義経済　94, 117
ドイツ株式会社　307
ドイツからの資本輸出　256
ドイツ企業統治規範　96, 99, 103, 121
ドイツ協同組合連合・ライファイゼン協会　84
ドイツ工業連盟（BDI）305
ドイツ社会民主党（SPD）171, 182, 187, 190, 194,
　　198, 319
ドイツ生産体制　120
ドイツ第一主義　10
ドイツ統一基金　204, 205, 215, 216, 238, 334
ドイツ農民連盟　277, 280
ドイツのための選択肢（AfD）2, 350, 352
ドイツの発電量　366
ドイツ連邦銀行　89, 255
ドイツ連邦政府とエネルギー供給企業との間の協定
　　（2000年6月14日）359
ドイツ連邦政府『年次経済報告』2
ドイツ労働総同盟（DGB）112, 172, 178, 179, 182-
　　193, 195-199
統一条約　319, 320
東欧移民　222
統合サミット　341
東西平準化　203, 204, 217, 218, 230, 236
投資銀行化　41

投資件数　258
投資材　247
投資先国　257
投資先国全体の雇用　258
投資先の産業部門　256
投資の崩壊　16
投資不足　19
同盟90　171
ドーハ開発アジェンダ　280
特別目的会社（海外）44
特別目的投資体　28
トラバント　23, 209
トランスネット　181
取締役報酬　93, 97
　——公開法　97
　——の適切性に関する法律　97
ドル金融　29
ドル条項　8, 10
ドルのカーテン　12
ドル不安　14
ドル不足　8, 12
トレーディング業務　37, 40, 41
　——規則案（EU委員会）66, 71

な・は　行

内需拡大政策　264
内部昇進　104, 105
ナチス　199
西側統合路線　342
「21世紀初頭におけるドイツ外交政策の課題——東
　　アジア」304
日・EUビジネス・ダイアログ・ラウンドテーブル
　　287
「日欧協力の10年」301, 308
「日独パートナーシップのための行動計画」294
日独貿易協定　293
日産自動車　120
日本・EC共同宣言　284
日本・EC貿易協定締結交渉　285, 293
日本製乗用車　285, 301
パートタイム　135
　——法　139
バイエル（Bayer AG）94
バイエル・マテリアルサイエンス（BMS）118
排外暴力　339

事項索引　383

派遣労働 135, 136, 141
　——法 141, 164
橋渡し技術 362
発電の電源別構成 367
ハルツ委員会 171, 176, 177, 198, 200
ハルツ改革（ハルツ法） 129, 188-190, 205, 206, 223,
　328-331, 350
ハルツ第Ⅰ法 171
ハルツ第Ⅱ法 171
ハルツ第Ⅲ法 171
ハルツ第Ⅳ法 172, 173, 175, 176, 183, 184, 187, 189
　-194, 197, 199
反原発運動 357
非家庭用向け（企業向け）電力料金 370
庇護権条項改正 340
庇護申請者 338, 339
非正規雇用 135
非耐久消費財 247
非典型就業 134
ひとつの手から 174, 192
1人勝ち 148
ビナイン・ネグレクト 20
非貿易的関心事項 270
ファントブリーフ 70
フィシュラー農政改革 271
フィリップ・ホルツマン（建築会社） 96
ブーム民主主義 13
風力発電 368
フォルクスバンク 83
フォルクスバンク・ライファイゼンバンク（VRバ
　ンク） 81
フォルクスワーゲン（社） 119, 171, 193, 296
福祉国家 236, 315
福島原発事故 362
普通の国 315, 346, 349
不動産担保証券（MBS） 42, 44
プフォルツハイム協定 145
プライマリー業務 40
プリンシパル・エージェント問題 100
プレカリアート 134
分離銀行法 62
　——批判 64
米・EC 共同宣言 284
ヘイシステム 122
ペギーダ 342

ベルリン共和国 315, 352
ベルリンの壁 14, 22, 317, 337
ペレストロイカ 316
貿易相手国 252
貿易依存度 247
貿易自由化路線 12
貿易収支黒字額 246
貿易の商品構成 247
貿易ブーム 13, 19
法定最低賃金（制度） 190, 191, 200
保険会社の逆鞘リスク 67
ボスニア平和履行軍 344
ボスニア和平安定化軍 344
欲せられた不況 15
ポピュリズム 352
ボン・サミット 20
ポンド・スキーム構想 278
ポンド不安 14
ボン民主主義 13

ま・や 行

マーシャル・プラン 10, 12
マーストリヒト条約 286, 347
マクシャリー農政改革 269
『マクロ経済不均衡　ドイツ　2014年』 263
魔法の四角形 2
マルク切り上げ 14, 17
マルク投機 14, 17
マンネスマン裁判 96
緑の政策 271, 277, 281
緑の党 171, 325, 358
ミニジョブ 138, 158
民主社会党 319, 321, 330, 351
無協約状態 159
メイド・イン・ジャーマニー 18, 30
目標管理制度 100
モスクワ外相会議 10
モンサント 118
有期雇用 135, 137
優先控除原則 7
ユーロの為替レート 260
輸出依存度と輸入依存度 246
輸出の奇跡 13
要求払い預金の市場シェア 54
ヨーロッパ経済共同体（EEC） 13

ヨーロッパ経済協力機構（OEEC） 12
ヨーロッパ決済同盟（EPU） 12
ヨーロッパ農業モデル 270
ヨーロッパのドイツ 349
ヨーロッパの病人 26, 31, 148
ヨーロッパ労働組合連盟 182

ら・わ 行

ライファイゼン協会 83
ライファイゼンバンク 83
ライン年金金庫 100, 101
ライン資本主義 120
ランクセス社 108, 119
ランデスバンク 69, 70
　　――の貸付シェア 51
　　――の収益状況 38
　　――の投資銀行化 52
　　――の投資銀行業務 41
リーマン・ショック 38, 81, 148, 152, 203, 207, 218-
　　220, 226, 228, 246
リカネン報告 62
利鞘収入低下 39
リスクの高い業務 63
リスボン条約 298, 348
冷戦体制 9
連合国管理理事会 8
連帯協定 334
　　――Ⅰ 205, 206, 215-218, 236
　　――Ⅱ 205, 206, 215, 217, 218, 236, 334
連邦議会選挙 178, 188, 199
連邦軍改革 347
連邦原子力問題省 356
連邦雇用エージェンシー 130
連邦雇用庁 130
連邦制改革 331
「連邦政府のアジア・コンセプト」 295
連邦補充交付金 215, 216, 238
連邦労働裁判所 141
労働組合 142, 194
労働契約 98, 99, 103, 118
労働時間 148, 151
労働時間口座 150

労働者送出法 159, 164
労働政策研究・研究機構 173, 199
労働と社会的公正のための選挙アルタナティーフ
　　（WASG） 185-187, 199
労働柔軟化政策 223
労働4.0 162
老齢保障制度 67
ロンドン6カ国外相会議 11
ロンドン協定 11
ワルシャワ条約機構 22, 316, 320

欧 文

AEG テレフンケン 356
ASEAN（東南アジア諸国連合） 289
BIS 規制 43
BRICs 207, 238
CO_2 排出の抑制 361
CDU／CSU 195
DAX30 企業 98, 99
EC（欧州共同体） 286, 289
ECB の金融緩和政策 260
ECB の金利政策 261
EC 委員会 286
EEG 賦課金 369
「EU・中国2020 協力のための戦略的アジェンダ」
　　300
EuroStoxx50 99
EU の電力域内市場共通規則指令 359
EU の東方拡大 207
GLC 105, 108
GLS 共同体銀行 85
IKB 問題 29
IMF（ブレトン・ウッズ）・GATT 体制 12
IT 化によるコスト削減 62
IT 投資への対応 61
LTI 97, 99-101
STI 97, 99-101
VAA 103
V 字回復 207, 218-220, 228
WTO ドーハ・ラウンド 297
WTO 農業協定 270

《執筆者紹介》

藤 澤 利 治（ふじさわ・としはる）　序・第6章・補章5・あとがき
　　編著者紹介欄参照。

工 藤　　章（くどう・あきら）　序・補章4・あとがき
　　編著者紹介欄参照。

古 内 博 行（ふるうち・ひろゆき）　第1章・補章3
　　1950年　生まれ。
　　1982年　東京大学大学院経済学研究科理論経済学・経済史学専攻博士課程単位取得退学。
　　2005年　博士（経済学，東京大学）。
　　現　在　帝京大学経済学部経営学科教授。
　　主　著　『ナチス期の農政政策研究　1934-36』東京大学出版会，2003年。
　　　　　　『EU穀物価格政策の経済分析』農林統計協会，2006年。
　　　　　　『現代ドイツ経済の歴史』東京大学出版会，2007年。

飯 野 由美子（いいの・ゆみこ）　第2章
　　1954年　生まれ。
　　1979年　法政大学大学院経済学研究科経済学専攻修士課程修了。
　　現　在　敬愛大学経済学部経済学科教授。
　　主　著　『日米欧の金融革新』（共著）日本評論社，1992年。
　　　　　　『機関投資家と証券市場』（共著）日本証券経済研究所，1997年。
　　　　　　『ドイツ経済──統一後の10年』（共著）有斐閣，2003年。

田 中 洋 子（たなか・ようこ）　補章1・第4章
　　1958年　生まれ。
　　1988年　東京大学大学院経済学研究科応用経済学専攻博士課程単位取得退学。
　　1992年　博士（経済学，東京大学）。
　　現　在　筑波大学人文社会系教授。
　　主　著　『ドイツ企業社会の形成と変容──クルップ社における労働・生活・統治』ミネルヴァ書房，2001年。
　　　　　　「ドイツにおける企業内教育と『職』への形成」『大原社会問題研究所雑誌』620号，2010年。
　　　　　　「有期雇用の日独比較」『大原社会問題研究所雑誌』718号，2018年。

石 塚 史 樹（いしづか・ふみき）　第3章
　　1975年　生まれ。
　　2004年　東京大学大学院経済学研究科経済理論専攻博士課程修了。
　　2004年　博士（経済学，東京大学）。
　　現　在　東北大学大学院経済学研究科准教授。
　　主　著　『現代ドイツ企業の管理層職員の形成と変容』明石書店，2008年。
　　　　　　「ドイツ企業における高度人材の人的資源管理」『米国・ドイツ企業の雇用管理の変化と実態』労
　　　　　　働政策研究・研修機構，2016年。
　　　　　　「欧州の人事部──ドイツ企業における人事部・人事担当者の役割と企業内地位」『日本労働研究
　　　　　　雑誌』No. 698，2018年。

枡田大知彦（ますだ・たちひこ）**補章2**
- 1968年　生まれ。
- 2002年　立教大学大学院経済学研究科経済学専攻博士後期課程単位取得退学。
- 2007年　博士（経済学，立教大学）。
- 現　在　専修大学経済学部准教授。
- 主　著　『ワイマール期ドイツ労働組合史——職業別から産業別へ』立教大学出版会／有斐閣，2009年。
　　　　　『戦時期の労働と生活』（共著）法政大学出版局，2018年。
　　　　　「2000年代前半のドイツにおける労働組合と協約自治——ハルツ改革および法定最低賃金制度との関連から」『専修大学社会科学研究所月報』640号，2016年。

白 川 欽 哉（しらかわ・きんや）**第5章**
- 1961年　生まれ。
- 1993年　北海道大学大学院経済学研究科経済学専攻博士後期課程単位取得退学。
- 2015年　博士（経済学，北海道大学）。
- 現　在　釧路公立大学経済学部経済学科教授。
- 主　著　『東ドイツ工業管理史論』北海道大学出版会，2017年。
　　　　　『体制転換と企業・経営』（共著）ミネルヴァ書房，2001年。
　　　　　「ザクセンとテューリンゲンにおける写真・映像機器工業の展開(1)——産業立地，国際競争，経営統合の観点から」『人文・自然科学研究』30号，2018年。

近 藤 潤 三（こんどう・じゅんぞう）**第7章**
- 1948年　生まれ。
- 1975年　京都大学大学院法学研究科政治学専攻博士課程単位取得退学。
- 1975年　博士（法学，京都大学）。
- 現　在　愛知教育大学名誉教授。
- 主　著　『ドイツ・デモクラシーの焦点』木鐸社，2011年。
　　　　　『ドイツ移民問題の現代史』木鐸社，2013年。
　　　　　『比較のなかの戦後史——日本とドイツ』木鐸社，2018年。

《編著者紹介》

藤澤利治（ふじさわ・としはる）
1950年　生まれ。
1981年　東京大学大学院経済学研究科応用経済学専攻博士課程単位取得退学。
現　在　法政大学経営学部経営戦略学科教授。
主　著　『ドイツ経済──統一後の10年』（共著）有斐閣，2003年。
　　　　『グローバル資本主義の変容と中心部経済』グローバル資本主義の現局面Ⅰ（共著）日本経済評論社，2015年。
　　　　「国際金融危機とドイツの銀行制度改革」『証券経済研究』第82号，2013年。

工藤　章（くどう・あきら）
1946年　生まれ。
1975年　東京大学大学院経済学研究科応用経済学専攻博士課程単位取得退学。
現　在　東京大学名誉教授。
主　著　『20世紀ドイツ資本主義』東京大学出版会，1999年。
　　　　『日独経済関係史序説』桜井書店，2011年。
　　　　The Japanese and German Economies in the 20th and 21st Centuries, Folkestone: Renaissance Books, 2018.

ドイツ経済
──EU経済の基軸──

2019年12月30日　初版第1刷発行 　　　　　　　　　　〈検印省略〉

定価はカバーに
表示しています

編著者	藤 澤	利	治	
	工 藤		章	
発行者	杉 田	啓	三	
印刷者	江 戸	孝	典	

発行所　株式会社　ミネルヴァ書房
607-8494 京都市山科区日ノ岡堤谷町1
電話代表 （075）581-5191
振替口座 01020-0-8076

© 藤澤・工藤ほか，2019　　　　　　共同印刷工業・新生製本

ISBN978-4-623-08637-5
Printed in Japan

工藤　章・井原　基 編
企業分析と現代資本主義
A 5 判・324頁
本 体 4,500円

西田　慎・近藤正基 編著
現代ドイツ政治
——統一後の20年
A 5 判・352頁
本 体 3,000円

相沢幸悦 著
ドイツは EU を支配するのか
——現代の"帝国"が進める欧州統一への道
四六判・256頁
本 体 3,200円

高橋秀寿 著
時間／空間の戦後ドイツ史
——いかに「ひとつの国民」は形成されたのか
四六判・296頁
本 体 3,500円

谷口明丈 編
現場主義の国際比較
——英独米日におけるエンジニアの形成
A 5 判・292頁
本 体 5,000円

山本　直 著
EU 共同体のゆくえ
——贈与・価値・先行統合
A 5 判・314頁
本 体 6,000円

ゲルハルト・A・リッター 著／竹中　亨 監訳
ドイツ社会保障の危機
——再統一の代償
A 5 判・476頁
本 体 8,000円

———————— ミネルヴァ書房 ————————

http://www.minervashobo.co.jp/